한국 현대 무대의 해외 연극 수용

# 한국 현대 무대의 해외 연극 수용

1판 1쇄 인쇄 · 2016년 12월 24일 | 1판 1쇄 발행 · 2016년 12월 30일

엮은이 · 한국연극평론가협회
펴낸이 · 한봉숙
펴낸곳 · 푸른사상사

주간 · 맹문재 | 편집 · 김수란, 홍은표 | 마케팅 · 지순이, 김두천
등록 · 1999년 7월 8일 제2-2876호

주소 · 경기도 파주시 회동길 337-16(서패동 470-6) 푸른사상사 B/D
서울시 중구 을지로 148 중앙데코플라자 803호
대표전화 · 031) 955-9111~2 | 팩시밀리 · 031) 955-9114
이메일 · prun21c@hanmail.net | 홈페이지 · http://www.prun21c.com

ⓒ 한국연극평론가협회, 2016

ISBN 979-11-308-1069-0   93680
값 33,000원

이 도서의 국립중앙도서관 출판예정도서목록(CIP)은 서지정보유통지원시스템 홈페이지(http://seoji.
nl.go.kr)와 국가자료공동목록시스템(http://www.nl.go.kr/kolisnet)에서 이용하실 수 있습니다.
(CIP제어번호 : CIP2017002048)

연극이론 총서 6

# 한국 현대 무대의 해외 연극 수용

한국연극평론가협회 편

The Receptions of Foreign Theatres on Modern Korean Stages

본 저술은 해외 연극의 한국 무대 수용에 관한 연구이다. 사실 한국 현대극에서 해외 연극이 어떤 영향을 끼쳤는가를 파악하는 것은 우리 연극사에서 매우 중요하다. 이때 단순하게 희곡이나 이론의 분석을 넘어선, 실제 공연에 대한 연구와 평가가 절실하게 요구된다. 그리고 사실 평론가들은 응당 이 요구에 부응해야 하며 또 그들이 가장 이 연구를 잘 수행해낼 수 있을 것으로 생각된다. 왜냐하면 이들은 항시 공연 현장에서 공연을 주시했던 사람들이기 때문이다. 한국연극평론가협회가 나서서 본 저술을 기획했던 가장 큰 이유이기도 하다.

그러나 기획과 그 완성은 항시 일치하지 않아서, 처음 기획했던 많은 부분들이 이런저런 사정으로 빠졌다. 그중에서도 고전인 그리스 연극이나 브레히트를 비롯하여, 피터 쉐퍼의 〈에쿠스〉나 헤롤드 핀터, 단스테아터, 포스트드라마 및 거리극이 빠진 것은 굉장한 아쉬움으로 남는다. 이들을 아울러야 우리 현대극에서 총체적인 해외 영향을 거론할 수 있지 않았을까 싶다. 이들은 제2권으로 연구가 계속되길 기대해본다.

수합된 원고를 놓고도 그 구성에 있어서 치열하게 고민하였다. 당초 이 책의 가제가 '동시대 한국 무대의 해외 연극'이었으나, '동시대'에 대한 해석의 분분함으로 '한국 현대 무대의 해외 연극 수용'으로 바꾸었다. 여기서 '현대'란 대체로 1960년대 이후의 연극을 의미한다. 즉 '근대'를 1950년대까지로 보는 데 큰 무리가 없다고 판단해서였다. 또한 분류에 있어서도, 지역별과 최근 경향으로 나누어 제3부로 구성하자는 의견이 끝까지 있었으나, 결국 '현대'와 '최근 동향'을 중심으로 하여 제2부로 구성하기로 하였다. 특히 기획 단계에서부터 마무리까지 전 과정에 힘을 쏟아주신 심재민 선생님께 감사드린다.

본 저술은 완벽하지는 않겠지만, 나름 해외 무대의 한국 현대극에의 수용을 알려주는 연구의 초석이 되었다고 자부한다. 드라마센터의 셰익스피어에서부터 판소리로 불려지는 브레히트까지 다루어졌으니 말이다. 제1부의 논문들은 해외 무대가 한국 현대극에, 제2부의 논문들은 최근 동시대극에 끼친 영향에 주력했다. 각 개별 연구를 살펴보면, 「한국 무대에서의 셰익스피어—〈햄릿〉 공연을 중심으로」는 현대극의 출발이라고 볼 수 있는 1960년대 이후, 셰익스피어 수용사를 살피고자, 대표 작품이고 또한 한국에서 가장 많이 공연되었던 〈햄릿〉 공연사를 탐구하였다. '근대 셰익스피어 극의 성숙기(1960~1975)' '창의적 실험과 다양한 연출미학(1975~1990)' 및 '한국 포스트모던 시대와 〈햄릿〉'으로 크게 나누어 〈햄릿〉 공연을 살폈다. 특히 마지막 동시대는 두 시기로 나누어서, 우선 1) 개방 시대와 〈햄릿〉의 세계화 시도들(1990~2000)에서는 〈햄릿〉의 세계화 시도들을 살폈으니, 세계로 진출하여 호평을 받은 공연들이 기하급수로 늘어났다. 2) 혼종과 탈정전의 〈햄릿〉(2000~현재)에서는 〈햄릿〉 공연을 ① 대담한 혼성과 혼종 ② 원전의 탈정전화 ③ 한국 전통 장르로 이국화하기로 나누어 살폈다. 한국 현대극에서의 셰익스피어가 미친 영향은 우리 연극계의 변화와 같이했다. 1960년대 사실주의의 심화나 수정 사실주의에서, 1970년대 한국식 문화상호주의 공연, 그리고 정치적 압박이 컸던 1980년대에는 정치극으로 확대되었으나, 1990년 이후는 포스트모던 연극의 특징들을 나타내고 있다.

「프랑스 고전극의 수용—라신 〈브리타니쿠스〉와 몰리에르 〈귀족놀이〉를 중심으로」는 고전극 대표 작가인 라신과 몰리에르의 작품이 그간 한국 무대에서 공연된 내역을 전체적으로 정리 및 평가하였다. 그중에서 특히 한국 무대에서 가장 완성도를 가지고 공연된 작품으로 라신의 〈브리타니쿠스〉와 몰리에르의 〈귀족놀이〉를 선정했다. 두 공연의 원작인 〈브리타니쿠스〉와 〈서민귀족〉을 수사적 관점에서 분석하고 실제로 공연이 어떻게 이루어졌는지 당시의 관객의 반응을 수용사적 관점에서 다루었다. 몰리에르의 희극이 라신의 비극보다 더 많이 공연되었다. 프랑스 고전극의 한국 무대 수용에는 국립극단의 역할이 두드러졌으나, 코르네유 공연의 부재 등 전체적으로 보아 프랑스 고전극 그 본연의 위상을 제대로 알릴 수 있을 정도로 한국에 충분히 소개되지 않았다는 것이 필자의 생각이다.

「한국 연극과 안톤 체호프」는 한국 연극에서 체호프가 사실주의 연극의 확립과 극복이라는 문제 및 동시대적 해석의 측면에서 중요한 문제의식을 던져준다고 보았다. 체호프 무대 해석의 역사는 크게 일제강점기 일본을 통해 근대 연극을 확립하고자 했던 시기, 해방 이후 사실주의적이고 심리주의적인 연극을 확립하려 했던 시기, 소비에트 해체 이후 포스트모더니즘의 영향과 활발한 해외 교류가 이루어진 시기로 나누어볼 수 있다. 본고에서는 1960년대부터 1980년대에 이르는 한국적 리얼리즘 시대의 체호프 공연과 1990년대 이후 오늘에 이르는 포스트 소비에트 시대의 체호프 공연을 중심으로 한국 연극에서 체호프 수용의 미학적 성취를 살피고 있다.

「한국 무대에 수용된 베케트와 이오네스코의 부조리극」은 그 수용 양상을 세 단계로 나누어 전개한다. 제1단계(1960~1980)에서는 동인제 극단들과 소극장들이 작업했던 부조리극 양식의 탐색과 예술적 소통을 살펴보았는데, 베케트의 〈고도를 기다리며〉, 〈크라프의 마지막 테이프〉, 〈엔드게임〉 등과 이오네스코의 〈대머리 여가수〉, 〈수업〉, 〈의자들〉을 중점적으로 주목했다. 제2단계(1980~2000)는 '베케트 페스티벌'과 '이오네스코 페스티벌'이 촉매제가 된 두 작가의 여러 극작품들의 창의적 실험 연출들, 1990년대 문화상호주의와 포스트모더니즘의 영향을 받은 새로운 연출미학에 따른 다양한 수용 양상을 다룬다. 제3단계(2000~2015)는 고전의 '해체/다시쓰기'의 새로운 공연 양식으로 발표된 독창적인 재창작 작업들의 소개이다. 이와 함께, 부조리극 형식이 한국 현대 극작가들의 창작 기법에 끼친 영향과 파르스의 연극성이 배우의 신체훈련 및 화술(diction)의 중요성을 부각시키는 하나의 계기가 되었음을 밝힌다.

「〈보이체크〉 한국 공연의 주요 궤적과 의미」는 1970년대 중반부터 2000년대까지 한국 연극에 의미 있는 영향을 끼친 국내외 연출가들의 〈보이체크〉 공연을 선별해 각 작품의 미학적 특성과 성과, 문제점 등을 살펴본 글이다. 이 논문은 '국내 연출가들의 공연', '국내 합작 공연', '해외 수입 공연'으로 크게 세 파트로 분류한 후 다시 주요 연출가들의 공연을 분석·비평하는 서브 카테고리로 나눠 검토했다. 이들은 원작의 열린 구조에 따른 다양한 버전들과 함께 1980, 90년대의 시행착오, 작금의 국제적 경쟁력을 갖춘 공연 및 해외 연출가들의 개념연출, 혼종 공연들로 한국 공연사를 빛낸 예들이다.

「한국 여성연극의 프랑스 현대 작품 수용 연구─산울림소극장의 활동을 중심으로」는 산울림소극장의 활동을 중심으로 한국 여성연극의 흐름에서 중요한 역할을 담당했던 프랑스 현대극의 수용 과정을 연구한 논문이다. 1980년대 이후 한국 사회는 경제적 풍요와 개방의 물결 속에서 거대 담론으로부터 다원주의로 차츰 변모해가는데 이런 흐름 속에 여성연극도 부각되었고, 여기에 산울림소극장이 제작했던 여성 중심의 프랑스 현대극이 결정적인 변수로 작용하였다. 이 논문은 〈위기의 여자〉를 비롯한 관련 작품들의 공연사를 시대/문화적 흐름과의 관계 속에서 집중적으로 연구하였고, 또 한국 연극에 끼친 영향력과 위상을 조망하였다. 그 과정에서 프랑스 현대극이 1980년대 이후 한국 연극에 수용된 한 궤적을 탐구할 수 있었다.

「독일 문학 및 희곡에서 찾아낸 한국 연극의 화두」는 분단에서부터 시장자본주의의 출현까지 한국 연극과 독일 희곡의 남다른 공감대를 강조하였다. 독일 연극은 격변하는 정치사회적 화두를 무대화하기 위해 일찍부터 레기테아터(Regietheater)라는 독특한 연극 지형을 구축했는데, 이 또한 한국 연극에게 희곡과 무대미학에 있어 포스트드라마틱한 단초들을 제공해주었다. 한국 연극과 주제적, 형식적 공감대를 구축했던 이들 작품들을 일일이 모두 열거하기는 불가능하다. 시기적으로는 1990년대 후반 이후로 제한하고 뷔히너와 브레히트 등이 쓴 독일의 대표적 희곡을 제외한 작품들이 한국 연극에 어떻게 수용되었는가를 살펴보았다. 그리고 희곡작품은 아니지만 프란츠 카프카의 단편들이 무대화된 사례들을 함께 언급하였다.

「한국 현대 무대의 중국 연극—사실주의 수용에서 중국 고전희곡의 재창작까지」는 해방 이후 〈뇌우〉를 통한 리얼리즘 연극의 수용 이후 오랜 단절 끝에 1990년대에 이르러서 비로소 중국과의 연극 교류가 재개되었음을 밝힌다. 그간 베세토(BeSeTo) 연극제와 아시아연출가워크숍 등을 통해 〈천하제일루〉, 〈생사의 장〉, 〈여름날의 기억〉, 〈선비와 망나니〉, 〈황량일몽〉 등을 만났고, '가오싱젠페스티벌, 서울 2011'에서 〈저승〉, 〈삶과 죽음 사이〉 등을 만났다. 2015년 〈조씨고아, 복수의 씨앗〉은 각색을 통한 중국 고전의 성공적인 재창작 작업으로 평가받았다. 서구 연극의 학습을 넘어서서 동양의 고전희곡을 기초로 우리 무대미학을 꽃피울 새로운 연극 세계의 창출이 감지된다는 점에서 큰 의미가 있다.

제2부는 「인여페이스(In-Yer-Face) 연극의 소개와 수용」부터 꼽았다. 본고는 1990년대 중반 영국 연극계를 강타하며 세기말 새로운 연극미학을 선보였던 인여페이스 연극이 약 10여 년 뒤에 한국 무대에 소개되어 어떻게 수용되어왔는가를 다루었다. 많은 작가가 한국 무대에 선을 보였지만 그중에서도 가장 연극계의 관심을 많이 받고 재해석되어 지속적으로 무대에 오르고 있는 사라 케인과 마틴 맥도너의 작품을 중심으로 살펴보았다. 한국 공연에서는 한국 사회의 보수성으로 인해 인여페이스 연극 본래의 강한 폭력성과 선정성, 잔혹성이 약화되거나 순화되어 시적으로, 상징적으로 무대화되는 경향으로 나타났다.

「수행적 미학에 근거한 동시대 해외 공연들」은 한국에 소개된 2000년대 이후 해외 공연들 중에서 수행적 미학에 근거하여 몸성과 수행성을 두드러지게 드러내면서 관객에게 새로운 공연 관람 방식을 유도한 경우들에 주목하고 있다. 이를 통해서 기존의 재현 연극과 다른 '감각적 지각(Aisthesis)'의 문제, 그리고 더 나아가서 수행성을 구성하는 주요 개념들에 대해서도 살폈다. 이 논문에서는 수행성과 몸성을 강조하는 해외 공연들이 새로운 연극미학적 특징들을 어떻게 드러내고, 또한 관객에게 어떻게 수용되며, 더 나아가서 관객은 기존의 수용 방식과 다르게 공연과 어떤 관계를 형성하는지를 연구하였다.

「매체연극과 로베르 르빠주의 연극 세계」에서는 캐나다인으로 영상과의 통합적 무대를 선보이고 있는 르빠주의 연극 세계를 조명하고 있다. 르빠주는 국내에서 성황리에 세 편이나 공연되었으며 유럽과 미국뿐 아니라 세계 곳곳에서 호평을 받은 바 있다. 고도의 기술을 바탕으로 영상 무대 언어로 만들어낸 환상적인 무대는 누구도 흉내낼 수 없는 독창성이 있다. 이 글은 국내에서 공연된 〈달의 저편〉, 〈안데르센 프로젝트〉, 〈바늘과 아편〉에서 매체연극의 미학, 매체연극의 공간 확장뿐만 아니라 한국 연극계에 끼친 영향들을 분석하고 있다.

「동시대 다큐멘터리 연극 : 일상의 흔적과 연극의 정치적 위치 및 지형의 생산—리미니 프로토콜의 〈칼 마르크스 : 자본론, 제1권〉과 〈100% 광주〉, 쉬쉬팝의 〈서랍들〉」은 포스트드라마 연극의 미학적 수행적 관점을 토대로 동시대 다큐멘터리 연극이 어떠한 방식으로 생산자와 수용자의 서로 다른 문화적 위치에서 영향을 미치고 작동하였는지를 살피고 있다. 필자는 이 연극이 기본적으로 사회적, 정치적, 탈자본주의적, 민주(주의)적인 정서를 지향한다고 보면서, 일상적 전문성은 일상의 소외된 주체가 자본–권력으로부터 밀려나 그것이 정치적으로 전시되는 현실을 드러낸다고 보았다. 이 글에서는 참여하는 개인에게 자신의 몸을 역사의 증인으로서 소환시키는 동시대 다큐멘터리 연극의 대표적인 경우로서, 독일의 리미니 프로토콜과 쉬쉬팝의 작업을 소개하고 있다.

「동시대 한국 무대의 일본 연극—스즈키 타다시, 노다 히데키, 사카테 요지, 히라타 오리자를 중심으로」는 1998년 일본 문화 개방 이후 동시대 한국 연극에 많은 영향을 끼친 일본 연극의 의미를 살피고 있다. 전통의 현대화에 대한 성공적 모델을 제시하며 동시대 한국 연극에도 많은 영감을 준 스즈키 타다시와, 연극을 통한 문화상호주의적 실천을 해오며 한국 연극인들과의 작업을 통해 의미 있는 성과를 남긴 노다 히데키, 그리고 일본의 강렬한 사회파 연극인으로 과거사 문제나 동시대 국제 · 사회적 문제를 거침없이 다루며 한일 양국을 가로지르는 '정치연극'의 가능성을 보여준 사카테 요지의 작업을 고찰하고 있다. 그리고 한국에 가장 잘 알려진 연극인으로 제국주의 문제에서부터 현대구어연극(소위 '조용한 연극'), 그리고 로봇연극에 이르기까지 다양한 연극을 선보이며 존재감을 과시하고 있는 히라타 오리자의 연극도 살피고 있다.

마지막 「한국 판소리 무대의 해외작 수용을 통한 새로운 양상」은 동시대 한국 공연 중에서 해외 작품들이 판소리로 재창작 공연되는 양상을 살핀 것이다. 그동안 판소리를 현대적으로 재창작한 작품들이 적지 않았으나 2000년대 들어서 서구 희곡을 판소리로 재창작하면서 관객들의 큰 사랑을 받는 사례가 생겨났다. 판소리계에서 서구 희곡을 재창작 대상으로 삼는다는 것 자체가 획기적인 것이었는데, 이로 인해 판소리 장르에 대한 인식이 확산되면서 그 문화적 가치가 재조명되는 의의가 있었던 것이다. 소위 포스트모던의 재문맥화와 고전의 탈장르화가 일어났다고도 보겠다. 그리고 여기서 더 나아가 해외 관객과의 소통에도 성공하면서 판소리가 세계적으로 그 문화적 가치를 인정받게 되었다고 할 수 있다. 이 글에서는 이러한 수용 양상의 의의를 '문화적 대화'에 성공한 것으로 결론지었다.

이상과 같이 해외 연극은 한국 무대에 끊임없는 자극이 되면서 새로운 공연 기법을 선보였다. 이 수용과 재창작의 과정을 보듬으면서, 바로 한국 현대 연극사의 주요 부분을 기술하고 있음을 깨닫는다. 어려운 가운데 공연을 올렸던 수많은 연극 동지 여러분, 그리고 그 기술(記述)에 애써주신 평론가 여러분, 편집간사로 수고해준 황아람, 그리고 이 책을 내느라 수고하신 푸른사상사 한봉숙 대표를 비롯한 모두에게 깊이 감사드릴 따름이다.

2016년 12월

한국연극평론가협회장 이 미 원

■차례

• 책머리에    5

# 제1부  한국 현대 무대의 해외 연극

이미원    한국 무대에서의 셰익스피어                                    17

송민숙    프랑스 고전극의 수용                                         50

이진아    한국 연극과 안톤 체호프                                      78

신현숙    한국 무대에 수용된 베케트와 이오네스코의 부조리극              109

허순자    〈보이체크〉 한국 공연의 주요 궤적과 의미                       142

김명화    한국 여성연극의 프랑스 현대 작품 수용 연구                     169

이경미    독일 문학 및 희곡에서 찾아낸 한국 연극의 화두                  201

오수경    한국 현대 무대의 중국 연극                                   223

# 제2부  최근의 새로운 동향들

김미희    인여페이스(In-Yer-Face) 연극의 소개와 수용                                255

심재민    수행적 미학에 근거한 동시대 해외 공연들                                 283

이선형    매체연극과 로베르 르빠주의 연극 세계                                     313

임형진    동시대 다큐멘터리 연극 : 일상의 흔적과 연극의 정치적 위치
         및 지형의 생산                                                          339

이성곤    동시대 한국 무대의 일본 연극                                            364

김  향    한국 판소리 무대의 해외작 수용을 통한 새로운 양상                        393


• 참고문헌   419
• 찾아보기   433
• 저자 소개   445

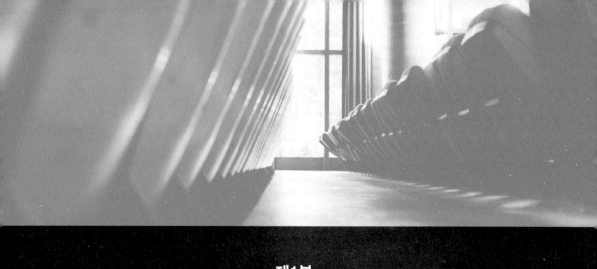

# 제1부
# 한국 현대 무대의 해외 연극

# The Receptions of Foreign Theatres on Modern Korean Stages

# 한국 무대에서의 셰익스피어

■ 〈햄릿〉 공연을 중심으로

이미원

## 1. 서론

셰익스피어가 우리나라에 최초로 소개된 것은 20세기 초반이다. 서양 문화에 대한 소개의 일부로 소개되었으니, 1906년 『조양보』에 소개된 「자조론(自助論)」의 단편적인 논급에서부터 1920년대 찰스와 메리 램의 〈셰익스피어 이야기〉에 이르기까지 셰익스피어 희곡의 소개는 없었다. 1917년 영화로 소개된 〈맥베스〉는 대중에게 셰익스피어를 알리는 계기가 되었으며, 1922년에는 〈로미오와 줄리엣〉이 상연되면 인기를 끌었다.[1] 그러나 1920년대부터 조금씩 셰익스피어의 원작 번역이 시작되었으니, 일부 번역으로 오천원 역의 〈베니스의 상인〉과 이광수 역의 〈줄리어스 시저〉가 있고 전체 번역은 현철 역의 〈하므레트〉와 이상수 역의 〈베니스의 상인〉이

---

[1]  신정옥, 『영미극의 이입과 한국신극에 미친 영향』, 한국외국어대학교 박사학위 논문, 1987, 19~27쪽.

있다.[2] 한국에서 최초로 상연된 셰익스피어극은 번역극이 아니라 원어극으로 1925년 경성고등상업학교가 했던 〈줄리어스 시저〉의 일부가 그것이다.[3] 이듬해 이광수 역의 〈줄리어스 시저〉가 3막 2장뿐인 것을 보면, 브루터스와 안토니의 명연설 3막 2장 한 장면만 공연되었던 듯싶다.

즉 1920년대에는 중역이나 부분역이 주류를 이루었으나 셰익스피어는 위대한 서구 문인으로 알려지기 시작했다. 1930년대 이후부터는 비록 번역 숫자는 적었으나, 직역(直譯)하고 완역하려는 움직임이 커졌으며 나아가서 공연으로까지 이어졌다. 극예술연구회에 의해 〈베니스의 상인〉(1933) 일부가 상연되었으며, 〈페투르키오와 캐트리나〉(1931)는 이화 학생들에 의해서, 〈함레트〉(1938)는 낭만좌에 의해 공연되었다.

이후 해방과 전란을 겪으면서도, 중앙대 연극부의 〈햄릿〉(이해랑 연출, 1949)이나 여인소극장의 〈오셀로〉(박노경 연출, 1950) 및 신협의 〈햄릿〉(이해랑 연출, 1951) 등 셰익스피어는 꾸준히 공연되었다. 뿐만 아니라 대중극에서도 청춘극장의 신파극 〈하멸왕자전〉(한노단 번역·각색, 박상진 연출, 1950)과 악극단 희망의 〈여왕 클레오파트라〉(〈안토니와 클레오파트라〉의 번안, 1953)나 여성국극단의 〈청실홍실〉(〈로미오와 줄리엣〉의 번안, 1956) 등이 공연되었으니, 셰익스피어의 다양한 인기를 말해준다. 특히 신협의 셰익스피어 공연들은 오늘날에도 회자되는 공연으로 당시 셰익스피어의 수용을 한 단계 상승시켜서, 현대 수용의 서막을 알렸다.

그러나 셰익스피어의 동시대 수용은 아무래도 1962년 드라마센터의 개관과 함께

---

2    위의 글, 29쪽.

3    "경성고상 외국어 십이일야 공회당에서 특수한 사극만 상연한다고", 『매일신보』, 1925.12.10. 이듬해 이광수 번역의 〈줄리어스 시저〉가 3막 2장뿐인 것을 보면, 브루터스와 안토니의 명연설 3막 2장 한 장면만 공연되었던 듯싶다.

시작했다고 하겠다. 그 이후 셰익스피어의 수용은 실로 방대한데 제한된 지면에 서술하기란 한계가 있으므로, 본고는 〈햄릿〉을 중심으로 셰익스피어의 수용을 살펴보겠다. 최근 셰익스피어 연구를 보면 〈햄릿〉의 대표성은 더욱 신뢰도를 가진다.

> 1990년에서 2011년까지 〈햄릿〉은 국내외 작품 합해 무려 108개의 프로덕션이 관객과 만났다. 전체 433편 셰익스피어 공연 중 24.9%를 차지하는 수치이다. 국내 공연 단체의 〈햄릿〉은 101편으로 전체 한국 셰익스피어 공연 395편 중 25.6%를 차지한다. 셰익스피어 공연 네 편 중의 하나는 〈햄릿〉인 셈이니 한국의 〈햄릿〉 사랑은 편애의 수준을 넘어, 심지어 일종의 집착처럼 보이기까지 한다.[4]

이렇듯이 〈햄릿〉은 셰익스피어의 대표 작품일 뿐만 아니라, 이들 공연에서 보여준 수용의 경향은 결국 다른 셰익스피어 작품에도 적용되기에 〈햄릿〉을 중심으로 셰익스피어 수용을 논하는 데 큰 무리가 없겠다.

## 2. 근대 셰익스피어의 성숙기(1960~1975)

유치진과 우리 연극계의 숙원 사업이었던 연극 전용 극장 드라마센터가 1962년 4월 문을 열었는데, 그 개막 공연이 〈햄릿〉이다. 유치진과 이해랑의 공동 연출로 최초로 50여 일에 걸친 최장기 공연을 감행하였는데, 그만큼 연극계 인텔리들의 드라마센터에 대한 기대가 반영되었다. 장기 공연을 위해서 더블 캐스팅을 했으며, 공연의 주요 멤버들은 과거 신협의 멤버였다. 말이 공동 연출이지 개관 행사로 바빴던 유치진은 결국 신협에서 〈햄릿〉을 연출했던 이해랑에게 연출을 맡겼고 김동원

---

4  이현우, 『한국 셰익스피어 르네상스』, 도서출판 동인, 2016, 42쪽.

1962년 〈햄릿〉의 출연진과 연출 이해랑

이 다시 햄릿 역을 맡아서 관객들을 매료시켰다. 따라서 연출이나 연기에서의 기본 스타일은 신협의 공연과 다르지 않았으나, 공연 여건은 전시 아래의 1950년대와는 달랐다.

우선 공연장이 프로시니엄이 아니라 셰익스피어의 글로브극장과 같은 반원형이었으니, 연기자들이 어색해하기도 했다. 햄릿을 맡았던 김동원은 연기에 집중하기에 무대가 너무나 관객과 가까이 있는 듯했다고 회상하기도 한다.[5] 즉 드라마센터의 무대는 프로시니엄 연기가 종료됨을 알리는 공연이기도 했으니, 곧 여기서 많은 아방가르드 실험극이 공연된 것도 우연이 아니다. 공연의 연기는 주목을 받는데, 이 공연을 통해서 오현주, 권영주, 김성옥, 김동욱, 김성원 등이 새롭게 떠오르는 연기자로 등장하였다.[6] 음악과 조명도 새로운 기계장치로 인하여 신선하고 새로웠으나, 전하는 비평에 의하면 공연은 새 장치들을 조정 미숙으로 인하여 십분 활용하지는 못했다고 한다.[7] 또 다른 비평은 연기는 뛰어났으나, 장치, 조명,

---

5    김동원, 『미수의 커튼콜 : 김동원 나의 예술과 삶』, 태학사, 2003, 272~273쪽.
6    「〈해믈리트〉의 다섯별 프로필」, 『경향신문』, 1962.5.3.
7    『경향신문』, 1962.4.16.

의상 부문은 별 주의를 끌지 못했다고 한다.[8] 그러나 특히 여석기 번역과 이해랑 연출이 뛰어났으니, 연출은 원형무대에서 블록킹을 잘했다고 평가받았다.[9] 이러한 다양한 평들을 종합할 때, 전반적으로 〈햄릿〉 공연은 잘 받아들여진 것 같다.

셰익스피어 탄생 400주년이 되는 1964년은 더욱 대대적으로 셰익스피어 축제가 펼쳐졌다. 한국셰익스피어협회와 영어영문학회가 주축이 되어 강연, 세미나, 사진전 등등이 개최되고, 셰익스피어 페스티벌로 국립극단의 〈베니스의 상인〉, 신협의 〈오셀로〉, 실험극장의 〈리어 왕〉, 동인극장의 〈안토니와 클레오파트라〉, 산하의 〈말괄량이 길들이기〉, 민중극장의 〈뜻대로 하세요〉 및 드라마센터의 〈햄릿〉 등이 올려졌다. 여기에 참여한 극단들은 당시를 대표하는 극단이었고, 이 페스티벌은 전반적으로 셰익스피어를 대중에게 널리 알렸으며 연극 관객도 늘렸다. 드라마센터의 〈햄릿〉은 여석기에 의해 새롭게 번역되었고, 새로운 연출가 오사랑에 의해 연출되었다. 그러나 근본적으로는 드라마센터의 영향 아래에 있었으니, 1964년의 〈햄릿〉은 1962년 개관 공연 〈햄릿〉과 유사하였다. 즉 비록 프로시니엄 무대에서 벗어났다고는 하나, 아직 사실주의적 근대극의 연장선상에 있었다고 하겠다.

1970년대에 들어서도 아직 셰익스피어 공연의 큰 변화는 없었다. 같은 연장선상에서 공연되었는데, 그 대표작으로는 1971년 실험극장은 〈햄릿〉을 꼽겠다. 역시 여석기 번역에, 표재순 연출로 공연되었으며, 햄릿 역은 김동훈이 맡았는데 〈햄릿〉의 주역이 종종 그러했듯이 이후 떠오르는 스타가 되었다. 이 공연의 사진을 보면 오필리어는 금발 가발을 쓰고, 의상은 엘리자베스 시대로 다가가려 했던 듯 젊은 남성들은 검은 스타킹에 흰 블라우스를 입고 띠를 매었다. 역시 리얼리즘에 충실하려

---

8　「입체감이 넘친 무대 〈햄리트〉」, 『조선일보』, 1962.4.15.

9　『한국일보』, 1962.4.14.

했던 근대 사실주의적 〈햄릿〉이었음을 말해주고 있다. 1970년대 초반 최대의 관객을 동원한 공연으로 기록되기도 했다.[10] 1977년 현대극장은 여석기 번역, 김효경 연출로 청소년을 위한 〈햄릿〉을 공연했다. 행동하는 햄릿 역의 정동환은 당시 여학생들에게서 역시 굉장한 인기를 끌었다 한다. 고민하는 햄릿에서 좀 더 행동하는 햄릿으로 그렸을 뿐 연출 스타일이나 방향의 큰 변화는 없었다.

주목할 만한 외국 공연으로는 1970년 피터 포터(Peter Potter)가 이끄는 런던 셰익스피어 그룹의 내한 공연이 있었다. 이들은 〈겨울이야기〉〈오셀로〉〈십이야〉 및 〈햄릿〉의 하이라이트를 보여주었다. 이 공연은 런던의 셰익스피어 정통 연기와 엘리자베스 시대의 고증 의상을 선보여서, 우리 연극계에 자극이 되었다. 소위 정통 셰익스피어 공연을 우리 관객이 맛보았다 하겠다.

이 시기 셰익스피어 공연이 보여주었듯이, 우리 현대극은 근대 사실주의극을 성숙시키며 한 단계 높은 수준의 공연을 보여주었다. 물론 한편으로는 부조리극도 소개되었지만 역시 서구의 많은 번역극들이 깔끔하고 세련되게 사실주의나 수정사실주의적으로 공연되었다. 셰익스피어 공연들도 이러한 연극계의 경향을 더욱 굳히면서 영향을 주고받았다.

그러나 1970년대 중반을 넘으면서, 셰익스피어 수용의 변화는 서서히 나타나기 시작했다. 1970년대에 들면서 일기 시작했던 우리의 뿌리 찾기와 정체성에 대한 관심은 우리 전통에 대한 깊은 관심을 불러일으켰다. 그리하여 전통의 수용 실험들이 연극에서도 나타나기 시작했다. 셰익스피어 공연에도 예외는 아니어서, 아마도 〈하멸태자〉가 그 가시적인 첫 성과일 것이다.

---

10  신정옥 외, 『한국에서의 서양연극 : 1900~1995년까지』, 도서출판 소화, 1999, 72쪽.

## 3. 창의적 실험과 다양한 연출미학(1975~1990)

〈햄릿〉 수용의 변화는 1976년 안민수의 〈하멸태자〉에서 시작된다. 안민수 연출은 서구 아방가르드 실험극의 일환으로 그 연장선상에서 일종의 문화상호주의적 〈하멸태자〉를 올렸다. 그러나 한편 한국의 뿌리 찾기와 전통의 재창조라는 시대적 소명에 부응하며 등장한 공연이기도 하다. 우선 제목부터 〈햄릿〉이 아니라 〈하멸태자〉로, 한국식 번안이다. 등장인물들은 모두 옛 신라의 한국식 이름을 가졌으며, 한복을 입고, 한국 무용이 삽입된다. 즉 셰익스피어에 한국 전통 연희를 접목시키려 하였으니, 지팡이, 북, 흰 한삼, 가야금 등 전통적인 소품도 종종 등장한다. 사고 역시 '번민하는 햄릿'과 '행동하는 햄릿'의 문제를 넘어서, 동양 사상의 '무(無)'를 근간으로 한 듯 무대 역시 빈 공간이다.[11] 그러나 복원적인 전통과는 거리가 멀었으며 동북아시아 전통 역시 활용하였다. 그러하기에 일본적이라는 불평도 있었으니, 일본의 노 드라마처럼 얼굴을 희게 칠한다든지 의상마저도 일본 고전 의상에 맞도록 변형되었다.[12]

그러나 〈하멸태자〉가 당시 해외 공연에서 얻은 성과는 대단하다. 유럽에서는 "마치 한국인 자신의 오리지널처럼 셰익스피어를 다루고 있다. 그것은 하나의 'Ur-Hamlet'이다"라고 하며 "한국의 전형적인 진정한 가치를 평가할 수 있는 공연"이라고 평가했으며,[13] 『뉴욕타임스』는 〈하멸태자〉를 사진과 함께 보도하면서,

---

11  신현숙, 「시-공 체계를 통한 서양 연극의 동양화 : 〈하멸태자〉」, 『한국연극학』, 6권 0호, 한국연극학회, 1994, 217~241쪽 참조.

12  서연호, 「연극의 재미와 가치—76년의 극계를 돌아보며」, 『한국연극』, 1976.12. "긍정적인 시각은 동양 여러 나라의 연극 형태와 우리 전통 형식을 접합, 새로운 무대 형식을 시도하고 있다는 것이며, 부정적인 시각에서 있어서는 너무도 일본화했다."

13  네덜란드, 『텔리그라프』지(紙).

〈하멸태자〉

"피리의 가락과 함께 〈하멸태자〉에서는 한국어 대사가 음률처럼 사용되었다. 이 연극은 색채와 율동의 만화경이며 유덕형의 조명 디자인은 서구 스타일과는 전혀 달리 정교하게 움직이고 있어 무대 위에서의 색채와 배우들의 동작이 독특한 스타일을 형성하고 있다. 배우들은 마치 조명과 대화하고 있는 듯하다. 의상 역시 호화롭다"고 했고, 『댈러스모닝』지도 "〈하멸태자〉는 꽃꽂이처럼 잘 정돈된 작품"이라고 격찬했다.[14]

이렇듯이 〈하멸태자〉는 한국과 동양 전통을 활용하여 문화상호주의적으로 연출되었다. 따라서 리얼리스틱한 연출 스타일에서 벗어나서, 당시 서구 아방가르드 실험극과 그 맥을 같이하였다. 이러한 〈하멸태자〉는 단순히 셰익스피어의 수용 문제에서 나아가서, 한국 연극의 방향을 트는 확실한 신호탄이기도 했다.

이러한 변화는 1974년 동국대학교 학생들의 공연 마로위츠(Marowitz)의 〈햄릿〉에서 예감되기도 했다. 사건의 흐름이 아니라 의식의 흐름에 초점을 두어 뚜렷한 줄거리도 없이 아무 행동도 진행되지 않는 마로위츠의 〈햄릿〉은 서구의 새로운 변화를 말해준다. 이는 〈햄릿〉을 부조리극으로 바꾸고 질서와 이성의 힘으로 그 부조리를 극복하려는 노력으로, 서구 최초로 셰익스피어와 직접적으로 무관(?)한 〈햄릿〉이 번역되고 공연되었다는 것은 새로운 시작을 알렸다. '현대의 무의식 속에 살아

한상철, 「가면극(假面劇) 연구(硏究) 노우트 9 : 한국연극(韓國演劇)의 해외공연(海外公演)—〈봉산탈춤〉, 〈하멸태자〉」, 『연극평론』 16권 0호. 한국연극평론가협회, 1977, 46~58쪽에서 재인용.
**14** 『경향신문』, 1977.3.30.

있는 기존 관념들을 파괴하'며, '인간 내면의 부정적 측면을 통찰'했다고 하겠다.[15] 〈햄릿 다시 태어나다〉(1977)은 역시 장 사르망 원작 〈햄릿의 결혼〉의 개명으로, 이창구 역, 정진 연출로 극단 사계에 의해 초연되었다. 셰익스피어 원작 〈햄릿〉이 죽은 후에 왕자가 아닌 평민으로 다시 태어난 가상에 초점을 맞춘 연극이다. 진정한 사랑을 찾는 주제였는데, 역시 〈햄릿〉의 변주까지 소개되었다는 의의가 크다. 뿐만 아니라 1975년 극단 가교가 〈햄릿〉을 공연했는데, 특별히 죽음을 주제로 강조했다. 〈햄릿〉의 원본을 무시하고, 새로이 죽음에 포커스를 맞춰 해체하여 재구성했다. 즉 이제 〈햄릿〉의 의미 변형도 나타나기 시작했음을 예시하고 있다. 이후 우리 연극계도 셰익스피어에 대한 새로운 해석이 다양하게 나타난다.

1981년 새로운 〈햄릿〉 공연들이 등장했으니, 극단 맥토의 〈마로위츠 햄릿(The Marowitz's Hamlet)〉의 재공연과 현대극장의 〈햄릿〉, 그리고 극단 76의 기국서의 〈햄릿 1〉 공연을 꼽겠다. 맥토의 〈마로위츠 햄릿〉은 "영상 화면을 사용하여 무대에서는 볼 수 없는 많은 것을 보여"주었다고 하고, 현대극장의 〈햄릿〉은 "간단한 의상과 일상적인 어휘를 사용하여 관객에게 접근을 시도했으며, 광기의 가면 속에 붕괴되는 인간 감정의 처절상을 잘 표현하여 폭력을 전달하려" 했다 한다.[16] 이러한 해석이 "이 시대의 관심사에 눈을 돌린 싱싱한 역사 감각의 소산"이라는 극찬을 받기도 했다.[17] 그러나 어느 공연보다도 주목되는 것은 기국서의 〈햄릿 1〉이다. 이는 시리즈로 계속되며, 1980~90년대의 사회문제를 비춘 정치극으로 오늘날에도 회자된다.

---

15 신정옥, 『셰익스피어 한국에 오다』, 백산출판사, 1998, 176쪽.

16 신정옥 외, 앞의 책, 98쪽.

17 이태주, 「스튜디오의 〈햄릿〉」, 『주간조선』, 1981.4.12, 67쪽.

〈햄릿 1〉에는 청바지를 입은 70명의 배우들이 등장하는데, 연출은 햄릿 아버지의 살인보다는 역사의 아웃사이더 군중에게 관심을 갖는다. 즉 그는 오늘날 무관심하고 무능한 군중들을 비판하려고 했다. 햄릿 왕의 살해와 광주의거의 유사성을 교묘하게 겹치는데, 〈햄릿〉이나 한국의 군중들은 아무것도 못 본 체하고 싶어 한다. 그러하기에 비겁하고 무지하며 이기적인 군중들이 〈햄릿 1〉에서 조롱되었다. 연출은 극중극 기법을 종종 사용하여서, 전체 공연이 리허설같이 보이기도 했다.[18] 예를 들어 레어티스에게 햄릿이 찔려 죽고 나면, 호레이쇼, 길덴스텐과 로젠크란츠가 왕과 레어티스를 죽이기 위해 총을 쏘며 뛰어든다. 이러한 장면들은 리허설같이 보이는데, 극중극 기법을 잘 활용한 예라고 하겠다. 뿐만 아니라 20여 개의 인간 크기의 더미들이 나오고, 50여 명의 유령들이 비닐 옷을 입고 등장하며, 현실을 환영과 혼재한다. 여기다 현실을 조롱하고 희화화하기 위해, 속어와 욕설들이 난무했다. 실로 〈햄릿〉의 동시대적 해석이요, 언론이 삼엄하게 통제되던 시대에 정치극의 진수(眞髓)라고 하겠다.

1982년 〈햄릿 2〉는 더욱 자유롭게 번안되었으니, 연출은 개인적일 수도 있는 문제를 사회적인 것으로 해석했다. 〈햄릿 2〉의 질문은 개인의 '사느냐, 죽느냐'가 아니라 사회의 '진실인가, 아닌가'의 문제이다. 즉 셰익스피어의 〈햄릿〉은 인간의 내재적 욕망의 비극이 아니라 광기와 폭력의 비극으로 바뀌었다. 〈햄릿 1〉이 주로 스펙터클로 쇼킹했다면, 〈햄릿 2〉는 본격적으로 사회와 역사의 문제를 다루었다. 〈햄릿 1〉의 70명이 넘던 등장 배우는 〈햄릿 2〉에서는 13명으로 압축되었고, 사회에 대한 보다 분명한 메시지를 전한다. 일례로 "형을 죽이고 왕이 된 햄릿의 숙부와 왕의 하수인 로즌크랜츠와 길든스턴을 극중에서 마약중독자, 동성연애자로 설정, 부

---

18 「연기자 70여명의 대형 실험극, 극단 76의 기국서의 〈햄릿〉」, 『동아일보』, 1981.4.16.

도덕한 지도층의 정신적인 퇴폐를 묘사하고" 있다.[19] 즉 "오늘의 우리 현실과 연결시켜 혼란된 한 국가의 정치적 몰락이 아편처럼 광기와 테러로 번져 파멸되어가는 과정으로 극 흐름을 처리했다."[20] 1985년 〈햄릿 3〉에서 정치적 메시지가 가장 뚜렷이 드러났다 하는데, 여기에 대한 언급은 검열로 인해 찾아볼 수가 없다. 공연 중에는 극장을 500

〈햄릿 2〉

여 명의 전투경찰이 에워싸고 있었다고 전한다. 실로 〈햄릿 1, 2, 3〉는 본격적인 세익스피어 번안의 시발이요 당대를 향한 정치 희화화였다.

기국서의 〈햄릿〉 실험은 〈햄릿과 오레스테스〉(1984), 〈햄릿 4〉(1990)와 〈햄릿 5〉(1990)로 이어진다. 〈햄릿과 오레스테스〉는 〈햄릿〉과 사르트르의 〈파리떼〉를 합성한 것으로, 당시 정치 상황을 바탕으로 〈햄릿〉은 나약한 지성의 좌절로 〈파리떼〉는 순수한 정신의 극복으로 해석하여 두 작품을 합하여 보여주었다.[21] 연출가 기국서는 "「방황하는 젊은 지성」이라는 동일 주제 밑에 〈햄릿〉은 현대의 젊은 지성이 정치적 현실 속에서 어떻게 참여하고 좌절하는가에, 〈파리떼〉는 이 좌절을 어떻게 극복하고 행동과 실천으로 옮기는가에 중점을 두어 5시간 연속 공연이 일관적인 흐름으로 이끌어진다"고 말한다.[22] 그리하여 문예회관(지금의 아르코 대극장)에서

19  신정옥 외, 앞의 책, 98~99쪽.
20  「기국서 연출 〈햄릿 2〉」, 『한국일보』, 1982.11.17.
21  신정옥 외, 앞의 책, 100쪽.
22  「두 개의 이색 대형무대―〈햄릿〉·〈파리떼〉 각색 5시간 연속 공연」, 『한국일보』, 1984.5.16.

는 〈햄릿〉을, 극장 로비에서는 〈파리떼〉를 공연했다. 그러나 정부의 공연 중지 명령으로 아쉽게도 단 하루밖에 공연하지 못했다. 〈햄릿 4〉는 당시 의문사에 영감을 얻어서 젊은이들의 고뇌와 방황으로 그렸으며, 〈햄릿 5〉는 뮤지컬 형식으로 디스코풍의 춤과 노래, 토크 쇼, 인형극, 마임, 노골적인 욕설과 음담패설 등의 장면들로 대체된다.[23] 그러나 전편의 〈햄릿〉 공연들이 주었던 쇼크와 감동에는 미치지 못했다. 당시 평문들도 막연히 정치 상황과 햄릿을 대치시켰을 뿐, 적확한 의미성이 드러나지는 못했다고 평한다.[24]

그러나 기국서의 〈햄릿〉 실험은 우리 공연사에 큰 족적을 남겼으니, 포스트모더니즘의 해체를 떠올릴 만큼 셰익스피어의 〈햄릿〉을 당시 우리 정치 상황에 빗대어 자유롭게 번안했으며 담대한 정치극을 시도했다.

1986년 이길재 번안·연출로 공연되었던 〈86 햄릿〉은 소극장 하나방에서 공연되었는데, 1979년의 모노드라마를 기초로 안민수의 한국화 작업을 계속하였다. 막과 장의 구별 없이 장면 전환은 광대들에 의해 이루어졌고, 햄릿을 동궁전하라고 칭하는 등 한국식 언어를 활용했으며, 많은 부분 판토마임으로 처리되었다. 이러한 시도는 〈햄릿〉이 1990년대 가서 마임극으로 다시 태어나는 기반이 되었다.

한편 이해랑 연출 〈햄릿〉도 1985년과 1989년 시도되었으니, 리얼리즘을 바탕으로 하는 능숙한 연출은 "80년대에 있어 최고의 공연"이라는 평가를 받기도 했다.[25] 호암아트홀 개관 기념 공연으로 기획되었던 본 공연은, 유인촌이 햄릿 역을 맡았으며 30여 년 전 햄릿을 맡았던 김동원은 클로디어스 역을 맡아 열연하였다. 작품은

---

23 신정옥 외, 앞의 책, 99쪽.
24 김성희, 「실험정신 돋보인 기국서의 〈햄릿 4〉」, 『주간조선』, 1990.2.25.
   김방옥, 「정치사회 문제 접근 '깊이' 없어」, 『동아일보』, 1990.10.8.
25 신정옥 외, 앞의 책, 103쪽.

이해랑 연출의 진수를 보여주었던 동시에 근대부터 이어온 리얼리즘 번역 공연의 최고봉을 보여주었다. 기존에 비해 엄청난 제작비를 투여했다고 하며, 따라서 화려한 무대였다. 뿐만 아니라 인생의 양면성, 즉 삶과 죽음, 선과 악, 신의와 배신, 사랑과 증오 등을 조화시켰던 무대로,[26] 긴 세월에 걸쳐 여섯 번이나 〈햄릿〉을 연출했던 연출의 리얼리즘 신조는 다음의 말에서 잘 나타난다. "마치 연출가가 배우의 연기를 통하여 자기의 모습을 관객에게 보이듯이, 시적 기능도 무대에 직접 얼굴을 내보이지 않고 배우들의 무대 생활을 통하여 관객들에게 전달된다."[27]

이렇듯이 1975년에서 1990년에 이르는 시기는 일종의 변화의 격동기로, 셰익스피어의 한국화 혹은 문화상호주의적 공연이 시작되었고 그 번안과 해체가 시도되었다. 물론 전대의 리얼리즘에 기반하여 완성도 높은 공연도 있었으나, 더 이상 소위 정통적인 셰익스피어 공연은 그 주류가 될 수 없었다. 이 시기 우리 연극계 역시 전통 수용의 강조와 리얼리즘 연극의 파괴 경향은 자리 잡아가고 있었다. 새로운 변화의 물결이 시작되었으며, 셰익스피어의 〈햄릿〉 역시 이러한 시대를 이끌고 반영하였다. 이 시기는 포스트모던 현대극을 향한 기초를 마련하고 있었다.

## 4. 한국 포스트모던 시대와 〈햄릿〉(1990~2016)

1980년대까지만 하더라도 기성 극단의 셰익스피어 공연은 일 년에 한두 편 보기가 쉽지 않았을 정도로 셰익스피어는 고가의 귀중품 같은 취급을 받으며 드물게 공연되었고, 또 공연된다는 사실만으로도 화제가 되곤 하였다. 하지만 1990년부터 이러한 상황은 급반전을 맞는다 …(중략)… 점차 그 수가 폭발적으로 증가하여 1990년부터 2011년까지

---

26  유민영, 「호암아트홀 〈햄릿〉 공연을 보고」, 『중앙일보』, 1985.5.18.
27  이해랑, 「셰익스피어 작품의 극장성」, 호암아트홀 〈햄릿〉 프로그램, 1989.4.15~23.

무려 433편의 셰익스피어 공연이 이루어졌다. 이중 외국 공연 단체에 의한 셰익스피어 공연물 38편을 제외하더라도, 총 395편이라는 엄청난 숫자의 한국 셰익스피어 공연물이 제작되었다. 실로 놀라운 셰익스피어 사랑이자 열풍이고, 생산량이라고 하지 않을 수 없다. 특히 주목할 부분은 2000년대 들어 한층 활발해진 셰익스피어 공연이 2009년부터 2011년까지 최근 3년 동안은 더욱 폭발적으로 증가하여 무려 150편이나 공연되었다는 사실이다. 이러한 지속적인 증가 추세에 비추어 한국의 셰익스피어 열풍은 앞으로도 계속 확대되어 갈 것임을 예상케 한다.[28]

다소 긴 인용문을 앞세운 것은 소위 포스트모던 시대를 맞은 한국 사회에서의 셰익스피어 열풍을 말하기 위해서다. 어째서 셰익스피어가 이토록 갑자기 주목받았던 것일까를 생각해보지 않을 수 없다. 아마도 이는 포스트모던 시대의 세계화 시도와 가장 관계가 있지 않을까 사료된다. 셰익스피어라는 세계화된 문호를 통해서 연극의 가장 큰 언어의 장벽을 넘어서 세계로 나아가는 시도들은 세계화를 겨냥한 공연들에게 유효했고, 따라서 이후 꾸준히 이어졌다. 한국 포스트모던 초기에는 문화상호주의적 연출 수법으로, 새 밀레니엄 이후는 과감한 혼종과 재문맥화로 셰익스피어 공연은 세계 속의 공연으로 진출하는 가장 빠른 지름길이기도 했다. 초창기 세계화 시도들에서 시간이 갈수록 여러 혼종과 과감한 재문맥화를 통하여 오늘의 이야기를 하기에도 이르렀다. 패스티시가 포스트모더니즘의 창작기법인 것을 확실하게 알린 사례 역시 셰익스피어 공연을 통해서였다.

뿐만 아니라 1990년대는 한국도 저작권법에 가입하여 신작의 경우 저작료를 지불해야 했다. 이는 극단들에게 상당한 부담이었을 것이다. 우선 그 비용도 문제고 또 어떻게 누구를 만나서 저작료를 지불해야 하는지도 잘 몰랐다. 그렇기에 저작권

---

28 이현우, 앞의 책, 11쪽.

에 상관이 없는 고전의 공연이 더욱 성행하였을 것이다. 이러한 공연계의 변화 와중에서 포스트모던 시대로 향했던 한국 셰익스피어 수용을 살펴보면 다음과 같다.

## 1) 개방 시대와 〈햄릿〉의 세계화 시도들(1990~2000)

1998년은 한국 문화사에 중요한 기점이다. 88 서울 올림픽이 열렸으며, 이를 계기로 우리 사회가 본격적으로 개방되기 시작하여 오늘날 세계화의 시점이 된다. 연극계도 예외는 아니어서, 올림픽 문화행사였던 '88 연극토론회'에는 마틴 에슬린, 존 엘슴, 아와스티 등 유명 학자들이 참석했으며 '세계성을 잃지 않으면서도 민족 문화적 독자성을 추구'한다는 결의로 끝났다. 아마도 세계성에 대한 최초의 언급이 아닌가 싶다.

서울 올림픽을 계기로 세계화를 반영한 듯이 해외 연극의 초청이 이어졌는데, 셰익스피어 공연도 예외는 아니어서 1990년부터 러시아 유고자파트 극단의 〈햄릿〉, 일본 류잔지 극단의 〈맥베스〉(1991), 대만 당대전기극장의 〈욕망성국〉(맥베스, 1991), 영국 셰익스피어 극단의 〈맥베스〉와 〈십이야〉(1992) 및 일본 스즈키 타다시의 스코트 극단의 〈리어 왕〉(1994) 등을 꼽을 수 있다. 이들은 한국의 귀족적이며 사실주의적 셰익스피어 연극에 종지부를 찍고, 새로운 해석과 실험으로 나아가게 박차를 가했다. 모스크바 유고자파드 극단의 〈햄릿〉(1990) 공연을 살펴보면, 빛과 암흑의 대비가 돋보이는 가운데, 극이 빠르게 진행되고 리듬이 충만한 무대였다. 다섯 개의 원기둥을 제외하고 텅 빈 무대에는 신시사이저를 활용하여 빠른 록 음악이 경쾌했다. 어둠이 상징하는 테마는 '악', 여기에 '어두운 정열을 안고 체제의 폭력에 항거하는' 새로운 햄릿을 부각했다.[29] 한마디로 '넘치는 에너지의 무대'로, '다

---

**29** 『동아일보』, 1990.6.21.

섯 개의 긴 원통만으로 처리된 텅 빈 무대를 상상을 초월한 대담한 동작선으로 휘젓고 다니며 대사를 던지는 배우들은 스포트라이트 속에서 관객에게 도전'했다.[30] 한국 관객에게 실로 '빠른 템포의 움직임, 영화적인 수법을 활용한 클로즈업의 조명법, 신시사이저의 음을 이용한 풍부한 리듬의 현대음악' 등으로 깊은 인상을 남겼다.[31] 이현우는 다음과 같이 유고자파트 극단의 공연 효과를 정리하고 있으며, 이는 전적으로 유효하다.

> 첫째, 셰익스피어 공연 기법의 핵심인 빈 무대와 연쇄적이고 신속한 장면 전환의 중요성을 각인시켰다. 둘째, 어떻게 과거의 셰익스피어가 현대와 만나 화학적 결합을 이루어낼 수 있는가에 대한 한 방법을 제시해주었다. 셋째, 의상과 음악에 배어 있는 슬라브적 색채는 어떻게 영국의 셰익스피어가 효과적으로 지역화할 수 있는가에 대한 모범을 보여주었다.[32]

한국 관객이 소위 언어가 부수적으로 되며 이외의 요소가 무대를 지배하는 포스트모던 공연을 봤다고 하겠다. 러시아화하고 현대화된 〈햄릿〉은 새로운 셰익스피어의 가능성을 확인시켰다. 이러한 새로운 움직임은 〈햄릿〉 공연의 여러 부문에서 나타나기 시작했으니, 그 대표 공연을 살피면 아래와 같다.

1992년 한국마임협회는 창립 20주년 기념 가면 마임 〈햄릿〉(유홍영·임도완 공동 창작 연출)을 올렸다. 공동 연출 임도완은 "가면극의 상징성에 마임을 결합, 〈햄릿〉에 내재되어 있는 인간의 본성과 잠재의식을 형상화하려 했다"고 전한다.[33] 이길재

---

30 『동아일보』, 1990.7.10.

31 『동아일보』, 1990.6.21.

32 이현우, 『한국 셰익스피어 르네상스』, 도서출판 동인, 2016, 55쪽

33 권혁종 「가면마임 〈햄릿〉 이색무대」, 『조선일보』, 1992.6.14.

의 〈86 햄릿〉에서도 그 싹을 보았었지만 이제 본격적으로 마임으로 공연되었으니, 이미 언어 이외의 몸의 움직임이 강조되기 시작했다는 새로운 출발을 알렸다.

1993년에는 예술의전당 개관 기념작으로, 극단 자유가 〈햄릿〉을 올렸다. 연출 김정옥이야말로 안민수에 이어서 본격적으로 〈햄릿〉의 한국화를 고민했으니, "셰익스피어를 배반하지 않으면서 한국적인 햄릿상을 보여주겠다"라는 연출 의도에서도 잘 드러난다.[34] 극단 자유의 〈햄릿〉은 막이나 장의 구분을 없애고 몽타주 기법으로 배열했으며, 직전적인 플롯의 진행도 무시했다. "특히 광대들을 처음부터 등장시켜 연극 속의 연극이란 2중극으로 꾸며간다. 그 중간중간엔 〈무덤 파는 노래〉 〈상여 노래〉 등의 소리가 끼어"들었으며, "햄릿의 왕관은 우리의 옛 관모를 연상시키고, 마녀는 무당을 연상시키는 등 등장인물들의 의상(무대미술 이병복) 역시 우리의 냄새를 물씬 풍긴다"고 했다.[35] 실로 공연의 초점을 광대와 한국적 놀이로 축약시키고, 극을 몽타주 기법으로 풀어갔다. 여기에 무대미술은 지대한 역할을 했으니, 특정한 시공간을 초월한 광활한 무대가 인상적이다. 다만 "오늘날의 한국적 햄릿의 새로운 이미지를 부각시키지 못했다는 아쉬움"이 컸으나, "연극미학적으로 많은 것을 생각하게 했던 공연"이었다.[36] 이 공연은 '한국문화 소개의 달'에 프랑스와 독일 등지에서 초청되어서 열띤 호응을 받았다.

한편 극단 띠오빼빼는 1995년 러시아 연출가 에카테리나 오브라스토바를 초청하여 조광화 번안·각색의 〈햄릿〉을 올렸다. 본 공연은 연출보다 각색으로 주목받았는데, 햄릿과 오필리어 및 레어티즈라는 3인의 관계에 초점을 맞췄다. "햄릿과 오

---

**34** 신정옥, 『셰익스피어 한국에 오다』, 166쪽.

**35** 권종혁, 「연극 〈햄릿〉 우리 굿판 접목 눈길」, 『조선일보』, 1993.3.26.

**36** 이미원, 『주간조선』, 1993.4.15.

필리어 두 연인 사이 외에 남매간인 오필리어와 레어티즈의 근친상간적인 사랑을 다"룬 삼각관계로 해석했다.[37] 〈제망매가〉를 부르는 등등 무속적이며 불교적 색체가 곳곳에 보였으며, 판토마임은 극중극으로 활용되었다. "원형에의 관심입니다. 레어티즈, 오필리어, 햄릿은 싸우고 있습니다. 싸우는 자의 정열이 가능한 한 원시적이고 샤먼적으로 드러나길 바랐습니다"라는 조광화의 말처럼,[38] 이 3인은 존재의 의미보다는 사랑의 의미를 찾아 싸우고 방황한다.

1995년 이윤택에 의해 연출된 〈햄릿〉은 본격적으로 무속에 기저하고 있다. 연출은 그의 해석이 삶과 죽음의 카니발 안에 있다고 한다. 그는 표현 매개로 셰익스피어의 시적인 언어보다 몸에 중심을 두었으며, 몸의 움직임들은 한국 전통 연희와 무술 등에서 빌려왔다. 그러나 공인된 복원적인 움직임이 아니라 현대적 감각이 살아 있어서 진정한 전통과 현대의 퓨전이라고 느껴졌다. 무속적 요소들은 종종 눈에 띄는데, 햄릿과 선왕 유령과의 만남이나 오필리어의 미친 상황은 무속의 접신으로 간주했다. 무덤 파는 사람들은 삶의 카니발의 연장으로 보았고, 그러하기에 떠도는 전통의 남사당패가 등장한다. 이러한 모든 한국 전통적 연희는 오늘의 감각으로 변화되었다. 성적인 함의도 해석에서 극대화하였는데, 오이디푸스 콤플렉스는 햄릿과 왕비의 관계에서 분명히 드러난다. 햄릿은 어머니와 아들이라는 관계에서 보기에는 공격적인 성적 도발을 왕비에게 한다. 오필리어와 그의 오라비 레어티스도 근친상간의 조짐을 보여주는데, 이들은 적극적으로 서로 만지고 포용한다. 왕과 오필리어의 관계도 성 관계가 있는 듯 묘사된다. 따라서 공연은 이러한 성적 에너지가 분출될 것만 같은 숨은 에너지로 가득 찼다. 극중극은 더욱 현실에서 멀어진다. 배

---

37  신정옥, 앞의 책, 168쪽.
38  「작가의 말」, 「극단 피오빼빼 〈햄릿〉 공연 프로그램」

우들은 꼭두각시들 같으며, 영어로 말한다. 생소한 언어의 사용은 낯설게 하기 효과를 준다. 아마도 이 공연이 한 언어 이상으로 공연된 멀티 언어 공연의 효시라고도 하겠다. 전체적으로 춤, 움직임, 음악 및 노래 등은 한국 문

〈햄릿〉(이윤택 연출)

화에서 왔지만, 역시 서구나 일본 등 많은 문화에서도 왔다. 즉 한국 문화의 강한 영향력에도 불구하고, 이 공연은 많은 문화를 포용하고 있다. 무대 중앙에 자리 잡은 무덤도 죽음의 세계가 가까이 있음을 암시한다. 탈의 활용은 이국적이면서도 동양적인 느낌을 공연에 드리웠다. 실로 다문화 상호적인 공연이라고 하겠다.

1999년 김아라의 〈햄릿 프로젝트〉 역시 주목할 만한 공연으로 〈마로위츠 햄릿〉을 텍스트로 삼았다. 그러나 인물의 해석은 오히려 〈햄릿〉에 더 가까운 소외된 인물이며, 소아마비인 배우가 햄릿 역을 맡는 등 그의 광기를 동정에 가깝게 그린다. 햄릿은 "마로위츠의 햄릿과 마찬가지로 행동 없는 자신의 복수에 대한 강박관념만을 극의 마지막 순간까지 토해내고 있지만, 〈마로위츠 햄릿〉처럼 주변 인물들의 조롱이 끝까지 이어지지는 않는다"고 말한다. 그래서 "행동하지 못하는 햄릿을 조롱하려는 것이 아니라 동정하고 위로하려는 것이다."[39] 무엇보다도 야외공연의 장점이 잘 느껴졌던 공연으로, 거트루드가 물웅덩이에 빠져서 허우적대며 진퇴양난의

---

39  이현우, 앞의 책, 133쪽.

자신의 처지를 비관하며 모성적인 절규를 보여준다든지, 햄릿이 물웅덩이 한가운데 돌출된 플랫폼 위 무대 정중앙에만 위치해 있다든지, 스치는 바람과 생음악으로 연주되는 음악, 노래하는 가수 등등이 공연의 더 주된 기억으로 남았다. 즉 공연 장소의 극장 이탈이요 사이트 스페시픽 공연의 일종이다. 어찌 보면 출연자 모두가 연출의 기억 속에서 불러낸 유령과 같은 인물들이라고도 볼 수 있기에, "연출가 김아라가 영매가 되어 이끈 샤머니즘 제의극이라고도 할 수 있"다는 의견에 동의하게 된다.[40]

실로 이 시기 〈햄릿〉 공연은 개방화 시대를 반영하듯이 문화상호적인 다양한 해석이 돋보였으며, 세계를 향한 〈햄릿〉의 한국화가 활발했다. 즉 문화상호주의적인 공연이 대세로 굳혀가는 듯싶으며, 양식적으로도 연극만이 아닌 열린 형태, 즉 마임 등으로 공연되었다. 이러한 경향들은 당시 한국 연극의 새로운 포스트모던 시도들과도 맞물려서 새로운 시대를 향해 가고 있었다.

## 2) 혼종과 탈정전의 〈햄릿〉(2000~현재)

새 밀레니엄 이후는 더욱 대담한 시도들이 확실해진다. 문화상호주의를 넘어서 혼성과 혼종을 추구했으며, 재해석에 기반을 둔 재문맥화나 한국 양식의 셰익스피어 공연들이 눈에 뜨인다. 외국 연출가에 의해 행해졌던 두 개의 공연은 우리 연극계에 깊이 각인되었으니 〈테러리스트, 햄릿〉과 샤우비네 극단의 〈햄릿〉이다. 2007년 독일연출가 차세대 연출가 옌스 다니엘 헤르초크가 국립극단 배우들과 올린 〈테러리스트, 햄릿〉은 오늘 일상의 의복을 입고 칼 대신 총을 들도록 현대화되고 햄릿은 우울함이나 음울함에 머무르지 않고 테러리스트로 극을 전복한다. "의상과

---

**40** 위의 책, 같은 곳.

소품뿐 아니라 배역들의 정서도 실용주의와 민주주의의 혜택을 입은 현대인을 닮"
았으며, 전통음악과 현대음악을 뒤섞었다.[41] 즉 혼종과 현대화한 햄릿으로, 포스트
드모던한 〈햄릿〉을 선보였다. 더욱 분명하게 포스트모던의 기법들이 드러났던 공
연은 2010년 샤우비네 극단의 오스터마이어가 연출했던 〈햄릿〉이다. 유령을 영상
을 활용하여 표현했으며 흙더미 등을 사용한 무대는 다양한 감각성을 일깨웠고, 오
필리어와 왕비를 같은 배우가 열연했다든가 광기에 잡힌 듯한 햄릿이 뿜어내는 에
너지 등등, 우리 한국 관객에게 깊은 감동을 남겼다. 즉 현대와 과거, 장례식과 결
혼식, 순수한 오필리어와 정욕에 잡힌 왕비 등 상반된 요소들을 자유자재로 옮겨가
는 오스터마이어의 연출 기법들은, 빠른 변화로 혼성과 재해석의 감동을 더했으며
더 이상 이분법이 존재하지 않음을 우리 극계에 분명하게 알렸다. 이들은 포스트드
라마의 진수를 보였으며, 서서히 혼종과 재해석을 향해 가던 셰익스피어 공연에 더
욱 분명한 방향성으로 자리 잡았다. 이러한 방향으로 나아가는 우리 연출가들의 공
연을 살펴보면 다음과 같다.

### 대담한 혼성과 혼종

2001년 노뜰의 〈동방에서 온 햄릿〉(셰익스피어 원작, 원영오 번안·연출, 국립극장
별오름극장, 2000.5.15~21)은 한국의 전통문화뿐만 아니라 서구 문화와의 혼종이 완
연하게 보인다. 포스트모던 시대답게 변이와 혼종을 통해서, 한국적 미학을 지니면
서도 세계적 미장센에 맞추는 시도가 눈에 띈다. 연출가 역시 전통 수용과 재창조
의 의도는 별로 보이지 않는다. "범세계 문화란 결국 세계적으로 유통되는 이미지
와 국가와 지역 사이의 충돌과 결합의 관계에서 설정"되며, 여기서 생성된 "혼성문

---

**41** 정서린, 「테러리스트, 햄릿 : 고전에 손 댄 '신선한 파격'」, 『서울신문』, 2007.11.10.

화와 세계화된 지역 문화는 자국의 경계를 넘어 세계와 소통하는 범세계 문화"를 형성한다.[42] 즉 이러한 공연은 문화상호주의적이면서도 자국보다는 세계를 향한다. 극단 노뜰 역시 이러한 세계적 보편성을 천명하고 있다.

> 극단 노뜰의 연극철학은 다름 아닌 연극의 보편성이다. 그러한 노력의 일환으로 세계 여러 나라의 다양한 관객, 서로 다른 언어를 가지고 있는 배우, 무용수, 연주인 등과의 교류를 통해 우리 연극의 세계화와 더불어 세계연극의 중심에 서고자 한다. …(중략)… 어떤 문화권의 관객과 만났을 때도 전통을 통한 신비주의 연극이 아닌 보편성을 토대로 정서를 나눌 수 있는 무대를 통해 가능해질 것이다.[43]

그러하기에 등장인물들은 한복조차 입지 않으며, 북소리가 서양 악기와 섞여 들려온다. 즉 "셰크너가 주장했던 문화의 동등한 기반에서 교환과 맞바꾸기식으로 실현되는 개인 혹은 극단의 선택적인 문화 가로지르기의 실천"이기도 했다.[44] 극단 노뜰의 〈햄릿〉은 '죽음은 우리 삶의 일부이며 우리는 늘 죽은 자와의 의사소통을 지속'하며 산다고 보았다. 즉 '우리 삶은 이렇게 현실과 몽상, 현세와 내세를 구분 짓지 않고 살아가는 것이다. 죽은 자는 모두 깨달음의 스승이다. 이 작품은 죽음을 향해가는 혹은 삶을 향해 가는 욕망의 긴-여행이'라고 말한다.[45] 플롯은 배우의 몸, 오브제, 음향 및 조명 등 이미지가 혼합되어 나타나고, 동양적 신비가 아닌 보편성

---

**42** 최영주, 「한국의 셰익스피어 수용 : '제3공간'과 '세계화된 지역문화를 위한 공연 양식」, 『한국연극학』 24호, 126쪽.

**43** http://www.nottle.co.kr/profile.php, 위의 글에서 재인용.

**44** Richard Schechner, Ed. Patrice Pavice. "Interculuralism and the Culture of Choice", *The Intercultural Performance Reader*, London: Routledge, 1996, pp.45~49, 위의 글 130쪽에서 재인용.

**45** http://www.nottle.kr/page/view.php?m_id=64 극단 노뜰 홈페이지에서.

으로 이미지들은 펼쳐지고 다국적 관객을 설득하여 범세계 문화적 텍스트를 구축한다. 뿐만 아니라 "담배 연기 속에 스러져 사는 현대의 군상 속에 햄릿을 위치시킴으로써 죽음에 맞닿아 있는 햄릿의 고뇌를 우리네 소시민들의 일상적 고뇌와 일치시"키려는 모습에서, 미약하나마 혼종을 넘은 오늘의 재문맥화까지를 읽을 수 있었다.[46]

극단 여행자 양정웅은 이미 〈한여름 밤의 꿈〉(2002 초연)으로 국제적 명성을 얻었다. 2005년 에든버러 페스티벌 프린지에 소개되고, 2006년 폴란드 그단스크 국제 셰익스피어 페스티벌에서 대상과 관객상을 받았으며, 2012년 영국 글로브극장 셰익스피어 축제에도 초청되었다. 이렇듯이 세계가 양정웅의 〈한여름 밤의 꿈〉에 열광할 수 있었던 것은 그의 문화상호주의 코드가 세계 미장센과 맞았다는 증거이기도 하다. 〈햄릿〉은 2009년에야 올렸는데, 텅 빈 무대에 삼면을 오색 신장도로 가득 채우고 바닥에는 흰 쌀을 깔았으니 마치 굿의 제상과도 같은 무대 공간이다. 세계 복장이라 할 흰색 트레이닝복을 입은 햄릿은 클라이맥스라고도 할 '죽느냐 사느냐'라는 대사로 공연을 시작한다. 무대에 깔린 쌀은 망자에게 바치는 양 마치 죽음과 삶의 경계를 나타내는 듯도 하다. 분명 한국 무속 공간의 재현인데도 햄릿은 일상적이고 구체적이며 동시대 인물로 등장한다. 〈햄릿〉의 플롯은 자의적으로 해체되었으나 근본적으로 같은 이야기였으며, 화려한 신장도에도 불구하고 무대는 비어 있다. 즉 원작의 비극적 매력을 충실하게 담았으면서도 한국식 한(恨)과 살풀이로 창작한 무대였다. 이렇듯이 절묘한 한국 문화와 범세계적인 일상성이 교직되어 세계를 겨냥한 〈햄릿〉이 연출되었다. 그러하기에 2014년 제52회 시티 오브 런던 페스티벌(COLF : City of London Festival)에 초청되었고, 현지 문화계 인사들이 가장 주목

---

46  이현우, 앞의 책, 318쪽.

했던 작품의 하나였다. 루이즈 찬탈 옥스퍼드 플레이하우스 디렉터는 "이번 공연은 '햄릿'에 등장하는 가족과 죽음이라는 소재를 한국의 굿 그리고 제례의식을 결합해 매우 강력한 미장센을 만들어냈다"고 평했다.[47] 이렇듯이 극단 노뜰의 〈햄릿〉과 같이 역시 한국적이면서도 범세계적 미장센에 초점을 맞추었다.

한편 〈노래하듯이 햄릿〉(2005)은 광대들이 무덤가에서 햄릿의 일기장을 발견하고 그를 원을 풀고 편안히 저승에 보내기 위한 일종의 제의이다. 얼핏 무당굿 같으면서도 무대나 의상은 세계적 보편성을 띤다. 햄릿의 과거사는 크고 작은 가면과 인형들을 통해서 시행되는데, 해골 같은 햄릿 가면이나 3미터가 넘는 장대에 달린 거대한 가면으로 표현되는 클로디어스와 거트루드는 햄릿이 넘기 힘들었던 현실을 말해준다. 햄릿 의식 속의 여러 이미지들이 가면과 소품들로 드러나며, 제목이 말해주듯이 말과 노래를 절묘한 화음으로 엮어낸다. 따라서 시청각적 이미지가 특이하게 뛰어나며, 전체가 일종의 극중극이기에 더욱 자유롭게 비사실적일 수 있으며 꿈속과 같이 분열적인 내면을 표현하기 쉬웠다. 더욱이 흥미로웠던 부분은 결정적인 복수의 순간이 일기에 쓰여 있지 않기에, 세 번 반복하여 다른 시나리오를 보여준다. 일기를 통하여 광대들이 사연마다 촌평을 더하면서, 본 공연은 일종의 '햄릿에 대한 담론'이기도 하다.[48] 이렇듯이 배우, 가면, 인형, 음악이 혼종되어 엮어내는 공연일 뿐만 아니라, 햄릿의 가능한 모든 담론을 고려하는 재문맥화의 시작이다.

포스트모더니즘의 기법과 같이 이제 혼성과 혼종은 우리 연극계에도 더 이상 낯설지 않다. 이 시기 고전이 아닌 현대극과 전통극에서는 더욱 활발한 혼성과 혼종이 시도되며 한국적 미학이 아닌 세계적 미학에 그 초점을 맞추었다. 〈햄릿〉 공연

---

**47** 「한국판 '햄릿', 런던을 사로잡다」, 『아시아경제』, 2014.7.14.

**48** 이진아, 「남은 것은 침묵 뿐」, 『미르』 11호, 2005, 40쪽.

역시 현재화한 제3의 미학이 떠오르고 있었다.

## 원전의 탈정전화

문화상호적인 공연을 넘어서 이제는 원작 〈햄릿〉의 내용마저 과감하게 변형되기 시작했다. 즉 포스트모던 기법의 하나인 패스티시를 활용하여 고전의 재문맥화가 일어나고 탈정전화되었다고 하겠다. 〈햄릿〉의 아우라를 가졌기에, 변형된 작품들은 여전히 고민하는 인간상들이다. 우선 연극열전으로 공연되었던 〈리턴투햄릿〉(2011)은 연출 장진의 연극 복귀를 화제로 삼았는데, 장진은 자타가 인정하듯이 희극성을 강조했다. 〈리턴투햄릿〉에서도 예외는 아니라 비극 〈햄릿〉을 이야기하면서도, 희극성이 돋보였다. 내용인즉 〈햄릿〉을 공연을 준비하는 극장의 백스테이지에서 벌어지는 배우들 간의 암투와 우정을 그렸다. 따라서 원작 〈햄릿〉에서는 하이라이트 대사 일부만이 활용되고, 햄릿과 레어티스 및 오필리어 역 배우들 간의 애증과 삼각관계가 펼쳐진다. 극중극을 활용하여, 원작 〈햄릿〉의 고뇌와 그 역할 배우들의 고뇌가 겹쳐지면서 공연은 오늘의 이야기로 바뀌고 희극적 요소와 분위기가 삽입되었다. 〈햄릿〉이면서도 분명 〈햄릿〉이 아닌 오늘의 이야기이다.

역시 2011년 '햄릿 압데이트'라는 시리즈 공연이 있었다. 극단 청우의 〈Let them talk〉, 백수광부의 〈햄릿, 죽음을 명상하다〉, 여행자의 〈영매 프로젝트2─햄릿〉, 극단 골목길의 〈길 위의 햄릿〉, 극단 풍경의 〈햄릿 서바이벌〉, 극단 작은신화 〈그냥, 햄릿〉 등 여섯 개의 극단이 모여서 햄릿 시리즈를 공연했다. 〈햄릿〉을 바탕으로 한 각각 30~40분 정도의 단막극 모음으로, "'햄릿'을 현대식으로 비틀거나 작품을 해체해 재구성했다고 해서 전체 제목도 '햄릿 압데이트'로 붙여졌다"고 한다.[49]

---

49 강일중, 「공연리뷰 : 연극 '햄릿 압데이트'」, 『연합뉴스』, 2011.9.1.

각 작품들은 각자에게 다가온 햄릿을 명상하며, 원작과는 별개의 이야기를 엮어갔다. 가령 여행자의 경우는 햄릿의 내면을 여섯 명의 춤으로 풀어냈고, 청우의 경우는 등장인물들의 사후 변명으로 구성된다. 이들 여섯 극단은 우선 〈햄릿〉을 줄여야 했으므로, 〈햄릿〉의 어느 한 면을 집어내어서 이야기를 만들 수밖에 없었다. 분명 〈햄릿〉의 이야기면서도 오늘의 감각으로 이야기한다.

이렇듯이 2011년 두 개의 〈햄릿〉 재문맥화는 계속되어서, 〈햄릿〉 시리즈로 유명한 기국서의 2012년 〈햄릿 6—삼양동 국화 옆에서〉(남산예술센터, 2012.11.6~25)에서 더욱 과감하게 오늘 젊은이의 이야기로 재해석된다. 작품은 삼양동 후미진 골목에 있는 국화라는 술집에서 시작된다. 햄릿은 고상한 왕자님이 아니라, 파업 당시 무자비한 노조 탄압 작전으로 외상 후 스트레스 정신분열을 겪고 있는 소시민이다. 우울증에 시달리는 햄릿에게, 몸을 팔면서도 헌신적인 오필리어가 등장한다. 오늘날 젊은이의 '우울증과 사랑'인 것이다. 2장 '카페 국화 옆에서'에서는 햄릿을 감시하는 기관원 같은 사람들이 등장한다. 3장 '악몽을 꾸다'에는 동학운동부터 5 · 18, 용산참사, 쌍용차 노조에 이르기까지 청산되지 않은 역사의 망령들이 등장하고, 4장 '의문사에 대한 추상'에서는 은폐되지 않는 진실에 대한 두려움을 언급하며 장준하 의문사를 떠올리게 한다. 이에 연출가인 호레이쇼는 5장 '연극이냐 현실이냐'에서 햄릿을 걱정하며 극중극을 준비하여 연극과 현실이 겹쳐지고, 6장 '두개의 무덤'에서는 대조되는 두 무덤을 통해 삶의 덧없음과 권력의 씁쓸함이 이야기된다. 작품은 우리 사회의 슬픈 자화상으로 과감하게 재문맥화되어 나타난다. 제목은 〈햄릿〉이나 작품의 모티프가 된 셰익스피어의 원작은 온데간데없다. 오직 과감한 해체와 변주로 재구성된 오늘날 대한민국의 아픔만이 보인다. 연출이 말했듯이 본 공연은 '그동안 함부로 풍자하지 않았던 것들에 대해 모든 자물쇠를 풀듯이 이야기'하려고 한다. 그럼에도 불구하는 주인공 햄릿은 세태의 부조리에 분노하면서도 지켜볼 뿐, 직접적으로 나서서 무언가를 하진 못하는 소시민이며, 그를 괴롭히는 망령 또한 죽어서도 할 말이 많은 유령들이다. 그러나 카페 여주인 거트루드의 대사 "나를 위한 취업전쟁이 가장 성스러운 전쟁이 된 마당에 '용산'은 어디메고, '쌍용'은 어떤 동물이란 말이냐?"라는 항의에 오늘의 한계가 단적으로 드러난다. 부제 '국화 옆에서'는 'to be or not to be'를 고민조차 못하는 이 시대 청춘을 애도하는 상가(喪家)의 조화(弔花)이기도 하다. 전대의 〈햄릿〉 시리즈보다 도발적이지는 못했지만, 여전히 사회의 부조리를 꿰뚫는 시선과 비판이 살아 있으며 오늘의 반성이었다.

한편 〈바보 햄릿〉(김경익 연출, 대학로 아름다운 극장, 2014.6.25~7.20)은 고 노무현 대통령이 등장한다는 점에서 화제가 되었던 공연이다. 주인공은 3류 잡지사 기자인데 밤늦게 데스크로부터 기사 정정 요구를 받고 잠든다. 그는 꿈속에서 햄릿이 되어 정신병자로 가장하고 복수를 꿈꾼다. 고 노무현 대통령은 부왕으로 잠깐 등장하는데, 과거의 '햄릿'이 거대 권력에 대한 복수를 말했다면 〈바보 햄릿〉은 자신의 위치에서부터 할 수 있는 일들을 '실천'할 것을 주문하고 있다. 연출가 김경익은 "햄릿의 유명한 대사처럼 '당신은 진정 살아 있는가?(To be) 아니면 그렇지 않은가?'(or not to be)"라며 "반성과 성찰의 시간을 가져볼 수 있는 무대"이며 "우리의 작은 행동이 미래의 삶을 결정한다는 메시지가 담겨 있을 뿐이죠. 좌파나 빨갱이 같은 정치적 단어와는 전혀 어울리지 않는 작품이에요"라고 말한다.[50] 공연은 자신이 믿고 있는 사상이 정의인 양 말로만 떠들며 실제로는 자신의 이익만 챙기는 사람들에게, 세상을 바로 보라고 말하며 부당한 권력에 홀로 맞서며 부딪히는 햄릿을 제시한다.

보다 적극적인 탈정전의 변이로는 〈조치원 해문이〉(이철희 작, 박상현 연출, 국립극

---

50 「[인터뷰] 연극 '바보 햄릿' 김경익 "이런 게 인생이죠"」, 『아주경제』, 2014.7.15.

단, 백성희장민호극장, 2015.8.28~9.13. 초연)나 〈햄릿아비〉(공동 창작, 이성열 연출, 대학로SH아트홀, 2016.4.8~17) 및 〈짐승가〉(2016)를 꼽겠다. 이들은 아예 작가가 셰익스피어가 아니라, 따로 제시되어 있다. 〈조치원 해문이〉는 원작 〈햄릿〉을 세종시가 개발되는 조치원으로 끌어들여서, 인간의 탐욕과 황금만능을 고발하고 있다. 물론 〈햄릿〉의 기본 구조 햄릿과 클로디어스, 오필리어 및 어머니, 그리고 친구들의 이야기 틀을 지켜서, 햄릿을 서울에서 연극하던 해문이로, 클로디어스를 역시 아버지의 이장직을 물려받은 삼촌으로, 오필리어는 한국 사회에 '오피리'로 바꾸어서 보통사람들의 욕망의 난투극을 웃음으로 그렸다. 인간의 치정과 권력의 욕망, 복수와 음모, 물신주의와 탐욕의 욕망들이 얽히면서, 원작 햄릿의 복수와 존재의 고민은 물질만능주의에 대한 회의로 바뀐다. 그러하기에 가벼울 수도 있어서 웃음이 끊이지 않는 가운데, 배우들의 능청스런 충청도 사투리는 특유의 느림으로 조급한 욕망을 잡아끄는 역할을 한다. 이렇듯이 〈조치원 해문이〉는 전체적인 구성이나 인물 관계를 〈햄릿〉에서 그대로 가져오면서도 한국적인 토착성을 살려냈다는 평가를 받았다. 〈햄릿〉의 권력을 돈으로 대치하고 능청스럽게 둘러대는 욕망이기에, 비극적 결말이 오히려 의아하기까지 했다. 더욱이 번안이 아니라 이철희 작으로 벽산문화대상까지 받았다는 것은 패스티시 역시 창작이라는 포스트모더니즘의 주장을 환기시킨다.

〈햄릿아비〉 역시 번안이 아닌 공동 창작으로 명기되어 있다. 늦은 밤 지하철 종착역에 상조회사 직원인 주인공이 잠들었는데, 기차는 달리고 망상처럼 햄릿 아비가 나타나서 시대에 억울하게 죽임을 당한 원혼들을 일깨운다. 주인공 햄릿은 과거 현재 할 것 없이 한국 역사의 비극적 상황 곳곳을 누비며 시달린다. 쇠사슬에 묶인 유령, 윤봉길 의사를 존경한다며 도시락 폭탄을 만드는 일베인, 이제 잊으라는 거트루드, 굴뚝에서 농성 중인 난쟁이 아버지, 소녀상과 아베와 박그네, 사죄하는 일본인, 안중근과 어머니 조마리아의 편지, 한국문화예술위원회의 창작산실 문화 검열, 세월호 미수습자 가족과 아이들의 파티 등등 우리 역사의 아픔들이 나타난다. 상조회사 직원이라 늘 상복을 입어야 하는 햄릿처럼 우리의 역사 역시 우울하고 아프다. 너무 많은 에피소드가 스치듯이 지나가서 깊이가 아쉽기도 했지만, 역사를 보는 시각이 유지되었기에 난삽하기까지는 않았다. 〈햄릿〉의 패스티시를 통해서 한국 역사를 햄릿과 같이 고민하고 있다.

한편 〈짐승가〉는 세방유통이라는 고위 권력층의 인간 세탁 처리실이라는 음울한 설정을 배경으로, 어머니와 아버지가 살해되는 장면을 지켜보며 미쳐가는 햄릿을 그렸다. 절대적 권력이라는 넘지 못하는 강압적인 벽 앞에서, 자신에게 갇혀버린 음울한 햄릿을 표현했다. 햄릿 역 배우의 음산하기까지 한 우울과 작품의 짐승 같은 폭력적 설정이 다가왔으나, 아직 미완의 작품이라는 느낌이었다. 폭력의 표현이나 동인(動因)들이 미흡했으며 〈햄릿〉의 등장인물 구조마저 정확하게 대비되지 못했던 〈짐승가〉였다. 그러나 우리 시대의 절대적 권력과 폭력에 대한 섬뜩함을 느끼게 했다.

이렇듯이 〈조치원 해문이〉나 〈햄릿아비〉 및 〈짐승가〉를 셰익스피어의 〈햄릿〉의 번안으로 보기조차 어렵겠지만, 그 창조적 패스티시로 간주할 수 있겠다. 〈햄릿〉의 아우라 없이는 결코 가능하지 않았을 공연이기에, 패스티시를 활용한 〈햄릿〉의 재문맥화요 탈정전의 시도라고 하겠다.

## 한국 전통 장르로 이국화하기

2012년 〈햄릿코리아〉(극단집현, 서울대학로예술극장, 2012.1.26~2012.2.5)는 제목처럼 보다 한국화된 〈햄릿〉이다. 내용은 원작과 크게 달라지지 않았으나, 형식적으로 전통 연희, 음악, 춤, 이미지, 오브제를 활용하여 한국적 마당놀이 양식으로 꾸려낸 〈햄릿〉이다. 그 전통문화 이미지들의 철저한 한국화로 인하여 오늘날의 우리에게 오히려 이국적으로 느껴질 정도로 아름다웠다. 범세계적 미장센에 맞추려는 노력은 부족한 듯싶으나, 한국 전통의 이미지들이 어느 공연보다 세련되고 직접적인 시각적 충격으로 다가왔기에 인상적이었다. 바로 그러한 노력이 국내외 관객 모두에게 이국적으로 느껴져서, 작품의 거리두기에 성공했다. 여기에 빠른 진행과 속도감은 이미지 공연에 활력을 더했다. 철저하게 한국 전통을 기반으로 했던 마당놀이 〈햄릿코리아〉는 오히려 이국적이어서, 오늘날 포스트모던의 다양함의 하나로 여겨졌다.

한편 2014년 〈판소리 햄릿 프로젝트〉(타루 제작, 박선희 연출, 국립극장 별오름극장, 2014.3.7~4.13)는 전통 판소리를 시대에 맞게 변화시켜나가는 극단 타루의 야심작으로, 네 명의 여성 소리꾼이 햄릿 내면의 목소리를 번갈아가며 들려준다. 즉 햄릿이 선택하고 결정해야 할 때, 서로 다른 성격의 자아가 충돌하는 모습을 보여준다. 똑똑한 햄릿, 행동파 햄릿, 결정 장애 햄릿, 그리고 겁 많은 햄릿이라는 분열된 자아가 노래하며, 각자 자신이 맡은 부분의 작창도 직접 했다. 연출은 "'사느냐 죽느냐 그것이 고민'이던 햄릿의 고민을 '산다 죽는다 그게 뭐가 다르냐'라는 결론으로 끌고 갔습니다"라고 말한다.[51] 대사도 전라도 사투리와 현대적인 언어로 손보았으며, 하이라이트인 판소리 눈대목은 햄릿, 클로디어스 왕, 거트루드 왕비, 레어티스가 등장하는 〈결투가〉인데 이들은 직접 칼싸움을 보여주지 않고 소리만으로도 결투 장면을 전달한다. 그러나 네 명의 햄릿이 등장하다 보니, 각자의 창이 무르익을 시간이 부족한 듯, 판소리의 깊은 맛을 내지는 못했다. 각색 역시 너무 설명적이 아니었나 싶으며, 작창 역시 딱히 기억에 남는 노래가 없었다. 그럼에도 불구하고 판

---

51  〈판소리 햄릿 프로젝트〉, 초연 프로그램 중 연출의 말.

소리 형식으로 〈햄릿〉을 공연했다는 점에서 포스트모던 시대의 다양성을 반영하고 있다.

이러한 공연들은 오늘의 다양성을 넘어서 셰익스피어의 또 다른 양식화의 가능성을 열었다. 우리 문화의 미장센을 세계의 미장센에 맞추려는 시도와는 별도로, 우리 문화를 당당히 내세우고 있어서 실험적이요 도전적이다. 색다른 양식으로서 〈햄릿〉과의 거리두기나 탈정전화가 가능하기도 하지만, 호기심을 넘어선 지속적인 매력이 이러한 시도들의 과제로 남는다.

## 5. 셰익스피어 〈햄릿〉이 한국 현대극에 끼친 영향

동시대 연극에서의 셰익스피어가 미친 영향은 우리 연극계의 변화와 같이했다. 1960년대 사실주의의 심화나 수정 사실주의에서, 1970년대 한국식 문화상호주의 공연, 그리고 정치적 압박이 컸던 1980년대에는 정치극으로 확대되었으나, 1990년 이후는 포스트모던 연극의 특징들을 나타내고 있다. 이러한 수용 과정에서 〈햄릿〉으로 대표되는 셰익스피어 공연들은 한국 현대극의 발전에 몇 가지 주목할 만한 영향을 끼쳤다.[52]

첫째, 드라마센터의 개관과 함께 시작되었다고 할 1960년대 셰익스피어 공연은 근대극의 사실주의적 수용을 공고히 하고 완성도를 높였다. 이러한 공연은 1970년대 중반까지 아직 큰 변화 없이 사실적으로 공연되었으니, 비록 프로시니엄 무대에서 벗어나기는 했지만 아직도 오필리어는 금발 가발을 쓰고 의상은 엘리자베스 시

---

[52] 본고에서는 〈햄릿〉의 수용을 중심으로 살펴보았으나, 셰익스피어의 다른 작품들도 비슷하게 연출되었으며 비슷한 영향을 미쳤다고 사료된다.

대의 의상에 가까웠다. 즉 한국 연극에 사실주의의 성숙과 수정 사실주의 연출 기법을 정착시키는데 일조를 했다.

둘째, 1970년대 중반 이후의 셰익스피어 공연은 문화상호주의와 반사실주의 연극의 태동에 씨앗을 뿌렸다. 특히 안민수의 〈하멸태자〉는 서구 아방가르드 연극의 일환으로 한국 전통을 활용하여 문화상호주의적으로 연출되었다. 당시 해외에서도 극찬이 이어졌으며, 한국 연극을 세계에 알린 출발점이 되기도 했다. 현대극에서 전통 뿌리찾기 열망의 반영이라고도 할 〈하멸태자〉는 단순히 셰익스피어의 수용 문제에서 나아가서, 한국 연극의 방향을 트는 확실한 신호탄이기도 했다. 이 이후 한국적 전통에 기저한 실험극은 일반화되기 시작했다.

셋째, 1980년대는 광주의거 등 정치적으로 암흑의 시대였다. 이 시기를 대표했던 기국서의 〈햄릿〉 시리즈는 시대의 정치적 희화화와 비속화였으며, 동시에 연극의 기법으로 쇼킹한 시각적 이미지에 호소했다. 70여 명의 청바지를 입은 배우들이 더미들과 함께 리허설을 하듯이 무대를 떠돈다. 뿐만 아니라 개인의 '사느냐, 죽느냐'가 아니라 사회의 '진실인가, 아닌가'의 문제로 〈햄릿〉을 해석했듯이 원작의 변형이 일어나기 시작했다. 이는 1980년대 전반적인 연극의 모습은 아니었지만, 이를 계기로 확실히 사실주의 연극이 힘을 잃어가고 새로운 시대를 준비하기 시작했다.

넷째, 1990년대 이후의 셰익스피어 수용은 의식했든 안 했든 간에 포스트모더니즘을 전파하고 있다. 개방화 시대를 시작으로 공연의 한국화를 의식하면서도 세계화를 의식했으니, 무대의 미장센을 세계인의 미장센에 맞추려고 했다. 기본적으로 문화상호적인 공연들로 세계로 진출하여 호평을 받은 공연들이 기하급수로 늘어났다. 새 밀레니엄 이후는 더욱 과감하게 포스트모던 기법들을 활용하여 이성 혼종과 혼성을 시도했으니 서구와 한국을 뒤섞어 한국적 신비가 아닌 보편성으로 이미지들은 펼쳐지고 다국적 관객을 설득하여 범세계 문화적 텍스트를 구축했다. 나아가서 패스티시를 활용한 동시대적 재문맥화와 탈정전화가 이루어져 〈햄릿〉의 골격만 갖춘 채, 과감하게 오늘의 이야기로 재탄생했다. 이러한 세계화, 대중화, 이종 혼성 및 탈정전화 기법들은 포스트모더니즘의 방법론이기도 하다. 즉 이러한 셰익스피어 수용은 우리 연극계에 포스트모더니즘의 수용을 촉진하기도 했다.

이렇듯이 셰익스피어 수용은 우리 연극계의 변화와 맥을 같이하며 상호 영향을 미쳤다. 셰익스피어가 고전이니만큼, 새로운 실험을 선도했다기보다는 그 실험을 완성시켰다는 의미가 더 클 것이다. 연극계 밖에 있었기에 본고에 언급되지 않았던 한국셰익스피어협회와 영어영문학회도 셰익스피어 수용에 지대한 기여를 했다. 이들이 거의 매년 행했던 원어 연극은 비록 공연으로 시범을 보여 극계를 리드하지는 못했으나 다양한 셰익스피어 소개에 중요했으며, 이들의 학문적 뒷받침은 해외의 다양한 셰익스피어 공연과 그 스타일을 소개하였다. 실로 근대극의 초기부터 꾸준하게 수용되었던 셰익스피어는 우리 연극에 가장 폭넓은 영향을 미친 작가라고 하겠다.

# 프랑스 고전극의 수용

■ 라신 〈브리타니쿠스〉와 몰리에르 〈귀족놀이〉를 중심으로

송민숙

## 1. 서론

　『한국 현대 무대의 해외 연극 수용』의 취지는 국내에서 공연된 해외 연극이 국내 연극계에 미친 영향을 문화상호적 관점에서 파악해보려는 것이다. 필자는 프랑스 고전극 분야에서 국내에서 근래 공연된 몰리에르와 라신의 연극을 살펴볼 것이다.

　몰리에르나 라신의 작품이 모두 한국 무대에 소개된 것은 아니다. 그간 공연 기록들을 보면 몰리에르의 작품이 라신 작품보다 훨씬 더 많이 공연되었다. 몰리에르의 원작 희곡의 수가 더 많기도 하지만 한 번 공연된 후 자주 재공연된 것도 그 이유이다. 몰리에르 공연 총 73회 중에서 〈수전노〉 17회, 〈서민귀족〉은 내한 공연 포함하여 11회, 〈억지의사〉 6회 등이다.[1] 라신의 경우 11회 중 8회가 〈페드르〉와 관

---

1　〈수전노〉의 경우 "당시의 사회 상황과 연관하여 착취 계급을 희화화한 작품으로 해석되어 공연되기도 했다"고 한다. 신정옥 외, 『한국에서의 서양연극 : 1900~1995년까지』, 도서출판 소화, 1999, 24쪽.

련이 있다. 라신 비극보다는 몰리에르 희극이 더 선호된 것은 공연의 오락적 기능을 생각해볼 때 짐작 가능하다. 신화나 역사에 바탕을 두고 인간의 보편적 정서에 호소하는 라신 비극보다는 당대의 문제점들을 적시하고 포괄적으로 비판하며 인간의 본성을 드러내기에 용이한 몰리에르 희극이 한국에서는 인기가 있었다. 한국 현대사가 겪어온 정치적 정황들을 작가가 비판적으로 반영하고 대중이 공감하기에도 희극이라는 장르가 더 많은 가능성을 갖는다. 다른 이유를 생각해보면 비극의 경우, 프랑스 고전비극이 특히 중시하던 운문 원문의 음악성을 번역을 통해 살리기 어려웠으리라 짐작할 수 있다. 그러나 몰리에르 희극 중에도 운문 작품이 많기에 그것이 몰리에르 연극이 상대적으로 더 많이 공연된 유일한 이유는 아닐 것이다.

우선 두 작가의 연극 공연 기록을 가능한 한 많이 모아보고 지면 관계상 각 한 작품씩만 선택하여 좀 더 상세히 다루고자 한다. 대표적인 작품과 그 공연에 대한 상세한 기술은 기록으로서 의미가 있으며, 이것 또한 작품이 한국 연극계에 준 영향을 파악하기 위한 과정의 일부라고 생각한다.

## 2. 프랑스 고전극 및 극작가 소개

프랑스 고전극은 프랑스 17세기 연극이다. 불문학사에서는 프랑스 왕 루이 14세가 친정을 시작한 1661년부터 파리에서 베르사유로 궁정의 이전을 마무리한 1682년까지 약 20여 년간을 좁은 의미의 고전주의 시기로 칭한다. 왕은 자신의 정치적 이념을 예술적으로 현시하고 후세에 그의 치세를 전하는 수단으로 연극과 회화, 음악과 무용, 건축 등을 효과적으로 이용했다. 왕의 후원에 힘입어 그의 위상에 걸맞은 비극이 중요한 장르로 부상했다. 베르사유는 왕의 정치적 성취를 공간예술로 표현한 기념비적인 건축물이며 연극과 음악, 무용 등의 시간예술이 그곳의 삶을 채웠다. 당시 파리와 베르사유에서 코르네유의 연극, 몰리에르의 희극과 라신의 비극이 공연되었다. 이들은 프랑스 17세기를 대표하는 작가이다. 단적인 예로 세계 최초 국립극장인 프랑스 코메디프랑세즈(1680)는 '몰리에르의 집'이라 불린다. 코메디프랑세즈는 몰리에르 사후 그의 극단이 다른 극단들과 통폐합되어 만들어졌고, 라신의 대표작 〈페드르〉가 그 개관 작품이다.

장 라신(1639~1699)은 프랑스 고전극의 바탕을 다진 피에르 코르네유(1606~1684)를 이어 고전비극의 완성도를 높인 작가이다. 몰리에르(장 바티스트 포클랭 드 몰리에르, 1622~1673)는 희극의 위상을 비극의 지위로 끌어올렸다. 몰리에르는 약 34편의 극을 썼고 웃음을 통해 탐욕, 거짓 신앙심, 사교계의 위선 등 동시대인들의 모순을 풍자했다. 그는 라신의 연극계 데뷔를 도왔다. 라신은 시대를 초월한 보편성을 담은 12편의 극을 남겼다. 라신은 12음절 운문인 '알렉상드랭'으로 비극을 썼고, 몰리에르는 운문 또는 산문으로 희극을 썼다. 그리스 연극의 기원이 합창에서 비롯된 바, 고대 연극을 모범으로 삼은 고전극은 운율에 의거한 음악성을 중요시한다.

프랑스 고전극의 특징은 고대 모방, 예법, 진실다움, 3일치 법칙 등으로 요약된다. 고전극의 이론적 바탕이 된 『시학』과 『수사학』에 의거하여 관객을 설득하기 위해서는 신빙성 있는 극작법이 요구되었다. 비극은 주로 고대 작가들이 다룬 신화나 역사에서 주제를 따왔는데(고대 모방) 한번 관객을 설득한 작품이라면 또다시 설득할 수 있다는 생각에서이다. 그 경우 등장인물들의 행동이 그의 상황이나 신분에 걸맞을 것(진실다움)과, 무대에서 지나친 행동을 하지 않을 것(예법)이 요구되었다. 연극의 시간과 장소, 극 행동이 제한적이어야(3일치 법칙) 무대에서 통상 약 두 시간 동안 진행되는 공연의 시공간과 비교해보았을 때 신빙성이 있다는 것이다. 극적 효과를 위해서는 이처럼 긴밀한 플롯을 가진 '닫힌 연극'이 더 효과적이라는 입장이다. 몰리에르의 〈타르튀프〉, 〈동 쥐앙〉, 〈수전노〉, 라신의 〈바자제〉, 〈이피제니〉,

〈페드르〉 등이 대표작이다. 몰리에르의 진지하고 유연한 풍자 정신, 라신 비극 언어의 섬세함과 심리적 보편성은 프랑스 고전극의 성과이다.

## 3. 한국에서의 프랑스 고전극 공연

1999년부터 현재까지 필자가 국내에서 관람한 프랑스 고전극은 약 10여 편에 불과하다.[2] 실증적인 관점에서 그동안 한국에서 공연된 몰리에르와 라신의 공연 현황을 정리해보자. 기록에 의하면 한국에서 몰리에르가 처음 소개된 것은 1920년대이고 부산 피난 시절 〈구두쇠〉(이해랑 연출, 극단 신협)가 처음 공연되었다고 한다(『경향신문』, 1972.3.21). 그러나 다른 기록에 의하면 몰리에르의 한국 초연은 그 이전이다.

### 1) 몰리에르 연극 공연 현황

1936년 조선연극협회 창립 기념 공연인 〈수전노〉(오정민 연출, 1936.10.24~25)가 한국에서 처음 공연된 몰리에르 작품이다.[3] 1939년 협동예술좌가 〈조르주 당댕 혹

---

2  1993년부터 현재까지 필자가 국내 공연장에서 관람한 프랑스 고전극은 총 13편 정도이다. 라신 연극 5편-〈앙드로마크〉(1993), 〈페드라〉(1999), 〈브리타니쿠스〉(2000), 〈안드로마케〉(2007), 〈페드라, 오래된 염문〉(2008) / 몰리에르 연극 8편-〈귀족놀이〉(2004), 〈아를르깽, 의사가 되다〉(2004), 〈귀족놀이〉(2006), 〈몰리에르단막극〉(2010), 〈상상병 환자〉(2011), 〈스카펭의 간계〉(2011), 〈인간 혐오자〉(2012), 〈꼬메디아 상상병환자〉(2015) / 그 외에 프랑스 현지관람 공연 6편-트리스탕 레르미트의 〈세네카의 죽음〉(1984), 몰리에르의 〈상상병 환자〉(2005), 〈인간 혐오자〉(2007), 〈수전노〉(2007), 코르네유의 〈르시드〉(2007), 몰리에르의 〈아내의 학교〉(2012). 이외 공연은 영상 자료를 참고했다.

3  신정옥 외, 앞의 책, 264쪽. 2층으로 된 '입체무대'(무대장치 김일영)라는 새로운 시도와 참신한 연출로 호평받았다고 한다(『매일신보』, 1936.10.23). 이 책의 부록에는 몰리에르와 라신을 비롯한 해외 연극의 목록이 정리되어 있다.

은 오쟁이 진 남편〉을 번안한 〈조르주 단단(맴도는 남편)〉(박춘명 연출)[4]을 공연했다.[5] 1952년 극단 신협이 〈수전노〉(이해랑 연출)를 공연했다.[6] 1963년 〈복 많은 의사선생〉(원제 : 억지 의사)을 청포도극회가 공연했다. 1967년 〈구두쇠〉를 드라마센터가, 〈수전노〉(이진순 연출)를 극단 광장이 공연했다. 이 두 공연은 제목은 다르지만 같은 작품이다. 이듬해 1968년 극단 광장이 〈수전노〉(이진순 연출, 명동국립극장)를 공연했다.[7] 이처럼 몰리에르의 경우 재공연 기록이 많다. 1969년 성균관대학교에서 〈인간 증오자〉(원제 : 인간 혐오자)를 초연했다. 1971년 극단 광장이 〈수전노〉를 재공연했고, 극단 자유극장이 〈아가씨 길들이기〉(원제 : 아내의 학교)를 남궁연 역, 김정옥 연출로 공연했다.[8]

뒤이어 1972년 몰리에르 탄생 350주년 기념 축전이 40일에 걸쳐 열렸으며 여기에는 해외 내한 공연도 포함되어 있다(『동아일보』 1972.3.8, 『경향신문』 4.1). 〈타르튀프〉를 재구성한 〈사랑과 위선의 흥정〉(김정옥 역·연출, 극단 자유극장, 드라마센터, 1972.3.24~4.4), 〈수전노〉(이진순 연출, 극단 광장, 박근형·백일섭·백성희·전양자, 드라마센터, 1972.4.7~16), 〈스까펭의 간계〉(프랑스극단 발루아 문화센터, 국립극장, 1972년 4.17~21), 〈스카펭의 간계〉를 번안한 〈쇠뚝이 놀이〉(오태석 번안·연출, 극단 드라마센터 서울연극학교레퍼터리극단, 드라마센터, 1972.4.19~30)가 그것이다. 이때를 회고하는 연출가 김정옥의 글이 있다.[9] 김정옥은 대학 등 연구 공연에서 〈서민귀족〉,

---

4  신정옥 외, 위의 책, 265쪽(박송, 『동아일보』, 1939.9.29 참고).
5  1940년에 재공연 기록이 있다. 위의 책, 514쪽. 1949년에 같은 작품인 〈조르주 당댕〉을 〈남편의 고통〉이라는 제목으로 악극단KPK(이수산 연출)이 공연한 기록이 있다(517쪽).
6  위의 책, 519쪽.
7  김남석, 『연극의 정석』, 연극과인간, 2015, 633쪽. 백성희의 삶과 연극, 공연 연보 참고.
8  김정옥, 「몰리에르의 현대성」, 『연극평론』 6호, 1972, 9쪽.
9  김정옥, 위의 글, 5~11쪽.

〈유식한 여인들〉, 〈스카펭의 간계〉, 〈조르쥬 당댕〉 등이 공연된 바 있으나 자신이 연출하기로 한 〈타르튀프〉가 한국 신연극 60년사에서 초연이라는 사실에 놀라움을 표한다.

몰리에르 공연이 드물었던 이유에 대한 김정옥의 생각은 다음과 같다. "희곡문학을 천대하고, 연극계 자체에서도 거의 외면을 해온 것은 웃음을 천하고 경박한 것으로 생각하는 희극에 대한 편견과 자연주의적 연극미학의 전제에 기인한 것이 아닐까."(8쪽) 그는 "학문으로서 몰리에르의 작품을 다룰 때와 연극으로서 다룰 때에는 자연히 성격이 달라지는데 후자의 경우 보다 많은 자유가 허용된다. 이처럼 상반된 여러 가지 해석이 가능하다는 점에 몰리에르의 작품이 지니는 현대성이 있는 것"(9쪽)이 아닌가 하고 자문한다. 또한 "풍부한 연극적 양식과 요소를 오늘의 연극에 공급한다고 볼 수 있을 것"인데 그 이유는 "몰리에르의 작품은 연기자들의 위에 서서 쓴 작품이 아니라 그들과 더불어 쓴 작품"이며, "연극성을 넘어선 어떤 대단한 사상을 작품에 주입하려고 한 것이 아니라 오로지 연극적 재미를 추구한 작품이라는 점에서 오히려 시대를 넘어선 무한한 가능성을 지니고 있다"고 판단한다. "너무도 인간적인 웃음의 정신이야말로 우리의 연극계와 사회 전체에 가장 결핍된 것이라고 믿어질 때 그의 작품을 우리의 무대에 올린다는 게 결코 무의미한 일은 아닐 것"이라고 결론짓는다(10쪽). 김정옥의 글은 1972년 당시 희극을 대하는 한국 연극계의 태도를 보여준다는 점과 이후 희극이 점차 자리 잡게 된 시기와 과정을 짐작하게 한다는 점에서 한국 연극계에 미친 몰리에르의 영향과 관련하여 중요한 지적을 담고 있다.

1973년 극단 작업이 길명일 연출로 〈스가나렐〉을 공연했다.[10] 1974년 극단 작업

---

10  신정옥 외, 앞의 책, 556쪽.

이 조병진 연출로 〈팔자 좋은 의사선생〉(원제 : 억지 의사)을 공연했다. 1975년 〈기분으로 앓는 사나이〉(원제 : 상상병 환자)를 극단 고향이 민희식 역, 박용기 연출로 공연했고 극단 중앙이 〈의사 망나니〉(원제 : 억지 의사)와 〈수전노〉를 이창구 연출로 공연했다.[11] 1976년 극단 고향이 민희식 역, 강영걸 연출로 〈귀족이 될 뻔한 사나이〉(원제 : 서민귀족)를 공연했다.[12] 1977년 극단 고향이 〈스까펭의 간계〉를, 극단 창고극장이 〈팔자 좋은 의사〉(원제 : 억지 의사)를, 극단 오계절이 〈강제결혼〉을 정병희 역, 이정민 연출로 공연했다. 1978년 극단 은하가 〈강제결혼〉을, 극단 고향이 〈기분으로 앓는 사나이〉를 박용기 연출로 재공연했다. 1979년 국립극단이 〈동 쥐앙〉(초연, 김정옥 역, 이진순 연출, 권성덕, 국립극장)[13]을, 극단 은하가 〈멋진 연인들〉과 〈유별난 부부〉(서민 연출)를 공연했다.

1980년 극단 민중극장이 〈남편의 학교〉를 정진수 연출로, 〈귀족수업〉을 정진수

---

11  위의 책, 564쪽.

12  이 공연은 1976년 당시 "17세기 프랑스 귀족과 부르주아 사이의 갈등을 제대로 표출해서 재미있는 사회풍자극이라는 평과 함께 관객의 큰 호응을" 얻었다(위의 책, 294쪽)고 한다.

13  김미혜, 『국립극장 60년사』, 「번역극 공연 : 세계명작으로의 초대」. "남산 국립극장으로 이전하기 직전 국립극단의 레퍼토리를 보면 번역극의 가뭄기였다. 국립극단에서 공연한 번역극에 대한 고찰은 1986년 이전과 이후로 나눌 수 있다. 왜냐하면 1980년에 두 번째(첫 번째는 1967~1971)로 단장을 맡으면서 장민호는 레퍼토리 선정의 문제를 1980년대 지향 목표 중 하나로 삼았고 1986년 그가 직접 연출한 〈봐냐 아저씨〉로부터 '세계명작무대' 시리즈가 시작됐기 때문이다. 이 시리즈는 일반 극단이 제작하기 힘든 세계의 명작들을 소개하기 위해 국립극단이 기획한 것이다. 1985년까지 공연된 번역극은 몇 편 되지 않는다." 그중 몰리에르의 〈동 쥐앙〉(김정옥 역, 이진순 연출, 1979)을 꼽을 수 있다. "1986년부터 2009년 말까지 국립극단은 '세계명작무대'를 통해 평균적으로 매해 한 편씩—재공연을 제외하고—약 25편의 외국 작품을 소개했으며, 대극장과 소극장을 대략 반반씩 공연 공간으로 사용하였다." 라신의 〈앙드로마크〉(오세곤 역, 아미아스 연출, 1993), 몰리에르의 〈수전노〉(김정옥 역, 이창구 연출, 1999), 라신의 〈브리타니쿠스〉(최준호 역, 메스기슈 연출, 2000), 몰리에르의 〈귀족놀이〉(최준호 · 한덕화 역, 비니에 연출, 2004)가 공연되었다.

역, 문석봉 연출로 공연했고, 극단 은하와 극단 80(이봉운 연출), 극단 대하가 〈수전노〉를 각각 공연했다. 1981년 극단 민예극장이 〈팔자 좋은 의사선생〉을 장진호 번역 및 연출로, 극단 엘칸토는 〈강제결혼〉을 김기성 연출로 공연했다. 1982년 국립극단이 〈동 쥐앙〉을 김정옥 역, 로제 코르니악 연출로 공연했다. 1983년 극단 광장이 〈건달놀음〉(원제 : 서민귀족)을 정진수 역, 이종훈 연출로 공연했고 극단 신협이 〈수전노〉를 심회만 연출로 공연했다. 1984년 〈팔자 좋은 의사선생〉을 극단 앙상블이 임영주 연출로 공연했다. 1985년 〈강제결혼〉(김호태 연출, 극단 마당), 〈수전노〉(이순재 연출, 극단 사조)이 공연되었다. 1987년 〈건달놀음〉을 극단 광장과 극단 대중이 정진수 역, 문석봉 연출로 공연했고 극단 광장은 1988년에도 같은 작품을 재공연했다. 1988년 서울올림픽 개최 시 열린 '올림픽 문화예술축제'에서 코메디프랑세즈가 처음 내한하여 〈서민귀족(Bourgeois gentilhomme)〉을 공연했다.[14] 1989년 극단 수업이 〈팔자 좋은 의사선생〉을 정순모 역, 이남연 연출로 공연했다.

1990년 극단 맥토가 〈귀족수업〉(원제 : 서민귀족)을 정진수 역, 이종훈 연출로 공연했다. 1991년 나주극단이 김진호 연출로 〈귀족수업〉을 공연했고, 〈강제결혼〉을 극단 세미가 김호태 번역 및 연출로 공연했으며, 〈수전노〉를 극단 원각사가 아성 연출로 무대에 올렸다. 1992년 극단 대하가 〈1992 수전노〉를 김완수 각색, 이석형 연출로 공연했다. 1993년 〈스카펭의 간계〉(극단 수레무대 창단 공연, 박영옥 역, 김태용 연출), 같은 해 인천시립극단이 방태수 연출로 〈수전노〉를 공연했다. 1994년 〈수전노〉를 극단 한국이 강만희 연출로 공연했고 〈할 수 없이 의사가 되어〉(원제 : 억지 의사)도 공연된 기록이 있다. 1999년 〈수전노〉(김정옥 역, 이창구 연출),[15] 〈파워 스카

---

14 신정옥 외, 앞의 책, 322쪽.

15 김미혜, 『국립극장 60년사』, 「번역극 공연 : 세계명작으로의 초대」. "〈수전노〉는 국립극단이 해야

57

프랑스 고전극의 수용

펭〉(극단 수레무대, 정보소극장)[16]을 공연했다.

　2004년 〈귀족놀이〉(에릭 비니에 연출, 국립극장 달오름극장)[17]와 〈아를르깽, 의사가 되다〉(김태용 연출, 극단 수레무대, 인켈아트홀 2관, 11.12~28), 2006년 〈귀족놀이〉(재공연, 에릭 비니에 연출, 국립극장 달오름극장, 6.3~11),[18] 〈뮤지컬 돈 주앙〉(펠릭스 그레이 작곡, 예술의전당, 11.30~12.17),[19] 2010년 〈몰리에르 단막극〉(알랭 쉬아레티 연출, 국립민중극장 TNP, 세종M씨어터, 10.2~4), 〈스카펭의 간계〉(김태용 연출, 극단 수레무대, 서강대 메리홀, 10.28~11.9), 2011년 〈동 주앙〉(최용훈 연출, 명동예술극장, 3.10~4.3),[20]

---

할 중요한 사업, 즉 미래의 잠재관객 개발과 관련이 있다. 국립극단은 1998년부터 '청소년 연극교실'을 기획하여 첫 작품으로 〈더블 게임〉(로벨 토마 작, 최상설 연출)을 무대화했다. 청소년 관객을 키우기 위한 관심은 이미 1980년 허규 극장장에 의해 시작되었고, 1999년 11월 부임한 김명곤 극장장도 건전한 청소년 문화 육성을 위한 문화 프로그램을 운영하겠다고 다짐하기도 했다. 그러나 국립극단은 정상철 단장이자 예술감독 재임 시절에 이 사업을 본격화했다. 〈수전노〉는 바로 '청소년을 위한 기획 공연 시리즈'의 두 번째 작품으로 방학 중에 공연되었다. 이 공연은 특히 청소년 문화의 현주소를 반영하여 뮤지컬적 요소를 가미하였고, 현장 반주와 노래, 재즈 안무 등을 통해 청소년 관객들로 하여금 관극이 재미있다는 생각을 갖도록 유도했다."

16　〈파워 스카펭〉은 "몰리에르 원작 〈스카펭의 간계〉를 영화와 게임의 기법으로 연출한 코믹 희극"(극단 수레무대, 정보소극장. 연장 공연 12.4~31, 『동아일보』 1999.10.21).

17　관련 자료로는 김미혜, 『국립극장 60년사』, 「번역극 공연 : 세계명작으로의 초대」 ; 임선옥, 「양복 입고 갓 쓴 몰리에르의 코미디. 국립극단 〈귀족놀이〉」, 『21세기 연극 서곡』, 연극과인간, 2005, 246~248쪽. 임선옥은 이 공연에 대해 문화상호주의적인 측면에서는 큰 의의가 있으나 전체적인 조화 면에서는 아쉬움을 표한다.

18　2013년 문예연감에 의하면 부산시립극단이 경북 경주 예술의전당에서 〈귀족수업〉이라는 제목으로 7월 7일 1회 공연했다.

19　해당 작품의 리뷰로는 송민숙, 「샹송과 플라멩코가 어우러진 스펙터클, 프랑스 뮤지컬 〈돈 주앙〉」, 『언어와 이미지의 수사학』, 연극과인간, 2007, 496~500쪽.

20　장병욱 기자(『한국일보』, 2011.3.1)-"'동 주앙'이 32년의 잠에서 깬다. 1979년 국립극장에서 한국 초연(김정옥 역·이진순 연출)됐을 땐 스페인 귀족인 주인공의 호색한의 이미지에 초점이 맞춰졌지만 이번엔 사회 풍자 코미디의 원형을 되찾는다. 뮤지컬 배우 김도현, 이율 등 두 배우가 번갈아 주인공으로 출연해 뮤지컬 무대에서 얻은 인기가 연극에서도 유효한지를 입증해 보인다. 또한 동 주

아시아 연출가전(대학로 예술극장소극장, 3.28~4.10),[21] 〈스카펭의 간계〉(김태용 연출, 3.28~30),[22] 〈따르뛰프〉(스보드 파트낙[subodh patnaik] 연출, 4.1~3), 〈돈 주앙〉(히로타 준이치 연출, 4.8~10), 〈상상병 환자〉(코메디프랑세즈, 국립극장 해오름극장, 10.14~16),[23] 2012년 〈위선자 따르뛰프〉(김태용 연출, 극단 수레무대, 서강대 메리홀, 3.22~29/수승대, 7.30~31/대학로예술극장, 8.17~23),[24] 〈스카펭의 연극놀음〉(극단 종이로만든배, 스튜디오 76, 7.6~8.5), 〈인간 혐오자〉(로만 폴락 연출, 슬로바키아 마틴시립극장, 국립극

---

앙의 시종이면서 무대에서는 그의 또 다른 자아로도 분하는 스가나렐을 맡을 정규수의 재치와 익살이 기대된다. 한편 초연 당시 동 주앙의 아버지 동 루이로 분했던 원로 배우 권성덕이 이번에 다시 같은 역으로 출연해 화제를 낳고 있다. 동 주앙의 내면을 보여줄 무대 위 대형 액자는 이번 공연의 또 다른 관심거리다. 하인의 충고, 아버지의 훈계, 신의 간섭 등 주변의 견해를 모두 무시하고 제 욕망만을 좇는 그의 심리적 정황이 그려지는 공간이다. 석상 등 조형물을 오르내릴 승강 무대도 새 무대의 자랑이다."

21  2011년 아시아 연출가전은 "봉주르 몰리에르"라는 테마를 가지고 한국, 일본, 인도의 연출가들이 한국 배우들과 스태프들과 함께 공연을 올렸다. 김유미, 「몰리에르에 대한 최소한의 예 '아시아 연출가전'」, 『연극평론』 61호, 2011. 여름, 34~38쪽. "몰리에르에 대한 3국 연출가들의 고민은 현대성이었지만 그것을 다른 말로 하자면 연극이냐 희극이냐 그것이 문제였던 것으로 보인다. 연극성 자체를 살려서 현대성에 접근할 것이냐 희극성을 살려 현재에도 건재함을 과시할 것이냐. 김태용은 후자를 선택했고 다른 연출가들은 전자를 선택했다." 그럼에도 불구하고 필자는 문화상호주의가 제대로 구현되지 못한 데 대한 아쉬움을 표한다.

22  "김태용 연출의 〈스카펭의 간계〉는 원작이 지닌 희극성을 잘 살려 현대의 관객들에게도 다가갈 수 있게 했다는 것 자체에서 현대적인 의미를 찾을 수 있다. …(중략)… 다만 배우들의 연기가 고르지 못하고 무대가 산만하고 음악은 거칠고 관객의 웃음 코드에 영합하기도 해서 전체적으로 완성도 면에서 아쉬웠다는 점이 문제점으로 남는다." 김유미, 위의 글, 35쪽.

23  송민숙, 「가면과 진실, 그리고 죽음. 몰리에르 연극 〈상상병 환자〉」, 『언어와 이미지의 수사학 2』, 연극과인간, 2013, 418~426쪽 ; 임선옥, 「희극과 비극의 경계에 선 '황혼의 희극'. 프랑스 국립극장 코메디프랑세즈 〈상상병 환자〉」, 『연극, 삶의 기호학』, 연극과인간, 2016, 464~468쪽.

24  2012년 문예연감에 의하면 순천시립극단이 동명의 공연 〈위선자 따르뛰프〉를 전남 순천문화예술회관에서 12월 5일에서 7일까지 공연했다.

장 달오름극장, 10.20),[25] 〈위선자 따르뛰프〉(순천시립극단, 순천문화예술회관, 12.5~7), 2013년 〈귀족수업〉(부산시립극단, 경주 예술의전당, 7.7), 2015년 〈꼬메디아 상상병환자〉(서상규 연출, 극단 무심천, 국립극장 별오름극장, 11.5~15)[26] 등이 공연되었다.

## 2) 라신 연극 공연 현황

기록에 의하면 라신의 〈페드르〉는 〈페드라〉라는 제목으로 1970년 극단 성좌에서 권오일 번역, 민상근 연출로 초연된다.[27] 1971년 4월 극단 성좌 〈페드라〉(민상근 연출, 강효실 · 고은아 · 고은정 · 정승현 · 황일청, 명동 소재 국립극장),[28] 1977년 3월 〈페드라〉 재공연, 1980년 〈페드라〉(극단 산하, 권오일 역, 표재순 연출, 드라마센터, 강효실 · 김동주 · 전무송), 1990년 〈페드라〉(서울레파토리앙상블), 1993년 〈앙드로마크〉(데이지 아미아스 연출, 국립중앙극장 소극장),[29] 1999년 〈페드라〉(김정옥 연출, 극단 자유,[30] 박정

---

**25** 송민숙, 「현대적 연출로 변신한 몰리에르의 〈인간 혐오자〉」, 『언어와 이미지의 수사학 2』, 연극과 인간, 2013, 474~481쪽.

**26** 최근 공연된 몰리에르 작품으로 유머가 있고, 신체언어를 적극 활용한 공연이었다.

**27** 신정옥 외, 앞의 책, 546쪽.

**28** 이화원, 『연극평론』 복간 29호(통권 49호), 253~262쪽.

**29** 배우들이 목이 쉴 정도로 지속적으로 외침으로 일관하던 발화법이 인상적인 공연이다. 앙드로마크 역에 권복순, 피뤼스 역에 전국환, 오레스트 역에 주진모, 에르미온 역에 조은경이 출연했다. 연출가 아미아스는 "작품은 17세기의 텍스트에 기초하고 있으나 비극이 표출하고 있는 내용은 시공을 뛰어넘은 인간의 보편적인 정서를 다루고 있다"며 비극 인물의 '살아 있는 감정'을 얼마나 진실 되게 전달할 것인가가 이 공연의 관건이라고 강조했다(『조선일보』, 1993.9.10).

**30** 극단 자유의 〈페드라〉는 5막 30장을 6개의 장면으로 압축했다. 이화원은 "시적 언어의 리듬감과 그 상징작용의 무게가 번역 각색본의 대사 및 화술을 통해 고르게 전달되지 못하였다"라고 평했다. 이화원, 「프랑스 고전비극작가 장 라신의 최근 한국 무대—1999년 이후 작품들을 중심으로」, 『연극평론』 49호, 2008, 256쪽.

자 · 박웅 · 채진희 · 최원석, 문예회관소극장, 6.1~27), 〈페드라〉(강량원 연출, 극단 동,[31] 최혜원 · 조용석 · 최태용 · 김문희 · 김정아, 소극장 동),[32] 2000년 〈브리타니쿠스〉(메스기슈 연출, 국립극장 해오름극장, 10.1~9), 2007년 〈안드로마케〉(오세곤 연출, 극단 노을, 대학로 동숭무대, 5.24~6.10),[33] 2008년 〈페드라, 오래된 염문〉(이수인 연출, 소극장 축제),[34] 2010년 〈페드르〉(김지용 연출, 부산시립극단, 부산문화회관중극장, 10.8~10) 등의 공연이 있었다.

이 중에서 극단 자유의 〈페드라〉에 대한 필자의 리뷰를 인용해보자.

> ### 빛이 있었던 곳에 대한 동경
> —라신 300주기를 기리는 극단 〈자유〉의 공연 〈페드라〉를 보고
>
> 무대를 비스듬히 가르며 놓인 경사진 길. 그 어두운 길이 정점에 이르는 곳에서 외논은 알 수 없는 언어로 주문을 읊고, 그 주문에 다른 목소리와 악기소리가 이어진다. 극이 시작되며 들려오는 이 낯선 소리는 그러나 그다지 오래가지 않는다. 이 인상적인 소리는 공연의 끝 부분에서 길이와 높낮이를 가지고 다시 재현되며 인간의 다양한 목소리들로 이루어질 극 내용의 형체들을 감싸 안으며 세계의 여타한 소리들에서 극의 목소리를 분리해낸다. 프랜시스 베이컨의 그림에서 그 이상하고 기괴한 형체들이 '아플라'에 의해

---

31  "배우들은 일상어의 화법과 시어의 화법 모두를 거부한 채 일련의 대사들을 대체로 연달아 같은 높이의 음으로 고정하여 전보문을 읽듯 읊는 화술로 전달했다"(이화원, 위의 글).

32  필자는 영상으로 공연 일부를 관람했다. 극단 동의 연기 양식인 느린 대사와 기계적인 몸동작이 그 주요 특징으로 이해된다.

33  원작에 충실한 대사, 소극장 무대 공연이었다. 무대의상이 기억에 남을 정도로 훌륭했다. 17세기 프랑스에서는 그리스를 소재로 한 공연일지라도 주로 프랑스 궁정의상을 입었다고 한다.

34  송민숙, 「한국연극 100년, 2008년 최근 공연 〈페드라, 오래된 염문〉」, 『언어와 이미지의 수사학 2』, 연극과인간, 2013, 118~119쪽. 그러나 이 공연은 원작을 각색한 것으로 순수한 프랑스 고전극이라고 보기는 어렵다.

둘러싸이고 있듯이. 그래서 그 형체들이 더욱 고립되고 선명한 형상이 될 수 있기 위해서. 이 낯선 소리들에 이끌려 관객들은 극으로 도입되었다가 다시 그곳으로부터 이탈된다. 그 공간은 아마도 다른 세상의 논리를 가지고 있는 곳이 아닐까?

그 공간에서 언어를 지배하는 것은 이성의 논리가 아닌 감성과 열정의 논리이다. 그래서 그곳에서는 근본적으로 이성에 근간을 둔 말이라는 육체는 매번 나타남과 사라짐을 반복한다. 말은 자신의 온전한 자리를 찾지 못하고 그림자처럼 배회하고 도피한다. 마침내 조각난 말이 이어지고 퍼즐처럼 하나의 형태를 이루어낼 때, 말은 거울처럼 화자를 비추고 그 어두운 광채에 눈멀게 한다. 말이 나타나기 전에는 모든 일은 아직은 돌이킬 수 있었다. 비극은 말의 드러남에서 비롯하며 이성의 억압을 거부하는, 또는 파열시키는 열정의 언어는 그 끔찍한 형체를 드러냄으로써 비극세계의 숨 막히는 대기를 형성한다. 세 번에 걸친 페드라의 고백(외논에게, 이폴리트에게, 테제 왕에게)은 그녀를 돌이킬 수 없는 파멸로 이끈다. 이제는 더 이상 돌이킬 수 없다. 그녀는 자신의 고백의 끔찍함을 인식한다. 그녀를 죽이는 것은 그녀의 말이다. 극 〈페드라〉는 언어의 비극이다. 말의 수다스러움이 아닌 침묵의 극이며 침묵이 웅변이자 능변이 되는 독특한 언어의 비극이다.

무대의 수직성은 각기 그 넓이를 달리하는 세 개의 하얀 벽면의 수평적 연결로 이어진다. 극의 장소는 바닷가에 위치한 궁전이며, 따라서 벽의 한 부분은 다소 지속적으로 유동적인 빛의 이미지를 띠며 그 분위기를 암시하고자 한다. 그러다 어느 순간 세 개의 벽이 모두 빛의 물결로 요동치기 시작한다. 그것은 페드라의 저주를 받은 외논이 물결 속에서 생명에서 죽음의 세계로 이행해 가는 순간이다. 빛의 이러한 연출에 의해, 또 외논의 고양된 목소리에 의해, 그 순간은 죽음의 속성인 하강보다는 오히려 신화로의 승천과도 같은 긍정적인 이미지와 가치를 부여받고 있다. 연출가는 외논이 연민의 대상으로 이해되기를 바랐던 것일까? 그렇다면 아마도 라신의 원전과는 다른 새로운 해석이 될 것이다. 라신에서의 외논은 차라리 분개의 대상이며 그녀의 죽음은 그다지 연민의 여지가 없어 보이기 때문이다. 물론 그녀는 불행한 여자이다. 그녀가 죽음의 광기에 사로잡힌 페드라의 목숨을 연장하기 위해 무엇인들 마다했겠는가? 관객으로써 느껴지는 이런 의미부여가 어떠한 것이든 이 장면은 무대이미지의 자기 반조성을 드러내는 극적인 현재성과 물질성을 향유하게 한다는 점에서 인상적이다. 극의 무대란 역시 이미 존재하는 다른 세계를 재현하는 것이 아니라 그 순간 새로이 창출되는 것, 관객으로 하여금 공감을 불러일으키고 몰입시키는 것일 때 그 진정한 현재성을 갖는다. 빛이 있었다가 사라진 곳, 방금 들려오다가 그쳐버린 소리와 함께 연기자들의 몸짓이 스쳐간 그 공간의 궤적과 흔적이야말로 연극 세계의 진수가 아닌가.

이 비극의 세계에서 외논은 가장 세속적인 말을 대변함으로써 혼란에 빠진 페드라가 내뱉는 착란의 말들과 대조를 이룬다. 페드라는 외논의 설득을 거부하고 그녀를 저주한다. 열정은 이성을 거절한다. 예의 권력을 휘두르던 이성은 비극의 무대에서 정념의 광기에 핍박받는다. 그러나 다시 그 이성은 제 자리를 찾아든다. 열정이 남긴 폐허 위에 새로운 기념비를 세우기 위해. 페드라는 이성을 되찾는다. 죽음의 대가를 치르면서. 왜 페드라의 죽음은 빨간 가운과 검은 드레스로 단순히 가려지는가? 그녀가 해에게 되돌려준 빛의 순수함은 이러한 때 왜 다시 한 번 빛나지 않는가? 그녀의 죽음이야말로 오히려 빛의 연출로 승화될 필요가 있는 부분이 아닌가?

물은 사람들을 그 기슭에 머물게 하며 언제나 그들의 한계를 일깨워주곤 했다. 사랑의 여신이 태어난 물거품은 아버지의 저주를 받은 이폴리트의 생명을 앗아갈 괴물을 품었다가 토해낸다. 불과 태양의 딸 페드라는 숲의 그늘에서 승마와 사냥을 즐기는 이폴리트를 동경하고 그를 자신의 정념으로 불태움으로써 제물로 삼는다. 바다의 신 포세이돈은 이폴리트를 벌하고자 하는 테제 왕의 소망을 너무도 급작스럽게 이루어주며 페드라의 불길을 물의 위력으로 다스린다. 사람들은 이폴리트의 죽음을 통해서 자연의 거대한 힘과, 그 다스릴 수 없는 위력에 위압감을 느낀다. 태양의 후손인 페드라는 또한 어두움의 후예이기도 하다. 태양을 대하기가 죄스러운 그녀는 또한 지옥에서 영혼을 심판하는 아버지 미노스 왕을 만날 면목이 없다. 온 우주가 그녀의 정념을 지켜보고 있으며 그녀는 천지간에 몸을 둘 곳이 없는 것이다. 5막의 비극이 상연을 위해 8개의 장으로 요약된 텍스트에서 이런 신화적 배경이나 연계관계를 상세히 읽을 수는 없다. 극중 인물들의 상징성이나 시적 언어가 가지는 문학성을 잃은 반면 공연은 대중에의 접근이라는 용이성을 얻고 있다. 전체가 아닌 부분으로, 아니 더 이상 전체란 파악할 수도 없고 존재하지도 않는 것인지도 모른다. 전체를 환기시키기에 족한 부분만으로도 충분하다. 모름지기 극이란 관객을 만남으로써 그 존재의미를 갖는 것이 아니겠는가? 라신 300주기를 맞이하여 텍스트로만 남기 쉬운 고전극을 상연함으로써 대중에게 그 존재를 알리는 힘든 일을 기꺼이 해준 극단 〈자유〉에 갈채를 보낸다. 그곳에 빛과 몸짓과 소리의 흔적이 있었기에.

한국에서 공연된 몰리에르와 라신의 연극을 크게 분류하면 내한 공연, 합작 공연, 번역 및 번안 공연, 실험 및 재창작 등이 되겠다. 위에 언급된 몰리에르 공연의 경우 오태석 번안극 〈쇠뚝이 놀이〉가 우리나라 마당극과 접목했다는 점에서 특기할 만하다. 이 중에서 창단 이후 최근 20년 이상 희극, 특히 코메디아 델라르테와 소극을 전문적으로 공연해온 극단 수레무대의 활동이 가장 눈에 띈다. 그들은 몰리에르가 대표하는 프랑스 고전희극의 영향을 가장 순수한 의미에서 수용한 단체이다.[35] 점차 발전해나가는 것이 보이는 유연한 신체 연기, 여유 있는 유머가 돋보인다.

라신의 경우 그의 대표작 〈페드르〉가 주로 번역 공연되었고, 한 편의 재창작, 해외 연출가와 국내 배우가 작업한 두 편의 합작 공연이 있다. 위에서도 언급한 바 있으나 목록을 보면 비극보다는 희극이, 라신보다는 몰리에르의 작품이 더 많이 공연된다.[36] 연극이 시대의 반영이고 희극이 시대 풍자에 용이한 장르라면 그런 점에서 인간의 보편적인 정서를 추구하는 비극보다는 희극이 더 자주 공연될 소지가 있다.

---

**35** "극단명 '수레무대'는 르네상스기 이탈리아의 연극 양식인 코메디아 델라르테에서 발췌한 용어이다. '수레무대(wagon stage)'라고 불리던 코메디아의 이 독특한 무대는 언제 어디서고 공연을 원하는 관객이 있는 곳이라면 서슴지 않고 무대를 펼쳐 신명나게 한바탕 굿을 벌일 수 있는 이동 가능한 바퀴 달린 무대를 뜻한다."(극단 수레무대 홈페이지) 몰리에르 또한 13년간 수레무대를 이끌고 지방 순회공연을 했으며 파리에 돌아왔을 때 이탈리아 코메디아 델라르테 극단과 파리의 공연장을 교대로 사용하며 그들 연극의 즉흥성과 순발성, 고정 캐릭터 등의 영향을 받은 바 있다. 그의 대희극 속에는 코메디아 델라르테의 기본 구조인 주인, 젊은 연인, 하인 그룹의 관계가 잘 반영되어 있다.

**36** 라신은 비극 9편, 희극 1편, 종교극 2편을 썼고, 몰리에르는 1편의 비극과 33편의 희극을 썼다. 몰리에르 극을 자주 공연한 극단 수레무대 또한 그 차이에 기여했다.

이 중에서 제작 형식이나 내용 면에서 가장 문화상호적인 작품으로 여겨지는 합작 공연 두 편을 골라 살펴보자. 해외 공연이 한국 연극에 미친 영향을 파악하기 위해 해당 공연을 상세하게 분석하고 기록하는 것도 중요하기 때문이다.

## 4. 프랑스 고전극의 수용
### : 라신 〈브리타니쿠스〉와 몰리에르 〈귀족놀이〉를 중심으로

메스기슈 연출 〈브리타니쿠스〉(2000)와 에릭 비니에 연출 〈귀족놀이〉(2004)는 프랑스 연출가와 스태프, 우리 배우들과 스태프의 협업으로 완성되었다. 그간 공연된 프랑스 고전극 중에서 가장 나은 공연들이다. 몰리에르의 〈귀족놀이〉는 서울에서 공연된 이후 프랑스에서도 공연되었고 국립극단의 첫 해외 진출작이라는 성과를 거두었다. 라신의 〈브리타니쿠스〉(〈브리타니퀴스〉, 1669)는 〈귀족놀이〉(〈서민귀족〉, 1670)와 거의 같은 시기에 창작되었고 이 공연이 기획되고 공연된 무대가 〈귀족놀이〉과 같은 국립극장이다. 그간 라신 무대 중에서 가장 완성도가 높은 공연이다. 그러나 〈브리타니쿠스〉는 비극인 반면 〈귀족놀이〉는 코미디 발레이므로 각각의 장르적 특성은 차이가 있다. 두 공연을 통해 프랑스 고전극이 한국 무대에 끼친 영향과 성과를 살펴볼 것이다. 두 공연의 원작인 〈브리타니퀴스〉와 〈서민귀족〉을 설득의 관점에서 간략하게 분석해보고 〈브리타니쿠스〉와 〈귀족놀이〉의 공연 양상을 살펴볼 것이다.

### 1) 라신 〈브리타니퀴스〉에 나타난 설득 양상

〈브리타니퀴스〉는 등장인물과 극 행동, 언어 모두가 극히 정치적이고 수사적이다. 라신은 서문에서 그가 가장 공들인 극이라고 밝힌 바 있다. '브리타니퀴스의 죽음'은 곧 '아그리핀의 실총'을 뜻한다(서문). 로마 황제 네롱과 모후 아그리핀 사이의 정치적, 심리적 힘겨루기가 팽팽한 대결 구도를 이룬다. 이들을 둘러싸고 간언하는 인물이 뷔뤼스와 나르시스이고 그 희생양은 연인인 브리타니퀴스와 쥐니다. 극은 네롱이 폭정을 시작하기 직전, 자신의 본성을 깨닫는 그 순간을 다룬다.

   아그리핀은 갖은 권모술수를 써서 아들을 권좌에 앉혔지만 한편 아들을 견제하고자 선왕의 적자 브리타니퀴스를 '오귀스트의 후손'[37]인 쥐니와 혼인시키려 한다.[38] 선왕의 양자에 불과한 네롱은 이를 못마땅하게 여겨 쥐니를 납치하게 한다. 모후에 대한 선전포고인 셈이다. 그런데 쥐니를 만난 네롱은 한눈에 그녀를 사랑하게 된다.[39] 사랑에 빠진 네롱은 정치적 이유에 질투심까지 더해져 브리타니퀴스와 쥐니의 운명을 사이에 두고 아그리핀과 대립한다. 네롱은 쥐니의 마음을 얻고자 설득하다 거절당하자 브리타니퀴스의 목숨을 담보로 그녀를 위협한다.[40] 모후의 질책[41]에 반발하던 네롱은 뷔뤼스의 충언[42]에 잠시 주저하지만 권력에 대한 허영심을 자극한 나르시스의 설득[43]에 따라 결국 브리타니퀴스를 독살한다. 그러나 쥐니는 네롱의 손길을 벗어나 그의 권력이 미치지 못하는 신전으로 몸을 피한다. 그녀를 붙잡으려던 나르시스는 분노한 군중에 의해 죽음을 맞는다(5막 8장). 쥐니를 잃은 네롱 또한

---

**37** 1막 2장, 244행. 선왕 클로드의 아들과 오귀스트(아우구스투스)의 후손의 결합이 갖는 정치적 함의는 네롱에게 위협적일 수밖에 없다.

**38** "폭풍 속 정박지를 마련해두는 거지./이 고삐가 없다면 네롱은 날 벗어나리."(1막 1장, 71~72행)

**39** "쥐니를 숭배하네."(2막 2장, 384행)

**40** "그의 목숨이 소중하면 그를 멀리하시오."(2막 3장, 669행) "그의 마음에 들려는 몸짓이나 한숨은/곧 그의 파멸임을 명심하오."(683~684행)

**41** 4막 2장.

**42** "지금처럼 계속 덕을 베푸시길."(4막 3장, 1340행)

**43** "아그리핀께서 전하께 또 절대 권력을 행하셨군요."(4막 4장, 1415행) "전하 자신의 욕망은 잊으셨나요?"(1435행)

절망에 사로잡혀 방황한다. 이처럼 어느 누구도 원하던 것을 얻지 못한다.

　나르시스의 설득은 네롱이나 자신에게 치명적인 결과를 가져온다는 점에서 아이러니하다. 그러나 네롱을 설득하는 이 모든 수사적 논쟁은 사실 허망하다. 어쩌면 이 모든 일은 애초에 예정된 수순일지도 모르기 때문이다. 그 근거는 네롱의 인성, 관객을 설득하는 근거가 되는 인물의 성품으로서의 에토스이다. 뷔뤼스에 따르면 가장 끔찍한 사실은 브리타니퀴스의 죽음을 지켜보던 네롱의 냉정한 표정이다. 그가 안색 하나 바꾸지 않고 무심하게 죽어가는 사람을 바라본다는 것은 어려서부터 죄에 단련된 폭군의 태도라는 것이다.[44] 이 언급은 '태어나는 괴물'인 네롱의 잔인한 성품을 관객에게 가장 설득력 있게 전하는 수사적 이미지라고 하겠다. 사랑에 눈을 뜨면서 네롱은 자신에 내재한 악을 자각하고 드러내기 시작한다. 〈브리타니퀴스〉의 대단원은 이 사실에 대한 뷔뤼스의 두려움을 담고 있다.[45] 그러나 유감스럽게도 뷔뤼스의 기원은 헛되다. 역사상 네롱의 죄는 극에서 행한 형제 살상 즉 브리타니퀴스 독살 이후 모친 살해로 이어진다. 네롱을 권좌에 올리기 위한 아그리핀의 모든 노력은 이렇듯 허망하다. 네롱 자신 또한 9년 후 그의 폭정을 견디다 못한 원로원의 반발로 31세에 죽음을 맞는다.

## 2) 몰리에르 〈서민귀족〉에 나타난 설득 양상

　〈브리타니퀴스〉의 암담한 분위기에 비해 〈서민귀족〉은 소극의 낙관적이고 유쾌한 세계를 보여준다. 부르주아인 주르댕의 모든 행동 동인은 '귀족'처럼 되는 것이다. 그 이유는 사랑, 그가 흠모하게 된 후작부인이 속한 계층의 사람들을 닮고 싶기

---

44　5막 7장, 1710~1712행.
45　"이것이 그가 저지른 죄악의 마지막이면 좋으련만!"(5막 8장, 1768행)

때문이다. 그가 의상을 고를 때 그 이유는 "귀족들이 아침마다 이런 차림을 하기 때문"이고, 그가 음악을 배우는 이유는 "귀족들도 역시 음악을 배우기 때문"이다(1막 2장). 음악 선생이 매주 2회 가정 음악회를 열어야 한다고 하자 주르댕은 "귀족들도 그렇게 하고 있소?"라고 묻는다(2막 1장). 주르댕은 후작부인 도리멘에게 걸맞은 사람이 되기 위해 그녀에게 인사하는 법, 편지 쓰는 법을 배우고 싶어 한다. 이처럼 모름지기 그에게 '귀족다움'이란 스스로의 행동을 납득시키는 가장 큰 힘이자 근거이다. 하다못해 귀족들이 옷에 꽃을 거꾸로 붙인다면 자신도 그렇게 해야 하고, 그를 귀족이라 불러주기만 한다면 사례를 마다하지 않는다. 딸 뤼실의 연인 클레앙트에게 귀족이 아니면 사위로 삼을 수 없다며 거절한다(3막 12장). 이런 그의 장단을 맞추려고 꾀바른 이들은 귀족 신분을 가장한다. 클레앙트의 하인인 코비엘은 "그의 공상에 박자를 맞추자"고 클레앙트를 설득한다. 코비엘은 주르댕의 부친이 "인격이 높은 귀족"이었다며 그를 속인다(4막 3장). 코비엘은 터키 왕자가 뤼실을 사랑한다며 주르댕에게 '마마무쉬'라는 귀족 작위를 내리는 의식을 행한다(제4막간극). 주르댕 부인과 뤼실은 터키 왕자가 곧 클레앙트임을 알아차리자 이들의 속임수에 동참한다. 주르댕은 귀족을 사위로 맞이한다고 착각한다. 도랑트와 도리멘, 코비엘과 니콜의 결혼식도 함께 열리는데 주르댕은 이들의 결혼식이 단지 자기 아내를 속이기 위한 연극이라고 여긴다(5막). 주르댕은 드디어 원하던 대로 귀족 작위를 받고 귀족 사위를 얻었다고 여기지만 이는 모두 환상일 뿐이다. 특히 터키 풍속을 웃음의 소재로 삼은 것은 1670년 당시 루이 14세를 방문한 터키 대사의 오만함을 조롱하기 위해서였다고 한다.[46]

---

**46** 『몰리에르 희곡선』, 민희식 역, 범우사, 283~284쪽. 〈서민귀족〉은 루이 14세의 주문에 따라 터키 의식을 소재로 삼았다. 라신 비극 〈바자제〉(1672)도 터키 후궁을 배경으로 한 작품이다. 1670년경

사랑에 빠진 부르주아 주르댕은 갖가지 귀족 교육을 받으며 신분 상승에 이르려는 욕망에 사로잡힌다. 몰리에르는 맹목적이고 순진한 주르댕의 인품을 웃음의 대상으로 삼는다. 이는 사회적 지위의 상승을 위해 수단 방법을 가리지 않았을 당시 루이 14세 치하 궁인들의 세태에 대한 비판이기도 하다. 그러나 한편 그것은 오늘날까지도 우리 모두의 욕망이자 행동의 동인이기에 그 웃음은 몰리에르 극의 웃음들이 늘 그러하듯 어딘가 씁쓸한 여운을 남긴다. 자신이 귀족이 되었으며 소원대로 귀족 사위를 얻어 딸을 귀족 부인으로 만들어주었다고 믿는 주르댕의 모습은 비록 하인 코비엘에게 '바보'라고 조롱당하지만 매 순간 우리가 어떤 모습이 되어가고 있는지를 반성하게 해주는 고전적인 거울이다.

## 3) 메스기슈 연출 라신 〈브리타니쿠스〉(2000) 공연 양상

라신의 〈브리타니쿠스〉는 국립극단 '세계명작무대' 2000년 작품으로 국내 초연된다. 국립파리연극학교 교수 다니엘 메스기슈[47]의 연출과 프랑스 스태프, 그리고 한국 배우들의 연기와 의상으로 국립극장 해오름극장에서 공연되었다.[48] 공연의 시청각적 요소들은 고전적이라기보다는 현대적이자 심리적이다. 대극장 무대는 비

---

당시 프랑스에는 터키와의 외교 관계의 영향으로 터키 풍속이 유행했다.

**47** 메스기슈는 라신 〈앙드로마크〉(1975), 라신 〈브리타니쿠스〉(Théâtre de la Potinière, 1975), 라신 〈앙드로마크〉(1992), 라신 〈베레니스〉(1994), 몰리에르 〈동 쥐앙〉(1996), 라신 〈앙드로마크〉(1999), 몰리에르 〈동 쥐앙〉(2001, 2003), 코르네유 〈신나〉(2006) 등의 고전극을 연출한 바 있다. 그는 1999년 라신 서거 300주년을 기념하여 한국프랑스고전문학회가 개최하여 이화여대에서 열린 학술대회 때 처음 한국을 방문했다. "결국 라신은 시대를 초월하는 인간의 본질에 초점을 맞추고 있어요. 연출자의 몫은 작품 뒤에 숨어 있는 인물들의 의식과 철학을 오늘날 다시 음미할 수 있도록 해주는 것"이라고 말했다(장규호, 『한국경제』, 2000.8.15).

**48** 다니엘 메스기슈 연출, 이상직(네로)·계미경(주니아)·조은경(아그리피나)·노석채(브리타니쿠스)·이문수(브루스)·서희승(나르시스), 송은주 의상, 국립극장 해오름극장, 2000.9.1~10,

라신 〈브리타니쿠스〉(자료 제공 : 국립극장)

어 있어 더 넓고 황량해 보인다. 경사진 무대에는 궁정의 환유인 큰 기둥 다섯 개가 놓여 있다. 거대한 기둥은 그것이 지탱하는 공간의 크기를 상상하게 하는 동시에 극에 등장하는 인물들의 정치적 중요성을 은유하는 시각 이미지이다. 그러나 그 인물들의 내면은 전혀 견고하지도 평온하지도 않다. 기둥은 막이 진행됨에 따라 점차 균열이 가고 가로 쓰러져가며 이 비극 세계에서 파국으로 치닫는 인물들의 내면을 가시화한다. 대체로 빈 무대에 상존하는 이 기둥의 존재감과 그것이 점차 변화하며 의미의 차이를 가져오는 모습은 극의 분위기에 대해 관객을 설득하는 중심적인 수사적 이미지라고 할 수 있다.

아그리피나와 그녀의 시녀 알비나는 한 명의 대사를 두 명이 동시에, 앞뒤로 서서 발화함으로써 마치 서로가 서로의 분신이듯 연기했다. 단 두 명인데도 그리스 비극의 코러스를 연상시켰다. 시각적으로도 특이했지만 말의 기원이나 유래, 주종관계, 나아가서 보편성을 표현한 연출은 독특했다. 또한 각 인물과 동일한 색과 형태의 의상을 입은 인형들이 소품으로 사용되었다. 이는 권력에 좌지우지되는 그들의 무력함이나 수동성을 표현했다. 네로(이상직 분)는 주니아의 인형을 들고 그녀를 향한 대사를 하는 등 인형놀이를 하는 네로의 유아적인, 유약한 면모를 보여주기도 했다. 네로 역의 배우는 어려서부터 그를 길들인 아그리피나의 권력에서 벗어나 점

차 자신의 욕망을 거침없이 분출하기 시작하는, 변모해가는 네로의 모습을 세심하
게 연기했다. 배우들의 의상은 좌우 비대칭인 것이 특이하다. 신체 선을 세로로 절
개하여 좌우가 다른 형상에 그물 무늬가 들어간 의상은 상황에 의해 분열되고 찢어
지거나 마치 거미줄에 단단히 사로잡힌 벌레와도 같은 인물들의 심상을 보여주는
듯했다.

## 4) 에릭 비니에 연출 몰리에르 〈귀족놀이〉(2006) 공연 양상

몰리에르 〈귀족놀이〉는 국립극단 2004년 '세계명작무대' 작품으로 공연된다.[49]
에릭 비니에(Eric Vigner)[50]가 연출한 이 작품은 국립극단의 첫 해외 공연작이다.[51] 이
성공에 힘입어 〈귀족놀이〉는 2006년 6월 한불 수교 120주년 기념으로 같은 장소에
서 재공연되었다.[52] 그 후 이 공연은 프랑스 현지 무대에도 다시 진출해서[53] 파리 오

---

**49** 국립극단 제202회 정기 공연. 국립극장 달오름극장(514석). 이상직(주르댕) · 조은경(주르댕 부인), 이
은희(뤼실) · 한윤춘(클레앙트) · 곽명화(도리멘) · 김종구(도랑트) · 계미경(니콜) · 이영호(코비엘) ·
서상원(검술선생) · 노석채(재단사) · 이원재(양재견습공) · 가수들(국립오페라단) · 무용수들(국립무용
단) · 음악인들(국립관현악단), 예술감독 이윤택, 번역 및 드라마투르그 최준호, 2004.9.11~24.

**50** 연출가는 프랑스 브르타뉴 국립연극센터 소장, 로리앙극장장, 코메디프랑세즈 고정 레퍼토리 연출
가이다. 그가 연출한 프랑스 고전극으로는 코르네유의 〈연극적 환상〉(1995년 연출), 라신의 〈바자
제〉(1996년 연출), 몰리에르의 〈아내의 학교〉(1999년 연출) 등이 있다. 프랑스에는 국립극장인 코메
디프랑세즈 이외에 각 도별로 국립연극센터가 있다.

**51** 〈귀족놀이〉는 2004년 10월 11~16일 프랑스 브르타뉴 로리앙(L'Orient)대극장(1,100석)에서도 공연
되었다. 2005년 시즌 개막작으로 초청되어 많은 프랑스 문화계 인사들이 공연을 관람하고, 프랑스
공영방송 3-TV의 생방송으로 프랑스 전역에 공연이 소개되었다. 〈귀족놀이〉의 성공적인 공연으로
국립극단 공연 작품의 세계 무대 진출 가능성을 확인했다.

**52** 국립극단 제207회 정기 공연. 예술감독 오태석, 안무 윤성철, 조명 조엘 우르베이, 무대디자인 에
릭 비니에 · 윤시중, 편곡 박위철. 국립극장 달오름극장, 2006.6.3~11. 2006년은 1886년 6월 4일
한국과 프랑스가 통상우호조약을 체결한 지 120주년이 되는 해이다.

**53** 〈귀족놀이〉는 2006년 9월 14일~10월 7일 총 10회 파리 오페라코믹극장과 브레스트 캬르츠(Quartz)

몰리에르 〈귀족놀이〉(자료 제공 : 국립극장)

페라코믹극장[54]과 브레스트에서 공연되며 좋은 반응을 얻었다. 〈브리타니쿠스〉와 〈귀족놀이〉는 한국에서 모두 국립극단 배우들이 공연했기에 두 작품에서 주요 배역을 연기한 배우들이 겹친다는 점이 흥미롭다. 〈브리타니쿠스〉에서 네로를 연기한

배우 이상직이 〈귀족놀이〉에서 순진하지만 다른 세계를 꿈꾸는 주인공 주르댕을 연기했다.[55] 〈귀족놀이〉의 특징은 원작의 줄거리에 한국적 음악(양악을 국악으로 편곡하여 대금, 아쟁, 가야금, 피리, 해금, 대피리로 국립관현악단이 연주)과 의상(에릭 비니

---

극장에서 공연되어 현지의 많은 성원과 관심을 받았다.

**54** 파리에 있는 국립오페라극장(1248석). 애초에 '오페라코믹'은 루이 14세 치하인 1714년에 창단된 극단의 이름이었다. 현 극장은 1898년 12월에 재건된 것이다. 파리 오페라가르니에극장과 코메디프랑세즈와 더불어 가장 오래된 유서 깊은 극장이다. 비제 오페라 〈카르멘〉(1875)이 초연된 곳이기도 하다. 2005년에 국립극장이 되고 2015년에 300주년을 맞이했다. 장르로서의 '오페라코믹'은 연극에 노래로 부르는 부분을 더한 장르이다(프랑스어에서 '코믹'은 '코미디'가 그러하듯 웃음보다는 연극에 가깝다). 파리 오페라코믹극장의 지난 1월 공연작인 요한 슈트라우스의 3막 오페레타 〈박쥐〉는 오페라코믹의 대표작이다. 장르의 성격이나 음악의 비중으로 보아 한국의 〈귀족놀이〉를 공연하기에 최적의 공연장이라고 생각된다.

**55** 메스기슈는 "심리적 표현이 능한 사람", "가능한 표정연기나 내면연기가 뛰어난 사람"을 우선 캐스팅했다고 말했다(손병호, 『국민일보』, 2000.7.4). 에릭 비니에는 "꿈과 환상을 좇는, 다른 세계를 가져다주는 듯한 눈빛과 느낌" 때문에 처음부터 그를 주르댕 역으로 생각했다고 한다(http://cafe.naver.com/culturejoin/380, 2006.5.24).

에, 송은주, 김지연), 춤과 몸짓이 더해졌다는 것이다.

주르댕이 자신의 부와 지위를 과시하기 위해 색색의 한복 두루마기를 대여섯 벌씩이나 계속 겹쳐 입는 장면은 그 과장된 우스꽝스러운 행동으로 웃음을 유발하는 동시

몰리에르 〈귀족놀이〉(자료 제공 : 국립극장)

에 의미상으로도 관객을 설득하는 핵심적인 수사적 이미지이다. 이는 희곡에 드러난 인물의 특성을 바탕으로 공연이 새롭게 구축한 독특한 시각적 이미지이다. 프랑스 연출가와 한국 의상이 만들어낸 가장 독창적인 문화상호적 장면이라고 평가할 수 있다. 사실 상식적으로는 어느 누구도 그렇게 두루마기를 여러 벌 겹쳐 입지는 않기 때문이다. 주르댕은 과하게 겹쳐 입은 옷으로 인해 불편함에 힘겨워하면서도 마냥 즐거워한다. 누구나 아는 우스꽝스러움을 전혀 인지하지 못한다는 것이 몰리에르 희곡 주인공의 에토스적 특성이다. 상식을 넘는 과도함을 표현하는 이 이미지는 후작부인이 속한 다른 세계를 꿈꾸는 주르댕의 상승 욕망을 잘 보여준다.

한복의 겉옷 정장인 두루마기는 면적이 넓어 디자인을 넣기도 용이하고 시각적으로 한눈에 잘 보이는 동시에 끈으로 된 여밈 덕분에 신속하게 입고 벗기도 편해서 연극적으로도 매우 기능적이다. 특히 의상은 변신의 테마를 표현하기에 용이하다. 옷을 입고 벗는 행동이 변신의 욕망을 움직이는 이미지로 나타낸다면 공연 무대인 달오름극장 바닥에 그려진 공작무늬(무대 바닥 디자인 은지 페나르 김)는 이 테마

에 대한 정지된 시각적 이미지를 제공한다. 공작 그림은 변신을 통해 다른 존재로 새롭게 태어나고 싶은 주르댕의 꿈을 상징한다. 공작은 화려한 변신과 과시가 핵심인 바로크의 대표적인 이미지이다.[56]

## 5. 결론

〈브리타니쿠스〉와 〈귀족놀이〉는 국내에서 자주 공연되지 않는 프랑스 고전극을,[57] 그것도 완성도를 가지고 무대에 올린 드문 기회이다. 국립극단이 주도적으로 기획한 이 공연들은 한국과 프랑스 문화예술의 중요한 협력 모델이 될 만하다. 〈브리타니쿠스〉의 경우 한국 초연이자 라신 서거 300주기 즈음한 공연이어서 더욱 뜻깊었다. 당시 많은 관객들이 관극한 것으로 기억한다. 필자로서는 프랑스 연출가의 현대적인 고전극 해석을 참고하는 좋은 기회가 되었다. 세련되고 독특한 무대의 시

---

56 장 루세, 『바로크문학』, 조화림 역, 예림기획, 2001, 306쪽. "시르세와 팡(공작), 즉 변신과 과시는 바로크 시대를 통해 완성된 여정의 시작과 끝이다. …(중략)… 변화하는 인간, 다형적인 인간은 숙명적으로 외양의 인간처럼 생각되도록 이끌려진다. 프로테우스에 근거를 둔 시르세는 길을 제시하는데 그 길의 끝에 움직임 속에서 위장한 장식적인 팡(공작)의 형상이 세워진다." 루세는 몰리에르가 "그의 위대한 희극 속에서 바로크를 보다 더 잘 제거하기 위해 바로크 양식을 흡수하는 새로운 장르인 코미디 발레를 고안해냈다"라고 평가한다(312쪽). 한편 저자는 〈브리타니쿠스〉에 대해 네롱은 태어나는 것이 아니라 이미 괴물로 태어나 있다고 여긴다. 네롱은 변하지 않으며 그는 이미 변해 있고 우리가 보는 것은 변화가 아니라 변화된 결과라며 고전주의 작가 라신을 바로크와 차별하기 위한 예로 든다(327쪽).

57 "프랑스를 중심으로 세계 전역에서 라신의 극작품들이 수세기를 거쳐 수많은 다양한 독자들과 평자들 및 관객들을 만나온 실정에 비추어 볼 때 우리나라에서의 라신 작품 공연의 성과는 빈곤하기 짝이 없다. 전체 공연 기록도 미미하지만 공연의 레퍼토리도 빈약하다. 국립극단의 〈앙드로마크〉와 〈브리타니쿠스〉를 제외하고는 대표작 〈페드르〉만이 총 5차례 공연되었을 뿐인 것이다."(이화원, 앞의 글, 253쪽)

청각 언어들에 깊은 인상을 받았다. 〈브리타니쿠스〉가 현대적인 이미지를 통해 원작에 충실하게 여전히 심리적인 해석을 강조했다면 〈귀족놀이〉는 문화와 예술을 통해 소통을 시도하는 인물이라는 새로운 주르댕을 보여준다.

〈귀족놀이〉의 경우 2004년과 2006년 공연을 모두 관극했으나 두 공연 사이에 큰 차이점을 인지하지는 못했다. 원작에 비해 시청각적인 요소가 강조되었다. 의상과 신체언어, 음악과 무용 등에서 한국적 색채를 추가한 점이 가장 눈에 띈다. 막간에 발레가 들어간 프랑스의 코미디 발레는 한국 공연에서 총체적인 규모의 음악극으로 재탄생했다.[58] 특히 국립극단의 첫 해외 공연작이 된 〈귀족놀이〉의 경우 그 외형적 성과가 특기할 만하다. 2004년 로리앙극장에서 올린 〈귀족놀이〉 공연은 극장 개관(2002) 이후 최초로 "전회 매진과 전회 기립박수, 국립극단의 첫 해외 진출작, 프랑스 '국립' 연극센터의 공식 레퍼토리로 지정되는 성과를 거두었다. 교민 15명이 전부인 도시에서 총 관객 5,500여 명, 유료 관객 4,500여 명이라는 성과를 거둔 것은 국립극단의 이 작품이 프랑스 공연 시장에서 상품으로서의 가치가 충분하다는 것을 보여준 것"[59]이라는 평가를 받았다. 연출가 에릭 비니에는 연출과 무대 및 의상 디자인을 맡아 전체적인 흐름을 주도했다. 그는 2004년 공연의 성공적인 반응에 힘입어 더욱 자신감을 보이며 2006년 공연에 임했다고 한다. 프랑스에서 제작해온 무대와 의상 디자인을 윤시중(무대디자인), 송은주(의상디자인)와 같은 한국 디자

---

[58] "작품의 배경이 되는 바로크 음악은 한국의 박위철, 조원행의 편곡으로 한국 정서에 맞는 음악으로 재탄생, 국립국악관현악단의 연주로 실연되었다. 또한 국립무용단의 단원들이 프레데릭 롱바르의 안무로 새로운 한국 춤을 선보이고, 국립오페라단 단원도 여기에 가세하여 바로크 음악을 국악으로 편곡한 독특한 형태의 노래를 선보이며 기존의 연극과 다른 형태의 '퓨전 코미디극'을 선보인다."(http://cafe.naver.com/culturejoin/380, 2006.5.24)

[59] 위의 글.

이너들이 다시 한 번 한국색을 더해 새롭게 선보였다. 이런 조정 과정에서 한복 두루마기에 흰 고깔모자를 쓰는 것과 같은 약간 애매한 상황들이 생겨나기도 했다. 고깔모자는 프랑스에서 관극한 〈상상병 환자〉의 막간극인 그림자연극 장면에서 본 듯한 모양새인데 아마 주르댕을 귀족 '마마무쉬'로 책봉하는 터키 의식에서 회교도식의 의상을 희화화하여 표현한 것이 아닐까 하는 짐작을 해본다.

2006년 한불 수교 120주년 기념은 〈귀족놀이〉가 재공연되는 좋은 기회가 되었다. 나아가서 파리 오페라코믹극장에 진출하여 양국의 문화 교류에 크게 이바지하는 성과를 거두었다. 코메디프랑세즈의 〈상상병 환자〉 등 프랑스 공연 단체가 내한하는 경우에 비해 역으로 해외에 진출하는 경우가 상대적으로 적은 것이 사실이다. 애초에 국립극단의 기획에 의해 추진된 〈귀족놀이〉가 적절한 시기에 준비된 레퍼토리가 되어 본고장에서 공연된 것은 흥미로운 기억이 되었다. 2015년 8월 한불 수교 130주년을 계기로 장 주네의 〈스플랜디즈〉를 명동예술극장에서 내한 공연했다. 그런데 프랑스에서 공연된 한국 작품은 연극이 아니라 무형문화재인 종묘제례악이었다. 종묘제례악은 물론 세계에 자랑할 만한 훌륭한 한국의 문화유산이다. 그것이 갖는 문화 역사적 중요성을 차치하더라도, 음악이나 의상 등 그 자체만으로도 훌륭한 퍼포먼스가 될 것이 분명하다. 그렇지만 모처럼 시작된 연극 공연을 통한 교류가 그 연속성을 잃은 것은 아쉬운 일이다. 주르댕의 꿈이 그러하듯 문화와 예술을 통한 소통의 비중이 중요해진 요즘 그에 걸맞은 훌륭한 문화상품으로서의 연극에 대한 지속적인 기획이 절실하다. 프랑스 고전극처럼 공연이 쉽지 않은 작품들의 국내 공연에는 해외 내한 공연이나 합작 공연에서처럼 국립극단의 역할이 가장 컸다고 평가할 수 있다.

한국 연극에 미친 프랑스 고전극의 영향을 구체적으로 파악하기는 어렵다. 현상만을 기술하자면 사실상 프랑스 고전극은 한국 무대에 그 원래의 위상을 가지고 그 영향을 미칠 만큼 충분히 균형 있게 공연되고 있지 못하다고 생각한다. 예를 들어 한불 수교 130주년을 기념하기 위해 양국에서 다양한 문화 교류 행사가 진행 중인 올해 2016년에는 대학 연극 외에 단 한 편의 프랑스 고전극도 한국 무대에서 공연되지 못했다. 만약 영향이 있었다면 형식 면에서 프랑스 고전극의 짜임새 있는 극작술과 내용 면에서 프랑스 고전극이 지향한, 시대를 넘은 인간의 모습을 담고자 하는 보편타당성 정도가 되지 않을까 싶다. 몰리에르가 프랑스 희극의 위상을 높인 것처럼 한국 연극에서도 그의 연극이 희극에 대한 선입견을 완화하고 고유한 장르로서의 발전에 일조했다고 볼 수 있겠다.[60] 이 글을 바탕으로 차후 좀 더 완벽한 공연 목록 및 평가가 작성되기를 기대한다.

---

60  신정옥 외, 앞의 책, 255~256쪽. 신현숙은 "한국에 소개된 프랑스 연극은 그 다양한 연극미학과 한국의 시대상황과 연관된 작품들의 공연을 통하여 공연술과 연극의 사회적 기능이라는 두 측면에서 한국 연극에 상당한 영향을 끼쳤다고 볼 수 있다"라고 평가하는데 이는 프랑스 연극 일반에 대한 것으로 이해된다. 고전극에 대한 평가로는 "특히 몰리에르의 고전 희극은 오랫동안 희극을 저질의 우스개 정도로 생각해오던 통념을 수정하는 데 크게 기여했으며 그동안 낙후되었던 우리나라 희극 분야에 새로운 지형을 열어주었다"라고 언급했다. 이 책의 서론에 따르면 "1972년 몰리에르 탄생 350주년 기념 축전을 계기로 몰리에르가 공연되었다. 이는 희극이 우스개로 생각되던 통념을 수정하는 데 크게 기여했다. 오태석은 〈스카펭의 간계〉를 번안하여 한국의 가면극에 접목시킨 〈쇠뚝이 놀이〉를 공연했다. 김정옥은 〈타르튀프〉를 재구성한 〈사랑과 위선의 흥정〉을 공연함으로써 서양 연극의 모방적 무대가 아닌 창조적 수용의 첫 장을 열었다"(24~25쪽)고 평가한 부분이 눈에 띈다.

# 한국 연극과 안톤 체호프

이진아

## 1. 초기 수용 양상과 주요 쟁점

안톤 체호프는 한국 연극에서 단순한 극작가가 아니다. 신극이라는 개념이 이 땅에 싹튼 이래로 우리 연출가들은 제대로 된 리얼리즘 연극을 무대에 실현해보고자 했으며 이를 특히 안톤 체호프 작품을 연출함으로써 완성을 증명해보이고자 했다. 또는, 이와 정반대로 안톤 체호프 작품을 통해 리얼리즘을 극복해보임으로써 자신의 연극이 지닌 새로운 미학과 동시대성을 증명해보고자 하기도 했다. 연극평론가 한상철이 "한국의 연출가들에게 안톤 체호프는 오랫동안 '연출의 최후의 관문'이었다"고 말한 것은 바로 이 때문이다. 그는 『한국연극』 1994년 2월호에서 체호프 공연을 비평하며 "'체호프를 마스터해야 리얼리즘을 완성한다'는 말이 있다. 그 말은 위에서도 언급한 바대로 체호프극은 비단 리얼리즘 연극만이 아니라 그것의 범주를 넘어서 있기 때문에 '체호프를 마스터해야 연극을 완성한다'는 말로 바꾸어도 무방하다. 그만큼 체호프의 세계는 연출가나 연기자에게 무한한 보고가 된다"고 강조한다.

한국 연극사에서 체호프 공연사를 살피는 일은 다음의 두 가지 문제와 관련이 있다. 첫째는 사실주의 연극의 확립과 극복의 문제이다. 이것은 모스크바예술극장에서 스타니슬랍스키(K. Stanislavsky)가 연출한 체호프의 장막극들이 전 세계적으로 체호프 무대 해석의 전범(典範)이 되어버린 이후, 이에 대한 수용과 극복의 문제이기도 하다. 한국 연극은 식민지 시절 일본을 통하여 근대 연극을 받아들이면서 쓰키지소극장(築地小劇場)과 오사나이 가오루(小山內薰)의 연출을 통해 체호프를, 특히 모스크바예술극장식으로 해석된 체호프를 받아들였다. 체호프의 장막극들과 스타니슬랍스키의 해석(그의 연극관, 시스템을 포함하여)은 서로 분리되어 생각되지 않았으며 이 영향은 해방 이후로도 상당 기간 지속된다.

둘째는 체호프의 동시대적 해석의 문제이다. 다른 말로 표현하면 한국 근현대사에서 체호프라는 작가의 의미와 해석의 변화, 이를 통해 드러나는 체호프 연극을 경유한 한국 연극의 동시대적 문제의식이라 할 것이다. 한국 연극에서 체호프처럼 꾸준히 해석되고 거론된 작가도 드물다. 체호프라는 작가 한 사람의 해석의 문제로도 한국 근현대 연극사의 주요 쟁점을 살필 수 있을 정도다. 체호프 무대 해석의 문제는 스타니슬랍스키 시스템의 적용 문제, 사실주의 연출에 대한 이해 방식의 문제, 등장인물 내면 심리의 무대화 문제 등 연극학적 측면에서도 다루어져야 하지만, 작품의 배경인 격변기 러시아 상황을 동시대 한국에 어떤 의미를 지니는 것으로 해석할 것이냐의 문제, 또 체호프 희곡이 지닌 애수와 웃음을 현재 한국 사회에 어떤 의미를 던지는 것으로 해석할 것이냐의 문제와도 관련지어 살펴야 한다.

체호프 무대 해석의 역사는 크게 세 시기로 나눌 수 있다. 제1기는 일제강점기 일본을 통해 근대 연극을 접하고 이를 조선에 확립하고자 했던 시기로 체호프 연극의 시작기라 할 수 있다. 조선에서 작가로서의 체호프를 본격적으로 소개한 주요섭의

「로서아 대문호 체엑호프」(『서광』 6호, 1920.7.5), 극작가로서의 체호프를 좀 더 심도 있게 소개한 박영희의 「체엑호프 희곡에 나타난 노서아 환멸기의 고통」(『개벽』 44호, 1924.2)을 시작으로 하여 1920~30년대 조선 연극계에는 작가 체호프가 소개되고 희곡이 번역되었으며 학생극 및 기성 극단을 통해 공연되기도 했다. 이 시기는 주로 보드빌류의 단막극이 공연되었고 장막극 공연은 드물게 이루어졌는데, 가장 대표적 연출가는 홍해성이다.

제2기는 해방 이후 체호프를 통하여 사실주의적이고 심리주의적인 연극을 확립하려 했던 시기로 냉전 시대의 종식과 소비에트 해체가 진행된 1990년대 이전까지의 시기이다. 이 시기 한국 연극계는 본격적인 연출가의 시대를 맞이하게 되며, 각 연출가마다의 개성과 메소드로 작품을 해석하고 이러한 미학을 중심으로 극단과 계파도 형성한다. 소위 '한국적 리얼리즘'이 확립되고 심화되었다고 평가되는 시기이다. 이 시기 대표적 체호프 연출가로서 주목해야 할 이는 이해랑과 이진순이다. 이해랑의 체호프 연출은 학생극을 제외한다면 〈세 자매〉 한 편이지만 자신의 연극론에서 체호프를 매우 중요한 극작가로 언급했고 그의 영향을 많이 받았다. 반면 이진순은 이 시기 가장 많은 체호프 작품을 연출한 이로 특히 〈갈매기〉의 경우는 기성 극단과 학생 극단을 합쳐 총 네 번의 연출을 했다. 두 연출가는 한국적 리얼리즘의 대표적 연출가라는 공통점과 함께 여러 가지 면에서 대조적 성향을 보여 체호프 해석뿐 아니라 한국 연극의 리얼리즘 재론을 위해서도 반드시 검토해야 하는 연출가이다.

제3기는 소비에트 해체 이후 냉전 시대의 종식과 함께 변화된 정치·문화·사회적 분위기 속에서 전 세계적으로도 체호프가 새롭게 해석되는 시기로, 한국 연극계에도 포스트모더니즘의 영향, 1990년대 중·후반 이후부터 등장한 러시아 유학파 연극인들의 부각, 러시아 및 동구권과의 활발한 해외 교류 등에 힘입어 체호프 해석에 새로운 전기가 마련된다. 냉전 시대의 종식과 함께 러시아 극단의 국내 순회 공연이 성사되면서 체호프와 스타니슬랍스키의 본고장 공연을 직접 볼 수 있게 되었고, 이와 맞물려 러시아 유학파들이 대거 귀국하면서 체호프 공연과 스타니슬랍스키 시스템에 대한 연구에도 변화가 생긴다. 이에 따라 정통 사실주의란 이런 것이다라거나 정통 체호프 작품 해석이란 이런 것이다 하는 것을 내세운 공연이 올라가기도 했다. 또 고전의 해체적 해석을 두려워하지 않는 새로운 세대 연출가들에 의해 기존의 심리적 사실주의적 해석을 과감히 탈피하는 새로운 체호프 공연이 등장하기도 한다.

제1기의 주요 연출가는 홍해성이다. 그는 식민지 조선에 서구식 근대극을 확립하고자 하였으며 그러한 이상을 안톤 체호프의 작품을 통해 구현하고자 했다. 제2기의 주요 연출가는 이해랑과 이진순이다. 소위 한국적 리얼리즘의 시대로 지칭되는 시기, 이 둘은 안톤 체호프의 대표적 무대 해석자이자 한국 연극의 대표적 연출가로서 자신의 개성에 바탕을 둔 리얼리즘 미학을 완성하고자 했다. 제3기의 주요 연출가는 이성열, 윤영선, 전훈, 김은성, 이윤택 등이다. 또 러시아에서 초빙되어 한국 배우들과 체호프의 작품을 작업한 그리고리 지차트코프스키, 유리 부투소프, 루마니아에서 온 펠릭스 알렉사 등이다. 이들의 작업은 식민지 시대와 냉전 시대를 거쳐 오면서 고착화된 안톤 체호프의 무대 해석에 대한 관습을 극복하였고 한국 연극의 체호프 연출을 새로운 국면으로 이끌었다.

1920년대 들어 조선 연극계에도 체호프에 대한 소개와 작품의 번역이 시작된다. 당시 체호프는 사실주의 작가인 동시에 심리주의 작가, 러시아 정치사회의 격변기에 인생을 관조한 유머와 애수의 작가로 소개되었고, 바로 이어 모스크바예술극장의 스타니슬랍스키가 무대 위에 구현했다고 하는 내적 형상, 내적인 생활 창조, 비애미(悲哀美) 등 체호프 연극미학에 대한 소개도 이어진다. 이러한 조선에서의 체호프에 대한 이해는 일본으로부터의 영향이 컸다. 당시 일본에서의 체호프에 대한 이해를 오자사 요시오의 『일본현대연극사』를 통해 살펴보면 '리얼리스트이면서 동시에 로맨티시즘의 작가', '시인과 같은 극작가', '시적 기분을 착입(搾入)한 리얼리즘' '기분 본위의 작가' 등과 같은 것으로, 오사나이 가오루(小山內薰)의 근대극협회 연출작 〈벚꽃동산〉(1915)에 대해 고미야 도요타카(小宮豊隆)가 쓴 비평에도 그대로 드러난다. 당시 일본에서 체호프는 일상 세계를 묘파하고 있다는 점에서는 리얼리스트이지만 분위기가 강하게 작용하며 시적이라는 점에서 뭔가 현실 세계와 떨어져 있는 듯한 낭만적 기분을 만들어내는 작가로 이해되었던 것이다. '분위기뿐인 작품', '기분 본위' 등은 당대인들에게 체호프를 다른 리얼리스트들과 구별하게 만드는 중요한 특질이었다. 그런데 당시 일본의 체호프 공연이 기준으로 삼은 것은 모스크바예술극장과 스타니슬랍스키였다. 체호프 연극에 대한 언급이나 극평들을 보면, '모스크바예술극장의 〈벚꽃동산〉이 어떤 것인지 알고 있다'든가 '(모스크바예술극장을) 어느 정도 연구했다', 또는 '단체코 및 스타니슬랍스키가 해석한 대로 해석했는가' 등이 평가의 기준으로 언급된다. 또 일본 근대 연극의 대표적 연출가 오사나이 가오루도 1925년 쓰키지소극장에서 〈벚꽃동산〉을 연출하면서 "나는 우선 무대의 분위기를 만든다. 이것은 모스크바예술극장의 형식과 같다. 나는 지금 그것 이상으로 이 작품에 적당한 무대를 생각해낼 수 없기 때문이다"[1]라고 말하기도 했다.

일본과 조선의 연극인들이 공히 체호프를 설명하면서 사용하고 있는 '애수', '시

---

1  小山內薰, 「「櫻の園」 演出者」, 『チェーホフ劇の世界』, 東京 : 筑摩書房. 1980, p.205, 박영은, 「안톤 체홉이 한국의 근대연극에 끼친 영향—특히 동아시아의 체홉 수용사적 측면에서」, 중앙대학교 석사학위 논문, 2000, 19쪽 재인용.

정(詩情)', '서정성(리리시즘)', '분위기의 극' 등의 표현은 스타니슬랍스키의 체호프 해석과 관련된 것이다. 오사나이 가오루는 체호프를 연출하면서 자신이 모스크바에서 직접 본 스타니슬랍스키의 해석을 따랐고 '애수'와 '분위기의 연극'을 만들고자 한 것이다. 그리고 이는 그대로 조선의 연극에 영향을 미친다. 당시 조선 연극계의 대표적 체호프 해석가라고 할 연출가 홍해성과 번역가이며 러시아 문학 전공자인 함대훈의 이해도 이에서 크게 다르지 않았다. 홍해성은 〈벚꽃동산〉을 '음울하고 달콤한 서정시적 향기', '현실과 상징과의 완전한 합치경'의 작품이며, 인물들은 '우수(憂愁) 염세적 회색 빛깔 속에서 새로운 운명을 예상하면서 아름다운 신생활의 서광을 무한히 기대'한다고 설명한다. 그는 〈벚꽃동산〉을 한 시대의 저물어감, 구시대 인텔리겐치아의 몰락과 새로운 시대의 등장에 초점을 두어 본다. 쓸쓸함과 애수의 정서는 구시대의 몰락 때문이며, 그럼에도 불구하고 그 속에 아름다움과 희망이 있는 것은 새로운 세대 때문이다.

홍해성의 〈벚꽃동산〉에 대한 글과 당시 공연 기사를 참고하면 그의 무대는 스타니슬랍스키의 해석보다 훨씬 더 애조와 슬픔을 강조한 작품이었던 것으로 보인다. 이는 어찌 보면 식민지 젊은이들의 정서가 투영된 것은 아니었을까 싶다. 저물어가는 한 시대의 모습은 확연했지만, 필연적으로 올 것을 믿었던 희망찬 미래는 막연했던 그 시절의 정서가 〈벚꽃동산〉에 투영된 것이다.

재미있는 것은 당시에도 스타니슬랍스키와 모스크바예술극장식의 체호프 공연이 전부인 것으로 생각하지는 않았다는 점이다. 김우종은 1937년 11월 10일자 『동아일보』에 게재한 「조선신극운동의 동향」이라는 글에서 홍해성이 공연한 조선의 〈앵화원〉이 '스타니슬랍스키식의 구태'에서 벗어나지 못하고 있음을 지적하며, 새로운 체호프 해석의 필요성을 주장하기도 한다. 그런 비판이 조선 극계에서 싹트고 있었다는 것은 대단히 주목할 일이나 그것의 실현은 그로부터 훨씬 더 긴 시간을 필요로 한다.

## 2. 한국적 리얼리즘 시대의 체호프 공연(1960~1980년대)

식민지 조선에서나 해방 후 남한에서나 체호프는 소인극 및 학생극 공연에서 가장 인기 있는 작가 중 한 명이었다. 동국대, 연세대, 중앙대, 서울대 등 연극반을 갖고 있는 주요 대학이 모두 앞다투어 안톤 체호프의 작품을 공연했다. 〈벚꽃동산〉과 같은 장막극을 공연하기도 했지만, 이 시기 아마추어 학생 극단의 인기 레퍼토리는 〈청혼〉, 〈곰〉, 〈담배의 해로움에 관하여〉와 같은 단막극이었다.

체호프의 장막극이 한국 연극의 무대에 제대로 올라가기 시작한 것은 1960년대 들어서라 하겠다. 1966년에는 여인극장이 〈갈매기〉를, 1967년에는 국립극단이 〈세 자매〉를, 같은 해 극단 광장이 〈벚꽃동산〉을 무대에 올린다. 소위 '한국적 리얼리즘의 시대'라고 불리는 이 시기, 체호프 수용과 관련하여 가장 주목해야 할 연출가는 이해랑과 이진순이다.

1967년 국립극단의 46회 공연 〈세 자매〉(국립극장, 1967.1.31~2.6) 연출은 이해랑이 맡았다. 국립극단의 〈세 자매〉는 해방 이후 직업극단에서 공연된 것으로는 초연이었다. 장민호, 백성희, 박암, 김성옥, 나옥주, 오현주, 최불암, 이진수 등 출연했으며, 당시 번역자인 백광남 동아일보 기자가 월남전에서 순직하여 화제를 모으기도 했다. 당시 〈세 자매〉에 대한 평은 대체로 긍정적이었다. 특히 〈세 자매〉라는 근대극의 고전에 도전한 점, 무대 연출력이나 앙상블에 있어서 어느 정도 가능성을 보여주었다는 점 등이 높이 평가되었다.

이 작품(백광남 역) 역시 체호프의 모든 작품이 그러하듯 드라마의 결이 고운 특색을 지니고 있다. 행동이 행동으로서 노출될 수 있는 계기를 충분히 내포하고 있으면서도 내면화된 채 좀처럼 연극을 의식시켜주지 않은 그런 연극을 의도함으로써 그는 '인간성을 저울질하는 섬세한 공정함'을 지니고 있다. 모여드는 데서 막이 올라 헤어지는 데서 막이 내리는 그 극 구조는 인생을 무대 위에 옮겨 놓는 데에 은근한 맛을 풍긴다. 그 결과 맛을 세 자매의 각기 다른 인생의 자세 가운데 얼마나 아름답게 풍겨줄 수 있는가 하는데 상연의 성패가 달려 있다고 한다면 역시 강조되어야 할 점은 연출(이해랑)과 연기가 빈틈없이 짜여지는 데서 이룩되는 앙상블이라고 할 수밖에 없다. 그런 의미에서 이번 공연은 여러 가지 문제점을 안고는 있지만 하나의 도전이라하지 않을 수 없다. 그 문제점들, 이를테면 연기의 내면화라든가 억제에서 오는 격조의 효과라든가 무대 전체를 좌우할 수 있는 호흡의 리드미칼한 흐름이라든가 하는 과제는 우리 연극이 여태껏, 거의 해결에의 착수조차도 해 볼 겨를이 없었다는 의미에서 이런 근대극의 고전(입센을 포함하여)은 다뤄져야 될 것이여, 그 과제를 해결해 나가기 위한 제일보란 뜻에서도 이번 공연의 진지성은 충분히 살만한 것이라 생각된다.[2]

이해랑이 이해한 체호프의 연극은 '분위기'의 연극이었다. 그의 『또 하나의 커튼 뒤의 인생』에 다시 실린 〈세 자매〉 프로그램북의 연출의 글에도 "그중에서도 나는 〈세 자매〉의 극적 분위기를 다시 없이 사랑하였다. 군대가 떠나가는 대단원의 극적 정서는 나의 가슴에 잊을 수 없는 큰 감동을 주었다"고 쓰고 있다. 이해랑에게 체호프 장막극은 "리얼리즘을 제대로 한번 추구"해보는 데 있어서 필수 관문 같은 것이었다. 그는 "신협극단이 셰익스피어의 작품을 연거푸 상연하고 있었을 무렵, 나는 단원들에게 앞으로 체호프까지 가자고 하는 말을 자주 한 일이 있다"고 술회한다. 계속하여 같은 글에서 그는 "국립극장에서 나에게 연출하고 싶은 작품을 추천해달라는 부탁을 받고 나는 즉석에서 체호프의 〈세 자매〉를 추천하였다. 체호프까

---

2    여석기, 「국립극단의 삼자매─무대에서 보인 진지성」, 『동아일보』, 1967.2.9.

지 가자는 것이 연극에 눈을 뜬 후의 나의 숙원이었다"라고도 쓰고 있다.[3] 그러나 정작 이해랑의 체호프 연출작은 재직 중인 학교에서 학생들과 한 공연을 제외한다면, 기성 극단에서의 작업은 〈세 자매〉 단 한 편이다. 체호프에 대한 수많은 언급과 그의 연극관에 미친 체호프의 영향을 생각할 때 정작 연출 작품이 없다는 것은 상당히 의외이지 않을 수 없다.

이해랑이 〈세 자매〉를 통해 구현하려고 했던 것은 이해랑이 이해한 체호프의 '분위기'와 '내면적 진실'이었다. 이해랑의 연출론 「연출의 창조적 실제」에는 〈세 자매〉에 대한 장면 분석이 예시로 비교적 상세하게 기록되어 있다. 여기서 그는 이 장면에 대한 체호프 원작의 지문이나 그것을 그대로 따른 '스타니슬랍스키의 해석과는 다른 방식으로 연출을 시도했다'고 말한다. 실제로 그는 원작과는 달리, 투젠바흐의 죽음을 알리는 장면에서 이리나를 올가와 마샤로부터 거리를 두어 무대 우측 느티나무 그늘에 혼자 둔다. 올가가 이리나를 껴안을 수도, 또 이리나가 올가의 가슴에 얼굴을 파묻고 울 수도 없게 하기 위해서다. 그는 이 장면을 다음과 같이 설명한다.

> 이 장면에서 세 자매가 모스크바에 대한 꿈이 깨지고 쓸쓸한 인생의 고독을 느끼는 좌절감은 각기 다르다. 그녀들의 행동을 똑같이 통일할 수는 없다. 세 자매의 행동을 억지

---

3   이해랑의 연구자들도 안톤 체호프의 미학과 연극관이 그에게 미친 영향에 대하여 한 목소리로 강조한다. 이해랑 연구자들은 안톤 체호프의 예술관과 그의 작품의 미학이 이해랑 연극관과 연출관에 적잖은 영향을 미쳤다고 말한다. 그가 체호프 연극을 무대에서 연출한 적은 많지 않지만, 그는 체호프의 세계에 깊이 경도되었고 이로부터 그의 연극관을 형성했다는 것이다. 유민영, 『이해랑 평전』, 태학사, 1999 ; 정철, 「한국근대연출사연구」, 조선대학교 박사학위 논문, 2000 ; 송윤석, 「연극인 이해랑 연구」, 동국대학교 석사학위 논문, 1992 ; 박민하, 「이해랑 연출노트에 나타난 사실주의 양상 연구」, 동국대학교 석사학위 논문, 2009 등 참조.

로 같이 맞춘다는 것은 부자연스럽기 그지없다는 것이 나의 생각이었다. 이리이나는 그저 그 자리에 꼼짝않고 서 있다. 한잎 두잎 느티나무에서 낙엽이 진다. 음악은 저렇게 쾌활하게 씩씩하게 들리는데…… 올리가의 대사가 끝날 무렵에는 낙엽이 우수수 떨어지기 시작한다. 음악소리는 점점 멀어져가고 조명이 황혼으로 접어들면 무대는 자꾸 조용해지기만 하는데, 정면을 응시하며 대사를 하고 있던 올리가는 아 그것을 알 수 있었으면…… 하는 대사를 하면서 마아샤에게로 시선을 돌린다. 그리고 다음에 이리이나를 돌아볼 때는 무엇인가 가슴이 찢어질 것 같은 벅찬 충동을 느낀다. 절규하고 싶은 심정을 가라앉히며 같은 대사를 제대로 이어가를 못하면서 억지로 반복을 한다. 마아샤의 시선도 올리가를 쫓아서 이리이나에게로 쏠리고 있는데 그동안 꼼짝않고 서 있던 이리이나가 갑자기 쓰러진다. 막.[4]

원작 희곡과는 다른 결말이다. 그는 원작 의도나 전체적인 주조를 해하지 않는 선에서 장면 디테일의 전후를 바꾸거나 대사나 장면을 삭제하기도 했는데 이 장면에도 그러한 작업이 가해진다. 이해랑은 원작의 마지막 장면이 마음에 들지 않았다. 지나치게 설명적이고 모든 것을 다 드러낸다고 생각한 까닭이었다. 그는 장면의 대사를 모두 삭제하고 동선을 바꿨다. 이해랑의 이리이나는 홀로 서서 버틸 수 있을 만큼 버티다가 무대에서 쓰러진다. 그와 동시에 지체 없이 바로 막이 내린다. 그 결과 장면은 원작보다 훨씬 여백이 많고 절제되어 있다.

이해랑은 『또 하나의 커튼 뒤의 인생』에서 이러한 "연출 처리"는 필요불가결한 것이라고 말한다. 나아가 "자기가 뜻하는 흐름을 강조하기 위하여 어느 것을 누르고 삭제하고 첨가하고 뒤로 돌리기도 하면서 희곡을 정리"하는 일을 연출이 반드시 해야 하는 일인데, 특히 창작극의 경우 더더욱 이러한 과정이 필요하다고 강조

---

4   이해랑, 『또 하나의 커튼 뒤의 인생』, 보림사, 1985, 185~186쪽.

한다. 번역극의 경우는 이미 제 나라에서 연출가가 작품의 세부에 이르기까지 손을 대어 공연 대본을 만들었고 또 공연 과정에서 관객과의 창조가 제대로 이루어지고 있는가를 검증하면서 홍역을 치러 정리된 역사가 있다는 것이다. 즉 필요한 산고를 이미 치른 것이다. 그러나 오히려 창작극의 경우는 처음 생산된 작품이므로 이 과정이 필요하다는 것이다. 몇 번이고 고치고 무대 위에 오른 후에도 공연을 지켜보면서 다시 고쳐 몇 번이고 재상연을 하고 장기 공연을 해야 희곡도 완성되는 것인데, 우리는 한두 번의 공연으로 그치게 되니 창작극이 늘 설익은 공연이 된다고 지적한다.

이진순의 체호프 장막극 연출은 학생 극단을 제외하면 여인극장에서 시작된다. 연출가 강유정과 여성 연극인들이 주축이 되어 창립한 여인극장은 1966년 11월 창립 공연으로 이진순을 연출로 초빙하여 체호프의 〈갈매기〉(국립극장, 1966.11.10~13)를 올린다. 이 작품의 연출로 이진순은 16회 서울시문화상 연극 부문을 수상하기도 한다(『동아일보』, 1967.3.28). 당시 그는 프로그램북에 실린 연출의 변을 통해 "사람들 사이에 서로 이해 못하는 심리의 교착만을 그린 것이 아니라 흔히 자기 탐닉과 현실에서 도피에 빠지기 쉬운, 말하자면 정지(靜止)의 생활환경 속에서 자기 자신의 있는 그대로의 모습을 인식 못하는 사람들의 무능을 그리고 있다"고 작품을 설명한다. 그러면서 체호프가 작중인물들을 '정서적 체험과 심리로 하나의 환경에 몰아넣어 대위법적으로 구성하고 있다'고도 말한다. 그는 갈등과 충돌을 그리는 것만이 아니라 '생활을 형상화' 시키는 것, 연극적 방법으로 '환경(사회와 배경)을 부조(浮彫)' 시키는 것, '인물의 내성적 심리를 추구'하는 것이 중요하다고 말하면서 이러한 설명 끝에 스타니슬랍스키를 언급하기도 한다. 그런데 이진순이 이해한 리얼리즘은 사실적 일상을 무대 위에 올려놓는 것이 아니었다. 그는 스타니슬랍스키의 리얼리즘에 대해서도 일상의 디테일에만 집착하는 것에는 비판한다. 계간 『드라마』,

1972년 9월호에 수록된 「연출의 의자」라고 하는 글에서 그는 다음과 같이 말한다.

> 스타니슬랍스키의 말을 빌린다면, 배우는 등장하면서 무대에서 생활해야 한다고 하였
> 다. 그의 처녀 연출인 체호프의 〈갈매기〉 연출에서 스타니슬랍스키는 모든 배우들에게
> 그 생활의 모습을 적절히 나타내게 하기 위하여 호두 알을 손에 쥐고 굴린다든지, 해바
> 라기 씨를 부단히 씹는다든지, 파이프를 만지작거린다든지…… 어쨌든 무대에 나간 이
> 상 움직이지 않으면 안된다는 관념 때문에 어지러울 정도로 스타니슬랍스키에게 "배우
> 들이 필요 이상으로 소품을 사용하는 데 염증을 느꼈다"고 솔직히 고백한 점도 리얼리즘
> 이 외적인 상황에만 지나치게 신경을 썼다는 것을 여실히 말하고 있다. …(중략)… 연극
> 을 실생활의 재판으로 인화시킨 연극에서 보다 연극다운 연극으로 되돌려야 할 것이다.[5]

위의 글에서 이진순은 스타니슬랍스키의 리얼리즘 형상화 방식을 비판한다. 그
는 일상의 디테일을 살린다고 하면서 지루하고 무의미한 일상을 무대 위에 구현하
는 것은 외적인 상황으로만 이해한 리얼리즘이라는 것이다.[6] 무대 위에서 보여지
는 것은 유의미해야 하며 연극적이어야 한다고 강조한다. 실제로 그는 과감한 미장
센을 사용했고 시각적인 요소를 중시하였는데, 이는 작품의 의미나 인물의 성격을
'드라마틱하게' 드러내고자 한 것이었다. 작품을 분석할 때도 이러한 시각적 구도
를 찾았다.

---

5   류근혜 편, 『지촌 이진순 선집』 2, 연극과인간, 2011, 147~148쪽.
6   연극사적으로 리얼리즘의 기념작으로 평가되는, 특히 장종선의 무대미술이 "리얼리즘 수법을 최대
    한도로 구사하여 획기적인 결과를 냈다. 거의 원색에 가까운 산중초가(山中草家), 대나무밭 등 나무
    랄 데가 없었다"(이근삼, 「이 해의 가장 큰 수확—국립극단 '산불' 공연」, 『한국일보』, 1962.12.29)는 평
    가를 받았던 〈산불〉도, 사실 처음에 이진순은 리얼리스틱한 무대를 만들고 싶어 하지 않았다고 한
    다. 그의 초기 계획에 의하면 '무대장치를 가능한 한 상징적으로 구성하고 분위기는 조명으로만' 표
    현하고 싶어 했으나, 그렇게 되면 배우들의 연기방법까지 새로 훈련해야 하여 결국 계획을 수정했
    다고 한다. 류근혜, 「이진순 연출 연구」, 상명대학교 박사학위 논문, 2013, 117쪽 참조.

이진순은 1967년에는 극단 광장에서 〈벚꽃동산〉(국립극장, 1967.5.31~6.6)을 연출한다. 기성극단에서 작업한 그의 두 번째 체호프 연출작으로 극단 광장의 창립 1주년 기념작으로 기획된 공연이다. 그는 당시 연출의 변에서 "체호프 하면 시정(詩情)을 연상하지 않을 수 없다. …(중략)… 그 시정은 도리 없이 사라져가는 미에 대한 애수요 고별의 만가다. 그러나 〈벚꽃동산〉에서는 과거의 것으로 되려는 생활 그 생활 속에서 선과 악에 대한 밝은 고별의 기분, 새로운 것 젊은 것을 맞아들이려는 기분(분위기)의 작품이다"라고 말한다. 그의 〈벚꽃동산〉에 대한 이해는 식민지 시대부터의 체호프에 대한 일반적 이해에서 크게 벗어나지 않는다. 다만 그는 홍해성이나 함대훈과는 달리 〈벚꽃동산〉에는 그런 속에도 밝은 웃음과 환희가 있다고 강조한다. 즉, "〈벚꽃동산〉에서는 이와 같은 바탕에 자유롭고 밝은 웃음이 전편(全篇)에 감돌고 새로운 생활에 대한 문제와 젊음과 환희를 노래하고 있는 점이 그의 일련의 작품과는 다른 점이다"라는 것이다. 그는 이 작품에서 사라져가는 세대보다는 다가오는 세대와 미래에 더 방점을 찍고 있다 하겠다.

극단 광장에서의 마지막 유작이 된 〈갈매기〉(문예회관 대극장, 1983.5.30~6.5)는 박규채, 정애리, 송승환 등 당시 텔레비전을 통해 크게 인기를 얻었던 배우들이 대거 출연하면서 관심을 모았다. 그러나 스크린과 브라운관에서 분주한 시간을 보내는 배우들이었기에 연극에만 집중하지는 못했던 것으로 보인다. 주요 배역이 모두 더블 캐스팅이었다. 당시 개관한 지 얼마 되지 않았던 문예회관에서 공연하는 것을 결정하면서 이진순이 가장 먼저 원했던 것은 호수의 사실적 재현이었다. 실제로 그는 무대 중앙 안쪽에 물이 허리까지 차는 호수를 재현하고 그 앞 중앙에 트레플레프의 간이 무대를 만들었으며 좌우로는 자작나무 숲을 구현했다. 그가 최대한 상상할 수 있는 러시아 시골의 호숫가 마을을 재현하였던 것이다. 이진순은 자신의 작품을 설명하면서 "갈매기처럼 호숫가를 그리워하는 니나의 심정, 그 갈매기의 운명처럼 자신을 끝낼 것이라고 푸념하는 젊은 극작가 뜨레쁠레프가 항상 찾아오는 호수, 또 그 호반 위에 새로운 형식의 무대를 설정한다. 인기 작가 뜨리고린이 그 호숫가에 낚싯대를 드리우고 새 작품 구상에 시간이 흐르는 것도 잊는다. 이처럼 이 작품에서 호수는 극히 중요한 역할을 한다. 그뿐인가, 새로운 형식과 씨름하던 젊은 극작가 뜨레쁠레프는 그 호수에서 자살한다"[7]라고 말하며 호수가 작품의 모든 인물들의 삶과 운명을 상징적으로 드러내는 모티프라는 것을 강조한다. 그러나 그의 〈갈매기〉는 지나치게 감상적으로 해석되었고 평단에서 그렇게 좋은 평을 받지는 못한다.

이해랑과 이진순 외에도 이 시기에는 극단 창연(〈끝이 없는 이야기〉, 1966), 극단 은하(〈구혼〉, 1966), 삼일로창고극장(〈곰〉, 1976), 예술극장(〈버찌 농장〉, 1972), 극단 작업(〈벚꽃동산〉, 1977), 국립극단(〈봐냐 아저씨〉, 1986) 등에서 체호프의 단막극과 일부 장막극을 공연했다.

이 중 〈봐냐 아저씨〉(국립극장, 1986.12.13~22)은 배우 장민호가 연출을 맡아 비평가 심정순으로부터 "오랜 연기 경험의 결과인 듯, 무대 위 배우들의 동작선의 배열(블로킹)이나 움직임을 치밀하면서도 자연스럽게 구성"(『한국연극』, 1987.1)했다는 상당히 좋은 평가를 얻었다. 특히 장민호의 학구적 태도는 『한국연극』 1987년 2월호 등에서 김문환, 구히서에 의해서 장단점이 같이 지적되었는데, 체호프와 러시아 문학과 사회에 대한 진지한 태도는 높이 사지만 지나치게 역사적인 사실에만 머무르거나 '근대극의 총정리, 작가 연구 같은 학구적인 것'과 같은 생기 없는 공연이 되었다는 평을 받았다. 체호프 연극이 지니는 무게, 근대극, 사실주의 극과 같은 문제들이 무대 연출가를 자유롭게 놓아두지 못하고 있는 것이다.

---

7   류근혜 편, 『지촌 이진순 선집』 4, 15~16쪽.

홍해성으로부터 시작하여 이해랑, 이진순, 장민호 등에 이르는 체호프 해석은 스타니슬랍스키와 사실주의 연극의 육화 및 극복의 과제같이 느껴지기도 한다. 물론 그들의 성취나 궁극의 해석은 스타니슬랍스키와도, 또 그 그들 서로 간에도 같지 않다. 연출가들이 몸담은 시대와 연극적 요구, 그리고 개인의 미적 취향과 기질이 서로 다른 체호프를 만들어낸 것이다. 그러나 예술극장식 체호프, 심리적 사실주의의 체호프, 시정과 분위기의 체호프 연극, 사실주의 연극의 확립 등에 대한 관념적 지향을 모두 그리 쉽게 떨치지는 못했다. 체호프 희곡에 대한 새로운 해석과 과감한 무대적 실험은 1990년대 중반 이후 냉전 시대의 종식과 활발한 해외 교류, 그리고 새로운 세계관의 등장과 함께 비로소 시작된다.

## 3. 포스트 소비에트 시대의 체호프 공연(1990년대~현재)

냉전 시대의 종식과 소비에트 러시아의 해체는 한국 연극의 체호프 해석에도 큰 영향을 미친다. 가장 괄목할 변화는 러시아 연극과의 직접 교류이다. 1990년은 그러한 의미에서 기념비적인 해라 할 수 있는데, '안톤 체호프 탄생 130주년' 기념으로 러시아 모스크바의 말리극장이 〈벚꽃동산〉(호암아트홀, 1990.5.17~21)을 가지고 내한 공연을 왔기 때문이다. 당시의 공연에 대하여 "이념과 체제, 언어의 벽을 뛰어넘어 하나의 감동을 나누는 순간"(『한겨레신문』, 1990.5.19), "충격과 감동을 안겨준 무대"(『동아일보』, 1990.5.24), "우리나라 연극 사상 처음으로 사실주의 연극의 원형을 선보이는 무대"(『경향신문』, 1990.5.11) 등으로 일간지는 보도하고 있다. 평단의 호평도 잇달았다. "연극에 대한 시각과 기대의 차원을 다시 한 번 재고해보지 않을 수 없을 만큼 충격과 감동의 파문을 던지고 갔던 무대"(양혜숙), "안일과 타성에 절은 우리의 혼을 온통 뒤흔들어놓은 무대"(김승옥), "애수적 센티멘탈리즘에서 냉엄하게 탈피해서 …(중략)… 기성적 가치와 벚꽃동산의 과거적 일류편으로부터 젊은 이들이 벗어나는 일에 새로운 의미를 발견" 등을 말하고 있는데, 특히 "연기의 완숙함" "연기술의 대가" "리얼리즘 연기의 진수" 등으로 평가하며 사실주의 연기술에 대한 관심을 표하고 있다.

냉전 시대의 종식과 러시아와의 직접 교류는 한국의 체호프 공연에도 많은 변화를 가져왔다. 러시아 연극들의 내한 공연이 잇달았고 러시아 연출가들과의 협업, 러시아에서 유학한 연극인의 체호프 무대 해석도 이어졌다. 국내 연출가들도 지난 세대들의 사실주의 일색의 해석에서 자유로워져 체호프에 대한 다양한 실험을 시도했다.

### 1) 이성열과 극단 백수광부의 〈체홉 연습〉 〈굿모닝? 체홉〉 〈놀랬지 체홉〉

포스트 소비에트 시대의 체호프 무대 해석에서 가장 먼저 언급해야 하는 연출가는 극단 백수광부의 이성열이다. 그는 1998년 〈체홉 연습〉(은행나무소극장, 1998.14~1.7)으로 시작하여 〈굿모닝? 체홉〉(혜화동일번지, 1998.1.21~2.8), 〈놀랬지? 체홉〉(혜화동일번지, 1998.4.2~26)에 이르는 일련의 체호프 장막극에 대한 패러디 작업을 진행한다. 각기 다른 이름으로 공연된 위의 세 작품은 사실 동일한 작품이라 보아도 무방한데, 체호프의 장막극을 재해석한 워크숍 공연 〈체홉 연습〉을 계속 변형, 발전시켜나간 것이 〈굿모닝? 체홉〉과 〈놀랬지? 체홉〉이라 할 것이다.

이 작품은 〈갈매기〉, 〈바냐 아저씨〉, 〈세 자매〉, 〈벚꽃동산〉의 장편을 완전히 해체, 해석하여 만든 작품으로, 장편들에게 공통적으로 뽑아낸 아홉 개의 주제를 이미지와 마임을 주요 표현 방법으로 하여 재구성한 콜라주이다. 콜라주를 연결하는 고리는 체호프의 사진 액자를 걸고 무대를 청소하는 인물들이다. 그런 면에서 작품은 일종의 메타연극적 성격을 지닌다.

이성열은 이 작품들로 평단에서 긍정적 평가를 받는데, 흥미로운 것은 그의 체호프에 대한 관심은 초기의 실험성에서 점차 정통적 텍스트 중심으로 진행된다는 점이다. 〈세 자매〉(2001), 〈굿모닝 체홉 2〉(실제로는 〈벚꽃동산〉 전막 공연) 등에 이어 2013년에는 명동예술극장 기획으로 〈바냐 아저씨〉를 올렸으며, 2016년 백수광부 창립 20주년 기념으로 다시 〈벚꽃동산〉을 올린다.

## 2) 윤영선과 극단 백수광부의 〈벚나무 동산〉

극단 백수광부의 또 다른 연출가 윤영선 역시 대표적인 체호프 해석자이다. 2004년이 안톤 체호프의 서거 100주기이기 때문인지 그해를 전후하여 유독 체호프 작품의 공연이 많았는데, 작고한 작가이자 연출가 윤영선이 2003년 가을 극단 백수광부에서 올린 〈벚나무 동산〉(대학로극장, 2003년 10.10~11.5)도 그중의 한 작품이다.

윤영선의 〈벚나무 동산〉은 어찌 보면 대단히 스타니슬랍스키적이며 따라서 대단히 고전적인 해석이라 할 것이다. 공연 안에는 체호프 텍스트의 지문에 등장하는 모든 소리들이 상당히 사실적이고 설명적으로 재현된다. 윤영선 연출작에서 가장 많은 정성을 들인 것은 캐릭터의 구축, 인물들 간의 관계, 그들이 처한 삶의 진실한 구현이다. 백수광부의 배우들은 무대 위에서 자신들이 맡은 인물들의 소위 '내면의 삶', '내적인 독백'을 완성하고자 노력한다. 각 막의 인물들의 심리는 섬세하게 해석되고 표현되었다. 또 인물 간의 미묘한 심리적 앙상블에도 많은 노력을 기울인 무대였다.

## 3) 임형택과 극단 서울공장의 〈세 자매 : 잃어버린 시간〉

임형택과 타냐 크론이 각색하고 임형택이 연출한 2004년 공연작 〈세 자매 : 잃어버린 시간〉에서 연출가는 다음의 세 가지 연극적 전제를 던져놓는다. "1) 조건의 연극 2) 존재의 형태를 보여주는 연극 3) 시간에 대한 연극"이다. 말하자면 임형택 해석의 〈세 자매 : 잃어버린 시간〉은 사실주의적인 드라마가 아닌 존재의 상태를 보여주는 드라마이며, 특히 시간의 포로가 된 인물들이 살아가는 존재의 양식을 보여주는 연극이다. "이 세상에는 아무것도 없어. 우리라는 인간도 없어. 우리는 존재하지 않아. 다만 존재하고 있는 듯한 기분이 들 뿐이지……. 어쨌든 마찬가지란 말이야!" 제4막에서 군의관 체부뜨이긴이 내뱉는 이 말은 임형택 연출의 〈세 자매〉 전체를 아우르는 일종의 제사(題詞)가 되어도 좋을 듯하다. 실제로 극 전체가 바로 이 의미로부터 촉발되고 있는 듯 여겨지며, 극 안에서 이 모티브가 여러 가지 방법으로 반복되어 나타난다.

작품의 시대적 배경은 1930년대 경성 외곽의 지방도시이다. 극의 공간은 여러 가지 예스러운 물건들이 가득한 박물관 같다. 이러한 시공간은 세 자매가 과거에 빠져 살면서 오지 않을 미래를 '꿈꾸는' '비현실적'인 인물이라는 점을 강조한다. 그녀들은 아버지의 군복을 입고, 오래된 유성기 음반을 듣고, 끊임없이 사진을 찍고, 고풍스러운 탱고 음악에 맞추어 절제된 동작으로 탱고를 춘다. 원작의 모든 남성 등장인물은 남자 1, 2로 압축되는데, 그들은 '이룰 수 없는 꿈의 대용물'로 상징된다. 이 극이 1930년대 경성 근교를 배경으로 하고 있지만 한국 근대의 정치사회적 맥락이 중요한 것 같지는 않다. 1930년대 식민지 조선 지방도시는 그저 추상적 분위기이다. '허황되고 허구적인 것'에 대한 배경이 역할 정도를 하며 그것은 '지식인적 센티멘털리즘', '노스탤지어'를 강조한다.

## 4) 전훈의 체호프 4부작 〈벚꽃동산〉 〈바냐아저씨〉 〈갈매기〉 〈세 자매〉

한국의 체호프 연출가로서 가장 열정적인 이는 바로 전훈일 것이다. 그는 체호프 서거 100주년이 되는 해인 2004년 장막극 네 편을 모두 공연하는 야심찬 기획을 실현시켰다. 물론 전훈의 체호프에 대한 관심은 이번이 처음은 아니다. 지난 1990년 대 말, 그는 〈갈매기〉와 〈벚꽃동산〉을 공연해서 한국 연극계와 평론가들의 주목을 받은 적이 있다. 무엇보다도 이들 공연은 그동안 우리 무대에서 지나치게 무겁고 진지하게만 받아들여져왔던 안톤 체호프의 작품에 그 본연의 '희극성'(작가는 〈갈매 기〉와 〈벚꽃동산〉의 장르를 코미디라고 명확하게 기술해놓았으며, 기회가 될 때마다 그 점 을 강조하기도 했다)을 찾아주었다는 것에 큰 의미가 있었다.

그의 체호프 4대 장막극 프로젝트는 동국대 예술극장에서 〈벚꽃동산〉으로 시작 되었다. 네 개의 장막극을 한 해에 올리려다 보니, 자연 한 계절에 한 작품을 하게 되는 셈이 되었는데, 그것을 그는 작품이 연상시키는 주된 계절과 연결한 것이다. 그런 이유로 〈벚꽃동산〉은 봄에 〈바냐 아저씨〉는 여름에, 이어서 가을에는 〈갈매 기〉가 겨울에는 〈세 자매〉가 공연되었다. 그의 계절과 시간에 대한 최초의 아이디 어는 프로젝트의 시작인 〈벚꽃동산〉에서 다시 변주된다. 전 4막으로 된 작품의 각 막을 계절의 모티프로 시작한 것이다. 이 계절의 느낌은 우체부를 통해 관객에게 전달되는데, 이 우체부는 각 막의 프롤로그마다 등장하여 앞무대와 객석 앞줄 사이 의 통로를 지나 우측 놓인 우체통에 우편물을 넣는다. 그러면 그가 가는 길 위로 벚 꽃잎, 낙엽, 눈송이가 떨어진달지, 혹은 그 스스로 몹시 더운 듯 땀을 훔쳐내린달지 하면서 각 막에 앞서 계절을 암시하였다.

전훈 공연의 강점은 배우들의 앙상블이다. 전훈은 각 인물의 성격을 생생하게 구 현하고 그들 간의 관계를 조율하여 섬세하게 상황의 의미를 드러내는 것에 성공했 다. 특히 〈벚꽃동산〉에서 열정적이지만 다분히 공상적이고 실천력이 전무한 트로 피모프(조민기)와 아냐(이은정)의 사랑을 지나치게 신중하고 정적인 로파힌(김대건) 과 바랴(김호정), 나아가 라넵스카야(예수정)의 사랑과 대비시켜 보여준다든지, 〈바 냐 아저씨〉에서 팜파탈적이고 도발적인 옐레나(남기애)를 보여준다든지 하는 것은 흥미롭다. 그는 한 세기 동안 한국 무대에서 공연되어온 정형화된 안톤 체호프 공연, 정형화된 체호프 인물 해석과 논쟁을 하고자 한다. 특히 지금까지는 다분히 문자적으로만 해석해왔던, 희곡이 담고 있는 인텔리겐치아의 논쟁들과 미래를 예시하고 주장하는 목소리들을 극의 맥락과 행동 속에서 녹여 다시 바라보고 새롭게 해석하려는 의도는 높이 평가할 부분이다.

## 5) 지차트코프스키 연출의 〈갈매기〉

2004년 예술의전당에서 우리 배우들과 함께 〈갈매기〉를 무대에 올린 그리고리 지차트코프스키도 체호프의 초고를 들고 와 작업했다. 초고가 우리에게 알려진 작품과 결정적으로 다른 것 중 하나는, 초고에는 니나의 독백이 총 세 번 나온다는 점이다. 극중극의 의미가 좀더 중요해지는 것이다. 이와 더불어 지차트코프스키의 공연은 예술가로서 인물들, 나아가 〈갈매기〉가 가지고 있는 '연극예술'에 대한 은유와 성찰에 관심을 두고 있다는 점에서도 주목할 작품이었다. 그의 공연에서 무대 위에는 사건의 중심인물 이외에도 항상 제3의 누군가가 있어 무대 위 인물들의 삶을 끊임없이 지켜보게 되는데, 이들은 때로는 극 안의 인물이 되어 하인으로서의 역할 같은 것을 수행하기도 하지만, 때로는 무대 위의 관객으로서 때로는 극 밖의 무대 스태프로서의 역할을 수행하기도 한다. 이렇게 볼 때 지차트코프스키의 극장은 일종의 메타연극적 공간으로 읽힌다.

이 개념은 무대미술가 에밀 카펠류시의 디자인에서도 드러난다. 그의 디자인은 극장이라고 하는 공간에 대한 유희이자 은유이다. 1막의 무대는 한없이 넓고 짙푸른 호수이다. 그 위에 섬처럼 혹은 무대처럼 뗏목이 떠 있다. 좌우로는 전통적인 프로시니엄 극장에서 볼 수 있는 윙(wing)들이 촘촘하게 서 있고, 과거에 그러했듯이 그 윙마다 조명기(전등갓)가 하나씩 배당되어 있다. 무대 하수에는 그 윙들을 가릴 수 있는 두 개의 막이 걸려 있는데, 어느 때는 그것을 올리기도 하고 어느 때는 그것을 내리기도 하면서 그 본연의 임무라고 할 수 있는 무대 환영을 오히려 파괴하고 극복한다. 어느 장면에서는 암전되어 있어야 할 무대 뒤편을 살짝 노출하여 관객들이 배우들의 등·퇴장을 볼 수 있도록 의도하기도 한다. 이렇게 공간은 극 안과 극 밖이 연결되고 극적 환영과 현실의 리얼리티의 경계가 허물어지는 공간이다.

## 6) 아파드 실링 연출의 〈갈매기〉

2006년 서울국제공연예술제 기간 중 헝가리의 극단 크레타코르는 아파드 실링이 연출한 〈갈매기〉를 무대에 올렸다. 그의 〈갈매기〉에는 배우의 분장도, 연극적 의상도, 특별한 연극적 대소도구도, 연극적 조명도 없다. 심지어는 극의 시작과 끝을 알리는 인위적인 배우의 등·퇴장도 없다. 말하자면 무대 안팎의 구별이, 배우와 역할의 넘나듦이, 이 모든 경계가 불분명하다는 것이다. 배우들은 극장 안에 관객보다 먼저 와 앉아 있지만 객석에 앉은 그들이 배우라는 사실을 관객은 전혀 눈치채지 못한다. 공연을 기다리는 관객들의 잡담을 뚫고 객석 맨 앞줄에 앉은 메드베젠코가 안톤 체호프의 그 유명한 대사, "왜 당신은 항상 검은 옷만 입고 계시지요?"를 던지면서 극은 갑자기 시작된다. 그의 작품은 창백하고 건조하다. 〈갈매기〉에서 관객이 기대하는 체호프식 서정성도, 시정(詩情)도, 애수도 없다. 건조한 시간 안에 단단히 붙들린 우리의 모습을 여과 없이 드러내준다.

이 극에서 암전은 단 두 번뿐이다. 1막이 시작되고 얼마 지나지 않아 트레플레프가 자신의 공연을 시작할 때, 즉 극중극의 장면을 위해서이고, 다른 한 번은 4막의 자살 장면을 위해 그가 영원히 무대에서 사라질 때이다. 특히 이 마지막 장면에서는 무대뿐만이 아니라 극장 전체가 완전히 어두워지면서 극이 아예 끝나버린다. 그런데 이것은 예측할 수 있는 순간에 조명이 어두워진다거나 적당한 때라는 동의 하에 스위치를 끈다거나 하는 느낌이 아니다. 관객의 동의나 정서적 준비와는 상관없이 아주 거칠고 무례하게 콘센트를 뽑아버리는 듯한 그런 종류의 암전이다. 그렇기에 이 장면에 대한 연출가의 해석은 안톤 체호프의 의도와는 매우 다르다. 체호프는 〈갈매기〉를 설명하면서 '포르테로 시작하여 파아니시모로 끝나는 작품'이라 설명했지만 아파드 실링은 강렬한 한 방의 포르테로 끝낸 것이다. 마치 트레플레프의 죽음이 우리 모두의 끝이라도 되는 듯, 그렇게 트레플레프의 죽음은 가장 길고 가장 완전한 암전으로 공연 안에서 강조된다.

### 7) 김은성 각색의 〈순우삼촌〉 〈뻘〉

김은성은 〈바냐 아저씨〉를 1980년대 개발 열풍의 잠실을 배경으로 옮겨놓은 〈순우삼촌〉(전인철 연출, 서울시극단, 세종M씨어터, 2010)으로, 〈갈매기〉를 1981년 전남 벌교로 옮겨놓은 〈뻘〉(부새롬 연출, 두산아트센터 스페이스111, 2014)로 각색하여 체호프 작품을 경유하여 오늘을 사는 우리 삶의 풍경을 보여준다. 그가 그리는 것은 시류, 세파, 변화에 적응하고자 애쓰지만 그러지 못하는 인물들이다.

인물들의 성격을 잘 드러내는 언어는 맛깔스럽고 대사는

김은성 각색의 〈순우삼촌〉(부새롬 연출, 극단 두비춤, 2015)

재치 있다. 다른 김은성의 창작 희곡들에서도 그렇듯 작품의 디테일, 특히 대사의 디테일이 좋다. 그는 〈바냐 아저씨〉에서 개발의 논리와 함께 자신의 꿈도 매립당한 서울 변두리의 삼류인생 순우삼촌을 보며, 〈갈매기〉에서, '진짜 노래는 역사의 증언이요, 진실의 함성이요, 저항의 총소리이며, 가수는 시대의 나팔수요, 시대의 저격수'라고 생각했다가 세속적인 세태 논리에 어이없이 꺾이고 만, 1980년대의 청년 여운창을 본다. 해결되지 않은 한국의 현대사적 문제들과 그 때문에 여전히 남아 있는 오늘의 모순은 작가 김은성에게 절실한 주제인 듯하다. 그는 이 작가적 문제의식을 체호프 각색작에도 투영한다.

이 때문에 그의 체호프에는 원작에는 없는 문제 제기들이 제시된다. 예를 들어 〈뻘〉의 중요한 주제적 모티프인 죄의식과 용서는 원작 〈갈매기〉에는 없는 것이다. 그러나 강한 주제의식 때문인지 인물들의 갈등이나 대립은 종종 추상적이고 관념적이 된다. 예컨대 '세대 갈등', '저항과 타협', '젊음과 늙음', '새로움과 낡음', '개발 논리와 인간성' 등의 대립상에 구체적 인물이 흡수되곤 한다. 그럴 때마다 인물은 개성을 잃은 채, '아저씨', '청년', '기성세대' '사라진 세대' 등으로 추상화될 위험에 처한다. 섬세하고 재치 있는 작가의 언어 능력이 그것을 구해내지만, 그에게 한국의 체호프는 무엇인가에 대한 질문에 대한 답은 아직 미완성이다.

## 8) 레프 도진 연출의 〈바냐 아저씨〉 〈세 자매〉

레프 도진은 LG아트센터의 무대에 두 편의 체호프 공연을 올린다. 그중 하나가 2010년 내한 공연한 〈바냐 아저씨〉(2003)이고, 다른 하나가 2013년 내한 공연한 〈세 자매〉(2010)이다. 도진의 〈바냐 아저씨〉는 동정심이나 멜랑콜리 같은 것은 모두 바싹 말려버린 작품이다. 우리의 삶이란 게 본래부터 그렇게 비루하고 초라했다는 잔인한 진실 앞에서 체호프의 애수니 낭만이니 하는 말은 더 이상 가능해 보이지 않는다. 그의 〈바냐 아저씨〉는 삶에 관한, 무엇보다도 삶에 대한 '애착'에 관한 이야기이다. 인물들은 모두 한 번이라도 제대로 살아보고 싶다는 자신의 욕망에 어쩔 줄 몰라 한다. 그들은 어쩌면 마지막일지도 모를 그 기회의 끝자락을 잡고 있으며, 그렇기 때문에 어

〈바냐 아저씨〉(레프 도진 연출, LG아트센터)

느 때보다도 서툴고 어설프고 혼란스럽다.

　나무, 캔버스, 밧줄, 벽돌 등 거칠고 정제되지 않은 물질을 이용하여 단순하면서도 강렬한 무대를 만들기로 정평이 나 있는 무대미술가 다비드 보로프스키는, 〈바냐 아저씨〉의 인물들 머리 위로 거대한 세 덩어리의 건초 더미를 올려놓는다. 참을 수 없이 가볍고, 거추장스러울 만큼 부피가 나가며, 그럼에도 불구하고 하찮은 이 물건은, 머리 위에 있다고 하여 인물들을 위협하지 않는다. 많고 크지만, 그저 그뿐이다. 그의 작품이 보여주는 냉정하고 건조한 시선은 인물들의 사랑을 드러내는 방식에서 정점을 이룬다. 엇갈린 사랑이나 보상받지 못한 애정에 대한 안타까움이나 슬픔의 정서 같은 것은 도진의 작품에는 존재하지 않는다. 그들의 사랑과 욕망은 적나라하고 그래서 더 참담하다. 삶의 잔혹성이 도진의 작품에서는 여지없이 폭로되고 드러난다.

　〈세 자매〉의 정서도 〈바냐 아저씨〉와 다르지 않다. 이 작품은 무대부터 건조하

다, 색도 칠해지지 않은, 거의 회색에 가깝게 어둡고 거친 나무로 만들어진 집의 형태, 유리나 창들도 없이 그저 '뻥 뚫려 있다'고 표현하는 것이 어울릴 창문들, 이런 구조물이 말리 드라마 극장의 별로 크지도 않은 무대의 중앙을 대부분 차지하고 있다. 그 때문에 인물들은 주로 현관에, 아니 집 밖에 나와 있게 되는데, 자발적으로 집에서 나와 있다기보다는 집에게 밀려 나와 있다는 표현이 더 적절한 분위기이다. 실제로 4막으로 진행될수록 집은 조금씩 조금씩 관객을 향하여 전진하고 인물들의 설 자리는 점점 더 좁아지게 된다. 도진은 〈세 자매〉를 '불행'에 대한 이야기라고 단언했다. 극이 전개되면서 주인공의 운명에 드리운 검고 음울한 그림자가 점점 더 실체가 되어 드러나 급기야 이들을 포획하는 것을 보고 있는 느낌이라는 것이다. 그런데 불행은 그것을 전혀 모르던 자매들에게 다가온 것이 아니다. 그녀들은 이미 1막에서 이것을 느낀다. 때문에 이리나조차도 이미 1막에서부터 나이 들고 지치고 희망 없는 인물로 등장한다.

## 9) 부투소프 연출의 〈갈매기〉

예술의전당은 2008년 개관 20주년을 맞아 러시아의 연출가 유리 부투소프를 초청, 다시 한 번 〈갈매기〉를 무대에 올린다. 무대미술가 쉬시킨은 황량하고 쇠락한 저택을 사방에서 거친 야생의 갈매기들이 위협해 쳐들어오는 듯한 공간을 만들었다. 창문은 깨지고 벽에는 얼룩과 벗겨진 페인트와 거친 붓 터치가 남아 있다. 그의 시각적 구현처럼 부투소프의 해석 역시 거칠고 건조하다. 〈갈매기〉에서 일반적으로 기대하는 서정성이나 애수 같은 것은 이 작품에는 없다. 그가 만든 〈갈매기〉는 무엇인가 날것의 느낌이다. 첫 장면은 마샤가 소파에 거꾸로 누워 담배를 피워대는 것으로 시작한다. 우울한 성격에 검은 옷을 입은 마샤는 이 작품에는 없다. 흰 원피스에 빨간 털모자를 쓰고 노란 구두에 핑크색 선글라스의 그녀는 거침없고 반항적이다. 이 작품은 트레플레프를 브라운관과 스크린을 통해 대중적 인기를 누리고 있는 김태우가 맡아 화제가 되기도 했다. 무대 공연이 처음이라 할 그는 다소는 파격적으로 해석된 부투소프의 트레플레프를 맡아 꽤 호평을 얻는 데 성공했다.

어느 인터뷰에서 연출가 부투소프는 이 작품을 '죽음과 어머니에 대한 연극'이라고 말했다. 자신의 의지와는 상관없이 탄생하고 살아나가고 죽어야 하는 우리 삶에 대한 연극인 것이다. 부투소프의 공연은 '세기말의 갈매기' '위기의 시대의 갈매기' 등의 평가를 얻었다. 폐허 같은 시공간에 체호프의 인물들은 조악하고 경박하고 유치한 욕망을 가감 없이 드러낸다. 그런 모습에서 현대인의 슬프고 어리석은 초상을 발견한다.

## 10) 연희단거리패의 〈세 자매〉〈바냐 아저씨〉〈벚꽃동산〉〈갈매기〉

최근 들어 가장 활발한 체호프의 무대 해석가 중 한 명은 이윤택이다. 그는 우리극연구소, 극단 연희단거리패의 이름을 걸고 〈세 자매〉(2008/2013), 〈바냐 아저씨〉(2014), 〈벚꽃동산〉(2016) 등을 공연하였고, 나아가 기주봉, 김지숙, 이재희, 고인배, 이용녀 등 대학로에서 잔뼈가 굵은 배우들과 함께 〈바냐 아저씨〉(2016.1.27~2.6)를 공연하기도 했다. 어느 작품이나 이윤택 특유의 에너지가 넘치는 블랙 코미디풍으로 해석하였는데, 특히 연희단거리패의 공연은 특유의 배우 앙상블이 인상적인 무대를 만들었다.

이윤택 공연의 장점은 개성 강하게 해석된 인물들과 분명한 감정선이다. 다소 과장되었다 싶을 정도로 인물들의 성격과 감정은 하나같이 강렬하게 해석되고 표현된다. 장면의 의미가 모호한 것은 없다. 모든 장면은 분명하게 해석된다. 연희단거리패의 작품은 사색적이거나 사변적인 언어의 연극이 아니다. 대소도구들이 배우의 움직임과 함께 역동적으로 변화하면서 극적 공간과 의미를 만들어내고, 작은 게릴라 극장이 터져나갈 정도로 에너지를 뿜어내면서 인물의 성격과 관계가 드러난다. 이윤택의 연출작에서는 체호프의 대사보다는 체호프의 인물이 전면에 부각되며 우스꽝스럽지만 동시에 동정할 수밖에 없는 슬픈 존재감이 드러난다.

연희단거리패의 또 다른 체호프 연출가는 김소희이다. 그녀는 2015년 봄 〈갈매기〉(2013)로 체호프 무대 해석자의 대열에 이름을 내놓는다. 그녀의 해석에서 두드러진 것은 인물들의 엇갈린 사랑이다. 체호프 인물들의 성격과 그들이 처한 상황의 아이러니는 모두 이 어긋난 사랑으로 수렴된다. 단순하달 수도 있지만 상당히 영리한 정리이다. 때문에 그녀의 해석은 쉽고 명쾌하다. 긴 테이블과 벤치는 그 어떤 대소도구보다도 유용하게 배우의 움직임과 동선을 보조하며 극에 역동적 리듬을 부여한다. 속도감과 분명한 해석이 돋보인 김소희의 〈갈매기〉는 배우 김소희에서 연출가 김소희로서의 변신을 기대케 하는 작품이었다.

## 11) 펠릭스 알렉사 연출의 〈갈매기〉

루마니아의 연출가 펠릭스 알렉사가 2016년 국립극단의 초청을 받아 이혜영, 오영수, 이명행 등의 배우들과 〈갈매기〉를 무대화했다. 그의 〈갈매기〉는 '삶은 곧 연극'이며 이 작품은 '연극에 대한 연극'이라는 은유를 극단으로 가져간다. 그 때문인지 그의 갈매기는 트레플레프의 연극으로 시작하여 이를 다시 낭독하는 니나의 장면으로 끝난다. 이 외에도 이 공연에는 '연극에 대한 연극'임을 보여주는 장치가 많다. 바닥에 놓인 조명기가 극의 시작과 함께 들어 올려지기도 하고 배우 아르카지나의 의상이 공중에 매달린 채 내려오기도 하며 제 자신을 비추는 거울이 사방에서 등장하기도 한다. 그러나 이 모든 아이디어들이 배우의 연기와 조금의 조화도 이루지 못한다.

무대는 기본적으로 빈 공간이다. 배우들의 연기는 극도로 절제되어 있으며 거의 인형처럼 움직인다. 앙상블이 거의 없는 양식화된 움직임은 장면의 의미를 전혀 전달하지 못하며 인물의 성격도 이해할 수 없게 만든다. 그의 해석에서 중심인물은 아르카지나와 트리고린이 아니다. 젊은 세대인 트레플레프와 니나가 중심이다.

<갈매기>(펠렉스 알렉사 연출, 국립극단 제작, 2016)

때문에 모처럼 명동예술극장의 무대에 선 이혜영과 이명행의 연기를 충분히 만끽하기에는 큰 갈증이 있었던 반면, 그들 대신 모든 스포트라이트를 받고 선 신인 배우 김기수와 강주희는 제몫을 다하지 못하고 위태하기만 하여 아쉬움을 남겼다. 외국 연출과의 협업이 지닐 수 있는 문제점을 여러 방면에서 노출하며, 해외 교류 원숙기에 접어든 한국 연극계가 앞으로 풀어나가야 할 질문을 던진 작품이다.

## 4. 체호프 공연이 한국 연극에 끼친 영향

한국 연극의 체호프 무대 해석사를 살피는 일은 체호프 수용의 미학적 성취를 살피는 일이기도 하지만, 동시에 한국 근현대 연출가들의 실제 작업을 통해 근대 리얼리즘 연극에 대한 이해를 재점검하는 일이기도 하다. 궁극적으로는 한국 근현대 연출미학의 형성과 심화를 연극사적으로 살피는 일일 것이다.

이러한 역사의 출발은 식민지 시대의 대표적 연출가 홍해성으로부터 시작된다.

그에게 안톤 체호프의 무대화는 서구 근대극의 토착화 문제이자 근대적 배우술과 연출론 확립의 문제였다. 홍해성은 최초의 근대적 연출가로서 체호프 작품을 통해 조선 극계에 신극을 수립하고자 했다. 사실적인 무대를 구현하고 근대적 연기술로 역할을 형상화하는 배우들로써 근대극이란 무엇인가를 조선의 관객에게 보여주고자 했다. 그러나 조선 연극의 현실을 극복하고 그의 꿈을 이룬다는 것은 그리 녹록치 않았다. 그에게 〈벚꽃동산〉은 구시대 지식 계급의 몰락과 신흥 세대의 등장을 애잔한 어조로 그린 작품이었다. 체호프 작품에 대한 당시의 해석이었던 '분위기의 연극', '애수의 연극'은 그에게 와서 더욱 강한 낭만성을 띤다. 조선의 현실과 예술가로서의 그의 현실이 이러한 해석을 하게 만든 것인지도 모른다.

이후에도 안톤 체호프의 성공적 무대화는 근대적 배우술과 연출론, 특히 리얼리즘 연극론의 확립 문제와 연결된다. 이 문제에 있어 한국 리얼리즘 연극 시대의 대표적 연출가 이해랑, 이진순도 예외는 아니었다. 그들은 한국 연극에서 제대로 된 리얼리즘 연극을 무대에 실현해보고자 했으며, 특히 안톤 체호프 작품을 연출함으로써 그 완성을 증명해보이고자 했다. 이 시기에도 '애수', '시정', '분위기의 연극'이라는 체호프에 대한 이해는 크게 바뀌지 않았다. 다만 이것에 대한 연출가마다의 구체적 무대 해석은 달라진다. 이해랑이 이해한 '분위기'는 어떤 의미에서는 상징적이고 이미지즘적인 것이었다. 그의 시적 정서는 무대 위에서 가시적으로 다 드러내지 않은 것, 대사로 다 전달되지 않은 것을 관객이 포착하고 이해함으로써 완성되는 것이었다. 반면 이진순의 연출은 훨씬 외향적이고 과감한 것으로, 인물의 심리나 관계도 시각적으로 미장센을 통해 드러내기를 원했다. 그는 체호프 작품의 인물 하나하나의 선택과 행동을 강조해 보여주고자 했다. 관객이 더 쉽고 분명하게 체호프의 세계에 다가갈 수 있도록 하기 위함인지도 모른다. 그는 연극은 무엇보다 재미있어야 한다는 것을 강조한 대중적 감각의 소유자이기도 했던 것이다.

홍해성으로부터 이해랑, 이진순에 이르는 체호프 해석은 어찌 보면 최초로 식민지 조선에 일본을 경유하여 들어온 체호프의 무대 해석, 즉 모스크바예술극장과 스타니슬랍스키의 해석에서 크게 벗어나지 못한 것이다. 물론 그들의 성취나 궁극의 해석은 스타니슬랍스키와도, 또 그 서로 간에도 같지 않았다. 연출가들이 몸담은 시대와 연극적 요구, 그리고 개인의 미적 취향과 기질이 서로 다른 체호프를 만들어낸 것이다. 그러나 예술극장식 체호프, 심리적 사실주의의 체호프, 시정과 분위기의 체호프 연극에 대한 관념적 지향을 세 연출가 모두 그리 쉽게 떨치지는 못한다. 체호프 희곡에 대한 새로운 해석과 과감한 무대적 실험은 1990년대 중반 이후 냉전 시대의 종식과 활발한 해외 교류, 그리고 새로운 세계관의 등장과 함께 비로소 시작된다.

1990년대 이후의 체호프 공연들은 그간의 리얼리즘 연극론에 대한 강박증을 비로소 모두 떨쳐버리고 연출가의 개성과 미학, 그리고 제 나름의 독창적 체호프 해석을 보여준다. 체호프의 텍스트를 과감하게 해체 재구성하기도 하고, 체호프가 살았던 변혁의 시대를 한국 사회에 투영하여 우리 시대 체호프의 의미를 생생하게 드러내기도 한다. 무대미학과 배우 앙상블에 있어서도 연출가와 극단의 개성을 드러내는 모습을 보인다. 오늘날의 체호프 연극은 서구적 근대극이 수입된 이후 뿌리 깊게 지속되었던 서구 중심성과 서구 지향성의 극복을 보여준다고 할 수 있다. 근대극, 근대 리얼리즘극, 심리적 사실주의 배우 연기술, 리얼리즘 연출론 등에 대한 제 나름의 해답을 체호프를 통해 이제 갖게 된 것이다.

체호프는 도전해야 할 대상이나 고대 문서처럼 해석해내야 하는 과제가 아니다. 그저 나의 영혼도 앓고 있고 너의 영혼도 역시 앓고 있을 문제가 체호프 안에도 있기 때문에 그를 곁에 두는 것이다. 지금 〈벚꽃동산〉을 해야 하는 의미, 〈갈매기〉의 인물들이 제 자신과 우리에게 던지는 질문의 의미, 그것을 여전히 지금도 같이 나누지 않으면 안 되는 의미가 중요한 것이다.

체호프 해석은 동시대적이며 여전히 현재진행형이다. 여기서 백 년 전 스타니슬
랍스키의 말을 다시 반복하지 않을 수 없다. "체호프의 장은 아직 끝나지 않았다.
체호프는 아직도 끝까지 읽혀지지 않았고 그의 본질은 탐구되지 않았다. 그의 책을
덮기에는 아직 이르다. 다시 체호프의 책을 펼치고 끝까지 연구하고 끝까지 읽자."[8]

---

8    스타니슬랍스키, 『나의 예술 인생』, 강량원 역, 이론과실천, 2000, 323쪽.

# 한국 무대에 수용된
# 베케트와 이오네스코의 부조리극


신현숙


## 1. 들어가기

　서양 연극에서 부조리극은 그 실험적 표현 양식과 충격적이고 근원적 세계 인식으로 20세기 후반의 가장 영향력 있는 새로운 연극 사조이자 양식이다.

　1945년 제2차 세계대전은 종식되었지만, 그 전쟁이 야기한 정치적, 경제적, 도덕적 후유증은 유럽 대륙에 심각한 정신적 공황 상태를 초래했다. 전쟁이 발가벗겨놓은 전통적 가치들의 허구성, 좌/우파 사이의 끊임없는 갈등과 대립으로 인한 정치 불안, 씻을 수 없는 아우슈비츠의 악몽, 후기산업사회로 진입한 지구촌의 물질만능주의, '황금 송아지'의 위력 앞에서 사물화되어가는 인간 등, 이러한 현실에 직면한 젊은 극작가들은 '실존의 비극성', '세계의 무의미성', '삶의 부조리' 등을 참담한 심정으로 통감하게 된다. 이러한 세계 인식은 사르트르와 카뮈의 부조리 철학에서부터 시작된다.

　그러나 사르트르와 카뮈가 부조리를 분석하고 논증하는 일에 역점을 두었다면,

1950년대 젊은 극작가들은 부조리를 '있는 그대로 보여주고' 극화하려는 모험을 시작한다.[1] 그들의 새로운 연극적 글쓰기는 '누보−테아트르(Nouveau théâtre)' 혹은 '앙티−테아트르(Anti−Théâtre)'로 불리웠으나 차츰 프랑스를 넘어 세계 연극계로 확산되면서 에슬린(M. Esslin)의 저서 『부조리극(Théâtre de l'Absurde)』에서 '부조리극'으로 자리 잡는다.[2]

부조리극은 서양 전통극의 바이블인 아리스토텔레스의 『시학』과 이에 근거한 연극 형식의 거부에서부터 시작되었다. 그 대신 비구성적 · 무정형의 놀이 형식에 생의 부조리, 세계의 종말, 인간 의식의 마모 현상, 현대사회의 습관화된 폭력 등을 '몸'의 시각적 표현과 '말'의 청각적 유희로 표출했다. 부조리극의 구조적 특징도 플롯을 무시한 삽화 나열식 이야기, 동기도 성격 분석도 없고 대단원도 없는 극 형식, 인물의 설정에서 현실성의 부재, 무의미한 대사와 말의 유희, 단어들의 음성적 놀이, 언술 행위의 불가능성 등이다. 부조리극 작품들은 대부분 소극(Farce)의 형태로 비극적 세계 인식을 표출했기 때문에 '조롱적 비극', 혹은 '비극적 소극(Farce tragique)'[3]이라고 불리기도 했다.

부조리극의 문을 연 연극적 스캔들의 시작은 1950년 파리의 라탱 가 골목 소극장 녹탕빌의 무대에서 초연된 이오네스코의 〈대머리 여가수(La Cantatrice chauve)〉(바타이유[N. Bataille] 연출)와 1953년 파리의 소극장 바빌론에서 초연된 베케트의 〈고도를 기다리며(En attendant Godot)〉(로제 블랭[R. Blin] 연출)이다. 이 두 부조리극 공연은 당시 파리의 관객들을 혼란에 빠트렸기 때문에 그들은 분노를 터뜨리면서 야유와 맹

---

1   신현숙, 『20세기 프랑스 연극』, 문학과지성사, 1997. 162~207쪽 참조.
2   Esselin, Martin, *Thre de l'absurde*, Paris: Buchet/Chastel, 1977, pp.15~25 참조.
3   이오네스코는 〈의자들〉에 직접 '비극적 소극'이라는 장르를 명시했다. Ionesco, Eugène, *Théâtre, II*, Paris: Gallimard, 1975, p.7. Les Chaises, "Farce tragique".

비난을 퍼부었다. 그로부터 7년 후인 1957년, 위세트극장의 무대에 오른 〈대머리 여가수〉의 공연에는 전혀 예상하지 않은 일이 벌어졌다. 유럽 여러 나라에서 다양한 영역의 관객들이 몰려든 것이다. 그 후 50년 동안 〈대머리 여가수〉는 파리에서만 1만 6,000여 회의 공연을 기록했고, 〈고도를 기다리며〉는 유럽은 물론 세계 전역에서 끊임없이 공연되고 있다.[4]

물론, 차후 두 작가 이외에도 프랑스의 아다모프, 독일의 그라스, 뒤렌마트, 프리쉬, 그리고 영미 연극 계열의 핀터, 스토파드, 올비 등 쟁쟁한 부조리극 작가들이 등장해 각자 다른 표현 형식으로 부조리극의 확장을 모색하면서 문제작들을 발표해서 서양 연극사에 큰 기여를 했다. 1980년대 이후, 부조리극은 포스트모던 연극이라는 새로운 연극 양식과 미학에 일정 부분 흡수되는 현상을 보이기도 했지만, 오늘날 베케트와 이오네스코의 부조리극 작품들은 현대극의 고전으로 자리매김되었다.

이 글에서 우리는 지난 반 세기 동안 베케트와 이오네스코의 부조리극 작품들이 한국 무대에서 어떻게 수용되고 실험되었으며, 오늘날은 어떻게 '다시쓰기'의 대상이 되고 있는지, 그리고 한국 현대극에 어떤 영향을 끼쳤는지를 개괄적으로나마 살펴보고자 한다.


## 2. 한국 현대극 무대에서 부조리극의 실험과 재창작

한국 연극계에 부조리극이 소개된 것은 프랑스와 거의 동시대 공연들을 통해서

---

4    Sous la direction de Jacqueline de Jomaron, *Le Théâtre en France*, 2, Paris: Armand Colin, 1992, pp.415~428 참조.

이다. 1960년 극단 실험극장이 이오네스코의 〈수업(La Leçon)〉(허규 연출)을 초연했고, 1961년 극단 팔월이 베케트의 〈고도를 기다리며〉(한재수 연출)를 초연했기 때문이다. 한국 문학계에서는 이미 1950년을 전후해서 사르트르와 카뮈의 실존주의 철학이 소개되었고, 같은 시기에 한국전쟁을 겪으면서 좌우 이데올로기의 갈등, 분단 상황 등 한국의 사회 현실과 연관되는 사르트르의 경향극 〈붉은 장갑(Les mains sales)〉(이진순 연출, 극단 신협, 1951)[5]과 〈임자 없는 무덤(Morts sans sépulture)〉(박용 연출, 극단 신청년, 1952)이 공연되었다. 사르트르의 부조리극은 1963년에 〈출구 없는 방(Huis-Clos)〉(박경식 번역 · 연출, 횃불극회)이 무대에 올랐다.

1960년대 한국 연극의 새로운 경향은 젊은 연극인들이 창단한 동인제 극단들의 소극장 운동이었다. 동인제 극단들은 프랑스 앙투안(A. Antoine)의 '자유극장(Théâtre-Libre)'을 필두로 시작된 '열린 실험정신과 고도의 무대기술 훈련'이라는 소극장 운동을 한국에서도 펼쳐나가고자 했다. 그런 맥락에서 당시 한국의 젊은 연극인들은 실존주의를 근거로 하면서도 새로운 세계 인식과 반(反)-연극 양식으로 만들어진 베케트와 이오네스코의 부조리극에서 신선한 충격을 받았고, 그들의 세계 인식에 강한 호기심을 느껴 적극적으로 두 작가의 극작품들을 수용하고 실험하기 시작했다.

한국 연극무대에서 베케트와 이오네스코의 부조리극 수용은 세 단계로 나누어 생각해볼 수 있다. 제1단계(1960~1980)는 동인제 극단들과 소극장을 중심으로 낯설고 새로운 부조리극 양식의 탐색과 그 안에 담긴 메시지의 예술적 소통을 추구했던 기간이다. 제2단계(1980~2000)는 1980년대 초반 과도기의 침체 상태를 거쳐 후반에는 '베케트 페스티벌'과 '이오네스코 페스티벌'이 촉매제가 되어 창의적 실험

---

5    이 극작품의 원명은 〈더러운 손(Les Mains sales)〉이다.

연출이 등장했던 시기와, 1990년대 문화상호주의와 포스트모더니즘의 영향을 받은 새로운 연출미학으로 다채로운 해석이 감행되었던 기간이다. 마지막 제3단계(2000~2015)는 뉴밀레니엄 시대가 개막되면서 포스트드라마, 글로컬리즘과 함께 고전의 '해체/다시쓰기'의 새로운 공연 양식과 기법이 등장하면서 독창적인 재창작 작업들이 성행하고 있는 현재까지이다.

## 1) 베케트 부조리극의 수용 : 재현 · 실험 · 재창작

### 탐색과 예술적 소통의 실험(1960~1980)

사뮈엘 베케트(Samuel Beckett, 더블린, 1906~파리, 1989)는 아일랜드에서 출생했지만, 대부분의 작품을 영어와 불어로 썼기 때문에 아일랜드 작가이자 프랑스 작가로 간주된다. 한국에서는 1961년 〈고도를 기다리며〉를 초연한 후, 그 다음 해 목포의 극단 선창이 최하림 연출로 〈고도를 기다리며〉(1962)를 무대에 올렸다. 그러나 부조리극의 생소한 양식과 극작품의 난해한 메시지 때문인지 관객들은 두 공연에 대해 어리둥절했을 뿐 별 반응을 보이지 않았다.

1969년 베케트가 〈고도를 기다리며〉로 노벨 문학상을 수상하자, 우리 연극계에서도 이를 기념하는 여러 공연들이 있었다. 소극장 '69(김영송 연출)의 공연, 시극동인회(정명환 역, 맹후빈 연출)의 공연, 그리고 한국일보사 소극장 개관 기념 공연(정명환 역, 임영웅 연출)이 바로 그것이다. 이 중에서 임영웅은 〈고도를 기다리며〉를 원작에 충실하게 형상화하면서 동시에 한국인의 정서에 맞는 골계의 표현을 사용하여 관객과의 교감을 시도했다. 그 결과, 〈고도를 기다리며〉는 그 난해한 내용에도 불구하고 당시 1주일간의 입장권이 개막 전에 매진되었고 3일간의 연장 공연까지 가졌다. 임영웅은 "〈고도를 기다리며〉는 무엇인가 막연한 것을 기다리면서 그 기다리는 시간을 메우기 위해 몸부림치는 인간의 적나라한 모습을 그린 것이며, 그래서 고도가 누구며 무엇인가를 밝히지 않고 되도록 객관적인 입장에서 연출했다"[6]고 연출 소감을 밝혔다. 이 공연에 대해 원로 극작가 유치진은 "소극(farce)적 터치로 다룬 임영웅의 연출이 오히려 작품의 본질을 뚫은 참된 해석인 듯싶다"[7]고 호평했다. 공연 후 관객들은 '고도'는 누구지?'라고 자문했고, 대부분 고도를 '하느님' 혹은 '희망'으로 좁혀서 갑론을박했었다.

　1970년대 전반에는 여러 극단들(창고극장, 시극동인회, 대하, 세실, 뿌리, 마루, 극단 76)이 〈고도를 기다리며〉의 텍스트 분석 작업에 많은 시간을 할애하고 각자 나름의 무대화에 주력 공연했다. 이 기간 젊은 연극인들은 원작의 분석과 해석, 그리고 베케트 극의 연극 양식에 대한 탐색에 매달렸다. 〈고도를 기다리며〉는 대명제 '기다림'과 인간의 존재 양태(고고–디디 한 쌍), 그리고 인간 사회에서의 소유 양태(포조/럭키 한 쌍)에 대한 작가의 철학적 사유를 엄정하게 논증하는 대신에 '말(지껄임)의 퍼포먼스'와 '몸의 퍼포먼스'로 보여주는 연극이다. 그래서 참담하고 비극적인 세계 인식을 담은 메시지에도 불구하고 익살광대짓 같은 무대를 보여준다. 1970년대 후반부터는 〈고도를 기다리며〉 원작을 존중하면서 실험적 연극 양식을 적용하는 사례가 등장하기 시작했다. 그중 주목할 만한 작업으로는, 극단 76의 지속적인 〈고도를 기다리며〉 공연들이다(남궁연 역, 강능원 연출, 1978/홍복유 역, 기국서 연출, 1987/김국희 연출, 1992, 2009 등). 1976년 창단한 극단 '76은 연극의 고정관념을 깨고 '자유로운 실험정신'과 '가난과 저항의 미학'이라는 표어를 내걸고 공연 활동을 계속했던 1970년대 전위연극의 산실이다. 이 극단의 〈고도를 기다리며〉 공연들에서도 연출가에 따라 작품을 해석하는 관점에는 차이가 있었지만, 실험적 무대 구성이라

---

6　임영웅, 「〈고도를 기다리며〉 연출소감」, 『한국일보』, 1969.12.18.
7　유치진, 「소극적인 터치는 작품 본질 뚫은 것」, 『한국일보』, 1969.12.23.

는 연출 양식은 동일했다.

베케트의 〈크라프의 마지막 테이프(La Dernière Bande de Krapp)〉는 1970년 극단 '69 의 박용기 연출로 초연되었고, 〈대사 없는 연기(Acte sans parole)〉는 1971년 극단 가교 가 초연했다. 〈크라프의 마지막 테이프〉는 70대 노인 크라프가 과거의 기억이 담긴 육성 테이프로 지난 삶을 되돌아보는 일인극이다. 무대에는 한구석에 책들이 쓰레 기들처럼 나뒹굴고 크라프는 원숭이가 그러하듯 가끔 바나나를 먹으면서 녹음 테 이프를 듣고 있다. 그는 불후의 명작을 쓰려 했지만 남은 것이라곤 과거의 순간을 녹음한 테이프뿐인데, 그 테이프마저 낡아서 가끔 녹음 소리가 파열되어 내용을 알 아들을 수 없다. 마치 인간의 노쇠하여 마모된 뇌 기능처럼. 마침내, 크라프가 책상 위로 고개를 떨어트리면 녹음기도 멈춘다. 단막극 〈대사 없는 연기〉는 나무 한 그 루 밖에 없는 텅 빈 무대 공간에서 한 사내가 열매를 따 먹으려면 나무가 올라가버 리고, 강물을 마시려면 강물의 흐름이 멀리 도망쳐버리는 것이 전부인 극이다. 그 리스 신화에 나오는 탄탈로스처럼 욕망의 대상에 근접해 있으면서도 결코 그 대상 을 손에 넣을 수 없는 인간 조건을 보여주는 극이다. 이후, 〈대사 없는 연기〉는 이 재창이 연출과 마임 연기를 도맡아 한 마임극(1974)과 극단 세대의 임준빈이 연출한 공연(1976)이 관객들의 관심을 끌었다. 〈대사 없는 연기 II〉는 극단 에저또의 방태 수 연출로 〈두 등장인물과 뾰쪽한 장대를 위한 무언극〉(김영락 역, 1972)으로 재구성 되어 공연되었다.

1977년, 극단 자유는 〈승부의 종말(Fin de partie)〉을 최치림 연출로 삼일로 창고극 장에서 초연했다.[8] 이 작품의 원제는 〈엔드게임〉이다. 한 중풍 환자가 마비된 불구

---

8  이 연극의 원제는 불어 〈Fin de Partie〉, 영어 〈Endgame〉인데, 우리말 번역은 다양하다. 〈승부의 종 말〉, 〈노름의 끝〉, 〈엔드게임〉, 〈노름의 끝장〉, 〈유희의 끝〉 등. 이 글에서는 한국에서의 공연 중심

의 몸을 안간힘을 쓰며 붙들고, 붕괴해가는 의식의 끝을 놓지 않으려고 농담을 지껄이며 '생을 이어가고 있는' 인생이라는 게임의 진짜 '종반전'이다. 이 연극은 반쯤 해체된 인간(휠체어를 타는 중풍 환자 함[Hamm]), 수동적 불구자들(하반신을 잃어서 쓰레기통에 담긴 채 양육되고 있는 나그와 넬)의 구체적 이미지, 그리고 조리법을 몰라서 이 끔찍한 구멍(집)에서 빠져나가지 못하는 지적 장애인 클로브를 통해서 인간들의 비극적 생존의 마지막 상황을 보여주고 있다. "게임에서 가장 어려우면서도 가장 솜씨를 발휘해야 할 때가 마지막 끝 부분이다. 그래서 극 속에서 중풍 환자 '함'도 생각해낼 수 있는 모든 방법을 동원하지만 고대하던 성공적 결말은 만들어지지 않고, 결국 끝에 가서는 그 자신이 혼수상태에 빠지고 만다."[9] '엔드게임(종반전)'이 은유하듯이, 이 연극은 '붕괴 직전의 생'의 모습을 가차없이 드러내는 참담하고 그로테스크한 부조리극이다.

1970년대 말, 실험극을 지향하는 연출가들이 베케트의 부조리극을 새롭게 해석하여 독자적인 실험 양식으로 무대화한 공연들이 등장했다. 그중 극단 창고극장의 개관 기념 공연 〈고도를 기다리며〉(1976)에서 오태석은 "기다림의 의미를 일상적 삶에 내재한 부조리와 인간 조건으로 해석하고 한국의 마당극 형식을 가미한 연출"[10]로 주목을 끌었다. 한편, 기국서는 〈마지막 테이프〉(극단 76, 1977)에서 사실주의극의 재현 양식을 거부하고 과감한 발상과 전위적 방식으로 해체적 무대를 구성해서 호평을 받았다. 극단 창고극장은 신용삼 연출로 〈난 아니야(Pas moi)〉(1978)를 초연한 후, 다음해 윤석 연출로 재공연을 가졌고, 극단 거론은 윤두수 연출로 〈연

---

이므로, 다양한 한국어 번역을 그대로 사용하기로 한다.

**9** 데이비드 브래드비, 『현대 프랑스 연극 1940~1990』, 이선화 역, 지식을만드는지식, 2011, 121쪽.

**10** 이상일, 「연기력의 미숙과 성숙 사이…」, 『공간리뷰』 1976.8, 89쪽 참조.

한국 현대 무대의 해외 연극 수용

극 II〉(1979)를 공연했다.

### 창의적 실험과 다양한 무대미학의 연출(1980~2000)

1980년 제5공화국이 출범했지만 여전히 군부 체제는 계속되었고, 한국 사회는 산업사회로 본격적인 진출을 하면서 여러 가지 사회적 부조리에 시달리게 된다. 이 시기 베케트 극의 공연은 대부분 재공연이었고 실험 연출의 무대도 드물었지만, 이전에 비해 연극 관객들의 수효가 급증하고 관객층도 다양해졌다. 1980년대 전반기 주목할 만한 베케트 극의 공연으로는 채윤일 연출의 〈고도를 기다리며〉(세실, 1980/뿌리, 1983)와 임영웅 연출의 〈고도를 기다리며〉(산울림, 1985)가 있다. 채윤일 연출의 〈고도를 기다리며〉(극단 뿌리)에 대해 평론가 한상철은 "난해하고 심각한 내용보다 재미있고 쉽게 작품을 이해시키고자 시도한 연출의 방향이 주효했고, 무대장치에서 전에 볼 수 없던 쓰레기를 쌓아놓고 쓰레기 같은 인간들과의 조화를 꾀한 것도 이색적이었다"[11]라고 호평했다. 임영웅 연출의 〈고도를 기다리며〉는 "장조가 아니라 단조로서 '희극적 비극'이라는 원작의 요구에 보다 밀착된 연출을 했다"는 평가를 받았다.[12]

1986년, 극단 전원(총감독 이윤기)은 베케트의 탄생 80주년을 기념하는 '베케트 페스티벌'을 두 차례 개최하여 슬럼프에 빠져 있던 베케트 극에 대한 관심을 불러일으켰다. 1986년 5월 산울림소극장에서 열린 '베케트 페스티벌 I'은 베케트의 단막극 네 편을 묶어서 옴니버스 공연처럼 개막 음악과 폐막 음악을 곁들이고 연이어 공연하는 형식이었다. 네 작품은 〈발소리(Pas)〉(정상수 역·연출), 〈대사 없는 1막〉(I)

---

11  한상철, 「연극비평—극단 뿌리의 〈고도를 기다리며〉」, 『한국일보』, 1983.10.27.

12  김문환, 「심금을 울려준 남성 사중주—산울림의 〈고도를 기다리며〉」, 『한국일보』, 1985.3.22.

(이계빈 역, 이송 연출), 〈대단원(Catastrophe)〉(오세황 역·연출), 〈연극(Comédie)〉(이원기 역·연출)이었다. 이 중에서, 〈발소리〉는 40대 여성 메이의 독백인데, 조용하고 단조로운 발걸음 소리에 어린 시절, 노쇠, 죽음에 관한 독백이 담겨 있는 극이다. 〈대단원〉은 아일랜드의 게일어(Matalana)로 '파국'이라는 의미이며 베케트의 작품 중에서 유일하게 정치적 색채가 담긴 텍스트다. 이 단막극에는 공산주의 체제에 저항한 체코의 대통령이자 극작가 바츨라프 하벨(Vaclav Havel)의 이미지와 정치적, 이데올로기적 폭력에 대한 베케트의 응시가 강하고 어둡게 표출되어 있다. 〈연극〉에서는 세 명의 남녀가 온몸이 항아리 속에 담긴 채, 머리만 밖으로 내밀고 끊임없이 지껄여댄다. 이를 통해 베케트는 말의 무의미, 인간들 사이의 소통불가능성, 그리고 서서히 화석화되어가는 인간을 시각화하고 있다. 이상, 네 단막극을 공연한 '베케트 페스티벌 I'은 작품들의 난해한 내용에도 불구하고 '말·빈 공간·몸'이 구축하는 새로운 연극 양식으로 실험극 예술가들과 젊은 관객들에게 큰 호기심을 불러일으켰다. 이 페스티벌에 관한 총평은 "원본에 충실한 소극적 해석이지만 새로운 극단의 창의적 노력이 돋보인 공연",[13] 혹은 "베케트의 부조리 정신을 한국어로 훌륭하게 옮긴 성실한 공연",[14] "부분적인 결함에도 불구하고 연극에의 정열과 성실성이 크게 돋보인 무대"[15]라는 격려와 호평이었다.

1986년 12월, 시민소극장에서 개최된 '베케트 페스티벌 II'에서는 〈나는 아니야〉(이원기 역·연출), 〈독백 한마디(Monologue)〉(이원기 역, 오세황 연출), 〈오하이오 즉흥곡(L'Impromptu d'Ohio)〉(이원기 역, 정상수 연출), 〈로커바이(Berceuse)〉(최정근 역,

---

**13** 김문환, 「사뮤엘 베케트 페스티벌—인간조건에의 성실한 도전」, 『객석』, 1986.5.

**14** 최현무, 「베케트 축제 성황」, 『조선일보』, 1986.5.11.

**15** 이인성, 「공연과 비평/베케트 페스티벌—80회 생일맞은 베케트」, 『한국연극』, 1986.6.10.

이송 연출)가 무대에 올랐다. 〈나는 아니야〉에서는 무대의 허공에 떠 있는 '입'이 횡설수설하고 어둠 속에 들고 있는 실루엣이 희미하게 보인다. 이 극은 인간의 강박적인 도피 욕망을 구상적으로 표현한 작품이다. 〈오하이오 즉흥곡〉은 무대 위에 홀로 있는 낭독자가 큰 소리로 청취자의 일생이 씌어진 책을 읽고 있는데, 청취자는 사실 낭독자 자신이므로 등장인물은 청취자와 그 분신(double)이 되어 인간의 사고가 이분되어 있음을 나타낸다. '베케트 페스티벌 Ⅱ'의 프로그램에는 그동안 한국에서 공연된 베케트 극작품들의 연보, 각 작품의 번역 대본들, 작품 해설 등 상당 분량의 연구 기록들이 포함되어 있어서 극단 전원의 베케트 연구 과정과 작품 분석을 위한 성실한 노력이 한눈에 보였다. 평론가 서연호는 '페스티벌 Ⅱ'가 베케트에 관한 최초의 집중적이고도 진지한 탐색을 보여준 공연들이었으며, 아방가르드 무대 미학에 관한 다각적 접근을 모색하는 계기가 되었다고 호평했다.[16]

1987년 '6·29선언'으로 작품 제재의 규제가 풀리고, 개방화와 국제화의 흐름이 시작되자 연극의 국제 교류도 활기를 띠었다. 1988년 서울에서 열린 '올림픽 문화예술축제'에는 프랑스 코메디프랑세즈의 〈서민귀족〉, 체코의 마임극 〈충돌〉, 폴란드의 종교극 〈아바쿰〉, 브라질의 현대극 〈쉬카 다 실바〉, 일본의 '가부키' 등이 참여해 한국 연극계에 신선한 충격을 주었다. 1987년, 극단 76의 기국서가 연출한 〈고도를 기다리며〉는 공연 공간에 '문예회관 소극장과 거리'를 포함시킨 실험적 연극이었다. 그는 실내/실외, 극장/거리, 환상/현실 사이의 경계를 허물어트린 공간적 프레임을 만들었고, 이를 통해 연극 공간의 탈경계 실험을 시도했다. 1988년 9월, '서울국제연극제'에 참가한 임영웅 연출의 〈고도를 기다리며〉는 리듬과 템포를 연극 기호로 다듬고 배우들의 동작에도 철저하게 계산된 절도가 곁들여 절제

---

16 서연호, 「표현방법의 성실한 확장—극단 전원 베케트 축전」, 『한국일보』, 1986.12.10.

의 미와 음악성으로 큰 감동을 준 무대였다. 이 한국 공연을 관극한 마틴 에슬린은 "서양의 공연에 비해 유연하면서도 상징적인 연출로 공감을 불러냈다. 매우 아름답고 세련된 무대"라고 호평했다. 또한, 그는 "마지막 장면에서 두 주인공의 그림자 윤곽이 연극이 끝나버렸다는 분위기를 자아낸 것은 공연이 끝났다는 느낌을 주지 않으려는 베케트의 의도에 어긋나는 것"[17]이라는 지적도 덧붙였다. 다음 날 학술대회의 강연에서 에슬린은 「고도를 기다리며, 서양과 한국(Waiting for Godot, West and Korea)」이라는 제목으로 서양과 한국의 〈고도를 기다리며〉를 비교했다. 그는 임영웅의 연출이 "부드러움과 무용적인 움직임, 고도로 양식화된 동작으로 베케트가 갖가지 상징을 얼마나 효과적으로 이용했는가를 깨닫게 해주었다"고 극찬했다.

임영웅 연출의 〈고도를 기다리며〉는 1989년 7월 24일부터 8월 4일까지 프랑스 아비뇽 아르모니 소극장에서 공연되었고, 그해 20세기의 위대한 극작가 베케트는 타계했다. 다음 해(1990) 임영웅의 〈고도를 기다리며〉는 베케트의 고향 더블린에서 10월 1일부터 3일까지 공연되었는데, 『The Irish Times』는 두 배우, 정동환(블라디미르 역)과 송영창(에스트라공 역)의 사진과 함께 "임영웅의 연출은 음울하면서도 동시에 익살스럽다. 〈고도를 기다리며〉는 동요하는 고통스러운 과정으로 상연되었다"는 호평을 실었다. 또한, 『Irish Press』는 "Korean Godot Worth the Wait"라는 타이틀 기사와 함께 "얼굴과 신체적인 움직임을 통해 표출된 에스트라공과 블라디미르의 성격은 아일랜드 무대에서 가장 친밀감 있고 희극적인 해석 가운데 하나로 두드러져 보였다"[18]고 호평했다. 한편, 도쿄에서 공연한 〈고도를 기다리며〉의 초청 공연(1999)에 대해 평론가 센다 아키히코는 "일본의 〈고도를 기다리며〉는 대개 원작을

---

17  마틴 에슬린, 「서양공연과 비교해 본 한국연극」, 류영균 역, 『한국연극』, 1988.10.1, 149쪽.
18  "Korean Godot Worth the Wait", *Irish Press*, tuesday, October 2, 1990.

변형하는 데 반해, 산울림의 〈고도를 기다리며〉는 원작에 충실하다. 그런데도 일본판보다 웃음의 정서를 잘 살리고 있다"고 극찬했다. 이러한 예술적 성공과 찬사는 임영웅이 지난 20여 년 동안 한 작품에 집착하고 연구한 결과이다. 그는 초연 당시 〈고도를 기다리며〉를 '듀엣'에 비유했고, 15년 후 산울림소극장 개관 기념 공연(1985)에서는 '4중주'에 비유했다. 그리고 1990년대에 이르러 임영웅은 마침내 〈고도를 기다리며〉에서 서양음악적 특성에 동양음악적 특성을 가미한 화음을 만들어냈던 것이다.[19] 이러한 임영웅의 음악적 상상력은 베케트가 대사의 음악성에 깊은 관심을 가졌던 것과 조우하면서 〈고도를 기다리며〉의 연극 세계를 더욱 깊고 넓게 확장하게 되었던 것이다.

1990년대에도 '베케트 연극제'들이 있었다. 극단 76의 '베케트 2대 공연'(1992)은 〈고도를 기다리며〉와 〈행복한 나날들(Oh les beaux jours)〉을 연속 공연했고, 극단 전원의 '지금 여기, 베케트'(1993)라는 공연제는 단막극 다섯 편, 즉 〈무언극 I〉(이송 연출), 〈뭘 어디서(Quoi où)〉(이원기 연출), 〈왔다 갔다(Va et Vient)〉(신은수 연출), 〈숨소리(Souffle)〉(김만중 연출), 〈대단원〉(오세황 연출)을 한데 묶어서 옴니버스 형식으로 1시간 30분짜리 작품을 만들어 무대에 올렸다. 같은 해, 극단 작은 신화에서도 〈왔다 갔다 하기〉(박정영 연출)와 〈대단원〉(김동현 연출)을 연속 공연했다. 한편, 극단 마루는 창단 공연으로 〈유희의 끝(Fin de partie)〉(정종화 연출, 1992)을 무대에 올린 후, 다음 해 역시 정종화 연출로 〈고도를 기다리며〉를 공연했다. 이 공연에 대해 평론가 김윤철은 새로 창단한 극단의 역량을 긍정적으로 평가하면서도 두 가지 문제점을 지적했다.

---

19  이상, 김남석, 「세계가 인정한 「고도를 기다리며」」, 『한국의 연출가들』, 살림, 2004.5.5. 참조.

행동보다 철학성이 강한 작품을 상연할 때, 보이지 않는 형이상학과 씨름할 일이 아니다. 오히려 보이지 않는 것을 보이게, 추상적인 것을 일상화해야 한다. 철학에 집착하다 보면 무대 만들기가 모호해질 뿐이다. …(중략)… 또한, 베케트 극 특유의 음악성이 전혀 느껴지지 않았다.[20]

1994년, 극단 76은 베케트의 단막극 일곱 편을 모아 재구성한 대본 〈플레이 (Play)〉(김국희 재구성)를 공연했다. 여성 연출가 김국희가 〈무언극〉, 〈행복한 나날들〉, 〈나는 아니야〉, 〈발소리〉, 〈대단원〉, 〈크래프의 마지막 테이프〉를 선택해 그 작품들 사이의 주제적 동위성(isotopie)을 현대인의 단절감과 소외 의식으로 설정하고 〈행복한 나날들〉을 중심으로 각 단막극을 연계시킨 흥미로운 연출이었다. 이 기간, 영국의 젊은 극단 '공연 교류(Pderformance Exchange)'가 내한하여 공연한 〈놀이의 끝〉과 〈크랩의 마지막 테이프〉(1990)는 특히 젊은 관객들에게 갈채를 받았다. 또한, 1997년, 프랑스 현대무용가 마기 마랭(Maguy Marin)이 내한하여 〈고도를 기다리며〉를 토대로 한 〈메이 비(May B)〉, 〈워터 주이(Water Zooi)〉 발레 공연을 가졌다. 〈메이 비〉는 무용수의 움직임과 연기, 음악이 함께 어우러지는 뛰어난 작품이며, 특히 "아무 데도 갈 곳이 없는 절망적이고 비틀거리는 인간의 내면세계를 표현한 발레"[21] 라는 평가와 함께 폭넓은 관객층으로부터 깊은 공감을 끌어냈다.

## 베케트 부조리극의 '다시쓰기' 혹은 재창작(2001~2015)

뉴밀레니엄 시대로 들어서면서 연극의 국제 교류는 더욱 활발해지고 지난 세기의 문화상호주의와 글로벌리즘을 넘어서는 글로컬리즘이 등장한다. 창작 작업에서

---

20 김윤철, 「베케트 극 기대—극단 마루의 고도를 기다리며」, 『한국연극』, 1993.3.9.

21 이영란, 「美佛 정상급 발레단 내한 공연」, 『매일경제』, 1997.1.29.

도 고전의 해체/다시쓰기, 혼종과 탈경계의 퍼포먼스, 뉴 다큐멘터리극 등 다양한 연극 양식이 실험되기 시작한다. 베케트 극의 수용도 새로운 극작품의 소개보다는 이미 공연되었던 극작품들을 연출가의 독창적인 연출미학에 따라 재창작하는 공연들이 많아졌다.

2007년, 서울국제공연예술제(SPAF)에 초청된 베케트 극의 공연들은 고전의 재창작과 관련된 흥미로운 사례들을 보여주었다. 우선, 루마니아 연출가 푸카레트(Silviu Purcărete)의 〈고도를 기다리며〉는 해체적 연출과 공간 구성의 독창적 미학을 보여주었다. 무대에 노출시킨 공사장의 비스듬한 철골 구조는 현대 산업사회의 거칠고 비인간적인 현상을 표출했고, 프롬프터와 연주자들을 노출시켜 연극의 경계 허물기를 시도했다.[22] 한편, 대만의 당대전기극장의 〈고도를 기다리며〉는 배우 겸 연출가인 우싱궈(吳興國)가 '서양 고전의 경극적 재현'을 보여준 공연이었다. 우싱궈는 럭키와 포조에게 경극 분장을 시키고 쿵후를 연상시키는 몸짓, 경극 특유의 손짓과 눈짓 등 경극적 색채를 가미했다. '2010서울연극올림픽'의 개막작 〈크라프의 마지막 테이프〉(로버트 윌슨 연출·출연)는 "무대세트와 오브제들을 미적으로 배치한 기하학적 이미지의 공간, …(중략)… 가부키 분장, 극히 양식화된 제스처, 춤에 가까운 리드미컬한 동작 등"[23]이 인상적인 무대였으나, 노년기 뇌 기능의 퇴화로 기억의 풍화작용이 진행되다가 멎어가는(즉 죽어가는) 과정이 다소간에 도식적으로 구성되어 있었다. 이 다양한 문화권의 초청 공연들은 한국 연극인들과 관객들에게 다양한 연출미학을 연구하고 감상할 수 있는 기회를 주었다.

---

22  이선형, 『연극은 무엇을 위해 존재하는가』, 푸른사상사, 2013, 111쪽 참조.

23  백로라, 「윌슨과 베케트의 크라프」, 한국연극평론가협회 편, 『동시대 세계연극의 연출미학』, 푸른사상사, 2010, 17~19쪽 참조 .

한편, '현대극 페스티벌 위원회'(위원장 : 오세곤)는 부조리극의 재해석과 공감을 위해 '이오네스코 탄생 100주년 기념 페스티벌'(2009), '장 주네 탄생 100주년 기념 페스티벌'(2010), '베케트 연극 페스티벌'(2011)을 연속적으로 개최하여 대학생들과 젊은 연극 애호가들의 큰 호응을 받았다. 2010년 원로 임영웅이 연출한 〈고도를 기다리며〉는 동양적 여백의 힘과 스펙터클의 검박미가 결합된 간결하고 밀도 높은 무대였다. 중앙에 한 그루 나무뿐인 헐벗은 무대 공간이 마치 동양화의 여백처럼 충만함으로 느껴졌고, 거의 음향효과를 사용하지 않고 대신 연기자들의 목소리의 음색과 울림을 고려하면서 무대 공간에서 목소리 연기를 연출했다.

이 기간, 베케트의 극작품을 '다시쓰기'한 공연들 중에서 주목할 만한 작품은 2004년 제7회 서울프린지페스티벌 '이구동성' 부문에 참가한 오세황 대본·연출의 〈S·베케트선생과 V·하벨씨의 신촌 만남〉이다. 오세황은 베케트의 작품들 중에서 예외적으로 메시지가 분명한 작품 〈대단원〉과 바츨라프 하벨의 〈실수〉를 묶어서 대본을 만들고 "세상의 위선을 향한 위트와 파라독스의 무대"라는 부제를 붙였다. 그리고 이에 걸맞게 두 원작의 정치적 담론을 현대 정치사회의 부조리를 조롱하는 역설로 바꾸고 블랙유머를 활용하여 '웃으면서 비판하기'의

〈고도를 기다리며〉(임영웅 연출, 극단 산울림, 2016)

무대를 만들었다. 한편, 〈그녀, 고도를 기다리며〉(김국태 각색, 김국희 연출, 2009)는 '제8회 오프 대학로공연페스티벌'의 '페미니즘 연극제'에 출품한 작품이다. 이 작품은 '가정'이라는 울타리를 벗어나지 못하고 맴도는 여성(에스트라공)과 '가정'에서 뛰쳐나온 여성(블라디미르)이 그녀들에게 분명한 해답을 줄 수 있는 '고도'를 기다리고 있는 연극이다. 친구 사이인 두 여성은 답답하고 출구 없는 삶에서 그녀들을 구해줄 고도를 마냥 기다리고 있다. 〈그녀, 고도를 기다리며〉는 재미있는 발상과 자유로운 여성적 상상력이 돋보이는 연출이었다.

2011년 제3회 '현대극 페스티벌—사뮈엘 베케트'에서는 '춤과 연극'이라는 표어가 말해주듯이 연극과 무용의 장르적 혼종 양식, 카바레극 양식, 혹은 해체-재구성의 부조리극 양식이 모두 실험되었다. 참가 작품 중에서 〈고도를 기다리며〉(오세곤 · 정대용 협력 연출)는 극단 노을과 떼아트르 현대무용단이 협력하여 만든 혼종 공연 양식으로 실험극이다. 극단 창파의 〈난 아니야〉(변영후 연출)는 일종의 카바레극 양식인데 베케트가 젊었던 시절 파리에서 유행하던 대중가요를 삽입하고 '입' 대신에 붉은 드레스를 입은 여인, 그리고 청취자의 실루엣 대신에 흰색 와이셔츠와 검은색 바지를 입은 남성 연기자 5인을 등장시켰다. 〈난 아니야〉는 현대인의 다중 자아 혹은 증식되고 상호 교체될 수 있는 사물과도 같은 인간을 보여준 공연이었다.

2013년 '남산희곡페스티벌'에서 공연된 〈바둑이와 워리〉(성기영 작, 변정주 연출)는 베케트의 〈고도를 기다리며〉를 SF 버전으로 만든 노래극이다.[24] 서기 2084년 어느 가상의 공간에 우리의 후손이기도 하고 아니기도 한 바둑이와 워리가 있다. 이미 폭발된 핵 원자로의 방사능 더미를 처리할 수 있도록, 누군가 그 근본 구조를 바꾼 유사인간들이다. 그중 하나는 인간과 바퀴벌레의 후손이고, 다른 하나는 인간과

---

**24** http://blog.naver.com/crowley79/140183812586 참조.

나무의 후손이다. 이들 앞에 원 박사라는 정체불명의 인물이 등장하고, 거기에 도발적인 여인 큐가 나타나면서 새로운 변화가 일어나기 시작한다. 그들이 떠난 후, 여전히 바둑이와 워리는 기다린다. 만화 같은 설정을 통해 뉴밀레니엄 시대의 인간 조건에 대해 진지한 질문을 던지고 있는 그로테스크한 패러디로 볼 수 있다.

이처럼 베케트의 극작품들의 '다시쓰기'와 다양한 연극 양식의 연출들은 지금도 한국에서 활발하게 계속되고 있다.

## 2) 이오네스코 부조리극의 수용 : 재현 · 실험 · 재창작

### 탐색과 예술적 소통의 실험(1960~1980)

이오네스코(Eugène Ionesco, 루마니아 슬라티나, 1909~파리, 1994)는 제2차 세계대전 당시, 파시즘의 폭압에 시달리던 루마니아에서 탈출하여 어머니의 나라인 프랑스에 귀화했다. 이오네스코의 부조리극은 언어의 반역이 초래하는 의사소통의 부재와 물질주의 시대에 인간의 사물화 현상(《대머리 여가수》), 초현실주의적 환상과 해방(《아메데, 혹은 어떻게 벗어나지?》), 언어의 폭력과 마력, 그리고 언어의 물체화(《수업》, 《자크 혹은 순종》), 노쇠한 의식의 마모와 광기, 절대 고독(《의자들》), 기계 사회에서의 자기 상실, 획일화 사회에서의 소외 의식과 여론의 횡포(《코뿔소》) 등을 나타낸다고 볼 수 있다.

이오네스코의 부조리극이 한국에 처음 소개된 것은 1960년 초연된 《수업》을 통해서이다. 《수업》의 연출가 허규는 자신의 연출 방향을 "판토마임과 보고 형식의 표현 수단을 사용하고, 극 전개는 우연의 연계로 터무니없는 사건이 발생하게 하며, 사건의 반복을 통해 주술적 효과를 얻고자"[25] 했다고 밝혔다. '희극적 드라마' 라

---

25 김숙현, 「1960년대 연극사적 쟁점과 공연양태」, 한국연극협회 편, 『한국현대연극 100년』(공연사

는 장르가 명시된 〈수업〉의 내용은 다음과 같다. 개인 교습을 하는 교수가 수업을 진행하는 동안 차츰 단어('칼')의 연상 작용이 야기하는 폭력에 빠져 마침내 여학생을 살해하게 된다. 그때, 초인종 소리가 들리고 또 다른 학생이 교수의 수업을 듣기 위해 찾아온다. 폭력과 광기의 순환을 암시하는 것이다. 이게 '희극적 드라마'란 말인가? 당시 한국 관객들은 〈수업〉의 연극 양식도 낯설고 메시지도 부조리해서 냉담한 반응을 보였다. 그러나 1970년대에 이르러 관객들의 부조리극에 대한 이해가 어느 정도 쌓이자 〈수업〉은 〈대머리 여가수〉와 함께 한국 관객들이 선호하는 이오네스코 극이 되었다. 특히, 부조리극 양식의 실험과 그 메시지의 해석에 심혈을 기울인 젊은 연출가들에 의해 〈수업〉은 계속 무대에 올랐다. 그중에서 극단 작업의 윤호진 연출(1973), 극단 자유의 이윤영 연출(1975), 극단 창고극장의 이영유 연출(1977), 그리고 극단 맥토의 문석봉 연출(1979)의 〈수업〉 공연들이 관객들의 호응을 얻었고 평단의 주목도 받았다.

1963년, 민중극장은 〈대머리 여가수〉(김정옥 역·연출)를 초연했다. 연출을 맡은 김정옥은 프랑스 유학생이자 유럽 연극의 흐름에 정통했기 때문에 난센스와 언어유희의 극적 효과를 극대화하면서 그 안에서 인간들 사이의 소통의 부재를 드러내 보이고자 했다. 관객들은 낯선 연극 형태에 어리둥절했지만, 평단에서는 '반(反)연극'이라는 새로운 연극 양식에 호기심을 보였다. 〈대머리 여가수〉는 온 공간에 가득 찬 '영국제 물건들' 속에서 '영국제 콧수염을 기른 영국제 사람'으로 바뀐 영국인 부부가 그들의 영국제 친구 부부, 영국제 하녀, 영국제 소방관과 횡설수설하는 연극이다. 극이 끝난 듯 암전되었다가 다시 조명이 들어오면 스미드 부처의 자리에 대신 앉은 마르텡 부처가 극의 서두 장면의 스미드 부처와 똑같은 대사와 제스처를 한다. 대체 가능한 인간들, 결국 사물화된 인간들의 암시이다. 이처럼 언어놀이, 말놀이, 음성놀이를 통해서 관객을 웃기고 무장해제시키면서 이오네스코는 일상사 속에 숨겨진 광기와 폭력, 소통 불가능성, 언어와 사유의 불일치, 사물화된 인간 등 무거운 주제를 넌지시 전하고 있다.

〈대머리 여가수〉는 초연 이후, 주로 살롱 드라마 형태로 공연되었다. 1969년 극단 자유는 〈대머리 여가수〉(김정옥 연출)를 카페-떼아트르의 레퍼토리로 정하여 정기 공연으로 진행했는데, 제2회 공연부터 대성공을 거두었다. 제2회 공연은 객석 100석에 130명 입장의 초만원으로 성황을 이루었고 관객들의 열띤 호응을 받았다. 이날의 공연에 대해 극작가 오영진은 "1백여 명에 가까운 지성인과 연극 전문가들이 모였고, 마당연극과는 모든 것이 대조적이었으나 웃음이 터져 나오기는 마찬가지였다"라고 관극 소감을 말했다.[26] 이 공연의 성공에는 추송웅, 박정자, 김무생, 최지숙 등 배우들의 코믹한 연기도 한몫을 했다. 극단 자유는 카페-떼아트르에서 1972년 한 해 동안 매주 목, 금요일에 〈대머리 여가수〉를 정기적으로 공연해 화제를 모았다. 평단에서도 "언어에 대한 불신감이 팽배해 있는 상황에서 〈대머리 여가수〉는 공감을 자아낼 수 있는 연극이다"라고 호평했다.[27] 이후, 카페-떼아트르는 1970년대 전반기 부조리극의 실험무대 역할을 했다.

1970년대 후반, 소극장 운동을 주창하며 개관한 '삼일로 창고극장'의 개관 공연 〈대머리 여가수〉(김정옥 연출)는 관객들의 열렬한 환영을 받았고 연장 공연까지 했다. 이 공연에 대해 평론가 이태주는 "추송웅, 박웅, 박정자, 채진희 등 연기진의 탁월한 앙상블과 창고극장이 국내에서는 유일한 아레나 무대를 가지고 있는데 이

---

26  오영진, 「마당연극/다방연극」, 『조선일보』, 1969.4.22.

27  김문환·한상철·여석기 합평, 「이번 호의 문제작들」, 『연극평론』, 1972. 가을호, 78쪽.

를 충분히 활용하여 관객과의 원만한 직면을 고려한 연출상의 신중성"을 높이 평가했다.[28] 1977년 극단 자유의 〈대머리 여가수〉 100회 기념 공연에서 연출가 김정옥은 서구 파르스(farce)의 미학과 한국 광대놀이의 연기 양식을 접목해서 한국인의 정서와 교감하고자 했다. 그의 연출 의도는 적중했다. 관객들은 〈대머리 여가수〉를 흥겹게 관극하면서 자연스레 연극의 의미를 성찰했다. 한편, 〈대머리 여가수〉의 100회 공연에 내한한 작가 이오네스코는 자신의 작품이 한국 관객들에게 이해될 수 있을까라는 의구심을 가졌으나 훌륭한 연출과 배우들의 연기, 그리고 관객들의 호응에 감탄하면서 아래와 같은 관극 소감을 발표했다.

> 예술적으로 나무랄 데 없는 공연과 구라파 관객에 못지않게 세련된 반응을 보여주는 한국 관객들을 보면서 이제는 정말로 내 자신이 위대한 작가가 된 것 같다. 그래서 인간의 생각은 서로 다르지만 예술, 연극을 통해 일체가 될 수 있다는 생각이 든다.[29]

공연 후, 이오네스코는 "부조리 문학" 강연에서 "꿈이 없는 곳에는 예술도 없다", "유머 없는 곳에는 인간미도 없다" 등의 표현으로 한국 청중과 뜨거운 교감을 이루었다.[30]

1960~70년대 우리 무대에서 소개된 이오네스코의 다른 극작품들로는 〈의자들〉(1965), 〈르메트르〉(1965), 〈코뿔소〉(1976), 〈베랑제 1세 사라지다〉(1976), 〈막베뜨〉(1975)가 있다. 이 중에서 〈의자들(Les Chaises)〉(1965)은 극단 가교가 김진태 연출로 초연했는데, 당시에는 크게 관심을 끌지 못하다가 10년이 지난 1976년 극단 창

---

28  이태주, 「창고극장」, 『신동아』, 1976. 6, 369쪽.
29  「인간의 생각은 서로 다르지만 예술, 연극 통해 일체될 수 있어」, 『경향신문』, 1977.4.23.
30  이오네스코의 강연회, '부조리문학', 이화여대대강당, 1977.4.21.

고극장에서 류중열 연출로 재공연되었을 때 평단과 관객들의 관심을 끌기 시작했다. 〈의자들〉의 서사는 고립된 폐쇄 공간인 등대에 갇혀 있는 '삶'과, 뇌의 노쇠로 마모된 '기억'의 폐쇄 공간에 갇혀 있는 '의식'이라는 이중구조가 중첩되어 있다. 극은 백 살에 가까운 영감/할멈이 '초대 형식'으로 과거의 강박관념의 파편들을 되새김질하는 양태를 보여주는 파르스다. 마지막에 등장한 실재 인물 웅변가는 벙어리─귀머거리다. 그럼에도 노부부는 자신들의 메시지를 그 웅변가에게 남겼다고 믿으면서 창문을 통해 바다로 몸을 던진다. 그때 처음으로 들리는 무대 바깥의 킬킬거리는 웃음소리, 헛기침 소리…… 등, 여기서 극중극이 만들어진다. 〈의자들〉은 인간조건의 한계에 절망적으로 부딪히는 어릿광대짓 같은 몸부림을 통해 비극적 실존을 보여주는 그로테스크한 '비극적 파르스'다.

1976년, 임영웅의 연출로 산울림극장에서 초연된 〈코뿔소(Rhinocéros)〉(오증자 역)는 파시즘, 전체주의, 매스컴의 횡포, 나아가 현대사회의 무서운 조작 및 폭력 구조 등을 상징하는 '코뿔소'와 그에 맞서는 한 개인 베랑제의 고독한 저항을 다룬 극이다. 이 공연에 대해 평론가 서연호는 "급속히 공업화를 서두르는 우리 풍토에서 그리고 대중 조작 기능이 날로 발달되어가는 오늘의 대중사회 속에서 〈코뿔소〉는 바로 우리들의 삶을 예리하게 투시해 볼 수 있었고, 우리의 생의 의미를 넓게 통찰해 볼 수 있는" 극이라고 호평했다.[31]

### 창의적 실험과 다양한 무대미학의 연출(1980~2000)

1980년대 초반, 이오네스코 극의 공연은 부진했다. 그럼에도 〈대머리 여가수〉는 여러 연출가들, 즉 극단 창고극장의 김봉열 연출(1981~1982)과 김응수 연출

---

31 서연호, 「연극의 재미와 가치」, 『한국연극』, 1976.12, 33쪽.

(1983/1989), 극단 시민극장의 최유진 연출(1984/1985), 극단 자유의 김정옥 연출(1990/1991), 극단 로열씨어터의 류근혜 연출(1989), 극단 수업의 정순모 연출(1992)에 의해 거듭 새롭게 무대화되었다. 그 밖에는 〈수업〉(채승훈 연출, 극단 시민극장, 1985/김정옥 연출, 극단 자유, 1987), 〈왕은 죽어간다〉(최유진 연출, 극단 시민극장, 1985)가 각각 공연되었다. 1980년, 극단 가교의 〈의자들〉(임준빈 연출)에 대해 평론가 양혜숙은 "웃음이라기보다도 오히려 허탈한 냉소 속에 삶의 전부를 깨닫고 가슴 서늘해져 일어나게 하는 부조리극, 오히려 그로테스크한 삶, 그 자체의 본질을 파헤친 부조리적 희극"이라고 호평했다.[32] 다음 해, 극단 세대가 재공연한 〈의자들〉(임준빈 연출, 1981)은 차분한 무대 구성을 호평하면서도, "보이지 않는 손님들의 무대화를 위해서는 초인종 소리, 노부부의 가속화된 무용술, 빈 의자들의 증가, 언어의 증가 등이 동시에 조화된 연출로 이루어졌어야 한다"[33]는 조언도 나왔다.

1985년, 서울의 중 · 고교 교사 30명이 공동 작업으로 무대화한 〈비계 낀 감자〉는 정순모가 〈자크 혹은 순종(Jacques ou la Soumission)〉과 〈미래는 달걀 속에(L'Avenir est dans les oeufs)〉를 한데 묶어 대본을 구성하고 연출했다. 〈자크 혹은 순종〉은 자크의 반항이 부모의 집요하고 반복되는 설득과 강요에 굴복하고 만다는 내용, 즉 강압적인 외부(기존) 세력에 종국에는 회유당하고 마는 개인(신세대)의 굴복을 우스꽝스럽고 잔인한 '말놀이'로 보여주는 연극이다. 〈미래는 달걀 속에〉는 두 남녀가 끊임없이 알을 부화하고 생산해내는 장면들의 연속을 통해 물량화된 현대사회, 복제화가 가능한 인간의 미래 등 비극적 전망을 나타내는 초현실주의적 작품이다. '비계 낀 감자'라는 제목은 자크의 대사 "난 비계 낀 감자를 좋아해"에서 착상한 것이다. 〈비

---

32 양혜숙, 「웃음의 추구」, 『주간조선』, 1980.8.31, 75쪽.

33 김상태, 「추상적 연극의 연출」, 『주간조선』, 1981.5.10, 67쪽.

계 낀 감자〉는 "이오네스코의 소위 반연극 수법이 총망라되어 있어 그의 연극을 전체적으로 이해하는 데 도움이 되었다"[34]는 호평과 "시각적으로 많은 것을 보여줄 수 있는 인상적인 무대였지만, 파르스적인 오락 효과를 피하고 대사를 압축시키며 사소한 동작을 피했더라면 더 좋은 무대가 되었을 것"[35]이라는 평가도 받았던 공연이다.

1987년 극단 완자무늬가 공연한 〈살인놀이(Jeux de massacre)〉(오세곤 역, 김태수 연출)는 어느 소도시에 갑자기 발생한 죽음에 관한 이야기다. 죽음이 마치 전염병처럼 번져가면서 모든 종류의 죽음 형태들이 나타나고, 온 거리와 집안, 심지어 인간의 마음속에까지 죽음이 들이닥친다. 〈살인놀이〉에 대해 평론가 김성희는 "의사들의 논쟁 장면을 오페라 스타일로 꾸민 점, 감옥의 죄수 장면을 영화 〈빠삐용〉의 연기 패턴으로 꾸민 점, 선동정치가의 유형을 우리의 정치가의 타입으로 연기한 점 등 참신한 감각을 보여주었지만, 지나친 세태 풍자를 삽입해 이오네스코의 연극을 단순히 웃고 즐기는 소극으로 격하시키고 말았다"라고 평했다.[36] 1990년, 극단 자유의 창단 25주년 기념 공연 〈대머리 여가수〉는 총 공연 300회를 돌파한 연극으로 화제를 모았다. 이번 연출은 자동인형 놀이의 형식이었는데, 김정옥은 무대를 추상적으로 간소화하고, 커다란 괘종시계 하나를 무대 중앙에 걸어놓았다. 네 명의 배우들은 파르스의 배우 분장을 하고, 시종일관 자동인형 같은 제스처로 연기했다. 정물처럼 앉아 있다가 태엽이 감긴 인형처럼 눈알을 굴리는가 하면, 슬로 모션의 기계적 액션 등. 자동인형극 형식의 〈대머리 여가수〉의 무대는 연출 양식의 '다시쓰기'

---

34  정순모, 「교사 30명이 한편의 연극제작」, 『동아일보』, 1985.1.25.
35  송동준, 「기존 언어와 제반 가치의 파괴」, 『월간조선』, 1985.4, 596~597쪽.
36  김성희, 「극적 유희와 진실」, 『한국연극』, 1987.11, 25쪽.

처럼 보였고 새로운 의미로 다가왔다.

1990년대, 세계는 걸프전쟁, 중동전쟁 등 연속되는 전쟁들과 일본 및 유럽 국가들의 정치적 · 경제적 위기로 혼란과 불안에 휩싸여 있었다. 우리나라는 외형적으로는 정치 · 경제 · 사회적 발전을 이뤘지만, 1997년

〈대머리 여가수〉 100회 공연(극단 자유, 실험극장, 1977)

IMF 경제 위기에 전국이 휘청거렸다. 이는 압축성장의 과정에 개입된 정치, 경제적 문제들이 낳은 큰 후유증이었다. 이와 같은 국내, 국제 상황에서 인간의 존엄성과 삶의 질은 땅에 떨어지고 일상은 폭력, 불안, 공황 상태, 그리고 죽음에 휘둘렸다. 이러한 현상과 맞물려 우리 무대에서는 이오네스코 극 중에서 유일하게 분명한 메시지를 가지고 있는 〈코뿔소〉와 그로테스크한 우화극 〈살인놀이〉가 공연되어 평단과 관객들의 관심을 끌었다. 우선, 1993년 극단 서울연극앙상블은 황동근 연출로 〈코뿔소〉를 재구성해서 공연했다. 황동근은 코뿔소의 출현을 질주하는 듯한 음향효과를 내는 생음악으로 처리했고, 연극의 마지막에는 무대 뒷면이 무너져 내리면서 그 뒤쪽 사다리 위에 일렬횡대로 정렬해 있는 검은 안경을 쓴 부동의 인간들을 보여주었다. 마치 복제 인간들의 집단 같은 그 장면은 획일화된 사회의 그로테스크한 은유로 시사하는 바가 컸다. 1995년, 극단 대학로극장이 재공연한 〈살인놀이〉(김태수 연출)는 '죽음'이라는 부조리를 유희성을 강조한 연출로 표출하여 오히

려 시의성을 가진 무대로 다가왔다. 〈살인놀이〉는 빠른 장면 전개, 죽음의 다양한 형태를 가지고 게임을 벌이는 것 같은 극 행동, 통일성이 없는 음향효과 등이 어울려 무목적 살인, 폭력 게임, 광기, 부조리한 죽음 등을 표출했다. 연출의 김태수는 "〈살인놀이〉는 이오네스코의 연극적 기법이 총망라되어 있고, 인간이란 죽음 안에 갇혀 있는 존재라는 그의 전언과 세상을 보는 안목 및 풍자적 관점이 매우 흥미로운 작품이다"라고 설명했다. 그는 부조리극에서 배우들의 연기 훈련이 어려운 것은 "일상의 삶이 부조리하다는 것을 개념이 아닌 일상적 몸으로 표현해야 하기 때문"[37]이라는 점도 덧붙였다.

'다시쓰기'의 차원에서 흥미로웠던 공연으로는 극단 자유의 '테마연극' 〈기도─대머리 여가수〉와 극단 여행자의 〈의자들〉이다. 1991년, 김정옥은 '인간들 사이의 의사소통의 불가능성'이라는 테마로 아라발의 〈기도〉(공연 시간 25분)와 이오네스코의 〈대머리 여가수〉(공연 시간 70분)를 조합한 〈기도─대머리 여가수〉를 연출하고 공연했다. 〈기도〉는 신의 말씀에 따라 선하게 살아야 한다는 한 사내의 연설과 그러기 위해서 어떻게 살아야 하는가?를 질문하는 백치 여인의 물음이 전부인데, 사내의 설명과 여인의 질문은 서로 엇갈린다. 두 사람은 상대방의 말을 듣지 않은 채 자신의 강박관념만을 지껄이고 있는 것이다.[38] 이 공연은 '테마연극'이라는 양식적 실험이 흥미로웠다. 이오네스코 극의 '다시쓰기'를 본격적으로 실험한 공연은 '97 문화축제'에 참가했던 극단 여행자의 〈의자들〉(1997)이다. 양정웅이 재구성하고 연출과 배우까지 겸한 이 〈의자들〉은 이미지극이자, "제의극과 부조리극을 아우르는

---

**37** 김태수 인터뷰(대담자 : 신현숙), 1998.9.26.

**38** 신현숙, 「프랑스 연극」, 신현숙 외, 『한국에서의 서양연극 : 1900~1995년까지』, 도서출판 소화, 1999, 327~328쪽.

실험적 재현 형태와 공감각적 미장센"[39]이 돋보인 '고전 다시쓰기'의 무대였다. 양정웅은 그동안 다문화 공연예술의 양식과 미학을 접하고 실험했던 경험을 토대로 〈의자들〉을 시청각 무대 기호들의 어울림과 신체언어 중심의 파르스로 만들어 호평을 받았다.

### 이오네스코 부조리극의 다시쓰기 혹은 재창작(2001~2015)

뉴밀레니엄 시대에는 포스트드라마와 글로벌리즘, 또한 이를 극복하려는 글로컬리즘 등 새로운 연극미학들이 등장했고, 이와 함께 고전의 '해체/다시쓰기'의 새로운 공연 양식도 다양해졌다. 이오네스코 극의 공연도 이러한 경향에 편승하여 양식적 실험과 재창작의 대상이 되고 있다. 21세기가 막을 올리면서 〈수업〉이 다시 젊은 세대의 관심을 끌어 지속적으로 군소 극장에서 공연되었다. 우선, 2002년 극단 연희단거리패의 공연(오세곤 역, 이윤택 연출), 2004년 극단 수업의 공연(정순모 역·연출), 2005년 대구의 극단 마루의 공연(오세곤 역, 추지숙 연출), 2007년 극단 오티알의 공연(오세곤 역, 박홍진 연출), 2008~2009년 극단 노을의 공연(오세곤 역, 이신영 연출)이 있었다. 이 공연들은 〈수업〉을 지금−이곳(한국)에서 시의성을 가진 이야기로 재구성하거나 양식상의 실험을 시도했다.

이 기간 특히 주목할 만한 재창작 작품이 두 편 있었다. 우선, '2005년 혜화동일번지 3기 동인 페스티벌—육두육감'에서 공연된 양정웅의 재창작 〈의자들〉은 연극미학과 양식 차원에서 다시쓰기한 연극이다. 양정웅은 이오네스코의 '비극적 파르스'의 미학과 한국 전통 연희의 골계를 결합하고 철학적 대사들 대신 신체언어와

---

**39** 장은수, 「양정웅, 탈경계 신체극의 전방위 스타일리스트」, 한국연극학회 편, 『한국현대연출가연구』 II, 서울 : 연극과인간, 2013, 244쪽.

오브제의 상징적 기능을 극대화하여 관객에게 충격과 즐거움을 주면서 인생에 대해 성찰하도록 유도했다. 이 연극에 대해 백로라는 "한국적인 신체 표현과 춤, 노래에 부조리극의 서사를 담아 그 보편적 메시지를 감각적으로 표현했다"[40]고 호평했다. 양정웅의 〈의자들〉은 100세에 가까운 영감과 할멈의 굼뜬 동작, 제스처, 신파조 대사 사이의 불협화음, 외딴 등대의 밀폐된 공간 안에서 맴돌기, 보이지 않는 가상의 손님들 접대놀이, 그리고 간간이 끼어드는 공허한 침묵 등을 통해 인간의 기억과 지각의 노화와 소멸 과정에 대한 씁쓸함과 무력감을 남겨놓았다. 이는 문명의 쇠락의 은유로 볼 수도 있다.

반면에, 2009년 스튜디오 76이 공연한 〈용산-의자들〉은 부조리극과 프롤레타리아극, 그리고 부분적으로 사이트-스페시픽 연극의 특성을 조합한 연극 양식으로 정치적-사회적 부조리에 대해 발언한 연극이었다. 연출가 기국서는 이오네스코의 〈의자들〉을 번안/해체하고, 동시대 한국 사회의 노동자 문제와 노숙자들의 생활 현장의 부조리를 중심으로 〈용산-의자들〉을 재창작했다. 당시(2009.1) 서울 용산에서는 용산 재개발 지역 철거민 농성 현장에서 화재가 발생하는 참사가 일어났고, 철거민들은 옥상에 망루를 만들어 시위를 계속하고 있었다. 같은 시기(2009.3)에 만들어진 이 연극은 〈의자들〉의 공간인 '외딴 등대'를 '고층 빌딩의 옥상'으로 대체하고, 등대 안에 고립된 등대지기 노부부의 상황을 '옥상의 망루 안에 있는 화재 현장에서 죽은 노부부의 망령'으로 대체했다. 원작에서 노부부가 가상의 손님들을 맞으며 가져다 놓는 의자들이 빈방을 가득 채우는 장면을 기국서는 노부부의 망령이 대변인을 기다리며 빈 의자들을 가져다 놓는 마임으로 바꾸었는데, 이때 등장하는 보이지 않는 손님들은 경찰청장, 기자들, 국회의원들, 마지막에는 대통령이다. 〈용

---

**40** 백로라, 『21세기 한국 공연계의 풍경』, 인터북스, 2010, 61~62쪽.

산—의자들〉은 당시의 참담한 상황과 죽음, 최악의 상태에서 '미친 짓'밖에 할 수 없는 철거민들의 절망과 절규를 부조리극 〈의자들〉의 '패러디'로 보여준 공연이었다. 〈용산—의자들〉에는 "용산참사와 관련한 당시 상황과 대중들의 반응이 현장에서 공연에 반영되었으며"[41] 관객들의 뜨거운 호응을 얻었다. 기국서는 그의 변함없는 실험적·전복적 연출 양식과 비판적 사회의식을 토대로 〈의자들〉의 중심 모티브, 즉 사회로부터 고립된 등대지기 노부부의 소외와 노쇠, 광기를 차용하고, 극의 주제 구조를 동시대 한국의 시의적 상황에 맞추어 재구성했기 때문에 원작과의 긴장 관계를 유지하면서 새로운 메시지를 전달하는 데에 성공했다고 볼 수 있다.

2009년 '현대극페스티벌—이오네스코 탄생 100주년 기념 공연'에는 일곱 7개 극단들과 다섯 개 무용단이 참가했다. 연극은 〈수업〉(극단 노을, 연희단거리패), 〈용산—의자들〉(극단 노을, 스튜디오 76), 〈코뿔소〉(우리극연구소), 〈살인놀이〉(극단 완자무늬), 〈알마의 즉흥곡〉(극단 창파), 〈왕은 죽어가다〉(극단 노을), 〈의무적 희생자〉(박형섭 번역, 채윤일 연출), 〈결함〉(초연작, 오세곤 번역, 강재림 연출, 극단 노을)이다. 무용극은 〈대머리 여가수〉(블루댄스 씨어터), 〈수업〉(떼아트르 현대무용단), 〈의자들〉(HAN's Dance Company), 〈결함〉(툇마루 무용단), 〈신부감〉(서울 현대무용단)이다. 이 공연들은 '말의 언어'를 대신하여 '몸의 언어'(춤)로 부조리극을 풀어본 흥미로운 무대였다.[42]

창작 정보의 교류 차원에서 '2010서울연극올림픽'에 초청된 프랑스 연출가 티마르(A. Timar)와 한국 배우들의 협업으로 공연된 〈코뿔소〉는 흥미로웠다. 〈코뿔소〉의 서사는 오늘날 대기업의 사무실에서 발생한 사건으로 대체하고, 장식 없는 무대

---

41 김옥란, 「이오네스코와 카프카가 용산과 4대강을 이야기한다고?」, 『백도의 무대, 영도의 글쓰기』, 연극과인간, 2014. 33~34쪽 참조.

42 이 페스티벌에 관한 좀더 자세한 내용을 위해서는: 오세곤, 「한국의 이오네스코 작품 공연사」, 『한국연극』, 모아진, 2010. 76~79쪽 참조.

〈수업〉(오세곤 역, 이신영 연출, 극단 노을, 2009)

의 사면 벽은 백색의 반투명 널빤지들로 조립되었다. 대사들은 대폭 생략되고 사방에 거울들을 설치했다. 어지럽게 흩어져 있는 똑같은 크기의 백색 입방체들은 코뿔소들이 휩쓸고 지나간 소도시를 은유했고, 획일적인 검은색 유니폼들과 획일적인 제스처들은 회사원의 비개성화를 나타냈다. 이를 통해 티마르는 21세기에도 엄존하는 순응주의와 전체주의의 음침한 그림자를 스펙터클에 중첩시키면서 〈코뿔소〉의 동시대성을 나타냈던 것이다.

이상에서 살펴본 것처럼, 베케트와 이오네스코의 극작품들에 내재한 인간 조건과 세계에 대한 근원적 성찰과 치열한 비판 의식은 여전히 동시대적 문제 제기로 관객들에게 다가온다고 하겠다.

## 3. 베케트와 이오네스코의 부조리극이 한국 현대극에 끼친 영향

지난 반 세기 동안 한국 무대에서 공연된 베케트와 이오네스코의 부조리극 작품들은 초창기 탐색과 소통의 과정을 거쳐 1980년대 후반에는 그동안 축적된 내공이 토대가 된 자유로운 창의적 실험 무대가 만들어졌다. 물론, 1980년대 전후 연극 평단에서는 홍수를 이룬 번역극 공연에 대해 "한국 연극계는 번역극에 신들린 집단"[43]이라는 강한 비판과 "서구 연극의 올바른 수용과 우리 연극의 뿌리 찾기에 관심을 기울여야 한다"[44]는 경고가 나오기도 했다. 그러한 충고들이 밑받침되고 다소간의 시행착오를 거치면서 20세기 말부터 외국 연극의 수용은 원작의 보편적 전언을 훼손하지 않으면서 우리 현실 상황에 연관되는 문제 제기와 우리 연희 양식을 적용하는 '다시쓰기', 혹은 텍스트의 해체와 재구성을 통한 재창작 공연들이 등장했다. 이러한 수용 과정에서 베케트와 이오네스코의 부조리극은 한국 현대극에 몇 가지 영향을 끼쳤다고 볼 수 있다.

첫째, 20세기 초부터 50년 가까이 한국 연극을 주도해온 사실주의극과는 전혀 다른 전위극의 연극 양식을 제시함으로써 한국 현대극이 연극 양식의 다양화를 실험하는 데에 일조했다. 한국 연극인들은 부조리극의 도입과 함께 자연스럽게 20세기 전·후반기 서양의 다양한 실험적 공연 양식들에 관심을 갖게 되었고, 1990년대부터는 차세대 신예 연출가들이 다양한 연극 양식과 미학을 우리 극 만들기에서도 실험하게 되었던 것이다.

둘째, 베케트와 이오네스코의 부조리극 작품들은 한국 현대 극작가들에게 영향

---

43  이근삼, 「번역극 공연의 문제점」, 『한국연극』, 1978.9, 17쪽.
44  이태주, 『충격과 방황의 한국연극』, 현대미학사, 1999, 156~157쪽 참조.

을 끼쳤다. 두 작가의 극작품들에 나타난 주제들, 즉 기다림, 의사소통의 불가능성, 사유와 언어의 관계, 순환적 폭력, 불구의 육체가 상징하는 인간 정신의 불구 현상, 마모된 의식, 엔드게임 상태인 현대인의 삶 등은 동시대 한국 희곡 작가들과 공감대를 형성했다. 또한, 부조리극 희곡의 형식 및 새로운 글쓰기는 한국 작가들의 창작 기법에도 상당한 영향을 끼쳐 반사실주의 희곡 혹은 부조리극 작품들이 발표되기 시작했다. 그 대표적 작가들이 박조열, 오태석, 이현화 등이다.

박조열의 〈모가지가 긴 두 사람의 대화〉(1966)는 철조망을 사이에 둔 A와 B가 정상회담을 흉내 내며 대장을 기다린다는 내용이다. 대칭적인 한 쌍의 인물 설정, 기승전결식 플롯의 부재, 말장난의 연속, 끝없는 기다림의 반복 등에서 베케트의 〈고도를 기다리며〉와 자주 비교되는 정치적 우화극이다. 오태석의 〈웨딩드레스〉(1967)와 〈환절기〉(1968)는 부조리한 언어 행위와 등장인물들의 설정에서 이오네스코의 영향이 드러나는 작품이다. 〈웨딩드레스〉(1967)는 박물관의 미스터리를 통해 '정체성의 상실(喪失)', 마모된 기억, 의사소통의 불가능성, 그리고 상대 인지 불가능성 등의 주제가 〈대머리 여가수〉와의 친연성을 비교해볼 수 있다. 이현화의 〈요한을 찾습니다〉(1969)와 〈누구세요?〉(1974), 〈쉬이-쉬이-쉿〉(1976) 등에서는 자아정체성의 상실, 소외, 불안, 인간들 사이의 소통 불가능성 등 니힐리즘적 부조리가 나타난다. 희곡의 구성도 비논리성, 말의 유희, 신체언어의 강조 등 부조리극의 특성이 드러난다.

셋째, 부조리극의 연극 양식인 '비극적 파르스'는 그동안 한국에서는 우스개놀이로 간주했던 파르스의 연극성을 재인식하는 계기가 되었다. 서양 파르스의 특성인 강력한 연극성, 대중성, 플롯의 헐거움, 그 대신 무대의 기교와 연기자의 정교한 신체적 테크닉에 신경을 쓰는 연극 양식은 한국의 가면극과 유사성이 있음을 발견하게 되었던 것이다. 한국 가면극 역시 비언어적 퍼포먼스성, 해학, 놀이성, 연기자의 몸의 연극성, 민중에 뿌리내린 대중성이 그 특성이기 때문이다. 이런 맥락에서 부조리극은 한국의 탈춤과 가면극의 연극미학을 현대적 관점에서 재조명하고 가다듬어 한국 현대극 양식의 한 갈래로 정립하려는 작업에 일조했다고 볼 수 있다.

넷째, '파르스' 양식에 따라 베케트와 이오네스코의 부조리극 작품을 공연할 때 특히 중요한 것이 배우의 신체 훈련과 화술(diction)이다. 즉 동작·제스처·표정연기와 목소리의 연기가 필수적이고 중요하다. 따라서 그동안 언어극인 사실주의극이나 고전극에서 소홀히 다루었던 '몸'과 '목소리'의 연극성을 개발하는 과정이 연기술의 중요한 부분으로 본연의 위상을 되찾게 되었고, 현재는 '몸'과 '목소리'의 훈련은 필수적 과정이 되었다. 말하자면, 부조리극 공연 양식은 한국 전통 연희의 공연 양식과 연기 양식의 현대적 연극성을 재발견하도록 추동한 셈이다.

이상에서 살펴본 것처럼, 베케트와 이오네스코의 부조리극 작품들과의 만남과 충돌은 한국에서 공연예술의 새로운 비전과 가치를 만들어내고, 연극 양식 및 연출미학에 주목할 만한 영향을 끼쳤다. 특히 부조리극의 특성인 '비극적 파르스'를 통해 그동안 소홀히 다루었던 우리 전통의 탈춤 혹은 가면극의 연극성을 재인식하게 된 점은 큰 수확이 아닐 수 없다.

# 〈보이체크〉[1] 한국 공연의 주요 궤적과 의미

허순자

## 1. 뷔히너의 생애와 작품 세계

미국 연극평론가 로버트 브루스틴은 경악할 역사와 마주한 존재론적 반영웅(anti hero)을 희곡에 최초로 불러들인 그를 "현대 실존주의극의 선조"로 지목한 바 있다.[2] 그로부터 30년이 지난 후 브루스틴은 독일 현대극의 아버지로 알려진 그의 문학적 족보를 일약 "동시대 연극의 고조부"로 승격시킨다. 그러고는 그를 일러 "100년을 앞서 포스트모던 극을 쓴, 문학사상 가장 흥미로운 인물 가운데 1인"[3]으로 재상정한다. 작품에서뿐 아니라 스스로가 '실존적 저항의 주인공(existential rebel)'이고자 했던 그는 24세를 일기로 생애를 마친 게오르크 뷔히너(Georg Büchner, 1813~1837)이다.

---

1   이 글에서는 작품의 제목을 보편적으로 사용되는 〈보이체크〉로 통일하는 것을 원칙으로 하되, 개별 공연에서 채택한 제목은 그대로 사용함.

2   Robert Brustein, *The Theatre of Revolt,* Boston & Toronto : Little, Brown and Company, 1962, p.27.

3   Robert Brustein, *Reimagining American Theatre,* Chicago : Ivan R. Dee Inc., 1991, p.114.

독일 고전주의 문학을 완성시킨 괴테와 실러의 희곡 전통에 도전장을 내민 신낭만주의 작가이자, 브레히트 외 다수의 현대 극작가들에게 영향을 준 그는 시대의 모순에 저항한 천재적 지성의 표상이었다. 그의 작품이 실존주의가 됐든, 포스트모던 계열이든, 혹은 보다 보편적으로 동의하는 표현주의이든 간에 뷔히너는 현대 연극의 선구자임에 틀림없다. 모던드라마의 출발로 삼는 19세기 후반 사실주의극의 출현을 저만치 앞질렀을 뿐 아니라, 그 이후 줄을 잇는 반사실주의 예술운동들의 선봉을 이룸으로써 미래를 예견한 그였기 때문이다.

뷔히너는 1813년 10월 17일, 다름슈타트 근교 고델라우(Goddelau)의 작은 마을에서 공무원 신분이었던 의사의 6남매 중 장남으로 태어났다. 자유사상가이자 나폴레옹을 숭배했던 부친을 따라 의사가 되기로 결심한 그는 매우 조숙한 소년이었다. 13세 되던 해 쓴 자살에 관한 에세이에서 그는 "인생을 뭔가 드높은 것을 위한 준비로 여겨서는 안 된다"는 주장으로 과학자요, 교육자로서의 자신의 미래를 예견한 적이 있다.[4] 김나지움 과정을 마친 후 프랑스 스트라스부르대학 의학부에 진학했던 그는 2년 후 고향 근처 헤센 주의 기센대학교로 편입을 한다. 전공인 의학과 함께 역사와 철학을 공부하기 위해서였다.

프랑스 혁명의 영향으로 절대왕권에 반대하던 당시 독일 지식인들의 저항운동에 동조한 개혁주의자로서 약관 20세 열혈 청년 뷔히너는 '젊은 독일(Young Germany)' 운동의 일원이었다. 이미 스트라스부르대학 재학 시절부터 급진적 학생운동에 가담했던 그는 기센대에서도 인권위원회를 조직해 정치 활동을 계속했다. 1833년 헤센의 억압적 정치, 사회를 비판한 비밀 전단 「헤센 급전(The Hessian Courier)」의 저자로 지목돼 경찰의 수배를 받던 그는 다시 조국을 떠나 스트라스부르로 피신하게 된

---

**4** Richard Gilman, *The Making of Modern Drama, New York*, NY: Farrar, Straus and Giroux, 1972, p.9.

다. 이어 그는 도피 생활의 와중에서 완성한 어류 신경계에 관한 논문을 스위스 취리히대학에 우편으로 제출한다. 1년 반 후 박사학위 취득과 동시에 그는 그 대학에서 자연과학을 강의할 기회를 얻는다. 하지만 모처럼 얻은 생활의 안정과 강단 생활 3개월 만에 발병한 티푸스로 인해 그는 1837년 2월 19일 운명하고 만다.

"난 마치 무덤 속에 있는 것처럼 혼자입니다. 언제 당신의 편지가 날 깨워줄까요? 친구들은 날 저버리며, 귀머거리인 양 서로의 귀에다 비명을 질러댑니다. 차라리 벙어리라면, 서로를 바라볼 수만이라도 있을 텐데 말입니다."[5] 뷔히너가 죽음을 맞기 전 약혼녀에게 보낸 이 편지는 당시 그가 처했던 절대 고독의 소외 상황을 말해준다. 그는 이러한 현실의 실존적 고뇌를 몇 편의 서한과 「헤센 급전」, 단편소설 「렌츠(Lenz)」(1835), 그리고 세 편의 희곡을 통해 후세에 전한다. 뷔히너가 도피 생활 중 4주 만에 완성했다는, 프랑스 혁명을 배경으로 정치적 환멸을 은유한 〈당통의 죽음(Danton's Death)〉(1835), 슈투트가르트 코타(Cotta)출판사의 희극 공모를 위해 썼으나 마감일을 놓쳐 반송된 어두운 풍자희극 〈레옹스와 레나(Leonce and Lena)〉(1836), 미완성의 프레임으로 미학적 완성을 증명한 유작 〈보이체크(Woyzeck)〉(1836)는 그의 소설과 함께 모두 학업과 정치 활동으로 분주했던 특정 시기에 폭발적 문학 열정으로 탄생시킨 작품들이다. 특히 1820년대 라이프치히에서 실제로 일어났던 사건인 병영 이발사 요한 크리스티안 보이체크의 치정 살인을 모태로 한 〈보이체크〉는 향후 극계에 비상한 관심을 촉발시킬 문제작이었다. 당시 사회계층의 최하층을 형성하는 제4계급의 소시민을 주인공으로 '발탁'해 그가 처한 현실의 구조적 모순에 메스를 댔기 때문이다. 절망적 현실에 대한 회의의 시선을 따라 열어놓은 개방형 극형식의 걸작 〈보이체크〉를 중심으로 그의 작품들은 독일 연극뿐 아니라, 현대 연극

---

5   Richard Gilman, 위의 책, p.8 재인용.

의 발전이라는 보다 큰 차원으로 이동하며 세계 연극사를 풍요롭게 하는 데 기여했다. 그의 극은 표현주의극의 개척자들로서 일가를 이룬 베데킨트와 슈테른하임을 비롯하여, 자연주의 작가 하우프트만, 서사극의 거장 브레히트는 물론, 이후의 많은 독일 현대 작가들에게 지대한 영향을 끼쳤다. 또한 〈보이체크〉를 필두로 한 그의 희곡들은 오늘날에도 전 세계 문화권에서 적극적으로 수용되며, 주요 극장들의 레퍼토리로 빈번히 공연되고 있다.

## 2. 한국에서의 〈보이체크〉 공연

부식된 초고 상태로 남겨진 뷔히너의 유고가 작가의 동생 집에서 처음 발견된 것은 1873년이었다. 하지만 오스트리아 출신의 소설가이자 저널리스트 칼 프란초스가 발견한 원고가 마침내 그에 의해 전집 속에 포함돼 출판된 것은 그로부터 5년이 경과한 후였다. 게다가 〈보이체크〉가 최초로 무대를 밟은 것은 다시금 수십 년이 경과한 후인 20세기 초였다. 1913년 뷔히너 탄생 100주년을 기념하여 알베르트 스타인뤼크 주연으로 뮌헨 레지덴츠극장에서 제작한 것이 세계 초연이었다. 1921년 막스 라인하르트가 베를린 도이체스극장에 올린 이 공연은 정치적인 면을 강조했던 초연과 대비를 이룬 것이었다 전후의 빈궁한 삶의 고통을 육화해낸, 보다 원작에 가까운 해석이라는 정평이었다. 이후 〈보이체크〉는 실수로 인한 명명인 〈보체크(Wozzeck)〉라는 제목으로 1925년 베를린에서 초연된 알반 베르크의 오페라 버전으로, 또한 1938년 아르토의 잔혹연극 첫 번째 선언문에 포함된 레퍼토리로 미학적 '권위'를 확장하면서 전 세계로 그 위상을 넓혀갔다.[6] 1960년대 이후에는 텔레비

---

6    J. L. Styan, *Modern Drama in Theory and Practice 3: Expressionism and Epic Theatre*, Cambridge: Cambridge

전 영화로, 발레 무대로, 영화에서 또 다른 영화로, 인형극으로, '아트뮤지컬'로 거듭나곤 했다. 잉마르 베리만, 리처드 포먼, 로버트 윌슨과 톰 웨이츠 · 캐틀린 브레넌, 토마스 오스터마이어 외 많은 예술가들이 미증유의 상상력으로 재소환한 현대의 〈보이체크〉 공연들이 계속해온 창조 여정은 여전히 진행 중이다.

20세기 초 이후 다양한 갈래로 뿌리 내리며 뷔히너 원작에 숨어 있는 동시대적 의미를 탐구해온 서구의 〈보이체크〉 공연사와 한국의 그것은 일정 거리를 둔다. 비록 독일 문호로서의 제한된 소개이기는 하나 괴테와 실러가 한국에 처음 알려진 것은 개화기 일간지들을 통해서였다. 일제강점기인 1910년대에는 레싱, 베데킨트, 하우프트만의 극작이, 1920~30년대에는 김우진을 필두로 현철, 김진섭, 서항석 등 일단의 해외문학파들에 의해 표현주의 희곡이 '독일 신문학'으로 발빠르게 소개되었다.[7] 하지만 일제의 탄압, 이데올로기의 분열로 얼룩진 해방 공간, 민족 상잔의 한국동란과 분단 현실로 이어지는 암울한 역사의 터널을 통과하는 동안, 뷔히너의 한국 상륙은 뒤로 미뤄질 수밖에 없었다.

1960년대에 비로소 시작된 뷔히너의 한국 소개는 위의 다른 독일 극작가들에 비해 뒤늦은 것이었다. 그런데 그의 경우 문인으로서의 언급에 그친 것이 아니었다. 그것은 작품의 공연을 통한 직접적인 안내였으며, 그 전통은 다양한 연출가들의 연극무대를 거쳐 근년의 오페라, 뮤지컬로 또다시 변신하며 지속돼왔다. 아래에서는 1970년대부터 2000년대까지 한국에서 공연된 국내외 전문 단체들의 〈보이체크〉 공연들 가운데서 미학적 영향(때로 문제적인 경우도)으로 한국 연극 발전에 의미 있는 기여를 했다고 판단되는 예들을 선별해 다음과 같은 분류로 논하고자 한다. 첫

---

University Press, 1981, pp.14~15.

**7**  신정옥, 『한국 신극과 서양연극』, 새문사, 1994, 293~295쪽 참조.

째, 한국 연출가들에 의한 한국 연출가들의 공연, 둘째, 국내 제작 극장들이 초청한 해외 연출가들이 한국 배우·스태프들과의 협업으로 올린 국제 합작 공연, 셋째, 해외 수입 공연으로 구분한 세 가지 범주이다. 다소 예외가 되는 첫 번째 항목의 경우, 〈보이체크〉 공연의 시대적 발전 과정을 탐구하기 위해 10년 단위로 대표작을 한 편씩 선정해 살펴본다.

## 1) 한국 연출가들의 공연

### 안민수가 연출한 1975년 〈보이체크〉

뷔히너의 대표작 〈보이체크〉의 한국 초연을 기록한 것은 1961년 주한독일문화원을 방문한 독일 극단 다리의 공연이었다. 국내 제작으로는 아마추어 단체인 극단 프라이뷔네의 1969년도 공연이 최초였으며, 이는 이화여대 독문학과의 1974년도 캠퍼스 원어극 공연으로 이어졌다.[8] 전문 단체의 제작으로는 1975년 5월, 안민수 연출로 극단 동랑레퍼토리가 제작한 것이 처음이다. 본격적인 의미의 〈보이체크〉 한국 공연사의 첫 챕터를 연 공연은 드라마센터 개막 전 프리뷰 형태로 부산(시민회관)과 대구(효성여대 강당)에서 먼저 선을 보임으로서 준비된 초연 무대이고자 했다. 해외 제작 관례들을 참고한 이러한 기획 발상은 주목할 만한 것이었다. 비록 프로시니엄 형태의 다목적 홀인 지역 무대들의 제한된 공연 환경은 돌출무대 공간에 의거한 연출 개념을 '배반'하는 것이었을지라도 말이다. 하지만 극단 측은 지역 순회의 경험으로 서울의 본 공연에서는 "비교적 다듬어진 작품을 내놓게 되었다"[9]고 자부했다.

---

8  김이경, 「연극연출과 동시대성 : 한국에서의 〈보이체크(Woyzeck)〉 공연을 중심으로(1970~2010)」, 호서대학교 석사학위 논문, 2012, 10쪽.

9  『동아일보』, 1975.5.17.

영어 대본의 번역까지 맡은 안민수 연출의 핵심은 사회의 구조적 모순 속에서 파멸할 수밖에 없는 개인의 실존이라는 원작의 주제를 오늘의 감각으로 구체화하는 것이었다. 그는 보이체크(추송웅)의 상황을 "한 개인의 문제가 아니라 사회계층의 부조리로 빚어진 비극으로 보고"[10] 그것에 중점을 둔 연출이고자 했다. 이러한 관점의 성취를 위해 그는 원작을 손상하지 않는 범위 내에서 작품을 20개 장면으로 축약하는 한편, 주인공이 처한 상황에 대한 관객의 정서적 이입을 차단시키고자 했다. 관객의 객관적 사고를 촉발하는 거친 근육질의 공연은 서사극 양식을 적용했다. 그것은 달리 말하면, 원작의 "고도로 압축된 리얼리즘을 거의 수식 없이 결정화(結晶化)"[11]한 것이요, 돌출무대의 공간적 특성을 적극적으로 활용한 것이었다. 무대 후면을 둘러싼 배우들이 삼면의 관객과 공모해 벌이는 극행동은 사면초가 상태의 주인공을 시각적으로 제시한 것이었다. 보이체크의 빈궁한 삶을 공간적으로 드러낸 거친 바닥의 빈 무대를 조명으로 가른 공연은 시간과 장소의 변용에 신속했고, 리듬은 역동적이었다. "보이체크와 같은 짐승들의 놀이는 확실한 볼거리이다. 따라서 연극은 사람들에 의해 둘러싸져야 한다. 가까이서 그것들의 헐떡이는 숨소리와 부정확하고 거칠고 느리고 빠른 맥박 소리를 감상하도록 하자. 절대로 관객이 멀리 떨어져서 보게 해서는 안 된다"[12]라고 한 연출 노트는 원작을 관통하고자 한 공연의 개념을 직언한 것이었다. 하지만 그것은 원작의 결말을 '거역'하게 하는 데 일조했다. 보이체크가 물속으로 걸어 들어감으로써 자살을 암시하는 원작과 달리, 그를 둘러싼 누군가에 의해 총살당하는 것으로 마름한 것이다. 이에 대해 평론

---

10  김숙현, 『안민수의 연출미학』, 현대미학사, 2007, 47쪽.

11  한상철, 『한국연극의 쟁점과 반성』, 현대미학사, 1992, 259쪽.

12  안민수, 「〈보이체크〉 연출노트」, 『한국연극』 109호, 한국연극협회, 1985, 22쪽.

가 한상철은 "보이체크를 죽임으로써 아내를 죽인 뒤의 보이체크라는 가장 중요한 인간상을 포기하고 만 것"[13]이라고 불만스러워했다. 하지만 안민수의 해석이 '본시 주인공의 사회적 존재감 내지 인간 존재로서의 무게를 냉소적 부정으로 본 것'이 었음에 그의 일관성에 공감을 표한 다른 의견도 있다.[14] 궁극적으로 이는 개방희곡의 구조로 기왕에 열려 있는 해석의 장에다가 연출가 개인의 미학적 스탬프를 찍은 창조적 해석으로 봐야 할 것이다. 따라서 안민수의 〈보이체크〉는 작가—연출(auteur director)의 도래를 선언한 공연이었다.[15]

### 김철리 연출의 1989년 〈병사 보이체크〉

전문 극단이 제작한 1970년대의 유일한 뷔히너 작품으로서 순수 미학적 접근의 효용성을 검증해준 안민수의 작품은 이후 등장하는 〈보이체크〉 공연들에게 영향을 미치게 된다. 각 공연의 세부 미학은 다를지언정 그들은 공히 구조적으로 불합리한 사회의 병리 현상에 노정된 소시민에게 초점을 맞춘 주제적 접근이 대동소이했기 때문이다. 그러한 예는 극단 현대극장 제작으로 1989년 1월, 대학로극장에서 개막된 임호일 역, 김철리 연출의 〈병사 보이체크〉에서 우선 볼 수 있다. 소극장으로 이동한 작품은 목재 패널들을 얼기설기 걸쳐서 구축한 중립의 추상 공간(무대미술 신상철)으로 주인공의 거친 삶의 환경을 암시하고자 했다. 보이체크 역의 김인수, 마리 역의 성화숙을 비롯한 젊은 배우들을 주축으로 한 이 공연 역시 원작의 장면들

---

13  한상철, 앞의 글.
14  김숙현, 앞의 글.
15  이 공연은 서울예전 개교 20주년 기념의 일환으로 1982년 6월 문예회관 소극장에서 정동환을 주인 공으로 캐스팅해 리바이벌되었다.

을 대체로 수용했다. 연출은 관객으로 하여금 객관적 거리를 갖게 하는 '가설극장' 장면과 '할머니의 이야기' 에피소드를 강조하는 한편, 나머지 주요 장면들을 유기적으로 연결하고자 했다. 그러나 본시 인과율적인 플롯이 부재한 서사의 병렬 구조를 보완하고자 한 연출의 욕망은 공연에 득이 되지 못했다. "연극 속에서 일관된 흐름을 추출하려는 [연출의] 강박관념 때문에 평이한 장면 배열과 느슨한 진행으로 작품 고유의 주관적 상징성을 많이 퇴화시킨" 공연은 연기 면에서도 유형적 특성을 살리지 못했다는 평가였다.[16] 플롯의 논리적 구축과 이해에 중점을 둔 연출은 작품에서 요구되는 속도감 있는 장면 전개, 강력한 시청각적 이미지 활용에 실패한 것이다. 따라서 주제를 육화하는 명확한 연출 개념의 부재와 표현주의 미학의 실종은 젊은 연극인들의 1980년대 버전 〈보이체크〉 공연사 전기의 문제를 드러내며, 질적 신장의 과제를 남겼다.

### 손정우 연출의 1998년 〈개가 된 남자, 보이첵〉

1998년 2월, 연우소극장에서 막을 올린 이윤환 구성, 손정우 연출의 각색 버전 〈개가 된 남자, 보이첵〉은 극단 표현과상상의 첫 작품이었다. 참가자들의 공동 작업에 의미를 둔 이 공연의 특징은 원작의 배경을 서커스장으로 변경한 점이다. 원작의 '가설극장' 장면에서 서커스장의 모티브를 취한 공연은 천막을 활용한 가설극장 내부의 철제 구조물, 밧줄, 그네 등의 시각 기재들로 공간을 변화시켰다. 인물과 대사도 새로운 극 상황에 맞게 조정해 보이체크는 동물 곡예사로, 대위는 그를 훈련시키는 조련사로, 의사는 동물실험 박사로, 마리는 매표원으로 직능을 변경시킨 것이다. "압축미와 상상력을 자극하는 표현적 요소"가 강한 원작에 대한 오랜 애정

---

16　김숙경, 「〈보이체크〉의 한국 공연사 연구」, 『한국연극학』 26호, 2005, 21~22쪽 재인용.

에서 출발한 공연은 언어 중심의 텍스트를 "시청각적인 비주얼 텍스트(Visual Text)로 전환하는 방법에 관한 실험"이고자 했다.[17]

해체와 재구성을 통해 인물의 상황과 언어의 변화를 꾀한 공연은 동물과 다름없는 하층계급의 실존적 고통과 사회의 모순을 말한다는 점에서 이 공연 역시 원작을 벗어나지 않았다. 하지만 상황과 인물의 외형적 변화를 관통하는 새로운 주제의 제시 혹은 재해석의 관점 부재는 이 실험의 약점이었다. 외형적 해체와 재구성이 내면적 의미의 해체, 재생산으로 이어지지 못한 것이다. 평론가 이혜경은 '시청각적 연극언어의 확장으로 인한 원작의 비극성의 상실'을 가장 문제로 지적했다.[18] 이에 동의하는 김숙경은 '개방희곡의 구성이 서커스장이라는 설정하에 단조롭고, 설명적이 됐으며, 재창조된 언어의 단순성, 일상성이 원작 언어의 깊은 맛을 상실한 점'을 문제시했다.[19]

### 임도완 연출의 2001년 〈보이첵〉[20]

2000년대 한국 연극무대에는 다양한 각색 버전과 미학적 형식으로 새롭게 창조된 〈보이체크〉 공연들이 다수 등장했다. 사다리움직임연구소(이하 사움연)의 〈보이첵〉, 그리고 국제 합작 공연으로 다음 섹션에서 언급하게 될 예술의전당의 〈보이체크〉 외에도, 연출가의 독창적 해석 내지 동시대적 감각과 실험성이 돋보이는 작품

---

17  손정우, 「연출의 글」, 극단 표현과상상 공연 프로그램, 〈개가 된 남자, 보이첵〉, 1998.2.5~3.1

18  이혜경, 「〈보이체크〉 고전을 대하는 예술적 상상력과 자의적 왜곡의 차이」, 『한국연극』 261호, 1998, 80쪽.

19  김숙경, 앞의 글, 25~26쪽.

20  이 작품의 초연은 사실 2000년 6월 예술의전당 자유소극장에서 열린 '문화축제, 장(場)'에 참가한 50분짜리 공연이었다. 그러나 작품을 가다듬어 현재의 70분 길이의 풀 버전으로 올린 것은 2006년 6월 문예회관 소극장 공연이었기에 일반적으로 이를 초연으로 삼음.

〈보이첵〉(임도완 연출, 사다리움직임연구소)

들이 주목된 것이다. 이를테면, 등장인물을 3인으로 압축해 플래시백 기법으로 정신과 의사가 주인공의 병적 심리를 추적한 극단 거울, 백은아 연출의 〈보이첵―마리를 죽인 남자〉(2005), 이미지 연기와 소품, 스펙터클을 강조해 연극원 3층 건물 옥상에서 장소 특정형 공연으로 올린 연극원 최상철 연출의 〈마리〉(2006)가 대표적 예들이다.[21] 그러한 공연들 가운데서도 임도완 연출·공동 각색, 사다리움직임연구소의 〈보이첵〉은 해외 무대에서 먼저 그 우수성을 인정받은 경우였다. 적어도 2007년 에든버러 페스티벌 프린지에서 헤럴드엔젤상과 토탈시어터의 베스트피지컬시어터상 등을 수상하면서 국제적 조명을 받기 전까지, 이 공연에 대한 국내 평단과 관객의 관심은 높지 않았다. 신체와 오브제, 공간의 역학 관계 속에서 마임과 움직임이 주가 된 〈보이첵〉의 공연 문법은 낯설었던 것이다. 정전의 비언어연극 응용에 선뜻 당위성을 부여하기도 쉽지 않았다. 해외 수상으로 인해 이 공연의 장르를 '피지컬시어터'라고 부른다는 것을 알게 된 것은 연출뿐만이 아니었을 것이다.[22]

"〈보이첵〉은 원작의 언어를 시각적으로 풀어낸 움직임의 시(詩)다. 열한 명의 배

---

21  이 밖에도 극단 백수광부의 〈보이체크〉(2002), 창작공동체 아르케의 〈아름다운 살인자 보이첵〉(2008), 극단 까망의 〈보이체크 날다〉(2008), 극단 노뜰의 〈보이체크〉(2009), 극단 노을의 〈보이첵〉(2015) 등의 공연들이 차례로 무대에 올랐다. 또한 국립오페라단의 오페라 버전 〈보체크〉(2007), (주)에이콤인터내셔널의 뮤지컬 〈보이첵〉(2014)도 2000년대 한국 무대에서의 〈보이체크〉에 대한 다양한 관심과 시도를 반영해준다.

22  임도완은 이때 처음으로 자신이 만든 작품이 '피지컬시어터'임을 알게 됐다고 했다. 필자와의 인터뷰, 2015.8.6.

우와 열한 개 나무 의자가 감성의 스펙트럼을 쏟아내는 음악, 날카로운 정조의 조명과 협연하는 연극 오케스트레이션 〈보이첵〉은 공간의 시이기도 하다. 그것은 문학이 회화로 이동하는 시화(詩畵)의 지대요, 몸과 물체가 결탁한 조각품과 타블로의 전시장이다"[23]라는 평은 새로운 연극언어로 직조한 이 공연을 무대 위의 '시'로 기록한다. 공연이 시이고자 연출이 제시한 연극언어의 키워드는 마임과 이미지의 합성어인 '미마지(mimage)'였다. 원작에 숨은 의미들을 배우들의 구체적인 몸의 이미지로 전하는 공연은 인간의 몸과 움직임에 대한 과학적인 분석에 근거한 신체와 오브제의 결합으로 입체화된 조형적 이미지들의 인상을 공간에 투영시킨다. '미마지'의 정련 과정을 거쳐 최종 모습을 드러낸 무대언어는 은유와 상징으로 쓴 공간의 시로 비상(飛上)하여 고전 텍스트의 핵심을 파고든다.

시각적 모티브로 원작의 주제를 요약해주는 프롤로그와 열린 결말로 확대한 에필로그의 테를 두른 공연은 카드를 섞어낸 듯한 유연한 재구성으로 원작의 서사를 열두 개 장면으로 축약한 70분 동안의 질주였다. 기하학적 움직임의 구성은 점묘법의 감성으로 틈새를 채우며, 긴장과 이완의 조율을 고려한 것이었다. 빈 무대 위에서 펼쳐지는 배우들의 몸과 의자들의 향연은 피아졸라의 탱고 음악과 밀바의 관능적 저음이 변주하는 청각적 스펙터클로 완성을 고했다. 사움연의 공연을 돋보이게 한 것은 무엇보다도 작품의 주제에 대한 균형감이다. 안민수의 초연 이후 대부분의 한국 공연들에서처럼 여기서도 산업사회의 구조적 모순 속에 파멸되는 소외계층의 비극적 운명이라는 주제를 이탈하지 않는다. 하지만 다른 공연들이 초점을 보이체크에게 고정시킨 데 반해, 임도완은 또 다른 희생자로서 마리에게로도 주제적 시선

---

**23** 허순자, 「움직임과 공간의 시(詩), 그리고 '미마지'」, 『연극평론』 50호, 한국연극평론가협회, 2008, 136~143쪽. 이하 본 섹션의 글은 필자의 졸고를 참고하였음.

을 확장한다. 악대장에게 함몰됐던 마리의 관능적 움직임이 시간의 경과와 함께 인형과도 같은 수동성으로 전환되면서 그녀의 불행과 실존적 고통의 무게는 보이체크의 그것들과 같은 무게를 지니게 된다. 따라서 원작의 궤도를 따라 결말은 관객의 몫으로 남겨놓되, 공연은 무대 위에서 상실돼온 균형감을 회복한다.

## 2) 국제 합작 공연

### 부투소프 연출의 2003년 〈보이체크〉

2003년 1월 예술의전당 토월극장에서 초연된 〈보이체크〉[24]는 '토월명작연극시리즈' 1호를 기록하며, 향후 그곳에서 이어질 해외 연출가와의 합작 공연에 전범이 됐다. 호흡을 맞춰온 무대디자이너(알렉산드르 쉬시킨), 안무가(니콜라이 레우토프)를 동반해 한국 배우들과의 합작에 나선 페테르부르크의 개념연출가 유리 부투소프(Yuri Butusov)는 강한 터치의 시각적 형식미로 무대를 장악한다. "줄거리보다는 이미지에, 영웅적 비극보다는 광대의 웃음 뒤에 숨겨진 비애에 초점"[25]을 둔 공연의 질감은 거칠고, 냉소적이다. 무대는 깨지고, 구멍이 뚫린 조강(燥剛)한 나무 바닥으로 스케치한 황폐한 세상이다. 뒷면에는 급경사를 이룬 계단, 차가운 금속성 재질로 주조된, 등·퇴장 겸용의 구조물, 공중에 매달린 악사들의 단상 등, 무대 공간은 보이체크가 처한 벼랑 끝 삶을 시각적으로 경고한다. 하지만 이러한 무대는 신체훈련이 부족한 우리 배우들을 '힘겹게 하고, 섬겨주기보다, 위협하고 충돌'시키기도 한

---

**24** 이 공연은 이듬해 12월 〈보이체크 2004〉라는 제목으로 재공연되었다. 마리 역의 김호정이 이혜진으로 변경되는 등, 일부 배역의 캐스팅을 변경한 '리바이벌 연출'(함영준)이 부투소프를 대치했으나 공연은 본질적으로 2003년 초연에 근거한 것이었음.

**25** 장은수, 「〈보이체크 2004〉」, 예술의전당 〈보이체크 2004〉 공연 프로그램, 2004.12.4~18.

〈보이체크〉(부투소프 연출, 예술의전당)

다.[26] 연극적 기표와 기의들의 생산 현장인 무대는 보이체크의 비참한 생존을 야유하듯, 뒤쪽 높은 단상 위에서 세 명의 아코디언 주자들이 연주하는 탱고 리듬에 맞춰 주변 인물들은 미친 듯 춤추고, 환호한다. 그의 불행과 상관없이 돌아가는 병든 세상에 대한 냉소는 바닥으로 쏟아지는 완두콩(보이체크에게 허용된 유일한 먹거리인)의 효과음으로, 혹은 르네 뒤페레의 반복된 음악으로 긴장을 조율하기도 한다.

프롤로그와 에필로그를 포함해 22개 장면으로 재구성한 공연은 원작을 큰 틀에서 수용했다. 하지만 '말단 군인이 배신한 아내를 살해한다'로 집약된 연출 개념에 따라 일부 장면을 과감히 '추방'하거나 살을 붙여 선이 분명하고, 이해하기 쉽게 했다.[27] 이 과정에서 '가설극장' 장면의 삭제나, 보이체크가 대위 대신 군악대장의 면도를 해준다거나, 백치 칼 역을 광대이자 서사 역으로 극 전편에 확장시킨 점, 관조

---

26  이혜경, 「의미 있는 시도, 강렬하지만 허전한 교감」, 『한국연극』 319호, 2003, 55쪽.
27  장은수, 앞의 글.

자인 떠돌이 노인 역의 추가로서 개념연출의 '권위'를 드러낸 부투소프 역시 공연에 '작가—연출'로서 자신만의 미학적 도장을 찍어냈다. 이 같은 변화는 극적 긴장감을 고조시키거나, 관객의 객관적 관극을 의도함이었다. 보이체크 역의 박지일 외 원로·중견 배우들(장민호, 윤주상, 남명렬, 김호정, 이남희 등)이 다수 참가해 격렬한 신체연기와 거친 추상 공간의 형상화로 빚어낸 〈보이체크〉는 문제적 성공작이었다. 동시에 그것은 "대극장에서 역동적인 연기를 펼치기에는 아슬아슬한 배우들의 발성, 유연하지 못한 몸의 경직"[28] 이라는 적신호를 알린 공연이기도 했다.

### 브라테츠키 연출의 2011년 〈보이체크〉

재단법인으로 독립한 국립극단이 해외 연출가를 초청해 첫 번째 국제 합작으로 2011년 8월 대학로예술극장 대극장에서 올린 〈보이체크〉(김민정 윤색)는 "지극히 평범하고 재미없는 공연이었다."[29] 유감이다. 폴란드의 명성 높은 스타리극장 상임 연출로 활동했던 타데우시 브라테츠키(Tadeusz Bradecki)가 자신과 호흡을 맞춰온 디자이너(야그나 야니츠카)를 동반하고 내한해 한국 배우, 스태프들과 협업한 공연에 내공이 없었던 것은 아니다. 하지만 관객을 감동시킬 만한 임팩트는 부재했다. 무엇이 문제였을까? 우선 브라테츠키는 원작의 배경을 의사가 사회학적 실험을 하기 위해 운영하는 '회사 캠프 같은 기관'으로 설정했다. 그 또한 다른 연출가들과 마찬가지로 보이체크를 무자비한 사회의 희생양으로 제시했다. 인간성이 말살된 의사의 실험 대상으로 완두콩만 먹고 살면서 노동에 시달리는 상황도 문제될 것이 없

---

28  김명화, 「일상의 자연스러움과 연극적 에너지가 공존한 무대」, 〈보이체크 2004〉 공연 프로그램.

29  김윤철, 「2011 국립극단 총평」. 국립극단, 『2011 Yearbook of National Theater Company of Korea』, 2012, 162쪽.

다. 그런데 연출이 '단스크의 선착장의 철제 컨테이너에 아시아인들을 가둔 채 하루 16시간의 중노동을 강요했던 사건을 참고로 설정한' 회사 캠프는 그의 사적 기억에 저장돼 있는 극 공간이었을 뿐, 관객과의 소통을 이루지 못했다. 그의 개인적 기억은 연출적 상상력마저 고정시켜 개방희곡의 특질을 차단해버렸다. 철제 기둥으로 상징한 공장의 창고 같은 시각 구현도 그에 일조했다. 연출은 이 공연을 "물질만능적이고, 과학적 실증 위주의 세상이 인간의 본성을 왜곡하며 선악을 절박하고도 부자연스러운 형태로 이끌고 가는 것에 대한 질타"[30]로 만들고자 했다. 그러나 연극보다 더 드라마틱한 현실에 익숙한 관객에게 그의 스토리텔링 방식은 답답했다. 역량 있는 배우들(보이체크 서상원, 의사 이호재, 마리 서주희 외)의 열연에도 불구하고, 국립극단의 합작 시도는 '연출의 소극적 해석과 그에 동조한 무대미술의 비효율성'이라는 비평적 질타를 피하지 못했다.[31]

## 3) 해외 수입 공연

### 나주 연출의 2000년 〈보이체크〉[32]

마임? 무용? 신체극? 퍼포먼스 아트? 인스털레이션? 2000년 10월, 서울연극제에 초청된 안무가이자 연출가인 조셉 나주(Josef Nadj)의 〈보이체크〉(프랑스 국립오를레앙무용센터 제작, 문예회관 소극장)는 이 모든 것일 수 있으며, 동시에 그 어느 것도 아닐 수 있다. 포스트모던 시대를 가로지르는 혼종(hybrid) 공연이기 때문이다. 이 그로테스크한 미학적 혼혈에 포함되어 있지 않은 것, 가청 불능의 무엇이 있다면

---

30 타데우시 브라테츠키, 「연출의 변」, 국립극단 〈보이체크〉 공연 프로그램, 2011.8.23~29.
31 김윤철, 앞의 글.
32 원제 〈보이체크, 혹은 현기증의 암시(Woyzeck, or The Hint of Vertigo)〉.

그것은 원작의 〈보이체크〉 대사이다. 언어를 대체한 것은 비명이나 신음 소리, 쏟아져 내리는 곡식의 낟알들이나 스러지는 문짝 소리 같은 오브제들의 파열음, 날것의 사운드, 음악이 괴기한 시각 이미지들과 충돌해 이루는 청각 효과들이다. 주인공을 암시하는 인물과 과장된 제스처의 무리들, 그들은 깊은 몽환 속의 유령과도 같은 존재들이요, 점토로 빚어낸 '골렘(golem)'을 연상시킨다. 배우들의 몸은 제어할 수 없는 무중력 상태의 신체이거나 혹은 연체동물의 흐물흐물한 초현실적 물성이다. 그들은 폐허와도 같은 나른한 혼돈과 무질서의 추상 공간 속에 부유한다. 보이지 않는 무엇에 의해 조종당하는 그런 움직임에는 자의적인 행위가 암시되지 않는다. 물체이면서 또한 본래의 물성을 상실한 주위의 오브제들과의 교집합인 인물들은 전자로부터 분리되어, 소외되고 추방된다. 공연을 통해 몸의 '에너지'를 탐구하고자 한 나주의 〈보이체크〉는 "단순히 언어를 제스처로 전환하는 것을 뛰어넘어 이미지를 응축시키는 수법으로 오감을 자극"[33]한 추상 작업이었다. 소극장 공간에서 벌어지는 참혹한 몽환의 정경에는 표현주의 연극을 선도했던 뷔히너의 예지가, 원작의 주제가 빛나고 있었다. 거기엔 미치지 않고는 견딜 수 없는 '현기증' 나는 세상이 있었던 것이다. 원작으로부터 단 한 줄의 대사나, 에피소드를 빌려오지 않은 나주의 공연엔 뷔히너의 〈보이체크〉가 있었다.


### 가다손 연출의 2008년 〈보이첵〉

2008년 5월, 의정부음악극축제에 초청된 아이슬란드의 젊은 재능 기슬리 외른 가다손(Gisli Orn Gardarsson)의 〈보이첵〉(아이슬란드 베스투르포트극단, 의정부예술의전당

---

**33** 김승옥, 「멀티미디어연극의 신조류—2000 서울연극제 국외초청작을 중심으로」, www.arko.or.kr/zine/art

대극장)은 치기 어린 대중성과 진지한 드라마의 만남이었다. 객석 위를 가로지르는 공중그네와 아크로바틱스 묘기, 로커의 퍼포먼스와도 같은 현란한 빛과 소리, 움직임의 쇼 스펙터클은 정전의 극단적인 재해석 혹은 불경(不敬)이 아니라면, 관객의 예상과는 일단 큰 차이가 있는 것이었다. 비록 "주인공의 몸에

〈보이체크〉(기슬리 외른 가다손 연출, 베스트루포트 극단)

가해지는 직접적인 폭력을 통해서 몸의 학대와 억압을 두드러지게 나타내면서 궁극적으로 사회적 지배 구조의 폭력성을 폭로한다"는 물질성과 수행성을 강조한 포스트드라마틱스 경향의 공연이 "관객에게 원작을 새롭게 바라볼 수 있는 기회를 제공한다"는 긍정적인 주장에도 불구하고 말이다.[34] 여튼 극단의 몸성과 요란한 키치적 행위들의 관문을 통해 뷔히너의 정통적 극 세계를 찾아가기란 쉽지 않다. 원작에서 서사의 뼈대만을 추려낸 극본도 관객의 이해에 큰 도움이 되지는 못한다. 셰익스피어로부터 베케트에 이르는 희곡은 물론, 동화나 영화, 뮤지컬 등 동시대 대중문화의 친숙한 원천들과 연접시킨 대사들로 상호텍스트적 터치를 암시하기도 하나, 서사의 표피를 뚫고 들어가기는 용이하지 않다.

현대 산업사회를 틀거리로 상정한 공연은 극의 직접적인 배경으로 정수장을 택

---

34  심재민, 「몸의 억압에 근거한 인간 소외의 무대화──베스투르포트 극단의 〈변신〉과〈보이체크〉」, 『연극평론』 50호, 2008, 103쪽.

했다. 원작의 중대장은 정수장의 간부로, 보이체크는 그곳에 고용된 막노동꾼이다. 연출은 무대 중앙에 거대한 수조를 설치해 즉물적 사실성을 강조했다. 수조 안에서 허우적거리며 노역에 시달리고, 조롱당하는 보이체크의 삶에는 넘치는 물과 폐소 공간의 공포가 겹쳐진다. 그곳은 또한 그가 마리와 함께하는 연민의 공간인 동시에, 그녀와 악대장의 욕정이 넘실대는 불륜의 장이기도 하다. 수조 안의 고통스러운 일상은 대기에서 또한 그를 조롱하는 공중그네 묘기와 결탁해 그를 질식하게 만든다. 공간의 복합적 의미들은 서사에 중의적 아이러니를 더하며 관객의 사유를 확장하는 데 기여한다. 따라서 도발적 상상력과 B급 정서의 대중성으로 클래식 희곡 전통에 저항한 공연은 날카로운 포스트드라마틱스 연극의 어휘들로 〈보이체크〉를 말한 것이었다. 하지만 일탈의 극장주의 공연은 "원작이 지닌 날카로운 비판적 사유는 증발해버리고 만 지극히 잘 만들어진 문화상품일 수 있다"[35]는 경종을 온전히 피해갈 수는 없었다.

## 3. 〈보이체크〉공연이 한국 연극에 끼친 미학적 영향

### 1) 주제, 형식, 연출적 측면의 기여

위에서 살펴보았듯, 작가에 대한 언급이나 희곡문학으로서보다 공연으로 먼저 한국에 소개된 〈보이체크〉는 그 이후에도 다양한 무대를 통해 작품의 미덕을 확인하는 전통을 지속해왔다. 이는 일반적으로 공연으로서 작품의 제 가치 증명이 우선시 되는 서구 연극 문화와 달리, 문학으로서의 읽기가 선행되는 것이 통례였던 전 세기 한국 연극의 상황에서 예외적인 경우였다. 하지만 본시 희곡의 순수 문학적

---

35  최영주, 「비판적 사유가 증발된 잘 만들어진 문화상품」, 『한국연극』 383호, 2008, 52쪽.

가치보다는 공연으로서의 덕목이 출중한 작품이 〈보이체크〉라 할 때, 공연사로서 그 본질을 향해 직행한 한국 연극의 접근은 설득력을 지닌다.

　머지않아 다가올 자신의 죽음을 예견이라도 한 듯, 작가가 자신의 삶이 종료되기 전 집중된 시기에 서둘러 쓴 〈보이체크〉는 미완일 수밖에 없는 정황적 진실을 암시해준다. 작품은 사회의 모순에 반기를 들고 현실 참여로 변혁을 꿈꿔왔음에도 불구하고 그가 봉착할 수밖에 없었던 이상과의 괴리에 대한 고통의 비명이자, 긴박한 발언이었다. 그것은 불평등 조직사회의 수직 위계를 형성한 지배층들이 밑바닥으로 내친 하찮은 개인을 진지한 드라마의 주인공으로 승격시키는 일탈의 도전이자, 최후의 보루(堡壘)였다. 이처럼 뷔히너는 현실의 압박과 환청에 시달리는 절망의 주인공을 '반영웅'으로 전격 소환하는 한편, 파편적 장면의 병렬 구조(parataxis)를 이룬 미완의 텍스트로서 또한 보이체크의 불행한 현실을 웅변한 것이다. 주인공의 운명과 일치하는 이 같은 형식의 구현은 작가의 시대에 대한 거부인 동시에, 연극 전통에 대한 저항이기도 했다. 그것은 사건의 인과관계에 의해 전개되는 기승전결형 고전극의 5막 구조뿐 아니라, 복잡한 플롯의 인위적 구성으로 기술적 완성도를 자랑하며 19세기 전반 유럽 극작계를 휩쓸고 있던 '웰메이드 희곡'으로부터의 해방을 의미한 것이었다. 그것은 또한 머지않아 〈보이체크〉의 뒤를 추종하게 될 표현주의극, 서사극, 부조리극을 포함한 수많은 미래의 현대극들이 전범으로 활용하게 될 열린 구조였다. 그리고 1970년대 중반 이후 한국 연극의 주요 레퍼토리 가운데 하나로 자리한 〈보이체크〉 공연들이 실증해준 그러한 극작술의 실용적 가치는 브레히트, 베케트, 핀터 등의 작품들로 확장되며, 우리 극작가들에게 사실주의 극작의 구속복을 벗게 하는 데 중요한 역할을 했다. 〈보이체크〉 초연의 직접적인 영향권 아래 초기 극작 시대를 통과한 오태석, 이강백, 이윤택은 물론이요, 박근형으로 대표되는 1990년대 이후의 극장주의 성향의 젊은 희곡 작가들에게도 영감의 한 원천으로 작용했다. 따라서 동시대의 많은 한국 희곡 작가들이 그들의 초기 학습 혹은 습작 과정을 지배했던 극작 관습들은 물론, 오랜 사실주의 전통의 부채로부터 벗어나 무한히 자유롭고도, 자의적인 자신만의 무대를 위한 글쓰기에 돌입할 수 있게 된 요인의 일정 부분을 〈보이체크〉로 돌려도 좋을 것이다.

안민수의 〈보이체크〉 공연이 예시해준 연출미학상의 특징들은 그 공연을 통해 직접적으로 다른 연출가들에게, 혹은 강단의 영감으로 후학들에게 영향을 끼쳤다. 그중 중요한 몇 가지를 선별해보면, 원작 주제의 강화 및 일관된 연출 개념과 서사극적 스테이징 기법의 활용, 극장 구조에 따른 공간미학의 적용, '작가─연출'로서의 창조적 재해석으로 요약할 수 있다. 고(故) 여석기 선생께서 "황금의 10년"[36]으로 규정한 1970년대 한가운데서 한국 무대를 주재한 중심인물 중 1인으로서 안민수가 제시한 연출 문법들은 1980년대 이후 〈보이체크〉 연출의 기본 방향을 제시한 것이었다.[37] 그는 원칙적으로 원작을 존중했다. 이는 그가 일부 겹치거나 반복된 장면들을 축약·정리하는 수준에서 재구성한 극본과 원작의 주제를 이탈하지 않은 것에서 볼 수 있다. 1970년대라는 정치·사회적 긴장의 시대를 통과하면서도 국지적 상황에 함몰되지 않고, 원작의 거시적 주제를 정면 돌파함으로써 공감대를 넓힌 것은 다른 연출가들에게 시사한 바 적지 않다. 또한 보이체크를 '짐승놀이 볼거리'로 은유한 것은 확실한 연출 개념이었다. 그가 기록한 '연출 노트'의 디테일은 관객의 감정이입을 차단한 서사극의 소외 효과를 적용한 것이었다. 배우의 등·퇴장이 생략된 빈 무대의 중립 공간에서 조명만으로 시공을 넘나든 무대는 브레히트의 서사

---

**36** 여석기, 「기존 비망 : 1970년대의 한국연극, 황금의 10년」, 『연극평론』 65호, 2012, 82쪽.

**37** 안민수 연출의 〈보이체크〉는 공연으로 직접적인 영향을 끼친 것은 물론, 그가 강단을 통해 전한 이 작품의 가치는 후일 손정우, 임도완 연출 작업의 자극과 영감의 기초가 됐다.

극이 국내에 공식적으로 소개되기도 전에 그 요체를 보여준 것이었다. 이성적 관극 태도를 '요구'받은 삼면의 관객마저도 배우들과의 시각적 공모로 보이체크를 위협 하는 상황에 포함시킨 연출적 그림그리기(picturization)는 주제와 맞물린 돌출 무대의 공간 연출이었다. 이는 곧 프로시니엄 무대의 극적 환상을 버림으로써 취한 극장주 의 미학의 덕목을 한국 연극에 시각적으로 웅변해준 것이었다. 마지막으로, 연출가 의 작가적 위상(auteur status) 획득이다. 안민수 연출은 자신의 개인적 창조적 어휘들 을 공연 전반에 실어냈다. 이는 일견 원작의 주제를 강화하기 위한 재해석으로 볼 수 있다. 하지만 강력한 시청각적 표현 기재로 원작과 전혀 다른 결말을 제시한 그 는 결국 새로운 공연 대본을 '쓴' 것이었다. 기존 텍스트에 연출의 개인적 스탬프를 찍음으로서 그는 '작가-연출'의 입지를 선언한 것이다. 다시 말하면, 1970년대 한 국 연극의 기수들로서 어깨를 나란히 해온 유덕형, 오태석 등과의 관계적 상호 영 향을 암시한 것이요, 후학들에게도 '작가-연출'의 길을 터준 것이었다.

소극장으로 이동한 김철리의 〈병사 보이체크〉가 장면의 유기적 전개에 대한 강 박관념으로 원작의 표현주의적 특성을 살리지 못한 것은 미처 이 작품의 본질에 대 한 이해를 결여한 1980년대 연출의 시행착오였다. 그럼에도 불구하고 그 공연은 이 작품을 보편적 서사 논리나, 젊은 열정으로만 접근해서는 안 된다는 교훈을 남겼 다. 1990년대 포스트모던 경향의 일환으로 해체와 재구성의 '유행'을 섬긴 손정우 연출의 각색 버전 〈개가 된 남자, 보이첵〉은 극의 배경을 서커스장으로 바꾼 것이 었다. 언어 텍스트의 '시청각적 텍스트화'를 꾀한 공연은 극적 환경의 외적 변화가 내적 의미 생산으로 화하지 못한 경우였다. 하지만 정전 해체·재구축에 도전한 공 동 작업으로서의 실험은 결과와 상관없이 한국 연극의 지평을 넓히는 데 거쳐야 할 과정이었으며, 이는 동시대의 다른 연출가들에게도 긍정적인 영향을 미쳤다. 안민 수 연출의 영향으로 긴 시간 이 작품의 연출을 꿈꿔온 임도완의 〈보이첵〉은 '피지컬시어터'라는 새로운 장르를 뷔히너 희곡에 도입함으로서 공연 양식의 변화를 선언했다. 르콕의 '미마지'와 접목시킨 작품은 원작의 핵심을 벗어나지 않으면서도 배우의 신체와 오브제로서의 목재 의자, 빈 공간의 역학으로 빚어낸 조형적 이미지들이 '움직임의 시', '공간의 시'로 거듭난 공연이었다. 해외에서 먼저 평가를 받은 긴 생명력의 글로벌 피스로 성장한 공연은 서구 작품을 새로운 신체연극의 문법으로 환생시키며 한국 연극의 위상을 높이는 데 일조했다. 뿐만 아니라, 주인공에게 편중됐던 '안티 히어로' 시선을 사회의 구조적 모순의 동일한 희생양으로서의 '안티 히로인' 마리에게로도 배분한 균형감에서 주제의 폭을 확장시켰다. 남녀의 생물학적 차이를 젠더적 차별로 연장시켰던 종래의 이분법을 극복하고, 관점의 이동 내지 변화로 〈보이체크〉 주제의 다변화 가능성을 시사해준 것이다.

거칠고 굵은 획의 인상적인 극장주의 공연 양식으로 관객을 압도한 것은 부투소프의 개념연출이었다. 원작의 혼을 살리면서도, 과감한 장면의 삭제나 추가, 혹은 기존 인물의 성격 확대 내지 새로운 인물의 추가, 강력한 시청각적 이미지의 구현 등으로 그는 러시아 산(産) 젊은 '작가−연출가'의 도발적 인장을 한국 연극에 새겨놓았다. 위협적인 시노그라피의 물성과 대척점을 이루는 아코디언 연주에 적셔낸 탱고와 코팍의 열기는 주인공의 실존적 비극을 조롱하는 기표들이었다. 질서 체계의 전복과 혼돈의 기의들은 주제를 증폭시켜주었다. 한편, 모든 선의의 공연이 언제나 빛나지는 않을진대 국립극단 재단 법인화 이후 해외 연출가와의 협력 공연 제1호였던 브라테츠키 연출의 〈보이체크〉는 유감이었다. 연출가의 사적 기억에 저장된 특정 현실은 원작의 보편성을 그 속에 가두었고, 관객은 실망했다. 연출의 적극적인 해석이 부재했던 이 공연은 〈보이체크〉의 상승기류를 잠정적으로 정지시켰다. 이 공연의 실패는 국공립단체의 해외 예술가 초청 공연에 대한 경종을 울린 것으로, '장기적인 기획과 오랜 준비, 초빙 인사에 대한 철저한 검증 없이 수행하는

합작의 실패 가능성'을 여실히 보여준 경우였다.[38]

나주의 포스트모던 혼성 공연은 초현실적 몽환의 지대로 〈보이체크〉를 '이주' 시킨 탁월한 예였다. 언어와 생체의 활기를 빼앗긴 '골렘들'의 폐허가 상징하는 암울한 현실의 우화는 다시 한 번 정전의 동시대적 변신 가능성을 예증해준 것이었다. 주요 연극언어로서의 에너지에 대한 나주의 탐구는 2000년대 이후 한국 공연예술의 장르 간의 벽을 허무는 기폭제가 되기도 했다. 가다손의 〈보이체크〉는 몸성과 물질성을 강조한 포스트드라마틱스 연극 실험과 키치적 대중주의의 경계에 위치한 업데이트 버전이었다. 현대인의 소외를 의도한 공연의 수행성을 미덕으로 본다면, 서커스와 뮤직비디오의 쇼 스펙터클로 장식한 상호텍스트 전략은 정전의 '문화상품화' 우려를 동반했다. 따라서 21세기 초의 물질성과 대중문화 코드를 동원해 고전의 아성에 도전한 연출의 담력은 경건한 순응만이 정답이 아님을 고함으로써 인식의 확장을 제고했다.

## 2) 연기, 무대미술 측면의 기여

공연의 전체적인 효과로부터 연기와 무대미술을 분리해 평가할 때 〈보이체크〉 공연은 상대적으로 불리하다. 우선, 연기 면에서 '반영웅'에 치중된 서사에서 이차원에 머무는 주변 인물들의 성격화는 제한적일 수밖에 없다. 그들의 유형적 연기는 연출 개념에 조응하는 앙상블의 집단 연기로 획일화되기 십상이기 때문이다. 안민수의 〈보이체크〉 초연에서 추송웅은 평소의 고정된 이미지, 흔히 매너리즘으로 요약되는 과장된 유형 연기를 극복하여 "때론 나약하고 때론 짐승 같은 보이체크"로

---

38  김윤철, 앞의 글.

"놀라운 성장"을 보여줬다는 긍정적 평가를 받았다.[39] 현실의 혼란과 분노를 배우의 지적 민감성으로 긴장을 고조시킨 부투소프 연출의 박지일, 임도완의 '피지컬시어터' 버전에서 두 개의 의자 등받이에 발목과 등만을 걸친 채 무려 12분간을 정지된 몸으로 보여준 권재원의 보이체크는 이 작품의 국제적 명성을 드높이는 데 기여했다. 특히 후자는 "완두콩만을 먹으며 임상 실험의 재료가 돼온 그가 공중에 몸을 매단 채 자신의 불안한 심리를 완벽한 평정으로 다스려내는 침묵의 '미마지'는 말의 설명보다 진한 감동"[40]을 주었다. 열한 명의 배우들이 열한 개의 의자들과 한 몸으로 싱크로나이즈를 이루며 펼쳐내는 긴장과 이완, 균형과 불균형의 절묘한 움직임은 관객의 마음을 움직인 핵심 키워드였다. 이러한 공연은 주인공을 넘어 전체 앙상블의 집단 연기미학으로 팽창됐으며, 〈보이체크〉는 배우들의 움직임만으로도 풍성한 무대가 될 수 있음을 확인해줬다. 반면, 전반적으로 신체훈련이 결여된 한국 배우들을 위협하는 무대미술에서 부투소프의 개념연출이 강조한 앙상블의 격렬한 신체동작은 연극언어로서의 몸의 한계를 드러낸 동시에, 우리 연극이 극복해야 할 신체 연기의 과제를 일러줬다.

　무대미술 면에서도 〈보이체크〉는 드라마터지상 최적의 물리적 조건을 제공하지는 않는다. 시공의 명확한 구분을 요하지 않는 몽타주 장면들의 병렬 구조는 흔히 빈 무대의 무채색 중립 공간을 선호한다. 안민수 이후 한국 연출가들의 〈보이체크〉 무대는 종종 빈 무대이거나, 상징성, 기능성을 살린 최소주의 무대장치가 일반적이었다. 가장 최근의 공연으로 2015년 2월과 8월 노을소극장에 오른 오세곤 연출, 극단 노을의 〈보이첵〉이 협소한 소극장 공간에서나마 "단순성과 평면성에 기초한

---

39　김숙경, 앞의 글, 17쪽 재인용.
40　허순자, 앞의 글, 141쪽.

미니멀한 공간 분할", "기하학적 형태의 간단한 배치와 고정"으로 소극장 공간에서 표현주의 미술의 특징을 살리고자 한 무대(임일진) 정도가 예외가 될 것이다.[41] 반면, 수입 공연이든, 합작 공연이든 간에 해외 연출가들(합작 공연들에서도 연출은 그들과 호흡을 맞춰온 디자이너를 동반하는 조건으로 초청에 응했음을 주시할 필요가 있다)의 경우 〈보이체크〉의 무대미술은 공연의 본질을 한눈에 전언해주는 시각적 스토리텔링의 기능을 적극 수행했다. 표현주의 미학을 적용한 쉬시킨의 시노그라피를 등에 업은 부투소프 연출, 나주의 초현실적 폐허의 공간, 무대를 정수장의 거대한 수조로 채우는 동시에 아찔한 공중그네와 밧줄 등 아크로바틱스 장치 등으로 객석의 공중까지도 점거한 공격적 무대미술은 〈보이체크〉의 시각적 지평을 넓혀준 것이었다. 특히 쉬시킨의 무대미술은 이듬해인 2014년 10월, 토월극장에서 막을 올린 한태숙 연출의 〈꼽추, 리차드 3세〉에 합류해 거대한 설치미술을 방불케 하는 예사롭지 않은 길이와 높이, 서랍 등이 달린 기하학적 구조물과 공간 분할로 곧장 연결돼 그 영향력을 행사했다. 또한 이태섭, 박동우, 임일진 등의 무대미술에서 그러한 영향을 발견하는 것은 어렵지 않다. 미학적 임팩트 제공에 실패한 브라테츠키 공연의 캠프 기관을 상징하는 구조물에서조차도 시각 구현에 대한 연출의 의지는 읽혀졌다. 이 점에서 해외 연출가들의 역동적인 무대미술은 한국 연출가와 무대미술가들에게 시노그라피 또한 〈보이체크〉 공연의 결정적인 요소가 될 수 있음을 제언해주었다.

---

41 임일진, 「무대미술 컨셉」, 〈보이첵〉 극단 노을 공연 프로그램, 2015.8.19~30 참조.

## 4. 결론

이상 1970년대 중반부터 2000년대까지 한국 연극에 의미 있는 영향을 끼친 국내외 연출가들의 〈보이체크〉 공연을 선별해 살펴보았다. 흥미로운 것은 최초의 한국 소개 시부터 지금까지 희곡문학으로서보다는 공연으로서 작품의 가치가 지속적으로 증명돼왔다는 점이다. 전문 단체에 의한 최초의 제작으로 개념연출에 의거한 1975년도 안민수의 미학적 영향 아래 놓인 후속 세대 연출가들의 공연들은 공히 원작의 실존적 주제에 천착하는 경향을 보였다. 동시대 한국 사회의 정치·사회적 문제들과의 직접적인 연계보다는 원작의 거시적, 보편적 주제에 공감한 것이다. 그들은 원작의 열린 구조가 허용하는 압축과 도치, 생략 또는 해체를 통한 재구성 형태의 다양한 버전들이었다. 발전의 과정으로서 작품에 대한 충분한 이해가 결여된 1980, 90년대의 시행착오들도 있었다. 반면, 글로벌 관객을 감동시키며, 우리 연극의 국제적 경쟁력을 검증해준 임도완의 '피지컬시어터' 버전은 2000년대의 〈보이체크〉 공연의 정점을 이룬 것이었다. 이러한 국내 공연들에 추가된 제작 극장들의 국제 합작 및 세계 공연예술 시장의 '핫한' 연출가들의 〈보이체크〉는 무대미술과 결합한 강력한 개념연출로, 포스트모던 혼종 공연으로, 일탈의 대중성과 정전을 정면으로 충돌시키는 파격으로 세기 전환 후의 한국 공연사를 더욱 풍요롭게 했다.

# 한국 여성연극의 프랑스 현대 작품 수용 연구

■ 산울림소극장의 활동을 중심으로


김명화


## 1. 서론

서구적 의미의 연극을 전통극과 대척점에 있는 '신극(新劇)'이라 표현했던 과거가 말해주듯 서양 연극의 수용은 한국의 근현대극을 형성하고 발전시켜나가는 데 결정적인 역할을 담당하였다. 1897년 배재학당에서 공연한 〈양치는 목자〉 이후 개화기부터 20세기 후반의 1995년까지 한국인이 공연한 서양 연극을 조사한 이 분야의 대표적 연구물에 의하면 그 기간 동안 22개 서양 국가, 399명의 작가, 892편의 작품이 공연되었다고 한다.[1] 그중 프랑스는 영국과 미국 다음의 3순위로 영향력이 꽤 높다. 빅토르 위고의 〈레미제라블〉 공연을 출발로 61명의 작가, 144편의 작품, 444편의 공연이 같은 기간 동안 이루어졌다. 작품의 수용은 고전을 소개하던 초기의

---

[1]  전신재, 「편향적 수용과 그 의미」, 신정옥 외, 『한국에서의 서양연극 : 1900~1995년까지』, 도서출판 소화, 1999, 451쪽.

단계에서 벗어나 한국 전쟁 이후부터는 적극적인 변모를 보인다. 전후의 상황을 반영하는 사상적 작품이나 사실주의에서 탈피하려는 새로운 미학적 움직임 또 대중연극에 대한 관심 속에 새로운 레퍼토리를 모색하게 되었고, 이런 흐름 속에서 프랑스의 실존주의, 부조리극, 대중적 성향의 작품들이 공연된 것이다.[2]

이 흐름에 연출가 임영웅과 극단 산울림의 활동도 한몫을 했다. 임영웅은, 비록 아일랜드 작가이지만 프랑스에서 꽃피었던 베케트의 〈고도를 기다리며〉를 1969년에 공연하면서 프랑스 부조리 연극과 본격적으로 조우하였다. 이 공연의 성공에 힘입어 극단 산울림을 창단했고(1970) 소극장까지 개관하면서(1985) 적합한 레퍼토리를 모색하는 과정에서 프랑스 현대극에도 각별한 관심을 할애한 것이다. 여기에는 연출가 임영웅의 아내로 함께 극장을 운영하는 불문학자 오증자와 역시 불문학자인 아들 임수현의 노력이 견인차 역할을 한 것으로 보인다. 이 가족적 연대와 전문적 노력 속에서 산울림극단은 베케트, 뒤라스, 콕토, 보부아르 등 현대 프랑스의 문제적 작가의 작품을 공연하였고 또 그 이후의 젊은 작가군에 속하는 드니즈 살렘과 엠마뉘엘 슈미트 등의 최근작을 공연했다. 극장을 개관하던 무렵인 1980년대에는 한국에서의 프랑스 연극 공연에서 오증자의 번역과 임영웅의 연출이 수적 우위를 점하고 있어서 그들의 비중을 계량적으로도 파악[3]할 수 있을 정도다.

이 과정에서 산울림극단이 선택한 몇 편의 프랑스 현대극은 관객들의 열광적 지지를 받으며 문화적 파장을 불러일으켰고, 결과적으로 한국 연극사에 깊은 흔적을 남겼다. 1980년대 중반부터 시작된 여성 중심의 연극이 이런 경우에 해당하는데 시

---

2    신현숙, 「프랑스 연극」, 위의 책, 253쪽.

3    1980~1987년에 한국에서 공연된 프랑스 연극의 경우, 오증자의 번역이 6편 임영웅의 연출이 6편으로 가장 높은 숫자를 점하고 있으며, 산울림의 제작은 5회로 창고극장 다음으로 높은 숫자를 보여준다. 신현숙, 앞의 글, 309쪽 도표 참조할 것.

몬 드 보부아르의 소설을 각색 공연한 〈위기의 여자〉, 장 콕토의 1인극 〈목소리〉, 모녀 관계를 조명한 드니즈 살렘의 〈엄마는 오십에 바다를 발견했다〉와 같은 프랑스 작품은 특별한 반향을 불러일으켰다.

이들 세 작품은 여성에 초점을 맞추고 있다는 점에서 접점을 갖고 있지만 실존적 페미니스트인 시몬 드 보부아르, 남성 작가 장 콕토, 이집트 출신의 유대계 작가인 드니즈 살렘처럼 작가의 성별, 문화, 여성에 대한 접근 방식, 작품이 쓰인 시기 등 상이한 경향들을 갖고 있다. 그런데도 한국에서는 공연 시기가 1980년대 중반~1990년대 초반으로, 연출자 임영웅과 산울림극단이 제작하면서 하나의 범주로 조망되어 왔다. 게다가 당대 관객의 열광적 지지는 일종의 특별한 문화적 현상으로도 읽히는데, 이후 산울림소극장의 레퍼토리만이 아니라 한국 연극계 전반으로 확산되어 유사한 계열의 작품들이 대거 등장하면서 여성 중심의 연극 공연이 정착하는 계기를 마련하기도 하였다.

타 문화의 수용(Reception)을 제대로 조망하기 위해서는 타 문화가 국내에 끼친 영향만을 연구하는 단선적 시각에서 벗어나 그 문화를 받아들이는 자국 문화의 여건과 능동성을 함께 살펴보는 복합적 시선이 요청된다.[4] 따라서 이 논문은 상술한 세

---

4  타 문화 수용에 대한 이러한 관점은 확장하자면 야우스의 수용미학(Reception aesthetic)이나 그것이 토대를 둔 게오르그 가다머의 해석학적 태도와도 연결될 수 있을 것이다. 수용미학에 의하면 독자는 모든 텍스트에 대해 역사적으로 형성된 기대지평(Horizon of expectation)을 갖고 접근하는데, 이때 기대지평은 해당 텍스트와 문학 일반에 대한 독자의 지식과 가정들로 이루어진다. 이 지평은 텍스트의 객관적이고 기술 가능한 특징들과 독자 사이에 이루어지는 상호작용에 의해 도전받기도 하고 긍정되기도 하며 또한 변화하기도 한다. 수용미학은 독자 한 사람의 반응보다도 시대에 따라 변화하는 독자군의 반응에 관심을 갖고 있으며, 독자의 기대지평은 역사적이기 때문에 텍스트의 '의미'는 역사의 압력에도 좌우되는 것이다. 한편 가다머는 칸트로부터 시작되는 미학이 예술을 주관적으로 보게 만들고 관조적, 심미적 대상으로 국한시킨다는 입장 아래 예술의 역사성을 강조하며 해석학으로서의 미학을 제안하였다. 이는 예술이 이해되고 해석될 과정에 대한 조건을 밝혀주는 일로 역사

편의 프랑스 현대 작품이 한국 연극에 수용되는 과정과 영향력을 보다 복합적인 관점에서 살펴보고자 한다. 작품들이 공연되었던 당대 한국의 시대적/문화적 여건을 살펴보고 그와의 연관성 속에서 세 편의 프랑스 현대극이 한국 연극계에 수용된 과정과 의의를 조망할 것이다. 통시적 흐름을 감안하자면 이런 연구는 한국전쟁 이후 실존주의나 부조리 연극으로 한국 연극계에 영향을 미쳤던 프랑스 현대극이 이후 경제적 풍요와 다원주의를 구가했던 1980~1990년대의 한국 사회에서는 또 어떻게 수용되었는지 숙고할 계기도 마련해줄 것이다.

## 2. 배경

산울림소극장은 1985년에 개관하였다. 소극장 개관 30주년이 되었던 지난 2015년에는 산울림극단 및 소극장과 관련한 글쓰기가 집중적으로 발표[5]되었기에, 이 글에서까지 중언부언할 필요는 없어 보인다. 여기에서는 이 논문에서 다룰 산울림의 여성연극이 소극장 개관 이후에 마련된 레퍼토리로, 극장 운영과 밀접한 연관을 갖는다는 판단 아래 산울림소극장 개관 후의 변화와 모색 또 시대의 흐름 정도만 간략하게 살펴보기로 하자.

산울림소극장은 마포구 서교동 327-9번지에 위치하며, 공연법의 변화와 더불

---

적 성격에 관한 성찰 즉 현재가 뿌리내리고 있는 해석의 전통을 만들어내는 방법에 관한 성찰을 전제한다. 수용미학은 조셉 칠더즈·게리 헨치, 『현대문학·문화비평 용어사전』, 황종연 역, 문학동네, 1998, 370~371쪽. 가다머의 해석학은 데이빗 호이, 『해석학과 문학비평』, 이경순 역, 문학과지성사, 1994, 173~182쪽 참조할 것.

5  이 시기에 발표된 산울림 관련 저서로 이진아·이은경의 『한국 소극장 연극의 신화—소극장 산울림 30년사』, 논문으로는 김명화의 「산울림소극장 개관 30주년을 진단한다」와 김윤정의 「산울림극장 개관 30주년 기념 : 연출가 임영웅과 산울림」 등을 언급할 수 있다.

어 소극장 건립이 활발해진 1980년대의 시대적 분위기 속에서 연출가 임영웅이 사재를 털어 극장 전용으로 지은 건물이다. 극단의 한 해 공연이 1, 2회에 국한되었던 과거와 달리 전용 극장이 생긴 뒤로는 극장을 임대해주지 않는 한 자체 내에서 1년 내내 극장을 가동해야 했고, 좁은 공간이다 보니 그 공간에 적합한 새로운 레퍼토리를 찾아야 했다. 산울림극단은 개관 초기부터 자체 레퍼토리로 극장을 운영한다는 방침을 세웠기에 레퍼토리의 발굴은 극장 운영의 최대 과제이기도 했다. 특히 개관 공연이었던 〈고도를 기다리며〉가 예상과 달리 흥행이 부진하자 레퍼토리의 개발은 막연한 전제가 아니라 극장 운영의 성패와 연결된 절박한 문제로 부상했고, 적절한 레퍼토리의 발굴을 위해서 관객이나 시대를 면밀히 고찰할 필요가 있었다.

### 1) 시대적 · 문화적 지형도

1980년대 초의 한국 사회는 광주민주화항쟁을 비롯한 정치적 사건들과 억압으로 인해 살풍경했지만 중반을 넘어서면서 경제 발전을 비롯한 그동안의 축적된 긍정적 기운들이 폭발하는 역동적 시대로 접어들었다. 단적인 예로 1987년에 군부를 마감하고 대통령 직선제를 성취했던 6월 항쟁, 동구권 국가도 참석하였던 1988년 서울 올림픽 개최, 1989년의 베를린 장벽 붕괴와 그 여파로 인한 금기의 해제 등이 이 시대를 대표하는 상징적 사건이다. 1980년대의 한국 사회는 경제 발전과 민주화의 성숙을 일정 부분 성취하였고 특히 중반 이후로는 세계적 대세의 흐름과도 자연스럽게 연결되면서 이데올로기의 대립과 폐쇄성으로부터 교류와 개방이라는 열린 시대로 접어든 것이다.

이런 변화는 자연스럽게 중산층의 부상과 이들이 향유할 대중문화를 확산시켰다. 1980년대는 3S로 통칭되는 대중문화가 정착한 시기이기도 한데, 스포츠의 활성화 속에 1982년에 프로야구가 출범했고(Sport), 스크린 규제 철폐의 신호탄이 될

UIP 직배 허용(Screen),[6] 연관하여 비디오 보급이 보편화되면서 외설적 수준의 영화나 잡지 등 성 산업의 확장(Sex)도 여기에 속한다. 감각의 변화를 가져온 컬러TV 보급(1980.12.1)도 1980년대를 대표하는 문화적 사건이다. 이런 변화는 올림픽과 베를린 장벽 붕괴를 경험하면서 문화적으로 다양성과 가벼움이라는 새로운 패러다임을 제공하게 되니, 1980년대 후반 한국 사회를 강타하며 연착륙에 성공한 포스트모더니즘이 이를 대변한다 할 것이다.

젊은 세대의 문화도 이 시대 문화로 눈여겨보아야 할 현상이다. 과외 금지 이후 1981년 본고사 폐지와 함께 입시제도가 평준화되면서 대학생들은 수적으로 증가하였고 거대한 집단으로 부상하였다. 게다가 중고등학교 시절부터 두발 자율화와 교복 자율화를 경험하며 과거보다 자유로워진 청년들은 경제 활성화와 중산층 확산의 분위기 속에서 취업에 대한 고민보다는 민주화라는 거대 담론에 대해 고민하며 공동체 문화의 주역으로 부상하였고 이후의 민주화와 문화 형성의 과정에서 중요한 역할을 담당하였다.

이런 변화 속에 그동안 잠재되었던 여성의 존재를 인식하는 움직임도 활발하게 부상하였다. 1970년대까지만 해도 남자 대학생과 비교할 때 소수였던 여대생의 수가 대폭 증가하면서 여성 역시 남성과 동등한 주체라는 시각이 확산되어나갔다. 대학가에서 여성학이라는 과목이 정착했고 평등하고 능동적인 주체로서의 여성에 대한 자각이 정착되던 시기였으니, 1989년에 단신으로 북한을 방문하였던 운동권 학생이 여성이었다는 사실도 이런 시대적 변화를 상징적으로 드러내는 일화다.

---

6 개방은 자본주의 메커니즘과 맞물리면서 저항의 방식이 극단화되기도 했으니, UIP 직배에 반대하는 영화인들에 의해 상영관에 뱀을 풀어놓는 사건이 벌어지기도 했을 정도였다. 다국적 기업의 횡포에 맞서 노조의 투쟁성이 본격 가동되기 시작했던 것도 역시 이 시기부터다.

## 2) 산울림소극장의 기획과 새로운 레퍼토리

산울림소극장은 정치, 경제, 문화적으로 부글거리던 1980년대의 소용돌이를 예민하게 관찰하였고 경기 호황과 중산층 계급의 부상, 대중문화의 활성화, 여성에 대한 인식의 확장을 주목하였다. 그리고 이를 반영하여 소극장 개관 이듬해부터 여성 중심 레퍼토리를 선보이는데 그 첫 번째 시도가 1986년 시몬 드 보부아르의 〈위기의 여자〉였다. 원작의 번역자이자 기획자이기도 한 오증자는 초연 공연 프로그램 북에서 당시의 고민과 기획의 착안점을 다음과 같이 피력하였다.

> 우리나라 여성 교육이 100년을 맞고 경제적으로 안정된 중산층이 늘어남에 따라 이 시점에서 가정이라는 울타리 안에 안주한 아내의 인간으로서의 자각은 지금 그 어느 때보다도 강하게 의식되고 있다고 믿는다.
> 〈위기의 여자〉를 각색하여 무대에 올리게 된 이유가 바로 거기에 있다. 오늘의 여성이라면 누구나가 이 연극을 보고 생각할 것이다. 그리고 보고 싶지 않은 자신의 모습을 발견하거나 그 어떤 내면의 변화를 경험하리라 믿는다.

1986년은 이화여자대학교 개교 100주년이 되는 해라 사회적으로도 여성 교육이나 여성의 정체성이 이슈가 되던 시기였다. 이런 시대적 분위기 속에서 산울림소극장은 경제 활성화와 그에 따른 중산층 계급의 대두 역시 주목하였고, 그들이 필요로 하는 문화가 임박했음을 주목했던 것이다. 연출을 맡은 임영웅 역시 1960~70년대에 극장을 메웠던 그 여대생들이 이제 중년 부인이 되었으며 그들을 다시 불러 모으는 방법을 찾아야겠다며, 개관한 산울림소극장이 타깃으로 삼을 관객으로 중산층 여성 관객을 염두에 두었음을 언명하였다.[7] 이런 고민 속에 탄생한 〈위기의 여

---

7   이상락, 「소설가 이상락의 이 사람의 삶—산울림 소극장 대표 임영웅」, 『신동아』, 1999.3, 516쪽.

자〉는 여성연극에 대한 당대의 관심을 불러일으켰고, 이후 연결된 흐름 속에서 선택한 몇 편의 프랑스 작품들은 각각의 분수령을 이루며 관객의 지지와 함께 한국 연극의 지형도에 한 획을 긋게 된다.

## 3. 작품 연구

### 1) 〈위기의 여자〉

#### 원작 및 작가

〈위기의 여자〉는 시몬 드 보부아르가 60대의 원숙기에 쓴 작품으로, 1967년 갈리마르 출판사에서 출판되었다. 'La Femmme rompue'라는 원제를 직역하면 '꺾인 여자' '좌절한 여자'가 되지만, 국내에 소개되고 번역되는 과정에서 '위기의 여자'로 의역되었다. 이 작품의 첫 번째 번역이 산울림소극장을 운영하는 데 중요한 역할을 담당한 불문학자 오증자로, 1970년대에 번역하였으니 원작이 출판된 뒤 상당히 빠른 시기임을 알 수 있다.

1954년에 공쿠르상을 수상한 보부아르는 당대를 대표하는 작가였지만, 남녀가 개인으로서의 인간적 충실을 기할 수 있는 자유롭고 평등한 관계를 주장하고 삶에서 실천했던 페미니스트로도 명성을 떨쳤다. 이런 여성관을 보부아르는 『제2의 성』이라는 철학 에세이에 담아 1949년에 발표했는데 이 저서는 20세기 후반 페미니즘의 필독서가 될 정도로 강력한 영향력[8]을 발휘하였다.

---

8  1980년대에 영미권 페미니즘에서는 『제2의 성』을 페미니즘의 경전(bible of feminism)이라고도 지칭했다. 이는 미국 2세대 페미니스트를 주도했던 베티 프리단이 자신의 저서 『여성의 신비』를 보부아르에게 헌정하며 받게 된 관심과도 연관을 갖는다. 『제2의 성』의 한국에서의 첫 번역은 1955년 이용호에 의해 이루어지지만 1970~80년대에 오면 여성학의 정착과 함께 그 명성이 보다 확고해진다.

〈위기의 여자〉는 보부아르가 『제2의 성』을 일상의 관계에 투영하여 소설로 풀어낸 작품인데 이미 한국에서도 번역된 지 10여 년 만에 10만 부가 판매될 정도로 대중성을 확보한 상태였다. 실존주의에 토대를 두고 정신분석, 사적 유물론, 성 담

<위기의 여자>

론의 사유를 전개한 『제2의 성』이 대중에게 다가가기 힘든 지점이 있었다면 일상의 형식으로 풀어 쓴 〈위기의 여자〉는 역자 오증자가 초연 프로그램북에서 말했듯 『제2의 성』을 "가장 부드럽고 알기 쉽게" 중화시킨 경우라고 할 수 있다.

작품은 40대 중년 여성 모니크의 관점에서 쓴 일기체 형식의 소설이다. 일기라는 형식은 신변잡기를 기록한 비밀스럽고도 산만한 글쓰기다. 그러나 보부아르는 남편의 불륜과 그로 인한 혼란에 초점을 맞춰 일기의 형식에 집약력과 밀도를 부여했다. 작품의 시간은 결혼 생활 이후 최초로 모니크가 혼자 여행하는 9월 13일의 레살린에서 시작하여 남편의 불륜을 알고 갈등과 혼란을 겪은 뒤 이듬해 봄, 또 한 번의 여행에서 돌아와 남편과 별거한 혼자만의 집으로 돌아오는 3월 24일에 끝난다. 그 시간 동안 모니크는 남편의 불륜을 매개로 자신이 알던 견고한 세상이 무너지는 혼란을 경험하며 그 여정 속에서 남편, 친구, 의사, 딸의 의견을 접하면서 스스로를 객관화시켜나간다. 이런 시간 여정은 계절적으로 가을-겨울-봄의 흐름으로 이어진다는 점에서 사추기 여성의 통과제의를 연상시키기도 한다. 또 남편의 외도라는

생의 큰 변화에 초점을 맞춘 탓에 일기의 형식이지만 발단-전개-위기-하강-대단원이라는 극적 구조가 내재된 글쓰기여서 연극적 구축이 용이해 보인다.

### 제작 방식 및 공연사

산울림의 〈위기의 여자〉는 연출자 임영웅 외에 기획 오증자, 각색 정복근, 주연 배우 박정자 등 여성 파워가 부각된 공연이었다. 산울림극단 30회 정기 공연으로 제작한 초연은 모니크를 맡은 박정자 외에 남편 역에 조명남 그 외의 역할은 연운경이 일인다역을 소화하면서 1986년 4월 1일부터 30일까지 공연하였다. 공연이 성공하자 같은 해 6월 1일부터 연장 공연에 돌입하였고 스케줄상의 문제로 박정자는 9월 7일까지만,[9] 이후에는 이주실로 교체되어 조명남, 연운경과 함께 11월 30일까지 공연하였으며 그해 동아연극상 작품상과 남녀연기상을 수상하며 성과를 인정받았다.

우선적으로 주목되는 것은 각색이다. 소극장 개관 이전에 산울림극단이 각색을 한 경우는 1977년 베르코르의 〈바다의 침묵〉이 유일했는데 〈위기의 여자〉에서 다시 각색을 시도했고 이것이 성공하자 국내 소설로 범위를 확장시켜 각색이 빈번해지는데, 대부분 여성연극의 계열에 속하는 작품들이었다. 여기에 대해 산울림극단 30년사를 정리하면서 유민영은 산울림이 느낀 창작극의 빈곤 강도가 얼마나 컸던가를 짐작케 해주는 지표로, 레퍼토리 개발을 위해 애쓴 시도를 긍정적으로 평가하

---

9  산울림극단의 공연 연보에는 박정자가 4월 1일부터 30일까지 한 달 출연한 것으로 기록되어 있지만, 오타로 보인다. 또 다른 자료를 참조하면 자유무대 소속의 박정자는 미리 예정되어 있던 자유무대의 〈어디서 무엇이 되어 만나랴〉에 출연하기 위해 9월 7일까지 출연하고 산울림 공연에서 하차하였다고 한다. 김미도, 『연극배우 박정자』, 연극과인간, 2002, 92~93쪽.

기도 하였다.[10]

〈위기의 여자〉를 각색한 정복근은 주인공 모니크를 간간이 화자로 내세워 스토리를 축약하거나 심경을 고백하는 식으로 소설의 방만함을 집약하였다. 그 외에는 원작의 시간 설정 및 인물과 플롯을 비교적 충실하게 따라가면서 중심 일화들을 극화했다. 원작과 비교할 때 각색 과정에서 누락된 중요 캐릭터는 모니크와 대립하지 않는 큰딸과 전반부에 등장하는 보호시설에 수감되었던 소녀 정도, 또 모니크를 상담하는 두 명의 의사가 한 명으로 합쳐진 정도다. 대신 모니크와 대립하거나 쓴소리를 하는 남편, 친구, 의사, 작은딸은 캐릭터로 극화되어 '위기의 여자'인 모니크를 객관적으로 볼 수 있는 여지를 지속적으로 제공하였다.

여기에는 정복근의 의도도 보인다. 여성 작가이면서도 큰 스케일과 거대 담론에 익숙한 정복근은 페미니즘과 실존주의를 일상 속에서 집요하게 풀어헤치는 보부아르에 대해 그다지 호감을 갖지 않았다. 〈위기의 여자〉 초연 프로그램에서 각색자는 소녀 시절에 탐독했던 『제2의 성』이 여성의 이야기를 미주알고주알 설명하는 데 혐오감을 느꼈다는 이야기에 덧붙여, 이 각색 작업을 하면서도 역시 좋아하지는 않지만 작가의 진실에 대한 집요함은 인정하게 되었다는 언급을 하고 있다. 덧붙여 이 작품이 결국 각색자 자신의 것이기도 하다며 "40대 중년 여자의 이야기로만 받아들여지지 않기를", 자신을 잃고 일상에 함몰된 모두의 이야기로 읽히길 희망했다.

기본적으로 페미니즘이나 여성연극이란 용어 자체에 거부감을 갖고 있는 연출자 임영웅 역시 유사한 입장이다. 〈위기의 여자〉 초연 프로그램에서 "어른들 특히 부부가 함께 보는 연극", "한 인간의 자기 발견을 위한" 자기 성찰의 과정으로 읽히길 희망하며, 작품이 지나치게 정서를 강조하는 여자 이야기로 멜로화되거나 공격적

---

10  유민영, 『20세기 후반의 연극문화』, 국학자료원, 2000, 288쪽.

인 페미니즘으로 해석되는 것을 경계하고 있다. 평론가 구히서는 이런 접근법을 인정하며 1986년 3월 30일 『한국일보』에 이 작품이 "여자의 문제를 통해서 인간의 문제에 접근"했다고 평가하였다. 초연 당시 강하고 중후해 보이는 박정자가 모니크 역에 캐스팅된 것이나 틈틈이 진행되는 상황과 거리를 두고 관객에게 이야기하는 서사적 화자의 방식[11] 역시, 남편의 불륜에 대해 과도한 감상주의나 선정주의로 귀결시키지 않으려는 조치로 해석된다. 재공연 시 모니크를 연기한 손숙 역시 "열정적이기보다는 차가운", "부피를 지닌" 연기로 평가받는데[12] 배우들의 연기가 멜로화를 거부하고 절제되었음을 추론할 수 있다.

반면 페미니스트인 평론가 심정순은 초연 공연을 보고 『한국연극』 1986년 5월호에서 각색자 정복근의 여성적 관점 부재를 지적하며 여성연극 공연의 생명인 관계된 모든 사람의 감정적 참여를 느낄 수 없다는 점을 지적하였다.[13] 반면 남성 평론가 김문환은 〈위기의 여자〉가 '페미니즘 시각보다는 여성, 특히 가정주부로서의 위기의식을 좀 더 부각'시켰다면서 산울림의 여성연극을 '가정연극'이라는 주제와 연결지어 다소 냉소적으로 평가하기도 하였다.[14] 이런 여러 입장들을 고려해볼 때 1980년대 중반이라는 대한민국의 달라진 시대적 분위기 속에서 페미니즘의 전범으로 평가받는 〈위기의 여자〉가 제작되었지만, 페미니즘보다는 인간을 강조했던 제작진의 의도와 그것에 대한 찬반의 입장 또 작품을 가정주부의 위기로 조망하는 비

---

**11** 이 부분에 대해서는 이견도 존재한다. 이진아는 이것을 서사적 장치가 아닌 독백으로 보고 있으며, 주인공이 내면을 직접 고백하고 질문을 던짐으로써 객석과의 거리를 좁히고 주인공의 심리에 공감하게 만드는 정서적 장치로 해석하고 있다. 이진아 · 이은경, 『한국소극장연극의 신화―소극장 산울림 30년사』, 레터프레스, 2015. 86~90쪽.

**12** 구히서, 『뉴스메이커』, 1995.9.28.

**13** 심정순, 『한국연극』, 1986.5.

**14** 김문환, 『한국연극의 위상』, 서울대학교 출판부, 2000, 330~331쪽.

평가의 시선 등 페미니즘을 둘러싼 상이한 관점과 혼란들이 공존했음을 알 수 있다.

소극장 개관 당시 산울림소극장의 무대 크기는 14평의 협소한 공간이었다. 따라서 레퍼토리 선정 이상으로 소극장 공간의 효과적 운용이 관건이었다. 이를 위해 연출자는 〈위기의 여자〉에서 세 명의 출연진만으로 전체 배역을 소화하였고 재현적 무대를 포기하고 공항—집—레스토랑—병원—뉴욕 등을 오고 가는 다양한 극적 공간을 간단한 소도구로 운용하였다. 미색 카펫을 깐 중앙 무대에 작은 소파와 다탁만으로 중심 공간인 집을 설정하고 그 외의 공간은 간단한 소도구를 객석에 면한 무대 가장자리에 배치하여 공간의 이동을 조절하였다. 덕분에 만석일 때는 배우 코앞까지 관객들이 앉아서 배우의 연기를 들여다볼 정도였으니, 그런 공간의 협소함과 근접성으로 인해 〈위기의 여자〉 당시 박정자는 동료 연기자로부터 손 연기가 좋았다는 평가를 받을 정도였다.[15]

또 극장 측은 공연 후 관객과 여배우의 토론 시간을 마련하여 관객과의 친근한 소통을 도모했고, 평일 낮 시간 공연까지 마련하며 주부 관객 동원을 위해 노력했다. 초연의 강력한 성공은 7개월에 걸친 롱런 공연으로 이어졌고 이후 출연진을 바꾸어 1990년에 윤여정, 이승호, 서수옥이 51회 정기 공연(5.11~6.20)과 56회 정기 공연(1991.12.12~1.13)을, 1995년에는 손숙, 채희재, 예수정이 73회 정기 공연(8.17~11.25)에 출연하였다.

## 2) 〈목소리〉

### 원작 및 작가

〈위기의 여자〉가 성공하자 산울림은 여성 중심의 레퍼토리를 계속 추진하는데

---

15 김미도, 앞의 책, 84쪽.

또 한 편의 화제작이 장 콕토의 1930년작 〈목소리〉다. 다다이스트 시인으로 출발해 초현실주의를 섭렵하며 시, 극작, 영화 등 전방위로 활동한 장 콕토는 20세기 전반기를 대표하는 아방가르드 예술가로 알려져 있다. 특히 1930년대에는 당시 유행하였던 쥘 베른의 〈80일간의 세계 일주〉를 모방해서 세계 일주에 참여해 일본에도 들러 일본 사회를 열광시켰으니 콕토의 저서 대부분이 일본에서 출판될 정도였다고 한다. 그런 분위기 속에 일어판 번역서가 매개가 되어 국내에도 이상, 김기림 등 모더니스트 시인들의 시에 영향을 주었다는 연구 결과도 있지만, 연극사에서 콕토의 영향력은 크지 않다. 신화나 고전을 현대화하거나 혹은 앙팡테리블로 분류되었던 콕토의 작품들은 서구의 고전을 소개하기에도 벅찼던 식민지 시대에는 너무 앞서갔거나 실존주의나 부조리 연극에 매혹되었던 전후의 황량함 속에서 수용하기엔 다소 부적절하게 보였을 것이다. 이후 개방의 분위기 속에서 1987년 앙팡 테리블 계열의 〈무서운 부모들〉이 공연되었으나 그것 역시 큰 호응을 받지 못했다.

반면 그의 작품 중 소품인 〈목소리〉는 한국 연극사에서 상대적으로 주목을 받은 작품이다. 1938년 〈음성〉이란 제목으로 이헌구에 의해 번역, 소개되었고 1963년에는 동인극단인 7일회 제작으로 '살롱—모노드라마 형식'으로 정일성 연출, 김금지 출연으로 극장이 아닌 다방에서 워크숍 형식으로 공연하였다. 이후 오증자의 재번역으로 1975년에 사월무대에서 정식 공연하였고 1978년에는 임영웅 연출로 산울림극단에서 제작, 최선자가 출연하여 동아연극상 연기상을 받으면서 세간의 주목을 받았다. 비록 잦은 호출은 아니었으나 콕토의 여타 희곡과 달리 이 작품만 유독 반세기에 걸쳐 관심을 받았다는 점에서, 한국적 특성에 부합하는 매력을 가진 작품이라 생각해볼 여지가 있으며 반대로 콕토의 작품 중에서 퍽 무난한 선택이란 점에서 한국 연극이 지닌 상대적 보수성을 생각해볼 지점도 있어 보인다.

일인극 형식으로 쓰인 〈목소리〉는 실연당한 여인이 전화에 의지해 그 남자와 길고 긴 마지막 통화를 한 뒤 전화선을 목에 감고 죽음을 선택하는 작품이다. 특별한 극적 사건이나 외형적 갈등 없이 집에서 전화를 초조하게 기다리던 여자가 남자의 전화를 받고 통화하고, 간혹 혼선이 생겨 갈등하고 다시 통화하는 단순한 이야기다. 그러나 그 이면

〈목소리〉

에 사랑하는 남자를 떠나보낸 여인의 복잡한 심리와 사랑에 전부를 건 여자의 절실한 감정이 일상적 대사 아래로 격렬하게 물결치는 작품으로, 번역자 오증자는 초연 프로그램에서 그 작품을 오르페우스 신화에 비유하기도 하였다.

강력하게 정서에 호소하는 설정과 스토리 외에도 미니멀한 극적 형식이 주목되는 작품이다. 전화가 있는 여자의 방이 극적 공간이고 통화 시간이 극적 시간의 전부이기도 하다는 점에서 공간과 시간과 행동의 단일함을 집약적으로 실천한 고전적 작품이며, 또 일인극이란 점에서 살롱풍의 소극장에 부합하는 밀도와 긴장이 빼어난 작품이라고 평가할 수 있다.

## 제작 방식 및 공연사

소극장을 개관한 뒤 산울림극단은 시대의 변화를 고려하며 여성 중심의 레퍼토리를 전략적으로 선택했고 그 포문을 연 작품이 앞에서 살펴본 〈위기의 여자〉다.

이후에도 이런 전략은 지속되어 〈영국인 애인〉, 〈웬일이세요, 당신〉, 〈하나를 위한 이중주〉 등의 유사한 레퍼토리들이 공연되었다. 그리고 이 계보사에 강력한 파장을 불러일으킨 또 한 편의 작품이 장 콕토의 〈목소리〉로, 산울림의 여성 중심 연극에 프랑스 현대극이 또 하나의 전기를 마련한 공연이라고 할 수 있다.

1975년 공연에 이어 재공연된 〈목소리〉는 장 콕토 탄생 100주년을 기념하며 1989년 10월 27일에 시작하여 1990년 1월 31일까지 48회 정기 공연으로 롱런하였고, 동아연극상을 수상한 뒤 그 기념 공연으로 연이어 2월 22일부터 3월 25일까지 재공연되었다. 공연 방식은 장면 이동이 잦았던 〈위기의 여자〉와 달리 여자의 침실에서 단일하게 진행되는 일인극이라 작은 규모의 산울림소극장에 부합했고 여성의 실연과 죽음이라는 강력한 소재 역시 극장 개관 이후 본격적으로 형성되기 시작한 여성 관객을 염두에 둔 레퍼토리 선택으로 보인다.

무대는 버림받은 여인의 심상을 시각화하기 위해 정면 벽에 검은색의 셀룰로이드 막을 설치해 소극장의 깊이를 배가시켰고 그 외의 전체적인 색감은 짙은 자줏빛으로 가져가 크림색 나이트가운을 입은 여배우와 색채 대비가 인상적이라는 평가를 받았다.[16] 〈목소리〉라는 제목에 걸맞게 공연의 전체 내용이 헤어진 남자와 여주인공의 통화여서 작품의 중요한 오브제가 전화기다. 연출은 선이 긴 전화기를 마련하여 주인공이 통화 중에 무대 공간을 배회할 수 있게 하여 동선의 단조로움을 극복했고, 마지막 장면은 무대 하수에 마련한 침대에 누워 객석 쪽으로 머리를 둔 채 전화선을 목에 감고 죽음을 맞이하는 장면으로 마감했다.

4개월 남짓의 공연 기간이었지만 〈위기의 여자〉에 이어 5만 관객설이 있을 정도로 장안의 화제가 된 작품인데, 그 성공은 일인극의 초점이 대부분 출연 배우에게

---

16  김승옥, 『한국 연극, 미로에서 길 찾기』, 연극과인간, 2000, 274~275쪽.

모아지듯 당시 대중의 주목을 받던 윤석화를 캐스팅한 것과 무관하지 않아 보인다. 이미 〈신의 아그네스〉와 〈하나를 위한 이중주〉에서 가능성 있는 연기자로 주목받았던 윤석화는 〈목소리〉에서 기대를 십분 충족시켰다는 평가[17]와 함께 초연 공연 당시 "결점을 장점으로 연출해내는 탁월한 자기 연출"(초연 프로그램북)의 힘을 가진 배우로 인정받으면서 명실상부한 스타급 연기자의 자리를 차지하였다. 그러나 대부분 평가가 후했던 〈위기의 여자〉와 달리 〈목소리〉에 대해서는 대중적 성공에도 불구하고 부정적 평가도 만만치 않았다. 〈위기의 여자〉로 산울림의 여성연극에 관심을 가졌던 페미니스트 평론가 심정순은 〈목소리〉가 가부장적 체제의 전통적 여성을 그린 작품으로 "시몬 드 보부아르의 말을 빌리면 타자(The Other)적 삶을 사는 여인"을 그렸으며 연출가의 한국적 가부장적 시각이 전통적 여성성을 더욱 강조했다는 의구심을 드러내기도 했다.[18]

여성주의 관점에서 이러한 지적은 일견 타당성을 지닌다. 콕토의 원작 자체가 프랑스에서 페미니즘 연극이 불붙기 훨씬 이전인 1930년대 작임을 감안할 때, 〈위기의 여자〉 이후 〈목소리〉를 선택한 산울림의 기획력은 여성주의적 관점을 일관성 있게 유지했다고 보기 힘든 지점이 있다. 그렇다면 비록 프랑스가 아닌 한국이지만 여성의 위상에 대한 관심이 고조되었던 1980년대 후반에 한국 관객들이 〈목소리〉에 그토록 열광한 이유는 무엇일까. 단지 산울림의 마케팅 능력이 만든 신화이거나 윤석화라는 배우에 대한 열광이었을까.

그 원인을 읽기 위해 당대의 시대적 욕망이나 문화적 지형도를 감안할 필요가 있다. 세월이 지나 보다 먼 거리 속에서 이 작품을 조망해볼 때 그 저변에는 통념적

---

17  김문환, 『한국일보』, 1989.11.1.

18  심정순, 앞의 책, 115~117쪽.

스타 시스템이나 대중성만이 아니라 문화에 대한 패러다임의 변화 역시 존재하는 것으로 보인다. 가령 베를린 장벽이 붕괴되고 포스트모더니즘이 도입되면서 생겨난 문화적 패러다임은 대중문화의 부각만이 아니라 거대 담론이 간과하였던 미시적 담론으로도 질주하였다. 그 질주는 로고스/이성/정치/경제라는 중심으로부터 이탈하여 감정/몸/감각/일상/다원주의로 이어졌고 그 기세 속에 여성적 담론과 더불어 사랑과 욕망의 담론 역시 무서운 속도로 부각하였다. 미국식 실용주의나 막시즘에 경도되었던 인문학적 사유 대신 복잡한 사유를 전개해나갔던 유럽식 담론이 봇물 터지듯 등장했던 시기도 이 시기였으며, 그와 더불어 사랑/욕망/질투의 담론들이 등장했음을 기억할 필요가 있다.[19] 이런 상황을 고려할 때 〈목소리〉에 대한 산울림극단의 재호출과 그에 대한 관객의 열렬한 호응은 작품 안에 적나라할 정도로 솔직하게 구축된 정념, 이념의 시대에 간과되거나 하찮은 것으로 치부되었던 감정과 욕망에 대한 당대의 갈급한 지지를 반영한 것으로도 해석될 여지를 남긴다.

### 3) 〈엄마는 오십에 바다를 발견했다〉

#### 원작 및 작가

산울림소극장이 1991년에 오증자 번역으로 초연한 〈엄마는 오십에 바다를 발견했다〉(이하 〈엄마 오십…〉으로 약칭)는 유대계 프랑스 작가 드니즈 살렘의 등단작으로 1980년에 프랑스 극작가협회 신인상을 수상한 작품이다. 그동안 한국 연극계가

---

19  지금 떠오르는 기억만으로도 1980년대라는 거대 담론의 터널을 떠난 관객을 사로잡은 작품들이 여럿 있다. 바르트의 『사랑에 관한 단상』이 소개되었고, 쿤드라의 『참을 수 없는 존재의 가벼움』은 참을 수 없을 정도로 매력적이었다. 키에슬로프스키의 사랑에 대한 삼색 시리즈는 설명하기 힘든 복잡한 정서의 존재를 부각했고 〈패왕별희〉나 〈바그다드 카페〉가 불러일으킨 동성애 담론 역시 새로운 관심사였다. 지라르를 비롯해 욕망과 질투에 대한 담론 역시 이 시기에 소개되었다.

선택했던 프랑스 희곡은 대부분 명망 있는 고전이거나 현대극이더라도 사르트르나 아라발처럼 지명도 높은 작가 중심으로 수용되었다. 그런 점에서는 산울림도 예외가 아니어서 여성 중심의 작품 역시 보부아르나 콕토처럼 명망 있는 작가의 작품을 소개했다면, 〈엄마 오십…〉은 거의 한국에 알려지지 않은 작가의 작품을 선택한 경우다. 여기에는 그동안 산울림이 여성 중심의 연극을 제작하면서 거둔 성공과 그에 따른 자신감이 작용한 것으로 보인다. 또 1980년대 후반부터 본격화된 개방과 세계화의 흐름 속에서 연극계 전반에 동시대 번역극의 수용이 빨라진 시대적 여건도 하나의 요인으로 작용한 것으로 보인다.

이집트 출신으로 프랑스로 이민 온 드니즈 살렘은 연출, 영화감독, 배우 등 전방위로 활동하였지만 작가로서는 주로 여성들의 문제에 대한 대중의식을 촉발시키는 작업으로 주목받았다.[20] 모녀 관계를 다룬 〈엄마 오십…〉 역시 이 계열의 작품이다. 작가 자신의 개인사를 반영하듯 극 중 딸의 직업도 작가이고 어머니는 구세대의 여성으로 유대 축제 하누카를 위해 시장을 보고 음식을 준비하며 자식에 대해 강한 모성과 집착을 가진 전통적 인물로 표현되고 있다. 그런 설정 또 보수적 발언이긴 하지만 "엄마와 딸의 관계라는 것이 실상 여성의 모든 것일 수 있다"는 연출가 임영웅의 지적[21]처럼 모녀 관계를 다룬 점에서 동서, 신구 세대를 막론하고 공감을 받을 만한 속성을 가진 작품이라고 할 수 있겠다.

기본 구조는 딸이 어머니를 기억하는 독백과 과거 회상인 드라마가 중첩되며, 후반부에 어머니의 죽음을 통보하는 동네 소녀가 짧게 등장하는 것을 제외하곤 거의 이인극에 가까운 작품으로 모녀에게만 초점을 맞춘 작품이다. 작품은 죽은 어머니

---

20　데이비드 브레드비, 『현대 프랑스 연극 1940~1990』, 이선화 역, 지식을만드는지식, 2011, 462쪽.
21　이상락, 앞의 글, 507쪽.

186
·
187
한국 여성연극의 프랑스 현대 작품 수용 연구

〈엄마는 오십에 바다를 발견했다〉

를 회상하며 작가인 딸이 글을 쓰는 현재의 독백 장면에서 출발하며, 플래시백 구조로 두 모녀의 애증 어린 과거의 삶을 보여준다. 개성이 강하고 독립을 원하는 딸은 어머니의 반대를 무릅쓰고 독립을 감행하고 늙음과 고독을 두려워하며 홀로 남겨진 어머니는 결국 홀로 죽음을 맞이한다. 딸은 깊은 회한과 상실 속에서 어머니에 대한 기억을 복원하는 글쓰기를 시도하면서 모녀라는 관계의 절실한 소중함을 깨닫고, 깊은 회한 속에서 어머니가 없는 자신의 삶을 받아들이고 또 자신 역시 어머니처럼 늙어가고 있음을 인식하게 된다는 내용이다.

### 제작 방식 및 공연사

산울림극단은 이미 1970년대에 〈홍당무〉를 공연하면서 가족극에 관심을 보였다. 이런 관심은 〈위기의 여자〉 이후 여성연극에 대한 관심과 맞물리면서, 가족극과 여성연극이라는 두 개의 범주를 합쳐 어머니와 딸의 관계를 조명한 작품을 새로운 레퍼토리로 내놓게 된다. 그 계기를 이룩한 작품이 1991년에 공연한 드니즈 살렘의 〈엄마 오십…〉으로, 이후 현재까지 약 10회에 걸쳐 재공연될 정도로 관객의 지지를 받았다. 산울림극단 58회 정기 공연으로 제작된 〈엄마 오십…〉은 1991년 6월 18

일에서 9월 8일까지 3개월에 걸쳐 공연되었고 장병욱이 『한국일보』 1991년 8월 24일의 리뷰에서 언급했듯 "입석표마저 매진되어 발길을 돌려야 하는 관객들의 안타까운 표정은 석 달째 산울림소극장의 자연스런 풍경"이 될 정도였다. 재공연은 연이어 59회 정기 공연으로 같은 해 9월 10일에 다시 시작하여 그다음 2월 9일까지 5개월의 대장정으로 연결되었다. 당시의 캐스팅은 어머니 역에 박정자, 딸 역에 오미희, 소녀 역에 문금희다.

작품의 주된 공간은 모녀가 함께 사는 집으로, 어머니가 요리하는 부엌이나 식당 또 거실이 중심 공간이며 그 외에 침실과 화장실까지 포함한 일상의 공간이다. 〈목소리〉에 이어 1987년부터 산울림의 무대디자이너로 참여한 박동우가 공간을 경제적으로 디자인했는데, 무대 하수는 부엌과 식당공간으로 또 상수는 거실과 침실 공간으로 사용하였다. 침실 공간은 이후 어머니가 입원한 병원 공간으로도 사용되었다. 또 출연한 배우 박정자의 요청으로 디자인 무렵에는 하수 구석에 위치했던 화장실을 무대 중앙에 배치해서 통념을 깨고 어머니가 변기에서 볼일을 보면서 딸과 대화하는 장면을 중앙 무대에 전경화시켰다.[22] 집과 모녀 관계를 중심으로 삼았다는 점에서 희곡에서부터 일상은 전제된 요소였지만, 1980년대 후반의 한국 연극계는 일상성이 본격적으로 도입되기 이전의 시기였다. 그럼에도 제작진은 텍스트가 요구하는 일상의 공간들을 구체적으로 구현하였고 그 공간에서 먹고 마시고 옷을 갈아입고 싸우고 배설하는 행위들을 정밀하게 부각하면서 동시대 한국 연극의 패러다임보다 한 걸음 빨리 일상성을 강조하였다.

"인생관이 다른 딸과 엄마 사이에 서로를 이해할 수 있는 공감의 시간"[23], "애증

---

22 김미도, 앞의 책, 113~114쪽.
23 이동향, 『CHECK IN』, 1999.2.

이 엇나가는 모녀의 초상은 영원하다"[24]는 평가에 이르기까지 모녀 관계를 다룬 소재의 보편성은 호응이 컸다. 또 관계성에 주목하면서 여자끼리의 문제를 다루었다는 점에서 "이전의 작품들보다 본격적인 여성연극"[25]이라는 평가를 받으면서 소극장 개관 이후 선보인 산울림의 여성연극 레퍼토리가 대중과 평단의 고른 인정을 받으며 정점을 찍었고 동아연극상을 비롯하여 큰 인정을 받았다. 여기에는 〈위기의 여자〉부터 대중들에게 입지를 확실하게 다진 여배우 박정자의 스타 시스템도 한몫을 한 것으로 보인다. 다시 한 번 재공연된 1995년 공연에서는 어머니 역할이 김용림으로 바뀌어 재공연된 적도 있지만(함께 출연한 배우로는 정지숙, 이계희) 다시 박정자로 바뀌어 1999년, 2003년, 2005년, 2006년, 2007년, 2009년, 2010년에 이르기까지 재공연되었기 때문이다. 대신 딸 역할은 우현주, 길해연, 정세라, 서은경으로 교체되었고 2003년 공연부터는 소녀 역할 없이 어머니와 딸 둘만이 출연하는 이인극으로 변형, 정착하면서 20여 년에 걸친 장기 공연 레퍼토리로 정착하였다.

〈엄마 오십⋯〉은 〈위기의 여자〉에서 출발한 산울림의 여성연극이 모녀라는 관계성에 주목하면서 여성연극의 또 다른 지평을 연 경우이며, 대중에게 보다 울림이 있는 보편적 소재로 여성연극을 확장시켜나간 경우다. 그러나 확산은 일종의 희석이기도 하다. 〈위기의 여자〉에서 출발한 산울림 극장 초기의 여성주의적 특성은 보편화되면서 희석되었고 그 과정에서 한국 사람들의 정서 특히 '어머니'에 약한 한국적 감수성이 부각된 것으로 보인다. 초연 당시 『객석』 1991년 8월호에서 주유미가 평가했듯 박정자는 "가장 아름다운 엄마의 모습으로, 가장 편안한 엄마의 얼굴로", "우리네 엄마의 모습"으로 관객을 사로잡았다는 평가를 받았다. 비록 산울림

---

24  김희원, 『한국일보』, 1999.1.29.
25  오병상, 『중앙일보』, 1991.6.26.

공연은 아니지만 이후의 시기에 제작되었던 이윤택과 연희단거리패의 대표적인 장기 공연 레퍼토리 역시 〈어머니〉라는 것, 또 비교적 최근작인 〈친정 엄마〉를 비롯하여 장기 공연에 성공하는 한국의 창작품들 상당 부분이 '어머니'를 매개 삼고 있음을 환기할 필요가 있다. 어머니는 모든 인류가 기대고 의지하는 대상이란 점에서 여성주의만이 아니라 가부장주의도 인정하는 대상이다. 그런 맥락에서 〈엄마 오십…〉은 초기에 비교적 날카롭게 여성의 정체성을 다룬 산울림의 여성연극이 모녀라는 관계성으로 보다 폭넓게 방향을 정립해간 경우이면서, 동시에 남녀 불문하고 관객들이 공감할 보편적 가족 관계로 여성연극의 초점을 희석시킨 것으로도 해석될 여지를 남긴다.

## 4. 영향 및 의의

### 1) 소재 및 주제적 측면 : 한국 여성연극사에서 차지하는 위치 및 영향

한국 연극사에서 여성 중심의 작품이 없었던 것은 아니다. 이미 식민지 시대에 입센의 〈인형의 집〉이 공연되었고 여성해방에 입각한 나혜석의 습작품이나 전통적 가부장주의 속에서 여성의 질곡을 다룬 이광수의 〈규한〉 등 미미하게나마 근대 연극의 초기부터 여성연극이 시도되었었다.

이런 시도가 이후 한국 연극사에서 비교적 뚜렷한 족적을 남긴 것은 전후의 희곡 분야다. 김자림, 박현숙, 김숙현 등 한국전쟁을 경험한 일단의 여성 극작가가 등장하면서 전후의 파괴와 재건이라는 시대적 분위기에 동조, 전통과 인습이라는 가부장주의를 비판하는 작품 세계를 전개하였다. 그러나 이들 여성 극작가들의 활동은 식민지, 분단, 전쟁, 군부 독재라는 현실 역사의 거대 서사에 밀려 유약함, 감상벽으로 평가되면서 제대로 공연되지 못하였고 희곡집의 출판에 머물렀던 경우가 대

부분이었다.[26]

그런 점에서 1980년대 중반 산울림소극장에서 시도한 여성연극은 이런 소극적 흐름에서 적극적으로 여성연극의 공연 가능성에 관심을 갖도록 물길을 바꾼 주목할 만한 시도였다. 앞에서 지적했듯 심정순은 한국 여성연극의 역사가 여성희곡의 시대와 그 이후 여성연극 공연의 시대로 나뉘며, 그 물꼬를 튼 공연으로 1986년 극단 산울림의 〈위기의 여자〉가 한국 여성연극 공연의 시발점이며 이후 이 공연의 상업적 성공이 소극장 여성연극의 활성화를 일으키는 계기가 되었다고 평가하였다. 1990년대의 여성연극을 분석한 명인서 역시 여성연극의 사회적 호소력을 대중에게 널리 알린 연극으로 산울림과 〈위기의 여자〉를 거론하면서 이를 계기로 1990년대 초반에 여성연극이 증폭하였다고 진단하였다.[27] 1990년대의 대표적인 여성연극을 몇 편 나열해보자면 대부분 번역극으로 〈여자의 역할〉(1990), 〈절반의 실패〉(1990), 〈로젤〉(1991), 〈욕탕의 여인들〉(1991), 〈메조리의 전쟁〉(1992), 〈자기만의 방〉(1993), 〈탑걸스〉(1993), 〈셜리 발렌타인—그녀의 오후〉(1994) 등이 공연되었다. 또 국내 소설을 각색한 〈무소의 뿔처럼 혼자서 가라〉(1993~4), 〈나의 가장 나종 지닌 것〉(1994), 〈늙은 창녀의 노래〉(1995), 〈마요네즈〉(1998) 등을 거론할 수 있고 창작극에서도 정복근의 〈첼로〉(1994)나 비교적 명료하게 여성주의를 견지하며 한국적 가부장주의를 비판했던 엄인희의 〈생과부 위자료 청구소송〉(1996), 〈그 여자의 소설〉(원제 : 작은 할머니) 등도 이런 시대적 분위기 속에서 함께 주목을 받았던 작품들이다.[28]

---

26  김옥란, 『한국 여성 극작가론』, 연극과인간, 2004, 13~14쪽.

27  명인서, 「90년대 여성연극의 지평 읽기」, 『디오니소스』 창간호, 1997, 41쪽.

28  그 외 산울림 역시 이 논문에서 살펴본 세 편의 작품에 멈추지 않고 여성 중심의 레퍼토리를 지속적으로 제작하였다. 대표작으로 소설을 각색한 〈그대 아직도 꿈꾸고 있는가〉(박완서 작), 〈담배 피우

엄밀한 의미에서 산울림극장이 공연한 여성 중심의 프랑스 현대극은 본격적 페미니즘 연극이라고 평가하기에는 미흡한 지점이 있으며, 제작진 역시 본격적 페미니즘 연극을 표방하고 만든 연극이 아니다. 앞서 지적했듯 〈위기의 여자〉를 각색한 정복근은 그 작품이 중년 여자의 이야기로만 받아들여지는 대신 자신을 잃고 일상에 함몰된 모두의 이야기로 확장되도록 각색 의도를 잡았고 연출자 임영웅 역시 〈위기의 여자〉를 "한 인간의 자기 발견을 위한" 성찰의 과정으로 해석하여 그 작품이 페미니즘으로만 해석되는 것을 경계하였다(초연 프로그램북). 심지어 이후에 선택하였던 〈목소리〉와 〈엄마 오십…〉은 〈위기의 여자〉와 비교할 때 여성주의적 관점이나 문제의식의 각이 보다 약화된 작품들이다. 이런 점들을 고려할 때 소극장 개관 이후 여성 중심의 레퍼토리를 선택한 산울림극단의 의도는 경제 활성화에 따른 중산층 관객의 대두와 여성의 입지가 높아지고 다원주의가 대두되었던 시대의 변화를 감지하고 그에 맞는 작품들을 선택한 것이지, 여성주의에 대한 본격적 문제의식을 가지고 레퍼토리를 선택했던 것은 아닌 것으로 보인다.

그럼에도 이들 공연의 성공은 한국 연극사에서 그동안 부차적 존재로 간과되었던 여성을 무대 위의 주체로 부각하며 그 존재성을 인식시켰고 여성이 중심인 연극의 가능성을 보여주었다. 연극이 역사나 정치적 이슈를 다룬 거대 담론만이 아니라 여성들의 삶과 위기를 다룬 작품으로도 성공할 수 있으며, 또 그에 적합한 언어와 표현의 가능성을 제시하면서 1990년대 여성연극이 활성화될 수 있도록 결정적인

---

는 여자〉(김형경 작), 〈사랑을 선택한 특별한 기준〉(김형경 작), 〈영영이별 영이별〉(김별아 작) 등이 있고, 〈위기의 여자〉를 다시 각색해서 〈그 여자〉라는 제목으로 한국화한 공연을 시도하기도 하였다. 또 〈엄마 오십…〉처럼 여성의 관계성에 주목하여 모녀 관계를 조명한 〈딸에게 보내는 편지〉(아널드 웨스커 작), 〈굿나잇 마더〉(마샤 노먼 작), 〈러브 차일드〉(조애너 M. 스미스 작), 여성들의 자매애를 그린 〈데드 피쉬〉(팸 젬스 작)를 제작하였다.

촉매 역할을 담당한 것이다.

## 2) 제작 방식 및 마케팅

1990년대 여성연극의 활성화는 그동안 부차적 존재로 폄하되었던 여성에 대한 관심이 고조된 사회 상황을 반영하지만, 연극계의 내부적 문제도 중요한 변수로 작용하였다. 1980년대 공연법 개정에 따른 규제 완화가 그것인데, 이에 따라 극단과 소극장들이 우후죽순 들어서면서 연극인들이 자체 소극장 공간을 확보하게 되었고 그 공간을 운영하기 위한 레퍼토리 선정이나 제작 방식을 적극적으로 모색하게 된 것이다.

이런 시대적 상황 속에서 산울림소극장에서 공연한 여성 중심의 프랑스 현대극은 대중적 반향을 불러일으키며 소극장이 활성화되기 시작했던 당대 연극계에 제작 방식과 전문적 마케팅에 있어서도 하나의 선례를 제시했다. 가령 좁은 소극장의 밀도 있는 활용, 일인극을 비롯한 최소의 캐스팅과 세련된 감각, 소수의 출연진을 최대치로 활용하여 배우에 대한 관심이 연극에 대한 관심으로 이어지도록 노력한 프로듀서 시스템과 마케팅 전략 등에서 그 전범을 보여주었다. 그 과정에서 주부 관객을 위한 평일 특별 낮 공연이나 이제는 자연스럽게 정착한 관객과의 토론이 시도되었고, 또 적극적인 홍보 전략으로 여성 중심의 레퍼토리와 출연 여배우를 각종 매체에 선전하였다. 그리고 이러한 전략은 문화에 대한 욕망이 일기 시작했던 당대 중산층 관객들을 극장으로 유입하는 데 효과적으로 작용하여 관객 개발의 측면에서도 큰 영향력을 미쳤다.

그 과정에서 한국의 여성연극은 스타 시스템과 결부되는 특이한 현상을 갖기도 했다. 무대의 출연 배우가 소수다 보니 지명도 있는 여배우를 선택하게 되고 작품과 관련한 대부분의 홍보나 리뷰가 배우 중심으로 진행되면서 연극의 모든 스포트라이트를 주연 여배우가 독점했고 다시 이것이 순환하여 관객을 동원하는 중요한 요소로 작용한 것이다. 그 출발점이라고 할 작품이 〈위기의 여자〉인데 초연 당시 주인공을 맡았던 박정자는 "토씨 하나까지도 흐트러짐이 없는 완벽한 대사"와 "긴 침묵 속에서도 관객의 숨소리를 죽게 하는" 집중력[29]으로 주목받으며 스타덤에 올랐고, 이후 〈엄마 오십…〉에 오면 '꽃봉지회'라는 팬클럽까지 갖게 되었다. 또 윤석화의 일인극 〈목소리〉는 일인극이란 점에서 여배우 중심의 스타 시스템이 보다 공고화된 공연으로, 4개월이라는 짧은 시기에 5만 관객을 동원할 정도로 사회적 주목을 받았다. 사실 산울림은 소극장을 개관한 뒤 협소한 극장에 맞는 제작 방식으로 〈술〉(이영석 작, 주호성 연기), 〈웬일이세요, 당신〉(정복근 작, 박정자 연기)과 같은 일인극을 여러 번 시도했는데, 윤석화의 〈목소리〉에 와서 그 정점을 찍은 것이다.

그리고 스타 시스템에 기반한 마케팅이나 일인극을 비롯한 소수의 출연진으로 여성연극 공연의 첫 장을 열었던 산울림의 제작 방식은 곧 전반적으로 파급되어 1990년대 한국 여성연극의 풍속도로 확장되었다. 백성희, 김금지, 박정자를 출연시켜 세 개의 모노드라마를 선보인 현대극장의 〈여자의 역할〉이나 실험극단의 명배우 시리즈(손숙의 〈셜리 발렌타인―그녀의 오후〉, 박정자의 〈11월의 월츠〉), 심지어 양희경의 〈늙은 창녀의 노래〉나 강부자의 〈나의 가장 나종 지닌 것〉처럼 TV 스타들도 이 대열에 참가했고, 〈로젤〉을 연기했던 김지숙은 공연의 성공을 통해 또 한 명의 여성 스타로 등극하기도 하였다. 여성 관객을 타깃으로 삼은 여성연극이나 일인극이 관객을 소비자로 또 여성을 주제로 다루면서 동시에 상품으로 삼고 있다는 비판[30]이 있을 정도로, 이런 제작 방식은 당대에 지배적인 영향력을 행사했던 것으

---

**29** 한수산, 『객석』, 1986.5.
**30** 안치운, 『한국연극의 지형학』, 문학과지성사, 1998, 93쪽.

로 보인다.

결국 산울림이 지향했던 여성연극이라는 동전의 반대편에는 스타 시스템에 입각한 대중문화가 연결되며, 소극장의 활성화와 함께 과거의 동인제 시스템에서 상업성과 밀접한 연관을 가지는 프로듀서 시스템으로 한국 연극의 제작 방식이 전환되는 시대적 흐름이 함께 작동되고 있음을 추론할 수 있다. 산울림의 여성연극 중에서도 앞에서 살펴본 세 편의 프랑스 현대극이 유난히 성공한 점을 고려해볼 때, 이들 작품은 한국 여성연극의 흐름만이 아니라 소극장 중심의 제작 방식과 대중적 마케팅 또 관객 개발에 있어서도 적지 않은 영향력을 행사한 것으로 보인다.

### 3) 일상의 미학

또 한편 이들 작품은 1980년대까지 한국 연극의 큰 흐름이었던 거대 담론에서 벗어나려는 움직임에도 촉매 역할을 담당하였다. 역사극이나 정치적 주제 등 기존의 가부장적 담론이 강조하던 획일적 논리에서 벗어나 여성적 주제를 부각하며 다원주의로 나아갔고, 이와 더불어 욕망과 사랑 등의 감정적 중요성을 포착했으며 제작 방식에 있어서도 미시적 일상을 감각적으로 구현하였다.

특히 미시적 일상에 대한 포착은 한국 연극의 흐름과 연결 지어 살펴볼 때 보다 큰 의미를 지닌다. 여성이 중심인물로 설정되자, 여성의 주된 공간인 집과 집에서 이루어지는 일상적 행동의 묘사가 연극의 축으로 부각되는데 이는 1990년대 중후반부터 한국 연극계에 본격적으로 나타나는 일상주의와 밀접한 연관을 가진다. 이미 여러 평자들이 지적할 정도로 1990년대 중후반을 풍미한 일상성은 과도한 연극성이나 거대 담론 대신 평범한 삶의 단편을 담담하게 묘사하는 경향을 일컫는다. 그러나 현미경으로 들여다본 듯 극세하거나 작가의 주관적 관점에 의한 개입으로 거리감을 안겨주는 현실의 편린으로, 과거의 사실주의적 연극 전통과는 차별성을

지닌다.[31]

그런 점을 고려해볼 때, 이 논문에서 살펴본 산울림의 여성연극은 일정 부분 이런 일상성을 선취한 것으로 보인다. 변신이나 형식적 실험 등 급진적이고 공격적인 페미니즘 연극과 달리 산울림이 선택한 여성연극은 사실주의 전통에 크게 위배되지 않는 온화한 형식으로 관객과 편안하게 소통하면서, 그동안 주변부 담론으로 폄하되었던 여성의 미시적 일상을 천착했기 때문이다. 레퍼토리 선정에서부터 그런 경향을 확인할 수 있는데, 소설 『위기의 여자』는 신변잡기나 일상을 관찰하고 토로하는 일기체 형식에 토대를 둔 작품이다. 남편의 불륜이라는 극적 동인이 존재하긴 하나 일기체라는 형식 속에서 그 사건을 곱씹고 고통을 반복하는 주인공의 일상과 지리멸렬함을 섬세하게 포착한 작품이다. 비록 각색 과정에서 주인공의 서사적 자아가 등장하고 관객에게 보고하는 제시적 설정이 존재하지만, 일상의 편린들을 보여주는 원작의 전제는 여전히 유효하다.

〈목소리〉는 시간과 공간의 변화 없이 주인공이 전화 통화를 하는 실시간과 침실이 극적 시간과 공간의 전부인 극사실적 작품이다. 심지어 여주인공이 헤어진 남자와 간절히 통화하는 상황에서도 잡음이나 혼선이 개입하고 전화가 끊기는 등 일상의 부조리가 개입하면서 소통과 불통의 대비를 효과적으로 구현한 작품이다. 또 〈엄마 오십…〉은 이런 일상의 미학이 가장 첨예하게 나타난 작품이다. 집 공간과 모녀 관계를 중심으로 삼았다는 점에서 이미 이 작품은 희곡에서부터 일상을 전제한 작품이지만, 연출을 비롯한 제작진은 텍스트가 요구하는 거실, 부엌, 화장실을 생략 없이 구현하였고 그 공간에서의 먹고 마시고 싸우고 푸념하고 배설하는 일상적 행위들을 정밀하게 연출하면서 일상적이면서도 소소한 모녀 관계를 구축하였

---

31  김성희, 『한국연극과 일상의 미학』, 연극과인간, 2009, 21~22쪽.

다. 그런 맥락에서 "하찮게 여겨지는 일상이지만 그 일상이 무너졌을 때 느끼는 비애스러움을 통해 작고 사소한 것들로 채워지는 일상의 연속성이 얼마나 중요한 것인가를 깨닫게 해준다"는 박용재의 지적[32]은 경청할 필요가 있다. 그리고 이런 여성의 일상문화에 대한 연극적 반영은 이들 작품에만 국한되지 않고 한국 사회를 배경으로 한 산울림의 여타 여성연극에도 적극적으로 나타나고 있어,[33] 산울림의 여성연극이 1990년대 한국 연극의 일상성을 선취하고 있으며 이후의 극 형식의 패러다임에 대한 변화를 예고해주고 있다.

결과적으로 이들 작품의 성공의 저변에는 여성주의, 스타 시스템, 대중성 등의 복잡한 요소와 함께 미시적 일상에 매혹되었던 당대의 문화적, 미학적 풍경 역시 작용하고 있으며, 그것이 관객의 무의식과 정서에 반향을 불러일으킨 것으로 보인다. 가부장적 명분과 담론으로부터 여성으로의 관점 전환은 자연스럽게 그동안 한국 연극이 간과하였던 일상으로 초점을 돌리게 하는 데 일정 역할을 한 것으로 보인다.

## 5. 결론

1980년대 중반 이래 약 10년간 한국 사회는 일종의 지각 변동의 시기를 겪었다. 민주화와 경제 발전 또 국제적인 개방 요청이 해일처럼 밀려왔고 중산층 문화를 비롯한 대중문화가 활발하게 전개되었으며 그동안 간과되어왔던 마이너리티와 다원적인 문화가 본격적으로 잉태되던 시기였다. 연극계는 공연법 개정에 따라 소극장

---

32  박용재, 『스포츠조선』, 1999.3.9.
33  이진아 · 이은경, 앞의 책, 109쪽.

운영이 활성화되면서 민간 연극인들이 활발하게 소극장을 운영하며 극장의 운영에 대해 본격적으로 고민하던 시기이기도 했다. 이런 흐름 속에서 연극인들은 비록 소극장이라는 협소한 공간이나마 자신이 주체적으로 운영할 공간을 갖고 그 공간에 적합한 레퍼토리와 제작 스타일을 모색하였으며, 경제적 여유 속에 문화적 관심이 불붙기 시작한 대중을 극장으로 유인하기 위해 시대에 맞는 새로운 레퍼토리와 제작 방식에 대해 고심하였다.

그 과정에서 모든 시도들이 성공하지는 못했지만 변화를 예견한 몇 가지 시도들이 존재하는데 앞서 살펴본 산울림의 여성연극 시리즈도 그런 경우로, 한국 문화와 연극이 거대 담론에서 다양성, 대중화로 변화하는 시점에 중산층 여성 관객을 타깃으로 삼은 여성연극을 제시하였고 그 과정에서 프랑스 현대 연극의 수용이 큰 역할을 했다고 평가할 수 있을 것이다. 비록 이들 작품이 본격 여성연극이라고 보기에는 한계를 보여주는 온건한 작품들이지만 여성이 중심이 된 연극 공연 자체가 드문 한국 연극사에서 여성이 중심이 된 공연의 가능성을 성공적으로 보여준 경우이며 제작 과정과 마케팅에 있어서도 변화하는 시대의 패러다임을 적극적으로 반영해주었다.

이런 맥락을 전체적으로 종합해볼 때 초기에 고전을 소개하거나 전후의 실존주의 혹은 대중극의 측면에서 수용되었던 프랑스 희곡은, 1980년대 이후 산울림의 여성연극에 이르러 새로운 경향을 추가하였다고 말할 수 있을 것이다. 유신이 종식되고 경제가 발전하였던 1980년대 한국의 시대적/문화적 변화 속에서 중산층의 공연 문화에 대한 관심에 적극적으로 부응하였으며 이런 노력들은 오랫동안 획일적 위계와 가부장적 담론에 사로잡혀 있던 한국 연극계가 여성주의를 포함한 다원주의, 정서와 일상에 대한 관심으로 나아가는 데 중요한 징검다리 역할을 하였다.

비록 〈위기의 여자〉의 성공에도 불구하고 산울림의 여성연극이 본격적 페미니즘 연극을 정착시키는 데 기여하지 못하고 보편성에 기반을 둔 대중주의와 맞물린 것은 아쉬운 일이지만 여기에는 여성주의가 온전히 정착하지 못하고 기대의 지평이 상이했던 시대의 특성도 작용한 것으로 보인다. 오히려 그것은 '강남역 묻지 마 살인사건' 이후 2, 30대 여성이 거리에서 자발적으로 필리버스터를 시도하며 우리 사회에 만연한 여성의 공포와 또 공포를 일으키는 사회에 대해 공식적으로 분노하고 논의하는 지금 이 시대에 시작되어야 하지 않을까. 산울림소극장이 소개한 여성 중심의 프랑스 현대극은 그 여정으로 가는 중요한 징검다리로, 시대와 문화의 다양한 변수들이 고려된 작품으로 조망되어야 할 것이다.

# 독일 문학 및 희곡에서 찾아낸 한국 연극의 화두

이경미

## 1. 서론

모든 언어권의 희곡들은 저마다 다른 그들만의 정치, 사회, 문화적 배경을 기반으로 자신의 희곡 언어 및 인간과 세계를 보는 시선을 발전시켜왔다. 그 시선은 각기 다르면서도 겹치기도 하지만, 지난 100여 년의 한국 연극의 발전사를 놓고 볼때 한국 연극 안의 독일 희곡 수용은 미국과 영국 등의 그것을 수용하는 관점과는 차이가 있다. 한편으로 격동하는 한국 사회 안에서 민감한 정치사회적 이슈와 대면해야 한다는 책임감, 그리고 다른 한편으로 사실주의적인 연극의 전통적 언어와 다른 보다 동시대적인 연극언어에 대한 갈증이 한국 연극이 지속적으로 독일 희곡에 주목하는 원동력이 되었다고 해도 과언이 아니다. 실제로 독일 현대 연극 기획전이 어떤 의미를 갖고 있는 것인가에 대해 이윤택 연출은 이렇게 얘기한 적이 있다.

이 시대에 거의 유일하게 연극이 지니는 현실성과 동시대성, 또한 연극의 현실에 대한 저항성을 촌스럽고도 고집스럽게 지키고 있는 곳이 독일의 연극계다. 바로 그 점 때문에 국내 관객들이 독일 현대 연극을 음미해볼 수 있도록 이번 페스티벌을 기획했다.[1]

한국 연극은 전 세계 어느 국가보다 격동의 20세기를 지내왔던 독일, 특히 히틀러 독재와 제2차 세계대전, 그리고 분단이라는 참으로 드라마틱한 역사적 시간 속에서 독일 작가들이 했던 고민들에 우리의 문제를 직간접적으로 대입해왔다. 게다가 20세기 새로운 연극의 담론을 주도하고 실천했던 브레히트에게 지적, 실천적으로 가졌던 호기심 및 기대감은 여기에 지속적인 자극제 역할을 해주었다. 이런 브레히트 이외에 한국 연극이 가장 선호했던 작가 중의 하나가 게오르크 뷔히너, 그리고 특히 그가 쓴 〈보이체크〉일 것이다. 하지만 본 글은 이 두 작가(연출가)의 작품을 제외하고, 기타 한국 연극의 무대 위에서 지속적으로 공연되며 현장의 자극제가 되었던 다른 희곡 작품들에 대한 공연 사례들을 소개하고자 한다.

## 2. 소시민의 절망과 불안 : 연극무대로 올라온 프란츠 카프카

장재호가 연출한 극단 사조의 〈변신〉(1994.12.17~30)은 복잡하고 화려한 무대를 단호히 사양하고 비인간화되어가는 현대인의 문제를 냉정하고 간결하게 풀어냈다. 사다리 같은 구조물과 조그만 의자 세 개가 전부다. 이 공연에 대해 당시 『경향신문』의 기사(1994.12.23)는 이렇게 말하고 있다. "죽어가는 잠자보다 식구들의 이기주의와 메마른 정서를 현대인의 감정 등식에 대입했다. 잠자뿐 아니라 그 가족도 냉엄한 사회구조 속의 보잘것없는 존재이기 때문이다."

---

1 '브레히트와 하이너 뮐러 기획전' 프로그램북, 2011.

잠자는 국내는 물론이고 해외에서도 카프카의 소설은 희곡이 아님에도 끊임없이 무대로 초대받고 있다. 카프카의 『변신』은 말 그대로 열린 텍스트이다. 시대와 문화를 초월한 보편적 화두를 품고 있기도 하거니와, 무엇보다 글과 글 사이에 숨어 있는 수많은 의미의 직조 가능성은 이 텍스트가 지닌 절대적 매력이라 할 수 있다. 소설임에도 불구하고 연출가들이라면 한 번쯤 이 텍스트를 무대화시켜보고 싶다는 강한 열망을 갖게 되는 것도 그 때문이다. 이처럼 카프카의 작품이 무대에 자주 오르는 이유에 대해 이윤택은 다음과 같이 말하고 있다.

> 카프카의 문학은 내게 그렇게 신비스럽지도 난해하지도 않다. 그저 현실을 살아가는 소시민들이 꾸는 꿈의 기록일 뿐이다. 사실 누구나 카프카와 같은 꿈을 꾸면서 살아간다. 카프카와 우리가 다른 점은, 우리는 잠 깨면 꿈을 털어 버리는데 카프카는 집요하게 자신이 꾸었던 꿈을 기록해 나갔다는 것이다. 그는 위대한 꿈의 기록자이다.[2]

이 책은 이윤택이 1986년 부산 가마골소극장에서 연극을 시작하면서 아르바이트 삼아 단원들과 함께 번역했던 『카프카의 아포리즘』을 20년 만에 손을 봐서 새로 출간한 것이다. 그만큼 이윤택에게 있어 카프카는 그가 인간과 사회를 바라보는 시선의 중요한 바탕을 이루었다. 실제로 그는 카프카의 『변신』을 1990년대 한국 상황과 연결해 『꿈의 기록』이라는 희곡을 쓰기도 했다.

김경익이 연출하고 주연을 맡았던 연희단거리패의 〈사랑의 힘〉(북촌 창우극장, 1997.1.17~2.23)은 카프카의 소설 『변신』을 재구성한 공연이었다. 가족과 직장 사이를 오가며 비루한 소시민의 삶에서 빠져나오지 못하는 샐러리맨들의 고독과 소외

---

2  이윤택, 『위대한 꿈의 기록—카프카의 비밀 노트』, 북인, 2005, 36쪽.

를 보여줬다는 점에서 '남성연극'이라는 별칭을 얻기도 했다. 신문사 연예부 기자인 K는 자유로운 문필가 생활을 꿈꾼다. 하지만 그는 비정상적으로 그에게 집착하는 홀어머니에 대한 심적인 부담감, 그리고 불구인 누이를 음악대학에 보내야 한다는 책임감 때문에 괴로워하다 결국 '히스테리 릭'이라는 병에 걸린다. 게다가 뇌물을 받은 직장 상사가 그가 쓴 기사를 정정하라며 부당하게 압박해오면서 그의 좌절과 혼란은 극대화된다. 하지만 그레고르가 가족의 이기심 속에서 무참하게 죽음을 맞이하는 원작과 달리, 이 공연은 K가 회사 동료이자 애인이기도 한 여인의 충고를 듣고 당당히 자기의 삶을 찾아 나서는 것으로 끝이 난다. 무대에는 책 조각, 신문 조각 등 K의 내면을 상징하는 여러 가지 오브제들이 널려 있는데, 주인공의 의식이 심하게 요동치며 혼란에 빠질 때 이 물건들이 불에 타는 것으로 처리하면서 그의 분열된 의식을 시각화했다.

예술극장 활인(活人)이 기획한 "우리 시대의 젊은 연극전"의 마지막 참가 작품으로, 성준현과 홍주영이 연출했던 극단 비파의 〈변신〉(소극장 이, 1999.1.29~2.12)은 스티븐 베르코프(Steven Berkoff)가 각색한 대본을 기반으로 삼았다. 그러나 전체적 줄거리는 원작과 크게 다르지 않았다. 즉 원작의 서사를 그대로 따라가면서, 무엇보다 혈연관계인 가족조차도 지극히 냉혹한 이해관계로 맺어진 이익집단에 불과하다는 것을 강조했다. 이 공연에서 주인공의 방을 콘크리트 구조물을 활용해 감옥과도 같이 형상화한 것은 주목할 만했지만, 상대적으로 가족의 공간이 축소된 것은 공간 배치에 있어 아쉬움으로 지적된 바 있다.

이편찬이 연출한 그림연극의 〈변신〉(2000.10.31~11.12)은 말 그대로 인형을 활용해 어느 날 잠에서 깨어 벌레로 변한 자신의 모습을 대면하는 주인공의 모습을 인형극으로 형상화한 그림연극이다. 퀭한 눈에 입을 반쯤 벌린 인형의 얼굴은 자신의 상황에 대해 당혹스러워하고 절망하는 주인공의 내면을 시각적으로 형상화한다.

연출은 이 공연에서 그림자 인형과 줄인형을 사용해 어디론가 여행을 하던 중 갑자기 극중 공간으로 떨어지는 것으로 첫 장면을 열었고, 에필로그는 배우가 무대 중간의 막을 이용해 작은 배를 들로 지나가는 것으로 형상화함으로써, 특히 나그네라는 모티브를 공연의 앞뒤에 첨가했다. 이런 표현 방식으로 인해 관객은 거리를 두고 삶을 하나의 여행으로 인식하게 되는데, 무엇보다 당시 인형극에 대한 선입견을 깨고 인물의 내면과 심리를 탁월하게 묘사했다는 평가를 받았다.

1987년 민주화 운동의 거센 물결이 휩쓸고 지난 언저리에서 한국 사회가 맞이한 1990년대는 시장자본주의의 경제적 시스템에 대응해야 하는 과제에 직면했다. 그 와중에서 1997년의 IMF 사태는 한국 사회의 의식 전반에 엄청난 영향을 미쳤다. 엄밀한 의미에서 개인의 삶은 자유와 정의라는 거대 담론보다는 시장의 지배를 받게 되었고, 그 과정에서 파생되는 노동과 소외, 빈부의 문제들이 연극뿐 아니라 문학 전반의 중요한 화두로 부상했다. 이 과정에서 1990년대 이후 한국 연극이 20세기 초에 이미 관료적이고 자본주의적인 사회 시스템 앞에 선 부조리한 인간의 문제를 그렸던 카프카의 작품을 가져와 당시 한국 사회의 모습을 담고자 했던 것은 지극히 자연스러운 일이었다.

그럼에도 『변신』을 무대화하는 것은 여전히 쉬운 일이 아니었다. 벌레로 변한 그레고르의 동물적 이미지와 운동성을 제한된 무대의 공간 속에서 시각화해야 했기 때문이다. 문을 열기 위해 몸을 비틀고, 바닥과 벽을 기어다니며, 침대 밑으로 몸을 숨기는 일련의 동물적 운동과 이미지들, 그런 그를 보며 가족들이 느끼는 공포와 전율, 심리적 억압감은 처음부터 관습적인 해석과 코드화를 벗어난 매우 감각적이고도 물질적인 것이다. 이러한 일련의 이미지들은 엄밀하게 말해 매우 중층적이고 때로는 모순된 감정들이, 그것도 동시적으로 뒤얽힌 어떤 상태를 나타낸다고 할 수 있다. 실제로는 벌레가 아니면서도 벌레이기도 한 잠자의 움직임 하나하나, 그리고 그런 자신을 바라보는 잠자 자신의 감정과 가족들의 감정들 하나하나는, 벌레에 대한 통상적인 이미지로 압축될 수 없는 것들이다.

그런 점에서 박홍근의 연출로 공연되었던 극단 미추의 〈변신〉(게릴라극장, 2010.3. 11~3.19)은 그레고르의 방을 커다란 유리 박스로 만들어 중앙에 배치하고, 바퀴를 달아 무대 앞쪽과 뒤쪽으로 이동이 가능하게 한 것이나, 온갖 썩고 문드러진 채소 쓰레기 더미 속에서 뒹구는 잠자의 몸을 시각화한 것, 누이가 잠자에게 사정없이 물을 끼얹고 더러운 마대걸레로 세차게 그 몸을 밀어대는 행위 등, 고립된 그레고르의 절망을 극단화시키는 시각적 장치들을 적절히 활용했다. 그레고르는 유리 박스 위쪽에 설치된 바에 거꾸로 매달리고, 쓰레기 더미에 몸을 뒹굴며, 물에 불어터진 빵조각을 입에 물면서 고통을 형상화한다. 그러나 기타 공연의 요소들은 전반적으로 상투적이며 사실적이어서 아쉬움을 남겼다. 배우들의 연기는 원작의 아버지와 어머니, 누이의 모습을 그저 평면적으로만 답습할 뿐이다. 아버지는 처음부터 끝까지 지나치게 위압적이고, 어머니는 시종일관 유약하기만 하며, 누이는 이유 없이 히스테릭하다. 그 원인은 배우들이 텍스트 안의 인물들로부터 단 한 가지 심리적 동선만을 찾아내, 오직 그것만을 근거로 인물들을 논리적 인과관계 속에서 구체화하려 했기 때문이다.

카프카의 『변신』은 오직 비인칭적인 관점에서만 상상될 수 있는 것이기에, 그것을 무대화할 경우에는 때로는 심리적 사실주의에 근거한 재현의 방식보다는, 보다 감각적이고 다면적인 접근 방식이 요구된다. 섣불리 하나의 관점으로 텍스트를 구체화하려 한다면, 그것은 오히려 치명적인 독(毒)이 될 수 있다. 그러므로 『변신』을 무대화함에 있어 가장 해결해야 하는 문제는 사건을 사실적인 감정 연기로 구체화하려는 구심적인 연출보다는, 압축과 비약, 생략과 여백 등 다차원적인 상징성들을 적극 도입함으로써, 궁극적으로는 카프카가 여백으로 남겨놓은 것들은 그대로 관객을 향해 원심적으로 열어놓는 입체적 연출이 아닌가 싶다.

김현탁이 연출한 극단 성북동 비둘기의 〈잠자는 변신의 카프카〉(남산예술센터, 2015.10.7~10.18) 속 그레고르라는 인물은 격무에 시달리는 외판원을 넘어서 글쓰기에 대한 욕망을 갖고 있는 카프카

〈잠자는 변신의 카프카〉(김현탁 연출)

자신으로 확장된다. 김현탁은 그레고르의 내면에 담긴 글을 쓰고자 하는 욕망이 일상의 의무적인 그의 삶과 격하게 충돌해 균열을 일으키는 지점을 '변신'의 순간으로 설정한다. 서사를 말이 아닌 역동적인 배우의 움직임으로 풀어내는 김현탁 특유의 연출은 이 공연에서도 예외가 아니다. 비교적 단출한 무대 위에서 간결한 소품을 다양하게 활용하는 방식 또한 눈에 띈다. 예를 들어 문을 앞·뒤·옆으로 이동시키며 문 안이 문 밖이 되고, 또 반대의 상황을 설정해 관객의 시점을 다양하게 변모시킨 점은 역동적 운동성이 강한 배우의 움직임과 어우러져 무대의 입체성은 물론이고 인물의 내면, 그리고 극적 상황까지 입체적으로 시각화한다. 그러나 이 공연이 다른 〈변신〉 공연과 결정적으로 차별화되는 지점은 마지막 장면이다. 원작과 달리 김현탁은 그레고르가 비참하게 죽는 것으로 설정하지 않고, 비로소 '작가'로서 변신하게 되는 긍정적 결말을 제시한다. 실제로 김현탁은 자신의 공연이 "결국 원작 소설은 카프카가 이 모든 현실적 삶에서 떨어져 나가 온전히 자유인이 되는

이야기"라고 밝히고 있다. 다시 말해 이 공연에서 김현탁이 진정으로 주목한 '변신'은 주인공을 극단적 소외와 절망을 안겨주어 결국 죽음으로 몰아가는 계기가 아니라, 그것을 넘어서서 진정한 자신을 찾게 되는 제2의 '승화된 변신'이다. 김현탁은 그 특유의 연극미학을 바탕으로 중간중간 기존에 자신이 연출했던 작품들의 일부를 가져와 콜라보를 하기도 했다. 하지만 배우들의 압축된 밀도의 움직임을 연극적으로 부각시키기에는 남산예술센터의 공간은 너무나 컸다. 그 결과 배우들의 거친 숨소리와 땀, 격하게 반복되는 동작 속에서 소진해가는 몸의 에너지들을 관객들이 감각적으로 느끼고 소통하기에는 매우 한계가 있었다.

　카프카의 『변신』 외에 국내 연출가들로부터 주목을 받았던 소설은 『소송』이다. 이 작품은 어느 날, 그것도 자기 생일날 아침 영문도 모른 채 체포당한 요세프 K.가 자신의 무죄를 입증하기 위해 '법'을 상대로 1년 동안 지난하고 무의미한 싸움을 하는 과정을 담고 있다. 하지만 법은 실체가 없다. 아니 존재하는지의 여부조차 불투명하다. 보이지 않으면서도 시간이 갈수록 자신의 삶 전체를 지배하는 이 '법' 앞에서 요세프 K.는 점점 더 부조리하고 무력한 상황 속으로 빠져든다. 그리고 그것은 결국 자기 생일을 하루 앞두고 자살하는 결말로 이어진다. 카프카는 이 부조리하고 그로테스크한 주인공의 상황을 간결하고도 짧은 문장으로 풀어낸다. 더군다나 카프카는 주인공의 내면을 법원은 물론이고 변호사의 집 등 불가해하고 답답한 공간에 대한 치밀하고 세세한 묘사를 통해 간접적으로 형상화하고 있다. 그런 이유로 이 소설은 유독 연출가들의 호기심 및 도전 의지를 자극하지만, 무대라는 한정된 공간 속에 연극의 언어로 구축하기가 결코 쉽지 않은 작품이다.

　1988년에 이윤택이 연출한 〈시민K〉(부산가마골 소극장, 1988 1.24~2.21)는 주인공 요세프 K의 절규와 비명의 언어를 통해 "군사정권이 언론 난립을 정리한다는 명분으로 민주 언론사들을 무자비하게 폐지했던 80년대의 폭거정치를 배경으로 한 작품"[3]이다. 입체 무대를 바탕으로 다양한 조명과 음향을 사용함으로써 극적인 효과를 극대화했다는 평가를 받았던 이 공연은, 심문, 고문, 감옥, 범정, 석방 장면을 아우르는 수사극 내지 재판극의 구조를 차용해 특유의 극적 긴장감을 높인 데다가, 중간중간 그로테스크한 침묵의 요소를 삽입해 그 효과를 높였다. 전통적인 서사적 재현 기법을 지양하고 보고와 독백 등의 거리두기 기법을 사용해, 지식인의 위선과 무기력, 권력의 횡포와 허구성을 날카롭게 비판했다. 특히 주인공이 자명종 소리를 듣고 잠에서 깨는 장면을 극의 처음과 끝에 배치하는 순환적 구성 방식은 연출이 카프카를 통해 한국의 관객과 공유하고자 했던 강렬한 사회비판적 메시지 내지 경종을 담아냈다. "한국 사회의 정치조작술의 극단"을 보여주면서 "K의 민주시민적인 행위를 반체제적인 범죄로 쉽게 조작해가는 사회구조를 조명"했다는 평가를 받기도 했고,[4] 당시로서는 매우 실험적이고 과감한 형식을 구현했음에도 불구하고 문어체투의 대사를 극복하지 못한 점은 아쉬움으로 남았다.

구태환이 연출했던 〈심판〉(학전블루, 2007.10.19~11.25)은 앙드레 지드의 각색을 대본으로 가져온 것으로, 3년 후인 2010년에 다시 한 번 공연되었다. 자기 생일날 아침에 영문도 모르고 체포된 요세프 K.가 실체도 없는 '법'에 맞서 자신의 무죄를 입증해나가는 과정을 담은 이 작품은, 카프카의 어느 작품보다 다양한 해석의 가능성을 함의하고 있다. 무엇보다 작은 무대를 다양하게 활용하는 가운데 공간의 이동과 확대가 다양하게 연출되었다. 예컨대 2층으로 꾸며진 무대 양쪽 벽면엔 규격화된 사각형 철제 서류함이 빼곡하게 들어차 있다. 이것은 이 공간이 살아 있는 사람의 살아 있는 말 대신, 그 말들이 죽어 시체로 변한 문자만이 발언권을 가질 수 있

---

3   서연호, 『한국현대희곡사』, 고려대학교 출판부, 2004, 122쪽.
4   서연호, 앞의 책.

는 세계임을 상징적으로 암시한다. 계단을 내려오면 1층에는 정면에 10개, 양쪽에 3개씩 모두 16개의 문이 달려 있다. 문과 벽 색깔은 탁하기 이를 데 없고 군데군데 뚫린 조그만 빈틈 사이로 간간히 빛이 들어올 뿐이다. 시공간을 짐작키 어려운 이 미로 같은 세계에서, 배우들은 때로는 가면으로, 때로는 긴 옷으로 얼굴과 몸을 가린 채 녹음된 음성으로 흘러나오는 똑같은 대사를 립싱크한다. 익명의 세계다.

"문지기가 서 있다. 시골에서 온 한 남자가 문지기에게 가서 법 안으로 들어가게 해달라고 부탁한다"로 시작되는 카프카의 「법 앞에서」는 그 자체로 독립된 단편으로 존재하면서 동시에 『소송』과 내적으로 긴밀하게 연결되어 있는 카프카의 작품이다. 극단 진동젤리의 〈법 앞에서〉(권은영 연출, 혜화동일번지, 2014.9.18~21)는 당시 자그마치 6년 동안 복직 투쟁을 벌이고 있던 콜트콜택 해고 노동자들이 등장하는 연극이다. 이들 외에도 카페 문을 연 지 8개월 만에 건물주가 재건축을 하겠다는 이유로 투자금도 회수하지 못한 채 가게를 비워줘야 했던 두 명의 임차상도 등장한다. "법으로 들어가게 해줘요." "안 된다면 안 되는 거지, 말이 많아." 연극은 '법 앞에서' '법 안으로' 들어가는 이들과 이들을 막는 문지기를 중심으로 법이 누굴 보호하고, 무엇을 지키는지를 해고 노동자와 임차인의 관점으로 새롭게 풀어냈다. 무대 중앙에 설치된 스크린에는 판결문과 법조문이 계속 흐르고 소송에서 패한 배우들은 그 앞에서 자신들의 이야기를 연기한다. 그 과정에서 법이 무엇이며 그 법이 인간을 어떻게 소외시키는가가

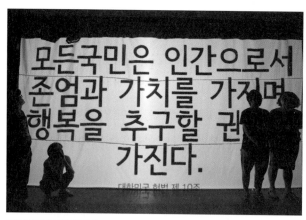

〈법 앞에서〉(극단 진동젤리)

드러난다. 무대에서 배우들은 관객에게 법이 평등한지 묻는다.

임도완이 연출한 사다리움직임연구소의 〈카프카의 소송〉(2015.5.15~5.31, 대학로 예술극장 대극장)은 책상과 의자, 벤치 등을 오브제로 다양하게 적극 활용하는 가운데, 빛과 소리, 그리고 여기에 다시 배우들의 신체와 움직임을 덧붙여 기하학적이면서도 리듬적인 장면들을 연출한다. 그러나 양식적으로 반복되는 동작과 이미지 중심의 연출은 원작이 갖고 있는 깊이를 구현하기에는 다소 한계가 있어 보인다. 분명 법이 현대인의 부조리한 삶 전체를 아우르는 실존적 개념임에도 불구하고 제도적 의미의 법으로 한정된 점은 아쉽다. 그 과정에서 변호사나 티토렐리, 레니 등의 존재가 모호하게 처리된 점 또한 아쉬운 점이다.

## 3. '인간됨'을 지우는 '돈'에 대한 비판 : 뒤렌마트, 〈노부인의 방문〉

〈노부인의 방문〉은 1955년에 희곡으로 발표, 이듬해인 1956년에 취리히 샤우슈필하우스에서 초연되었다. 당시 엄청난 성공을 거두면서 바젤과 파리는 물론이고 뉴욕에서도 잇달아 공연되며 대번에 프리드리히 뒤렌마트(Friedrich Dürrenmatt)에게 작가적인 명성을 안겨주었다. 정작 뒤렌마트 자신은 이 작품을 가장 아끼는 작품으로 꼽지는 않았지만, 전후 대부분의 독일 작가들이 아우슈비츠와 히로시마의 원폭 문제를 재현하는 것에 매달리거나 철저하게 침묵했던 것과는 달리, 연극이 어떻게 세계와 세계 속의 인간을 표현할 수 있을 것인가의 문제를 고민했다는 점에서 매우 의미 있는 작품으로 간주되고 있다.

〈노부인의 방문〉은 우리나라를 비롯한 많은 나라에서 지난 60년의 세월을 넘어서서 지금까지 활발하게 공연되고 있다. 아마도 원작의 화두가 세계 경제의 틀이 자본주의를 넘어서서 후기자본주의, 즉 21세기 시장자본주의의 고삐 풀린 욕망과 결부되면서 어느 때보다 설득력 있게 다가오기 때문일 것이다. 지금까지의 많은 연출자들은 한편으로 노부인이라는 존재, 그리고 정의를 사겠다는 그녀의 제안에 사람들의 의식 구조가 기형적으로 일그러지는 것을 표현하는 데에 초점을 맞추었다. 그리고 다른 한편으로는 남자 주인공 일이 어떻게 내적 각성에 이르는지, 그리고 그것이 아무것도 뉘우치지 못하는 퀼렌 시민들과 어떤 식으로 대비를 이루는지에 대해서도 주목하곤 했다. 물론 그 과정에서 사랑의 모티브 또한 심심치 않게 원작을 해석하는 새로운 코드로 작동하였었다.

우리나라의 경우 이 작품은 대학극을 비롯해서 상당히 여러 번 무대에 올랐지만, 특히 1994년에 독일 연출가 칼 메츠거(K. Metzger)의 연출로 국립극단에 의해 공연된 적이 있었다. 당시 이 공연에서는 특히 뒤렌마트의 희극성을 살리기 위해 브레히트의 소외 기법이 적극적으로 도입되었다. 대극장 무대를 단순한 직선 위주의 구조물로 처리하면서, 무대 바닥에 바퀴를 달아 장면을 효율적이고 신속하게 전환하였고, 회색과 오렌지색의 대비를 통해 빈부의 격차를 시각적으로 전달하고자 했다.

원영오의 연출로 공연된 〈노부인의 방문〉(예술의전당 자유소극장, 2005.1.21~30)에서 주인공 차하나시안 역은 김금지가, 일 역은 강태가 맡았다. 검은색의 화려한 의상을 입은 김금지는 그녀 특유의 울림 강한 목소리에 정적인 움직임을 대비시키며, 그녀가 퀼렌이라는 시에 대해 상징하는 공포와 불안, 그로테스크를 형상화했다. 이런 그녀의 모습에 강태기의 일은 창백한 얼굴에 확신 없는 몸동작, 당황스런 표정으로 응대하면서 명확한 대비를 이루었다. 하지만 이 작품은 후반부로 갈수록 복수극이 아닌 사랑의 이야기로 전환하며 멜랑콜리한 정서 속에 파묻힌다. 그 과정에서 돈과 권력, 위선이라는 자본주의 사회의 야만적 모습에 대한 치열한 문제 제기는 증발된다. 2009년에는 전주시립극단이 〈마춘자 여사의 고향〉이라는 이름으로 원작을 한국적으로 번안해 정진수의 연출로 공연한 바 있다. 금정마을에 갑부 마춘자가 찾아와 엄청난 돈을 마을에 기부하는 대가로 옛날 자신을 배반했던 오태균에 대한 복수를 한다는 내용이다. 여전히 정의와 선의 관계가 공연의 중심이었는데, 지나치게 장면 전환이 많고 비보이 그룹의 공연이 중간에 삽입되는 등 극적인 통일감을 저해하는 요소들이 많았던 것은 유감으로 기록되고 있다.

2011년에는 두산아트센터에서 이수인의 연출로 공연되었다. 이미 이수인은 뒤렌마트의 이 작품을 〈그녀가 돌아왔다〉라는 제목으로 여러 차례 공연한 적이 있었는데, 특히 2008년 공연에서는 샹송 가수 이미배가 내레이터가 되어 인물의 심리를 대변하는 노래를 라이브로 불러 콘서트적 구성을 취하기도 했다. 2011년 두산아트센터에서 공연되었을 때는 극단 떼아트르 봄날 특유의 기하학적이면서도 축약적이고 반복적인 신체적 움직임을 가미해 퍼포먼스성을 강화한 점이 돋보인다. 그러나 정작 원작에 대한 치밀한 해석은 상대적으로 부족했다. 사회적 맥락이 전면에 드러나지 않은 채 극의 후반부로 갈수록 차하나시안과 일의 사랑과 이별, 연민과 복수의 코드로 상황이 축소되는 느낌이다. 그 맥락에서 인물과 상황이 단편적인 이미지들로 처리되면서, 극적인 갈등이나 내면이 인간적 차원을 넘어 사회적 차원에서 구축되는 것까지 나가지 못한 채 단순히 배열, 배치되는 아쉬움이 있었다.

뒤렌마트 코미디 핵심은 일상적인 대상이나 가치에서 벗어난 그로테스크한 비유들이 합리적인 가치들과 충돌하면서 빚어내는 강한 패러독스, 즉 경험적인 개연성의 법칙에 따라 행동하는 인간의 이성이 순간적으로 무력화되어버리는 독특한 상황이다. 뒤렌마트의 원작에서 가장 중심이 되는 것은 두 남녀 주인공의 사랑과 배반, 복수의 여정을 넘어서서 모든 도덕 개념 및 인간의 판단 능력이 상실되어버리는 총체적인 파국의 상태다. 물론 그것은 결국 돈이 모든 것을 지배하고 좌우하는 자본주의 사회에 대해 작가가 던지는 냉소적인 일갈로서, 심지어 21세기 오늘날 시장자본주의 사회의 비인간적이고 비윤리적인 시스템에 대한 문제 제기와도 잇닿아

212
·
213

독일 문학 및 희곡에서 찾아낸 한국 연극의 화두

있다. 그럼에도 불구하고 우리나라에서 공연된 대부분의 작품이 사랑에 버림받은 한 여인의 복수만을 지나치게 부각하면서, 정작 작가가 원했던 비판적 거리감을 제거하고 감상적 멜랑콜리의 구도 속으로 관객을 끌어들이곤 했다는 것은 아쉬운 일이 아닐 수 없다.

## 4. 한국의 정치권력과 제도에 맞서기 : 하이너 뮐러

하이너 뮐러(Heiner Müller)는 제2의 브레히트라 할 정도로 주제적으로도 그렇고 형식적으로도 한국 연극에게 커다란 매력으로 작용했다. 유년 시절 그가 겪은 파시즘과 2차 세계대전의 참상, 그리고 독일 분단 및 동독 사회주의 시스템에 대한 실망감은 인간의 실존 문제에서부터 정치, 역사적 문제에 이르기까지 그의 작품의 폭넓은 스펙트럼을 형성하고 있다. 한국 연극은 폭력과 테러, 살인의 형상을 담고 있는 그의 작품에서 군사적 독재정권을 향한 날카로운 비판의 언어를 발견했고, 그런 왜곡된 폭력 속에 내던져진 우리의 부조리한 죽음의 형상을 발견했다.

1990년 3월에서 5월까지 현대극장은 '연극계 불황 터널'을 뚫고 연극계에 새로운 바람을 불어넣겠다는 목적으로 당시 젊은 연출가 김광림, 김아라, 기국서, 이윤택에게 무대를 맡긴 바 있다. 이때 이윤택이 공연한 것이 바로 〈청부〉인데, 이는 하이너 뮐러라는 독일 작가가 국내에 처음 소개되는 계기가 된 동시에 한걸음 더 나아가 '정치극'에 대한 새로운 패러다임이 제시되었다. "연극성이란 것이 일관된 하나의 사건이나 일관된 구성의 함축적 완결성이라는 메타포에서 자유로워져야" 한다고 생각했던 그는[5] 이 공연을 통해 다른 무엇보다 독일 희곡 특유의 육중함과 과

---

5  이윤택, 〈청부〉 연출노트, 『현대연극』, 대학로극장 비정기 매거진, 1990.4.

묵을 기반으로 박진감과 운율을 잘 조화시켰다는 평가를 받았다. 예컨대 총성, 군화 소리, 새장 속에 갇혀 죽어가는 흑인 여자 노예의 절규와 더불어 주인공의 대화를 시종 스타카토와 포르테시모로 몰아가며 극적 긴장의 완급을 훌륭하게 조절해 낸 것은 당시로서는 보기 드문 과감하고도 새로운 연출이었다.

2000년 채승훈이 연출한 〈햄릿 머신〉(씨어터 제로, 2000.3.9~4.19)은 '경악의 미학'으로 불리기도 하는 하이너 뮐러의 연극 세계를 과감하게 구현한다. 검은 휘장이 쳐진 무대 위에는 뒤편으로 높다란 제단이 있고 촛불이 켜져 있다. 무대 앞에는 시체가 있다. 죽음의 색채가 짙게 드리워진 무대 위로 심철종이 느리게 등장한다. 원작이 동독 사회주의 정권을 비판했다면 채승훈의 이 공연은 지난 군사정권 아래의 한국 사회의 지배 구조 및 여전히 계속되는 사회적 불합리에 대한 통렬한 비판을 담고 있다. 작은 극장이 행위예술가 심철종이 입장할 수 있는 통로만 남기고 관객으로 가득 찰 만큼 관객의 반응은 뜨거웠다. 대담한 누드는 오히려 불쾌감과 잔혹함을 증가시키면서 권력에 대한 더없이 직접적이고 감각적인 비판을 가하는 장치로 부각되었다. 하지만 전체적으로 공연은 파격적인 뮐러의 무대언어를 소화하기에는 부족했다. 주인공 햄릿(심철종 분)의 계속되는 독백적 대사들은 지루하게 나열되는 느낌이었고, 지나치게 잔혹함과 외설적 해석에 치우치느라 원작이 담고 있는 냉혹한 권력 비판의 감각은 정작 무뎌진 감이 있었다. 당시 평론계는 이 작품이 원작의 핵심이라 할 '경악의 미학'을 우리 연극계 수준에서 기존의 어느 공연보다 철저하게 실험했다는 점을 높이 평가했다.

2002년 3월 15일 대학로 단막극장에서 시작된 '하이너 뮐러 페스티벌'에서는 〈햄릿 기계〉(함형식 연출), 〈메데아〉(이자순 연출), 〈그림쓰기〉(정세혁 연출), 〈낯선 프롤로그〉(기국서 예술감독)가 공연되었다. 이 페스티벌에서 〈햄릿기계〉를 공연하며 역사의 고리에 갇힌 지식인의 악몽을 형상화한 연출가 함형식은 다음과 같이 말하고 있다.

> 뮐러의 대본은 지문과 대사가 있는 전통적 희곡 형식이 아니라 에세이나 시처럼 쓰여
> 있습니다. 길어야 예닐곱 쪽에 지나지 않는 데다 난해하기 짝이 없어 무대화하기가 무
> 척 부담스럽지요. 하지만 얼마든지 새로운 해석이 가능하고 상상력을 자극하는 열린 텍
> 스트라는 점이 매력이기도 하지요. 서너 쪽 대본으로 일곱 시간 작품도 만들 수 있는 것,
> 그게 뮐러입니다.[6]

2011년 4월 1일, 연희단거리패는 게릴라극장에서 브레히트-하이너 뮐러 기획전
을 개최, 독일을 대표하는 세 명의 현대 극작가 브레히트, 하이너 뮐러, 마리우스
폰 마이엔부르크(Marius von Mayenburg)의 작품을 공연했다. 이윤택은 "브레히트가
제시한 연극과 현실의 관계에 대한 탐색은 하이너 뮐러에 이르러 거대 대중사회 속
의 개인에 대한 정체성에 당도"하였다고 말하면서, "전 시대적 이데올로기로부터
의 해방, 그리고 천민자본주의에 대한 해방"을 연극의 사명으로 삼은 이 두 작가를
통해 한국 사회를 성찰하고자 하는 것이 기획의 목표임을 밝힌 바 있다.[7]

이윤택은 2011년과 2015년 두 해에 걸쳐 〈햄릿기계〉를 연출했는데, 무엇보다 그
는 이 작품을 "논리적 이해가 아닌 극적 체험을 요구"하는 텍스트로 이해하고,[8] 질
서의 파괴를 시사하는 강렬한 이미지들을 곳곳에 배치했다. 오필리어가 엘렉트라
가 되는 것처럼 햄릿은 여자 옷을 걸치고 여성이 되는 등 인물들의 극중 성격이나
역할은 전복되고 해체된다. 실패한 남성 지배의 역사를 거부하며 새 역사를 쓰려는

---

6   함형식, 「〈햄릿기계〉 연출노트」, 공연 프로그램.
7   이윤택, 〈내 연극은 전선의 이쪽과 저쪽 그 사이, 아니면 그 위에 존재합니다〉, 아르투로 우이의 출
    세 공연 프로그램, 2011.
8   이윤택, 「진지한 놀이—하이너 뮐러와 〈햄릿기계〉에 대한 메모」, 공연 프로그램, 15쪽.

여성으로서의 절규이자 몸짓이다. 남성들은 그런 오필리어를 내버려두지 않는다. 거의 질식할 정도로 오필리어의 온몸을 비닐로 칭칭 감아놓는다. 그런데 이윤택은 여기에 장면을 하나 더 덧붙인다. 비닐을 뜯어내고 나온 오필리어가 도끼를 들고 무서운 눈빛으로 객석 앞을 지나 극장의 앞문 쪽으로 퇴장하는 장면이

〈햄릿기계〉(이윤택 연출, 게릴라소극장, 2011)

그것이다. 햄릿은 실패한 역사의 책임자이자 무력한 지식인이다. 이윤택이 오필리어로 하여금 무대 왼쪽 이젤 위에 있는 작가 하이너 뮐러의 사진을 찢게 하는데, 이것은 무기력한 지식인에 대한 난도질을 의미했다.

한편 1988년 혜화동일번지 페스티벌에서 공연되었던 극단 표현과상상의 〈그림 쓰기〉(1998)는 혜화동일번지 2기 동인이었던 손정우가 연출한 작품이다. 어느 여학생이 자신의 꿈을 그림으로 그린 것을 보고 하이너 뮐러가 쓴 이 작품 또한 그의 다른 희곡 못지않게 전통적인 희곡의 구성 방식을 완전히 해체한다. 한 사람이 그림을 관찰한다. 그림은 마치 흑백영화처럼 매우 정적이면서 전혀 생명력이 느껴지지 않는다. 영원히 떠 있는 태양, 철사로 묶인 구름, 공작인지 독수리인지 전혀 분간할 수 없는 어떤 새, 벽에 걸려 있는 새의 뼈대, 살인자의 미소를 띠고 있는 남자와 잔뜩 겁에 질린 여자 등, 하이너 뮐러가 언어로 묘사하는 그림의 이미지는 모호하고 기괴하다. 연출 손정우는 이 원작으로부터 크게 '폭력을 행사하는 자'인 남자와 '폭력의 희생양'인 여자, 그리고 마침내 '폭력에 의해 생산되긴 했지만 그 폭력을 정지시키는 자'인 아이라는 세 개의 축으로 구성된다. 폭력의 이미지로 가득한 이 연극은 극도로 단순한 조명을 써서 시각적이고 감각적인 폭력의 이미지성을 극대화했다. 또한 흑백으로 분칠한 배우들이 구현하는 악마성은 원작을 통해 우리 안의 모

습을 되비춰보는 효과적 장치로 활용되었다.

그 외 국내에서 공연된 하이너 밀러의 작품으로 주목할 것은 〈사중주〉로서 본래 이 작품의 원작은 프랑스 작가 쇼데를로 드 라클로(Choderlos de Laclos)의 편지소설 『위험한 관계』다. 유혹과 온갖 성적 유희로 가득 차 있는데, 밀도 있는 극의 전개가 유독 눈에 띈다. 작품의 배경은 종말의 분위기를 풍기는 '프랑스 혁명 전 살롱' 그리고 '제3차 세계대전 후의 벙커'다. 채윤일의 연출로 2011년에 이어 2015년 게릴라 극장 무대에 오른 〈사중주〉는 길게 놓인 테이블 하나와 의자 몇 개, 그리고 조그만 화장대와 거울이 전부다. 채윤일은 이 작품이 "성(性)만 난무할 뿐 사랑이 부재한 전후 세계를 야유"하고 있다고 말한다.[9] 연극은 3차 대전 직후 어쩌면 유일한 생존자일지 모를 두 남녀의 연극놀이로 펼쳐낸다. 여자(배보람)는 메르퇴유 후작부인이 되고 남자(윤정섭)는 발몽이 되지만 이야기가 전개되면서 성(姓)을 바꿔가며 역할극을 펼친다. 모든 인물이 자살하거나 살해당하거나 죽어가는 욕망과 파멸의 드라마다. 메르퇴유는 발몽이 되기도 하고, 자신의 젊은 조카딸 세실이 되기도 한다. 발몽 역시 자신이 사냥감으로 점찍은 정숙한 투르벨 부인으로 변신해 메르퇴유가 연기하는 자신과 대결한다. 2인의 남녀가 각각 욕망의 희생물인 다른 두 여성을 연기함으로써 결국은 네 명이 연주하는 4중주가 되는 것이다. 결국 서로 가면을 쓰고 존재하는 남성과 여성의 성 싸움은 파멸로 끝난다.

## 5. 기타, 한국 무대의 독일 희곡들

페터 한트케(Peter Handke)의 희곡으로 극단 76이 최근까지 재공연을 거듭한 〈관객

---

9  채윤일, 「냉소적인 웃음 속에 드러나는 절망적인 세계관」, 〈사중주〉 공연 프로그램, 2011.

모독〉을 비롯, 더 멀리로는 괴테와 실러의 고전주의 희곡들부터 독일 안에서도 가장 주목받고 있는 젊은 작가 중 하나인 니스 몸-스토크만(Nis-momme Stockmann)의 〈The Power〉에 이르기까지 한국 연극 안에 수용된 독일 희곡의 지형은 상상할 수 없을 만큼 넓다. 앞서 언급했듯 독일 희곡은 그들 현대사의 남다른 특수성으로 인해 일찌감치 한국 연극의 호기심의 대상이었으며, 특히 전통적인 드라마성을 직간접적으로 해체하고 재구성하는 글쓰기 방식은 국내 작가들에게도 생산적인 지향점이 되고 있다. 이런 과정 속에서 수용된 작품들을 가능한 한 모두 열거하고 제시하는 것이 좋겠지만, 다음 두 작품을 소개하는 것으로 마무리를 하고자 한다.

2011년 초연에 이어 2012년 재공연된 마리우스 폰 마이엔부르크(Marius von Mayenburg)의 희곡 〈못생긴 남자〉(윤광진 연출)은 '단지 못생겼다는 이유 하나'로 능력을 인정받지 못하는 것을 억울해하던 사내가 성형수술을 받고 일순간에 세간의 주목을 받아 성공가도를 달리게 되는 이야기다. 희곡의 표면을 얼핏 훑는다면야 그 내용이 자칫 진부해 보일지도 모른다. 게다가 작가가 설정한 상황이라는 것들이 개연적이기보다는 지나치게 과장되어 있어 차라리 일종의 현대판 우화처럼 보이기도 한다. 하지만 이 희곡 안에는 현대사회의 모든 병적 징후와 불안들이 참으로 서늘하게 깔려 있다. 소위 '외모지상주의', '실적지향의 과도한 경쟁주의', '물질만능주의'와 '정체성 상실' 같이 제법 익숙한 용어들에서부터 '복제'와 '가상', '시뮬라크르'처럼 자못 비판적인 철학 개념도 연상된다. 성형을 통해 복제된 가짜들 속에서 심지어 그 스스로도 누가 진짜이고 가짜인지 구별하지 못한 채 혼란과 절망에 빠지는 주인공의 모습은 비극적이다. 무대 위에는 길이 360센티미터, 폭 50센티미터, 높이 90센티미터의 바퀴 달린 기다란 철제 테이블 하나만 놓여 있다. 80여 분의 시간 동안 주인공 레테 역을 맡은 배우를 제외한 세 명의 배우들은 이 테이블을 다양한 용도로 활용하며 여덟 명의 인물로 쉬지 않고 분할되고 넘나들기를 반복한다. 배우들은 이 테이블을 객석을 향해 나란히, 아니면 직각이나 사선으로 그 위치를 바꿔가면서, 무대 공간을 사무실, 병원, 컨퍼런스 홀, 호텔방, 침실 등으로 변환시킨다. 이때 철제라는 차가운 금속성에서는 그것이 수술대로 쓰여질 때는 물론이고, 사무실 테이블이나 심지어 인물들이 사랑을 나누는 침대로 활용될 때조차도 이 연극이 보여주려는 현대사회의 냉혹한 삶의 질감이 묻어난다. 이 공연에서 네 명의 배우들이 이 공연에서 보여준 미덕은 특정 역할을 사실적으로 충실하게 재현해내는 기술이 아니라, 바로 역할에서 역할로의 순간적으로 변환하는 그들의 능력이다. 그것이 바로 이 공연만이 갖고 있는 고유한 리듬감을 만들어낸다. 몇 개의 장면을 제외하고는 거의 모든 장면에서 전혀 음악을 사용하지 않은 것이나, 아주 몇 개의 기본 조명만을 이용해 공간적 분위기를 만들어냈던 것도, 오직 역할과 역할, 상황과 상황을 넘나드는 배우들 연기의 독특한 리듬감을 보다 부각시키기 위한 효율적 방법이다.

〈못생긴 남자〉로 평단은 물론이고 일반관객들로부터 좋은 평가를 받은 윤광진은 2013년, 롤란드 쉼멜페니히(Roland Schimelpfennig)의 〈황금용〉으로 제6회 대한민국 연극대상 최우수작품상, 연출상, 한국연극평론가협회 선정 '올해의 연극 베스트3', 월간 『한국연극』 선정 '연극 베스트7', 제15회 김상렬 연극상까지 그야말로 그 해 한국 연극계에서 다시 한 번 주목을 받았다. 황금용에서 일하는 젊은 중국인 요리사는 치통을 앓지만 치과에 갈 수 없다. 불법 체류자이기 때문이다. 치통은 점점 심해지고 동료 요리사들이 스패너로 충치를 뽑아주지만 중국인 청년은 결국 과다 출혈로 죽는다. 동료들은 밤에 그의 시체를 황금용 카펫에 말아 강물에 던져버리고, 그의 시신은 강물을 타고 지구를 돌고 돌아서 그의 고국인 중국 해안에 도달할 것이라는 환상적인 결말을 맺는다. 전부 48개의 짤막한 장면들로 이뤄진 이 작품은 중국인 불법 체류자를 예로 들어 세계화의 비참함을 보여주고 있다. 무대 위에는 30센티미터 높이의 정사각의 대가 전면에 설치되어 있고, 무대의 좌우에는 배우들이 앉을 의자 및 철제 조리대가 놓여 있다. 장면 전환은 조명을 바꾸는 것으로 대치되었다. 연극은 도입에 베짱이 한 마리가 깡충깡충 뛰어 들어오는 장면으로 시작한다. 조명이 바뀌면 철제 조리대 주변에 다섯 명의 남녀 요리사가 크고 작은 프라이팬을 들고 요리를 만드는 장면이 보이고, 향후 식당 손님인 항공사 여승무원 역, 개미와 베짱이 역, 노인과 손녀딸 역, 줄무늬 옷을 입은 젊은 남자와 빨간 원피스를 입은 젊은 여자, 웨이트리스, 바비퍼커 등의 역을 다섯 배우가 번갈아 해낸다. 독특한 점은 나이와 상관없이 나이 든 남성이 젊은 여성으로 출연하거나, 나이 든 여성이 젊은 남성으로 출연해 무대 위에서 의상을 바꿔 입고, 장면 변화에 대처한다는 것이다. 희곡이 전통적인 서사를 재현하는 방식을 벗어난 에피소드식 구성인 데다가 한 배우가 동시적으로 또는 연속적으로 복수의 역할을 수행해야 하는 등, 지극히 포스트드라마적인 희곡이다. 하지만 배우들의 밀도 있게 짜여진 연기는 희곡이 무대를 향해 요구하는 것을 정확히, 그리고 매우 역동적으로 풀어냈다.

## 6. 한국 연극 속, 독일 희곡이 함의하는 것

앞에서도 말했지만, 독일 희곡의 몸통 위로는 괴테와 실러의 바이마르 고전주의에서 숭고와 우아함이라는 이름으로 정점을 찍은 근대적 이상주의가 배어 있다. 더불어 현대라는 공간 안에서는 20세기 이후 그들의 격동적인 역사의 흐름 속에서 연극의 역할이 무엇인지, 그것을 서술할 연극의 언어가 무엇인지에 대해 고민에 고민을 거듭한 실천의 흔적들이 담겨 있다. 그에 못지않게 격동적인 현대사의 시간을 지내왔던 한국의 연극이 이들에게서 모종의 연대의식 내지 모범적인 해결의 사례를 찾았던 것은 과언이 아니다. 특히 1980년대 이후 독일 희곡이 그 어느 때보다 한국 무대에 자주 소개된 것도 그러한 맥락이다. 독일 희곡은 채 극복되지 않은 독재의 트라우마, 시장자본주의의 침입, 그로 인한 빈부격차와 소외의 문제 등 한국 사회 안에 겹겹히 쌓인 문제들에 대한 객관적이고 비판적인 시선의 틀을 마련해주었다. 그리고 그것은 권력과 자본, 인간의 욕망에 대한 날카로운 일침으로 한국희곡이 소재적 영역을 확장하는 계기가 되었고, 전복과 해체라는 탈근대적 서술방식으로 역시 한국희곡의 형식적 영역을 확장시켰다.

지난 세기 말 이후 독일 희곡은 드라마적 텍스트에서 '더이상 드라마적이지 않은' 텍스트로 그 중심을 조금씩 옮겨왔다. 이는 '연출연극'이라는 독일 연극 특유의 미학에 부응하는 희곡 스스로의 자기 모색이라고 할 수 있다. 독일 희곡 안에서 행해지는 새로운 담론들이 향후 한국 연극 안에서 우리의 방식대로 수용, 발전되기를 기대하는 바이다.

# 한국 현대 무대의 중국 연극

■ 사실주의 수용에서 중국 고전희곡의 재창작까지

오수경

## 1. 중국 근대극의 흐름과 현황

중국의 서구 근대극 수용 역사도 우리와 비슷하다. 동경 유학생들로부터 신극 운동이 전개되었고, 일본을 통해 서구 근대극을 만나면서 새로운 연극 인식이 수립되었다. 그 후 입센을 비롯한 사회문제극이 계몽의 기치 아래 큰 영향을 미쳤다. 그러나 우리와 달리 중국에서는 풍부한 전통극이 막강한 영향력을 떨치고 있었으므로, 신극에 대해 이를 구극이라 부르며 그 봉건성을 집중 공격하였다. 이로써 신극은 반봉건의 신문화 건설을 위한 계몽 운동으로의 의미를 띠었고, 신극은 창을 하지 않는다 하여 '화극(話劇)'이라 불렀다. 사회의 병폐를 파헤치고 고발하는 문제의식이 초기 신극 운동의 중요한 지향이라면, 구극의 양식화된 연기와 달리 사실적 연기를 구사하는 '재현(再現)'의 미학이 새로운 연극의 또 다른 지향이었다. 그 이정표적인 작품이 1930년대에 나온 〈뇌우(雷雨)〉이다. 그 후 사회주의 예술을 선도했던 소련 연극의 지대한 영향 아래, 스타니슬랍스키 체험연기론을 수용하면서, 신극

100주년을 훌쩍 넘긴 지금까지 리얼리즘은 중국 연극계의 주류 사상으로 자리 잡고 있다. 다만 신중국의 연극은 '사회주의 리얼리즘'이라는 문예정책 아래 점차 비판 의식이 거세되고 표현 양식으로 축소된 리얼리즘 전통을 이어오고 있다.

그러나 반세기가 넘는 사회주의 체제에도 불구하고 중국은 긴 역사를 통해 축적해놓은 전통을 완전히 떠날 수 없는 듯 보인다. 항일과 혁명의 선전을 위해 마오쩌둥이 '민족 형식'을 불러낸 이래 수시로 '민족'과 '전통'을 호출하고 있다. 근자에 유네스코의 무형문화유산 등재와 연관하여 순수 예술뿐 아니라 민간신앙과 제의까지도 국가무형문화유산으로 보호하는 조치를 취하고 있다. 연극에서도 '전통극 현대화'와 '화극 민족화(중국화)'는 가장 중요한 구호이다. 화극 민족화의 이정표적인 작품으로 1950년대의 〈찻집(茶館)〉과 1990년대의 〈천하제일루(天下第一樓)〉를 들 수 있다. 문화대혁명 시기는 '전통극 현대화'가 극단을 달린 시기, 권력이 전통을 무기 삼아 문화를 말살시킨 시기였다. 문혁이 끝나자, 중국 연극에 다양성이 살아났고, 실험극이 나타났으며, 리얼리즘의 정신이 되살아나기도 했다. 그러나 천안문 사태 이후 중국에서는 다시 사상적인 통제가 강화되었고, 자본주의 시장경제의 수용과 함께 상업 연극이 이념 선전 연극과 함께 주류로 부상하고, 실험적 독립 연극은 더욱 위축되고 있다.

이러한 중국 근대극의 흐름을 기초로 본문에서는 한국 연극과 중국 연극의 만남을 조감하고자 한다. 서구 연극을 학습하며 연극 개념을 확대해가던 동시대 한국 무대에서 중국 연극은 소외된 영역이었으나, 나름 의미 있는 공연들도 있었기에 그 성과들을 살피려 한다. 그 만남의 양상을 리얼리즘의 수용, '신시기'[1] 연극과의 조

---

1   중국은 1911년 신해혁명 이후 1949년 신중국 건설까지를 '현대', 신중국 이후 시기를 '당대'라고 한다. '당대'는 다시 1949년부터 1966년까지를 '17년 시기', 1966년부터 1976년까지를 '문혁 시기', 문

우(遭遇), 각색을 통한 중국 고전희곡의 재창작으로 나누어보았다. 수용이 실제로 학습의 효과와 그로 인한 분명한 영향을 인정하는 것이라면, 조우는 직접적인 영향보다는 만남을 통한 상호 이해와 탐색을 말한다. 각색을 통한 재창작은 중국 고전희곡의 가치와 가능성을 발견하고 현재 우리의 무대로 재창작하는 것을 말한다.

본서의 기획이 주로 현대극 무대를 염두에 둔 것이므로 중국 전통극 양식은 다루지 않았다. 시기적으로는 우리와 중국의 실질적으로 의미 있는 만남이 발생한 해방 공간부터 다루었다. 중국 연극의 범주도 홍콩과 대만 등을 제외한 중국 본토의 연극을 중심으로 다루었다. 21세기에 들어 한중 교류가 다변화되면서 지역간 교류가 확대되었으나, 본문에서는 서울 지역 공연을 중심으로 다루었다.

## 2. 중국 리얼리즘 연극의 수용 : 〈뇌우〉에서 〈천하제일루〉까지

중국의 서구 연극 수용은 우리와 비슷하게 일본을 거쳐 시작되었고, 신파극과 사회문제를 다룬 번역극을 거쳐 리얼리즘 연극이 확립되었다. 중국 리얼리즘 연극의 이정표로 꼽히는 것이 차오위의 〈뇌우〉와 라오써의 〈찻집〉인데, 그중 〈뇌우〉는 해방 공간의 우리나라에 수용되어 우리나라 리얼리즘 연극 확립에도 중요한 역할을 했다.

차오위는 본명이 완쟈바오(萬家寶)로, 1910년 톈진에서 출생하였다. 난카이중학 시절 난카이신극단에 참여했고, 난카이대학 시절 입센의 〈인형의 집〉 공연에서 노라 역을 맡기도 했다. 칭화대학으로 옮겨 본격적으로 서양 연극을 공부하며, 1933

---

혁 이후 개혁 개방 시기를 '신시기'라고 한다. 董健 · 胡星亮 주편, 『中國當代戲劇史稿』, 中國戲劇 出版社, 2008.

년에 〈뇌우〉를 집필했다. 이때 필명 차오위를 쓰기 시작했다. 소설가 바진(巴金)의 추천으로 이듬해 『문학계간』에 발표되었다. 1935년 먼저 도쿄에서 중화화극동호회에 의해 초연되었고, 그해 톈진 구승(孤松)극단에서 중국 초연이 이루어졌다. 그 후 직업극단인 중국여행극단이 톈진, 베이핑, 상하이, 난징 등지를 순회하며 수준 높은 공연을 보임으로써 작품의 영향력을 크게 확대하여, 당시 전통극 극단들까지 극종마다 〈뇌우〉 버전을 갖고 있었다 한다.[2] 이어 〈일출(日出)〉(1936), 〈원야(原野)〉(1937), 〈태변(蛻變)〉(1939), 〈북경인(北京人)〉(1940)을 창작했고, 항일 전쟁 시기 피난 중 충칭에서 바진의 소설 〈집(家)〉을 희곡으로 각색했다. 1949년 중화인민공화국 성립과 함께 문화예술 단체에서 활약했고 그 후 중앙희극학원 부원장, 베이징 인민예술극원 원장 등을 역임했다. 1933년부터 1945년까지 격동의 시기가 그의 창작의 황금 시기였고, 그의 작품들로 인해 중국 근대극은 탄탄한 기초를 다졌다.

〈뇌우〉는 곧 우리나라의 해방 공간에도 소개되어 수차의 공연이 이루어져서, 우리 공연사에서도 중요한 의미를 갖는다. 1946년 낙랑극회에 의해 초연된 이래 국립극단이 1950, 1988, 2004년에 공연을 제작했으며, 2012년에는 중국 따렌화극원의 〈뇌우〉가 공연되기도 했다. 첫 번역인 김광주(金光州) 역 『뇌우』 한국어판(宣文社, 1946)이 출판된 이래, 최근 오수경의 『뇌우』(민음사, 세계문학전집 344, 2016)까지 가장 많은 번역본이 출간된 작품이기도 하다.[3]

1946년 7월 5~11일 극단 낙랑극회가 국도극장에서 이서향 연출로 〈뇌우〉를 처음 한국 무대에 소개했으나, 리얼리즘의 정수를 소화하기에 역부족이어서 그리 큰

---

2   오수경, 「〈뇌우〉 해설」, 『뇌우』, 민음사, 2016, 294쪽.

3   그 외 김종현 역(중앙일보사, 1989), 한상덕 역(한국문화사, 1996), 하경심, 신진호 공역(학고방, 2013) 등이 있다.

주목을 받지 못했다.[4] 그 후 혁명극장이 〈원야〉를, 1947년 10월 신지극장이 〈태양이 그리워〉(원제 : 日出, 이진순 연출)를, 1950년 3월 여인소극장이 〈태변〉(박노경 연출)을, 6월 국립극단이 〈뇌우〉(유치진 각색·연출)를 공연했다.[5] 이상 차오위의 초기작 네 작품 모두 20세기 초중반 루쉰, 차오위 등 중국 현대소설과 희곡을 한국에 소개하는 데 큰 역할을 한 김광주의 번역에 의존했다.

가장 주목할 만한 공연은 1950년 6월 6일부터 15일까지 부민관에서 올린 〈뇌우〉다. 국립극장 설립 후 국립극단으로 재정비된 극단 신협(新協)이 〈원술랑〉에 이어 두 번째 올린 공연이었다. 조우푸위안 역 김동원, 조우핑 역 이해랑, 루구이 역 박상익, 루스핑 역 김선영, 루쓰펑 역 황정순 등 최고의 캐스팅에다. 장치를 맡은 김정환이 폭우가 내리는 장면을 사실적으로 구현한 것도 화젯거리가 되어 폭발적인 인기를 얻었고, 19일부터 23일까지 연장 공연되었다. 당시 40여만의 서울시 인구를 감안할 때 15일간 '7만 5천 명의 관객을 동원하였다'고 한 유치진의 언급은 과장된 것으로 보이지만,[6] 대단한 반응이 있었음에는 틀림없다. 당시 유계선과 더블캐스팅되어 조우판이 역을 맡았던 백성희는 "표를 사겠다는 사람들이 한 줄은 광화문 네거리까지, 한 줄은 덕수궁까지 이어졌다"고 증언했고, 조우푸위안 역을 맡았던 김동원은 "이 연극을 보지 않고는 문화인이 될 수 없다고 했을 만큼 지식인층의 호응을 받은 것도 우리 연극사에서 전무한 일이었다"고 회고하고 있다.[7]

---

4   윤일수에 의하면 낙랑극회의 〈뇌우〉는 1946년 7월부터 1947년 2월까지 네 차례에 걸쳐 서울과 대구에서 공연되었다. 윤일수, 「중국화극 〈뇌우〉의 한국공연 연구」, 『배달말』 37호, 2005, 373~374쪽.

5   김광주, 「비극의 연원」, 『경향신문』, 1950.6.3 ; 서연호, 『한국근대희곡사』, 고려대학교 출판부, 1994, 389쪽.

6   유치진, 『동랑유치진전집』, 서울예술대학교 출판부, 1993, 208쪽. 김남석은 이를 과장된 통계로 보았다. 김남석, 「〈뇌우〉 공연의 변모 과정에 대한 연구」, 『한국연극학』 22호, 2004, 118쪽.

7   김동원, 「국립극단 창단 전후」, 『〈태〉 공연 팸플릿』, 2000.4.

비록 유치진 연출본도 원작에서 상당 부분을 덜어내고 각색한 것이었지만, 대중 극단인 낙랑극회의 공연에 비해 사실주의 무대와 인물 심리 구현에 큰 성공을 거두었다. 치정극으로 흐르지 않도록 조우판이보다 루스핑의 비중을 강화하고 작품의 품위를 잃지 않도록 세심한 주의를 기울였다고 한다. 절제된 연기의 앙상블과 관객들이 집에 갈 때 우산 걱정을 하도록 만들 정도로 폭우를 잘 구현한 사실적 무대로, 〈뇌우〉 공연은 중국에서뿐 아니라 우리 연극사에서도 리얼리즘 연극의 확립에 중요한 기초를 닦았다. 6 · 25 전쟁 발발로 모두 피난길에 오르게 되었으나, 피난지에서도 〈뇌우〉가 공연되었다고 한다.[8] 정전 후 1954년 7월 18일에 시공관에서 유치진 연출로 재공연되었으나, 차오위가 중국 공산당 간부라는 사실이 알려지면서 연장 공연은 취소되었고 그 후 수십 년간 공연되지 못했다.

1988년 10월 16일부터 25일까지 국립극장 소극장에서 국립극단 134회 정기 공연으로 이해랑(李海浪) 연출의 〈뇌우〉가 다시 무대에 올랐다. 1950년 공연에서 조우핑을 맡았던 이해랑의 오랜 재공연 염원이 실현된 것이다. 중국의 개혁개방과 함께 해빙무드가 조성되었고 88 올림픽을 계기로 중국 작품의 공연이 암묵적으로 허용된 것 같다. 전설적인 〈뇌우〉의 명성과 백성희의 조우판이에 대한 기대로 상당한 관심을 모았으나, 1950년 유치진 각색본을 재각색한 이해랑 연출본은 예전과 같은 반향을 불러일으키지 못했다. 이미 '반봉건'의 주제가 시의를 잃었고, 조우판이의 성격을 이기주의적 욕망으로 해석한 조우판이 캐릭터도 다소 약했다. 그 후 2004년 국립극단 워크숍 공연에 이어, 4월 1일부터 7일까지 국립극장 달오름극장에서

---

8  유치진, 「운명극 〈뇌우〉—연출자로서」, 『경향신문』, 1954.7.18. 윤일수는 1950년 피난지 대구, 1951년 대구 · 부산 · 마산 · 진주에서, 1952년 서울 · 대구에서, 그리고 1953년 전라 지역에서 공연이 있었음을 밝히고 있다. 윤일수, 앞의 글, 384~386쪽.

이윤택 연출로 올려졌다. 가능한 한 삭제 없이 원작에 충실한 4시간짜리 공연으로, 경사 무대를 사용한 사실적인 폭우 효과와 심리적 리얼리즘을 구현하려는 연출의 열망이 강렬한 인상을 남겼다. 그러나 리얼리즘 구현의 열망이 시극(詩劇) 〈뇌우〉의 본질을 가려서, 리얼리즘 연극의 품위와 서정성을 놓친 아쉬움이 있었다.[9]

중국 연극의 리얼리즘 전통 가운데 '화극 민족화'를 대표하는 또 하나의 정전이 라오써의 〈찻집〉이다.[10] 중국 베이징의 한 찻집을 배경으로 청말부터 군벌 내전 시기를 거쳐 국민당 시기까지를 살아가는 소시민의 삶의 몸부림을 따뜻하게 그려내어, 서구 근대극의 모방이 아닌 중국적 사유와 중국적 감각이 살아 있는 근대극을 확립했다. 이는 실질적으로 뛰어난 리얼리즘 무대를 구현해내는 베이징인민예술극원(약칭 : 베이징인예)을 통해 확립되었다. 그래서 "베이징인예 연극학파"라고 불리기도 한다. 아직 국내에서는 이 〈찻집〉을 볼 기회가 없었다. 다만 1994년 제1회 베세토연극제에서 〈찻집〉의 '민족화' 전통을 잇는 대표작 〈천하제일루〉(허지핑[何冀平] 작, 샤춘[夏淳]·구웨이[顧威] 연출, 예술의전당 토월극장)를 만날 수 있었다.

베세토연극제는 1994년 김의경의 발의에, 중국 쉬샤오쭝(徐曉鐘), 일본 스즈키 타다시(鈴木忠志)가 호응하면서 창립되어, 한중 연극 교류의 물꼬를 틔워준 연극제다.[11] 〈천하제일루〉는 청말 베이징 오리요리집 푸쥐더(福聚德)를 배경으로 구습을 타파하고 경영 개혁을 이루는 내용으로, 자본주의 시장 경제 도입을 긍정하는 메시지를 담고 있다. "사실주의 연극의 깊이와 감동을 재확인시켜준 무대"라는 평론에 값

---

9   차오위는 「〈뇌우〉 서문」에서 "내가 쓴 것은 한 편의 시였다"라며, 〈뇌우〉의 본질을 '시'로 정의한 바 있다. 오수경, 「〈뇌우〉 해설」, 앞의 책, 297쪽.

10   오수경, 「찻집」, 『중국현대문학전집』, 중앙일보사, 1988.

11   BeSeTo演劇祭韓國委員會, 『BeSeTo演劇祭10年史』, 이응수 책임편집, 연극과인간, 2004.

〈뇌우〉(따렌화극원, 명동예술극장)

하는 베이징인예 배우들의 완숙한 리얼리즘 연기를 볼 수 있었다.[12]

　그 후 상하이화극원의 〈남겨진 아내(留守夫人)〉(1997), 따렌화극원의 〈삼월의 도화수(三月桃花水)〉(2000), 공정화극단의 〈패왕별희(覇王別姬)〉(2003) 등 베세토연극제 초기 초청작들이 리얼리즘 계열에 속한다. 노벨상 수상 작가 모옌(莫言)의 역사극 3부작 중 하나인 〈패왕별희〉는 전통극 〈패왕별희〉를 새롭게 해석하여, 비극 영웅 항우를 시인으로 그려낸 문학성이 뛰어난 작품이었다. 2012년 베세토연극제에서는 중국 리얼리즘의 정전을 만나기 위해 따렌화극원의 〈뇌우〉(명동예술극장)를 초청했다.

12　이미원, 「베세토연극제 : 동북아시아 지역문화의 블럭화 시대를 알리는 신호탄」, 『공연과 리뷰』 1994. 12, 74~78쪽.

이는 베이징인예의 리얼리즘 버전을 계승한 것으로, 조우판이에 중점을 둔 해석과 절제된 사실적 무대 두 가지 점에서 중국 리얼리즘극의 한 전형을 보여주었다.

## 3. 중국 '신시기' 연극과의 조우
### : 가오싱젠, 티엔친신 그리고 젊은 연출가들

1940, 50년대 〈뇌우〉를 비롯한 중국 작품의 수용은 우리 연극사에서 중요한 의미를 갖지만, 그 후 약 반세기 동안 중국과는 완전히 교류가 끊겼다. 1992년 한중 수교 후 양국의 연극 교류가 열리긴 했으나, 개별 공연 주체의 자발적 교류가 시작된 것은 경제적 가치 창출이 가능해진 최근의 일이다. 그런 의미에서 베세토연극제는 그 과도기에 한중 연극 교류의 중요한 창구 역할을 했다. 한국 작품의 중국 공연은 매번 대단한 호평을 받으며 중국 연극계에 한국 연극의 이미지를 확고하게 심는 데 큰 역할을 했다. 베세토 중국 초청작도 주류 리얼리즘에서 변화를 보이기 시작하여 왕옌숭(王延松) 연출의 〈원야〉, 궈샤오난(郭曉男) 연출의 〈선비와 망나니(秀才與劊子手)〉 등이 새로운 가능성을 보여주었고, 2015년에는 젊은 베세토로 세대교체한 베세토페스티벌에 황잉 스튜디오의 〈황량일몽(黃粱一夢)〉이 초청되어 전통과 현대의 만남을 보여주었다.

이러한 작품 성격의 다양화는 문혁 이후 개혁개방의 결과이다. 이들 '신시기' 연극은 서구의 다양한 현대 연극 사조들이 수입되고 용인되며 다양한 실험들이 나올 수 있었던 1980년대와 천안문 이후 다시 통제가 강화되며 수렴되기 시작한 1990년대, 그리고 2008년 성공적인 올림픽 개최로 중국이 소프트파워를 강조하기 시작하면서 문화산업에 힘을 기울이고 있는 시기로 나눌 수 있다. 우리나라에는 2000년 이후부터 소개되기 시작했다.

## 1) 가오싱젠의 〈비상경보〉, 〈버스정류장〉, 〈저승〉, 〈삶과 죽음 사이〉

2000년 노벨문학상 수상 작가인 가오싱젠(高行健, 1940~ )이 실은 중국 실험극의 기수였음이 알려지기 시작하면서, 그의 작품이 번역 소개되고 공연되기 시작했다.[13] 가오싱젠은 베이징인민예술극원 소속 극작가로 있던 1980년대 초기에 〈비상경보(絕對信號)〉, 〈버스정류장(車站)〉, 〈현대절자희(現代折子戲)〉, 〈독백〉, 〈야인(野人)〉, 〈피안〉을 창작했고, 1987년 망명을 전후하여 〈저승(冥城)〉, 〈도망〉을, 프랑스 망명 이후 〈삶과 죽음 사이(生死界)〉, 〈대화와 반문(對話與反詰)〉, 〈야유신(夜遊神)〉, 〈산해경전(山海經傳)〉, 〈주말사중주〉, 〈팔월의 눈(八月雪)〉, 〈죽음을 묻다(叩問死亡)〉 등을 창작했다.

〈비상경보〉가 구체적인 서사 구조를 지닌 작품으로 리얼리즘에 한 다리를 걸치고 있는 것을 제외하고 나머지 모든 작품들은 리얼리즘의 한계를 넘어 다양한 실험으로 나아갔다. 현실과 상상, 타인과 자아의 경계를 넘나들며, 인간 보편의 자아에 대한 진지한 성찰을 담고 있다. 〈버스정류장〉, 〈야인〉을 거쳐 〈피안〉에 이르면 사회와 개인의 문제로부터 본격적인 내면 탐구로 들어가기 시작하여, 〈저승〉, 〈삶과 죽음 사이〉에서 여성과 선 등의 연결 고리로 이어지고, 〈팔월의 눈〉에서는 선적 사유를 통해 동양 현대 연극의 한 모델을 제시한다. 그의 작품들을 관통하고 있는 예술 정신은 '자유'다. 그는 억압적 현실이나 고정관념, 죽음, 전통 등으로부터 끊임없이 자유를 찾아 유랑하는 자유인이다. 중국의 완고한 리얼리즘 연극 전통에서 벗어남은 물론, 많은 시사점을 통해 그의 연극론의 뼈대를 형성하게 해준 전통극의 고정된 스타일로부터도 벗어나려 한 데서 그의 자유 정신을 만날 수 있다.

---

13 『버스정류장』, 오수경 역, 민음사, 2002 ; 『피안』, 오수경 역, 연극과인간, 2008 ; 「밤의 노래」, 오수경 역, 『한국연극』, 2011.6.

국내에서는 2002년 극단 반도가 처음 〈비상경보〉를 원제 그대로 〈절대신호〉(주요철 연출)라는 제목으로 공연했다. 2006년에는 "가오싱젠 시리즈"로 〈비상경보〉와 〈삶과 죽음 사이〉(주요철 연출)를, 〈버스정류장〉(임경식 연출)을 공연했다. 〈비상경보〉는 재현과 표현, 서정과 서스펜스가 혼합된 매력적인 희곡인데 너무 많이 생략되어 아쉬웠다. 〈버스정류장〉은 기다림을 다룬다는 점에서 베케트의 부조리극 〈고도를 기다리며〉를 떠올리게 하지만, 부조리함 속에 일상 속의 서정을 담고 있다. 중국 어느 교외 버스정류장에서 사람들이 서지 않고 지나가버리는 버스를 기다리다 1년이 가고 10년이 흘렀다. 문혁을 떠올리게 하는 대목이다. 가오싱젠이 '다성부를 활용한 연극 실험'이라고 천명한 바 있듯이, 빈 무대에서 배우의 몸과 소리를 주된 표현 수단으로, 주선율과 부선율이 각기 소리를 내기도 하고 대위법과 화성법을 통해 조화를 이루기도 하며 교향악처럼 펼쳐지는 작품인데, 우리 공연에서는 다성부의 효과를 살리기가 쉽지 않은 것 같았다.

국내에서 본격적으로 가오싱젠의 작품이 공연된 것은 2011년 가오싱젠과 그의 벗들인 류자이푸(劉再復), Mable Lee, Noel Dutrait 등이 함께 한 '가오싱젠페스티벌, 서울2011'(예술감독 : 오수경)에서다. 그의 매우 다른 스타일이면서도 일맥상통하는 두 작품인 〈저승〉(아르코소극장)과 〈삶과 죽음 사이〉(국립극단 소극장)가 공연되었고, 강연과 연기 워크숍 등이 펼쳐졌다. 가오싱젠의 연극론과 연극관을 다양한 방식으로 확인할 수 있는 기회였고, 그에게는 한국 연극의 저력을 발견하는 자리였다.[14] 〈저승〉은 〈산해경전〉, 〈팔월의 눈〉과 함께 중국의 문화 코드가 선명하게 드러나는 작품으로, 2011년 한국 공연이 세계 초연임을 작가가 공인하였다.[15]

---

14 「가오싱젠 인터뷰」, '가오싱젠페스티벌, 서울2011'을 마친 후, 2011.6.2.
15 「작가의 말」, 『〈저승〉 팸플릿』. 1987년 홍콩무용단 장칭(江靑)의 의뢰로 간단한 무용극 대본으로 창

〈저승〉(박정석 연출, 아르코소극장)

　　〈저승〉은 『장자』 '호접몽' 대목의 주인공인 장주가 아내를 희롱하는 이야기다.[16]
오래 집을 떠나 수련하던 장주가 아내의 정숙을 시험하고자 자신의 상여를 보내 사
망 소식을 전하고 귀공자로 변신하여 아내를 유혹한다. 그 유혹에 넘어간 아내가
새 연인의 목숨을 구하려고 남편의 관을 부수려 하자 장주가 현신하여 그녀를 음탕
한 여인으로 규정한다. 믿었던 남편의 자작극에 통분하며 아내는 들고 있던 도끼로
스스로를 내리친다. 저승에 간 아내는 억울함을 호소하지만, 이승과 마찬가지로 죄

---

　　작되어, 1988년 무용으로 공연된 적이 있을 뿐이며, 그 후 두 차례의 수정을 거쳐 연극 대본으로 재
　　창작되었다.
**16** 〈관을 부수다(大劈棺)〉라는 전통극 레퍼토리로도 유명한 작품이다. 1995년 창무춤페스티벌에 초청
　　된 중앙실험화극단의 영어공연 〈장주, 아내를 시험하다〉도 같은 소재로 만든 소극장 연극이었다.

악과 권위가 판치는 저승에서도 억울함을 풀지 못하고 연옥에 떨어져 고통을 받는다. 〈저승〉에서는 이기적인 인간 장주의 어리석음과 이승과 판박이인 권위적인 저승 세계를 싸잡아 비판하지만, 저승에서도 여전히 억압당하며 해탈하지 못하는 여성의 운명을 다룬다. 마지막에 아내가 벌거벗은 채 무대 끝으로 굴러 나와 피범벅인 창자를 꺼내 씻는 잔혹하고 강렬한 장면은 〈삶과 죽음 사이〉, 〈팔월의 눈〉에서도 차용되어 여인의 비참한 운명과 가없는 한을 웅변해준다. 그러나 남자들과 여자들, 사람들로 이루어진 코러스는 인간의 죄와 한계, 남녀 간의 소통 불가, 언어의 무용함을 중얼거리며, 그녀를 타자화시켜 거리를 두고 그 존재를 바라보게 하고, 작품의 수미에 장주의 전지적 서술을 배치하여 초탈의 철학적 틀을 제시한다.[17] 박정석 연출로 극단 바람풀과 연극집단 반이 함께 한 〈저승〉은 전반의 매력적이고 해학적인 이승 장면과 후반의 그로테스크한 저승 장면이 강렬한 대조를 이루며 가오싱젠 희곡의 한국 무대 버전을 만들어냈다. 삼면 벽에 파이프로 얼기설기 엮은 구조와 뒷면 벽에 설치한 다리만으로 아르코 소극장의 무대 공간을 텅 비워, 동양 전통극의 빈 무대 미학을 살렸다. 벽면의 성근 구조 사이로 코러스들이 자유롭게 드나들며 극에 개입하는 서사극적 구조를 잘 구현해서 극중 서사에 대한 다층적 시선을 마련했으며, 우리 전통 연희와 탈, 변검 등의 특기를 활용하여 인물의 진실감을 배제하며 유희성을 증대시켰다.[18] 특히 앞 단락에서는 장주 역의 박상종과 아내 역의 천정하가 자유자재로 극중 인물과 해설자, 배우의 역할을 넘나들며, 가오싱젠이 제시한 배우의 삼중성, 즉 배우와 역할 그리고 전이의 중성 상태를 잘 드러내서. 그

---

17  장희재·오수경, 「〈저승(冥城)〉에 드러난 高行健의 작가 의식 연구」, 『중국어문학논집』 60호, 2010. 409~434쪽.

18  김소연은 연극의 유희성과 드라마트루기, 코러스 운용 등에서 이 공연의 미덕을 읽어내고 있다. 「돌을 던져 이야기를 열다―극단 바람풀 & 연극집단 반 〈저승〉」, 『한국연극』, 2011.7.

의 '중성배우론'을 확인할 수 있었다.[19] 저승 장면은, 이승과 마찬가지로 불합리하고 불공정한 저승 세계를 통해 그 부조리함을 강조하고 욕망에서 벗어나지 못하는 인간의 한계를 말하기 위해서, 그로테스크한 표현을 지향했다.[20] 가오싱젠에게 〈저승〉은 여인의 설원 서사가 아니라 인간의 욕망과 집착 그 자체를 관조하기 위한 것이었기 때문이다. 그리고 이 지점에서 〈삶과 죽음 사이〉로 이어진다.

장희재 연출의 〈삶과 죽음 사이〉 낭독 공연은 "깊이 있는 연구로 길트기를 한", "원작에 대한 심도 있는 이해와 스테이징의 실험적 면모에서 '낭독 공연' 이상의 결실을 낸" 성과[21]로 평가된다. 사실 〈삶과 죽음 사이〉는 2009년 극단 여행자의 낭독

공연(조최효정 연출, CJazit)이 있었고, 2012년 극단 죽죽의 공연이 있었다(김낙형 연출, 선돌극장). "여성을 통한 인간 정체성에 대한 질문, 움직임을 통한 은유적 이미지들"이 많아[22] 작품 해석의 난이도가 높고 거의 전체가 여성 주인공의 내면 독백이어서 배우의 공력이 필요한

〈삶과 죽음 사이〉(장희재 연출, 국립극단 소극장 판)

---

19  오수경, 「가오싱젠의 연기론—중성배우론을 중심으로」, 『몸과 마음의 연기』, 연극과인간, 2015, 364쪽, 368쪽.

20  저승 장면에 대해 "양식의 혼재가 두드러진 한국적 '개량' 버전"(허순자, 「〈저승〉 : 양식의 혼재로 삶을 놀기」, 『HanPAC View』, 2011.7), "과도한 스펙타클"(김소연, 앞의 글) 등의 견해가 있다.

21  허순자, 앞의 글.

22  조최효정, 「독회—〈삶과 죽음 사이〉 연출가 조최효정 인터뷰」, 『CJazit창작예술지원 프로그램』 2009.11.

작품이다. 〈저승〉과 이어지는 여성 자아의 내면 탐구이면서 존재의 문제에 대한 사색이라는 점에서 가오싱젠의 중요한 후기 창작 맥락을 형성하는 작품이다. 특히 언어에 대한 탐구가 지속되는데, 인칭의 변화로 여주인공이 스스로를 대상화 또는 타자화하거나, 간접 화법을 사용한 다층 서술로 타자화된 자신을 다시 거리두기 하는 등 다양한 인식을 도입하고 있다. 이러한 다양한 층위의 서술을 소화하기 위해 배우는 배우 자신으로서, 극중 인물로서뿐 아니라 중성적 존재로 빠져나와서 자유롭게 이 역할들을 관조하며 소화해내야 한다.[23] "이 극은 자아 인식에서 자아 탐구로 나아가다가 종국에는 인생에 대한 정관하기로 확장"된다.[24] 가오싱젠의 유한한 존재의 무한한 자유에 대한 추구와 맞물려 있는 도전적인 작품이다.

"가오싱젠페스티벌, 서울2011"을 통해 가오싱젠이라는 디아스포라 연극인의 절대 자유의 예술정신과 중국 문화 정체성과 현대성이 만들어내는 혼종의 감수성을 만날 수 있었고, 또한 우리 배우들의 뛰어난 연기를 통해 그가 중국 전통극 미학으로부터 이끌어낸 연극관과 연기론이 동양적 맥락 위에 성립될 수 있음을 확인할 수 있었다. 스즈키 메소드 외에 아직 이렇다 할 동양의 현대 연기 메소드가 보이지 않는 상황에서 그의 연기론은 독특한 통찰을 보여준다.

## 2) 티엔친신의 〈생사의 장〉과 〈조씨고아〉, 〈붉은 장미 흰 장미〉, 〈로미오와 줄리엣〉

중국의 국립극단인 국가화극원(國家話劇院) 상임 연출가 티엔친신(田沁鑫)은 현대 중국 연출가 가운데 우리와 가장 친숙한 연출가다. 2005년 봄 아시아연출가워크숍

---

23　高行健,「劇作法與中性演員」,『沒有主義』, 台北：聯經, 1996, 295頁.

24　김낙형,「연출의 글」,『生死界』 공연팸플릿, 2012.7.18.

초청으로 처음 한국을 방문하여 그녀의 출세작인 〈생사의 장(生死場)〉(아르코소극장)을 공연한 이래, 2006년 8월에는 극단 미추(손진책 연출) 창립 20주년 기념으로 〈조씨고아(趙氏孤兒)〉(예술의전당 토월극장)를 공연하였고, 곤극 〈1699·도화선〉도 베세토연극제 참가작으로 국립극장과 의정부예술의전당에서 공연되었다. 2010년 10월에 그녀가 연출한 국가화극원의 유행판 〈붉은 장미 흰 장미(紅玫瑰與白玫瑰)〉(아르코대극장)가 서울에서 개최된 시어터 올림픽스(Theatre Olympics)에 참여하였다. 2012년에는 한중 수교 20주년을 기념하여 국립극단(손진책 예술감독)과 중국 국가화극원의 공동 제작으로 〈로미오와 줄리엣〉을 각색 연출하였다.

티엔친신은 1968년 베이징에서 태어나, 1988년 전통극 연기 전공으로 베이징희곡학교를 졸업하였고, 1995년에는 연출 전공으로 중앙희극학원을 졸업하였다. 전통극과 현대극의 최고학부를 졸업하여, 동서양 연극 모두에 대한 이해와 감각을 갖추었다. 1999년 서른의 나이로 샤오홍(蕭紅)의 소설 〈생사의 장〉을 각색 연출하여 최고의 희곡상인 차오위문학상의 희곡상을 비롯한 커다란 연극상을 휩쓸었다. 그후 그녀는 정치적 선전의 주류 연극에서부터 서정적인 작품에까지, 가장 섬세한 전통극인 곤극의 연출로부터 음악극, 뮤지컬을 거쳐 장편 드라마까지 매우 다양한 스펙트럼을 보여주며, 완성도 높은 대작을 내놓는 연출가로 자리매김하였다.[25] 심지어 '상업연극을 지향한다'고 하여 논란거리가 되기도 하였다. 티엔친신은 단순한 흥행 연극과 구별하여 '상업연극'이란 관객을 고려한 연극을 말한다고 정의한 바 있다.[26]

---

25  티엔친신의 대표작으로는 위에 열거한 것 외에 현대극으로 〈부러진 팔(斷腕)〉(1997), 〈역참의 복사꽃(驛站桃花)〉(1998), 〈성난 회오리바람(狂飆)〉(2001), 〈명(明)—명대의 그 일들(明朝那些事兒)〉(2007), 〈사대가 한 집에(四世同堂)〉(2010), 〈청사(靑蛇)〉(2013) 등이 있다.

26  田鑫沁, 『田鑫沁的戱劇場』, 北京大學出版社, 2010, 84頁.

2005년 티엔친신은 우리 배우들과 약 1개월간의 작업을 통해 〈생사의 장〉을 아르코소극장에 올리면서 한국 무대와의 인연이 시작되었다. 1999년 초연된 〈생사의 장〉은 딱딱한 리얼리즘 연기 일색이던 중국 연극계에서 강렬한 신체 이미지로 동북 지역 곤고한 농민들의 삶 속에 응축된 생명의 에너지를 구현하는 새로운 표현주의 연출로 주목을 받았다. 그녀는 서울에 와서 오디션과 극장 답사를 마치자, 본래 항일 메시지를 담은 대형 서사의 주류 연극이었던 중국판 〈생사의 장〉을 사흘 만에 유연하고 가변적인 블랙박스 극장에 맞춰 재각색하였다. 한국판에서는 신체 연기의 과장과 희화화를 통해 전체 시공간 속에서의 리듬감과 조형성을 획득하면서, 조명을 이용한 공간 구성과 유연한 배역 전환으로 함축적이면서도 효율적인 소극장 무대를 만들어냈다. 연출가 자신도 주류 서사로부터 자유로워진 한국판 〈생사의 장〉을 더 좋아한다고 천명한 바 있다.[27]

2006년 8월에 공연한 〈조씨고아〉는 중국의 유명한 고전 비극을 저본으로 각색한 것이다. 베이징에서는 2003년에 베이징을 대표하는 두 극단 베이징인민예술극원과 국가화극원이 각기 린자오화 연출과 티엔친신 연출로 〈조씨고아〉를 공연하였는데, 두 작품 모두 고아가 복수를 포기하는 결미를 택하여 논란이 되기도 했다. 티엔친신은 도안고와 정영 등이 고아에게 과거 이야기를 들려주는 방식으로 재구성했는데, 두 부친이 죽자 고아는 정체성의 혼란을 겪으며 떠난다. 중국적 현실에서 정체성의 혼란을 겪는 현대 젊은이의 모습이 담겨 있다. 티엔의 한국판에서는 각기 다른 시점에서 전개되는 다소 복잡한 구조에 다시 인물까지 분해하여 2배우 1인물, 심지어 3배우 1인물의 체제를 사용하여 난해하다는 평가를 받았으나, 화려한 홍/

---

27 田鑫沁, 「난 한국 배우들이 풀어낸 〈생사장〉을 더 좋아한다」, 위의 책, 69~79頁.

흑 색조의 시각 이미지와 연극적 놀이로의 연극성이 뛰어났다.[28]

　동양적 빈 공간의 미학을 잘 꿰뚫고 있는 티엔친신은 〈생사의 장〉과 〈조씨고아〉 등에서 표현주의적인 신체 연기와 빈 무대를 강렬한 색채로 디자인하여 선이 굵고 시각적 충격이 강한 무대, 리듬감이 강하고 흐름이 있는 무대를 보여주었고,[29] 이는 우리 배우들에게 경극 배우 출신 중국 현대극 연출가와의 작업을 통해 우리와는 다른 무대 리듬과 연기 양식의 차이들을 직접 느끼는 기회가 됐다.

　이미 중국 최고의 연출가 반열에 오른 그녀가 중국 국내보다도 적은 개런티에 열악한 환경에도 불구하고 한국에 와서 작업을 하는 이유는 열린 환경과 자유로운 분위기에서 그녀의 창의적 발상들을 무대화하며 실험할 수 있었기 때문이다. 이런 점에서 티엔친신의 한국 작업은 그녀의 예술 생애에서도 중요한 의미를 갖는다. 한국판 〈조씨고아〉에 도입된 심리에 따른 인물 분해 방식은 그 후 〈붉은 장미 흰 장미〉의 작업에 다시 응용되었고, 한 인물의 내적 갈등을 두 배우가 나누어 연기하는 방식이 관극의 재미를 더하며 큰 호응을 얻어냈다.

　〈붉은 장미 흰 장미〉는 근대 초기의 대표적인 자본주의 작가 장아이링(張愛玲)의 원작을 각색한 경쾌하고 교묘한 희비극인데, 2010년 6월에는 주인공이 여성으로 바뀌고 인터넷 환경과 비행기 등을 배경으로 현대적 인간 소외 환경 속에서 현대 젊은이들과 동시대적 소통을 보여주는 재각색본 '유행[時尙]'판이 방한하였다.[30]

　2012년 〈로미오와 줄리엣〉에서는 문혁 서사를 셰익스피어에 담아 전경화시킨 티

28　魏力新, 『做戲─戲劇人說』, 文化藝術出版社, 2003, 21~22頁.

29　오수경, 「중국 고대 역사에서 찾는 현대인의 자화상, 티엔친신의 〈조씨고아〉」, 『한국연극』 2009.9 ; 김성희, 「김성희의 연극 읽기─극단 미추 〈조씨고아〉」, 『한국연극』, 2006.10.

30　오수경, 「중국국가대극장개관기념공연─중국국가화극원 〈붉은 장미 흰 장미〉」, 『연극평론』 48호, 2008. 봄.

엔의 국가화극원 연출가로서의 면모도 함께 엿볼 수 있다.

중국 연극이 사실주의 주류 연극과 가벼운 상업적 통속극의 양대 흐름 속에서 예술가의 예술적 추구와 자본주의 대중 관객의 요구를 함께 만족시킬 연극을 모색하고 있음을 보여준다. 티엔친신은 부단한 호기심으로 많은 것을 시도하고 또 그 과정을 늘 분명하게 기록하고 점검한다. 특히 〈생사의 장〉과 〈조씨고아〉는 강렬한 시각적 표현력과 유연한 리듬감으로 우리에게 다가왔고 중국 전통극의 연기 미학을 현대 무대에서 경험한 좋은 기회였다. 또한 한국에서의 작업을 통해 거리두기와 놀리기를 터득한 티엔친신이 여타 작품에서 보여주는 유연성은 한중 연극 교류의 좋은 성과이기도 하다.

### 3) 기타 표현주의 계열 작품들 : 〈원야〉, 〈여름날의 기억〉, 〈선비와 망나니〉

주류 사실주의 연극에 머물지 않고 새로운 표현 양식을 찾아 전통극 미학으로부터 영감과 방법론을 얻은 작품들이 있다. 2005년 티엔친신의 〈생사의 장〉 이래 2006년 베세토연극제의 〈원야〉, 2007년 아시아연출가워크숍의 〈여름날의 기억(夏天的記憶)〉, 2009년 베세토연극제의 〈선비와 망나니(秀才與劊子手)〉 등에서 중국 연극계의 새로운 시도들을 만날 수 있었다.

톈진인민예술극원의 〈원야〉(의정부예술의전당)는 〈뇌우〉, 〈일출〉과 함께 차오위 초기 희곡 3부작으로 꼽는 작품이다. 우리나라에서는 1946년 초연 이래, 50년 만에 다시 공연된 왕옌쑹(王延松) 연출의 〈원야〉는 과거 리얼리즘 무대와 전혀 다른 표현주의적인 작품으로 오히려 원작의 본질에 다가간 듯 보였다. 민국 초 지주의 폭압으로 부모를 잃고 가정이 파괴되고 절름발이가 되었으며, 사랑하는 여인을 빼앗긴 주인공이 탈옥하여 고향으로 돌아와 복수를 하고 탈주하다 죽음에 이르는 비극이다. 오닐의 〈황제 존스〉를 모방한 제3막에서는 캄캄한 밤 황무지 들판의 추격 속에 내면의 갈등으로 일어나는 환각과 정신착란을 통해 고조되는 비극적 분위기를 가두(假頭)를 쓴 코러스를 통해 흥미롭게 표현했다.[31]

텐진인민예술극원 소속 왕레이(王磊) 연출의 〈여름날의 기억〉도 인상적인 작품이었다. 그녀 역시 전통극 기초가 탄탄한 배우이자 극작가, 연출가로 몸과 호흡, 그리고 에너지를 이용하는 데 뛰어났다. 개혁개방 이후 중국인들의 왜곡된 삶의 한 단면을 보여준다. 도시에서 돈을 번 남편이 시골에 남아 있는 아내를 버리기 위해 청부이혼 계략을 꾸미고 거기에 말려든 청년과의 삼각관계를 다룬다. "개혁개방의 상처를 통한 자아 발견을 깊은 인성의 드라마터지와 상징적 스테이징으로 인상 깊게 표현"하여, 자칫 멜로드라마로 떨어질 수 있는 소재를 깊이 있는 문학적 처리와 경극에 기초한 표현력 있는 무대로 승화시킨 여성 연출가의 동양적 감수성이 깊은 공감을 끌어냈다.[32]

상하이화극예술센터의 〈선비와 망나니〉(황웨이뤄[黃維若] 작, 궈샤오난[郭曉男] 연출, 2007년 초연)는 블랙 유머와 부조리가 어우러진 희극이다. 청말 세상 물정 모르고 공부만 하던 선비와 당대 최고 기술을 자랑하는 망나니가 각기 과거제도와 사형제도가 폐지되면서 삶의 의미를 상실하고 겪는 곤혹감을 다룬 작품이다. 중국 전통 무대 미학을 잘 운용한 현대극으로, 진지한 주제와 상징적 이미지, 해학적 표현이 잘 조화되어 중국 현대극의 새로운 가능성을 보여주었다. 역시 탈을 쓴 코러스의 운용은 〈원야〉와 유사하지만 더욱 우화적인 처리로 유쾌한 풍자와 메시지를 담았다.

---

31 〈원야〉는 2002년 아르코예술극장에서 〈찐즈(金子)〉라는 제목의 사천 전통극 형식으로도 공연된 적이 있다. 오수경, 「전통과 현대의 역동적 만남이 돋보인 무대―〈찐즈〉」, 『문화예술』, 2002.7 ; 오수경, 「川劇 현대화 양상과 사례연구 : 〈金子〉」, 『중국문학』 54호, 2008.

32 허순자, 「2007 아시아연극연출가 워크숍 : 한중일 3국의 사중주」, 『연극평론』 45호, 2007. 117~123쪽.

이들 표현주의 계열 작품에서 우리는 사실주의의 벽을 넘어 시간과 공간의 자유로운 이동을 구사하며 펼쳐내는 서사와 빈 무대에서 간결한 소도구만으로도 다양한 표현을 구사하는 압축된 표현의 상징성은 중국 전통극 미학에 크게 힘입고 있다는 사실을 확인할 수 있었다.

## 4) 젊은 연출가들의 실험

작품이 아닌 작업으로 우리에게 다가온 중국 연극인들이 있는데, 티엔친신과 왕레이를 포함하여 장광티엔(張廣天)부터 사오저훼이(邵澤輝), 선리싱(沈力行), 왕충(王狮)에 이르는 젊은 연출가들이다. 이 4인은 각기 자기 색깔을 내보이는 중국 연극계의 차세대 대표 연출가들로, 이들의 창의적인 발상과 실험들이 미래 중국 연극의 잠재력을 보여주는 것이라는 점에서 이 교류가 중요한 의미를 갖는다. 이 만남들은 2005년 아시아연출가워크숍에서 시작되었다. 아시아의 젊은 연출가들을 초청하여 우리 배우들과 작업하도록 한 레지던시 프로그램으로, 아시아 젊은 연출가들이 만나는 중요한 플랫폼이 되었다.

셰익스피어를 주제로 한 2009년, 장광티엔은 〈햄릿〉의 배경을 문혁 시대로 옮겨 〈위기의 햄릿〉이라는 음악극으로 번안했다. 군중심리에 휘둘리는 대중에 비해 햄릿을 독립적 인격으로 세우고자 했다. 장광티엔은 본래 작곡가로, 많은 가요, 영화와 드라마 음악을 작곡하였다. 2000년 베이징에서 〈체・게바라〉 공연으로 "2000년 중국 지성 사회의 10대 사건", "중국 당대 연극 가운데 획기적 의미를 갖는 대표 작품"으로 꼽히며 일약 유명해진 연출가다.

2010년부터 매년 세계적인 대작가를 선정하고, 그의 대표작들을 서로 다른 시선으로 바라보는 프로젝트로 거듭나며, '아시아연출가전'으로 명칭이 바뀌었다. '브레히트 인 서울'이란 부제하에 사오저훼이는 브레히트의 〈제3제국의 공포와 참상〉

을 연출하여, 서로를 믿지 못해 공포를 경험하는 사람들의 모습을 다양하게 보여주었다. 사회 현실에 대한 비판으로 중국 무대에서는 아직 공연되지 못했다고 한다.

2012년에는 유진 오닐을 주제로 선리싱이 〈위대한 신 브라운〉을 연출했다. 동양의 철학사상인 음양 상생의 변증관계로 서양 문명 속 인간과 신의 발전 관계를 이해하려 했다.[33] 행불행, 진위, 영육, 애증이 맞물려 있는 삶에서 인간과 인간 사이에 존재하는 벽과 거리감을 보여주는 중요한 매체로 가면이 쓰였다. 극중 인물들이 모두 가면을 쓰고 등장하여, "표현주의적 기법을 통한 우화 만들기"로 읽히나, 실제 연극적 미장센에서 그것이 충분히 실현되었는가는 유보적이다.[34]

2014년에는 헨리크 입센을 주제로 왕충이 〈유령 2.0〉을 연출하였다. 왕충은 "신조류연극선언"을 발표하고 이 운동을 이끌고 있는 촉망받는 차세대 연출가다. 음악이나 효과 외에는 무언극으로 연기만 하고, 그 공연을 스크린에 직접 투사하고 자막을 제공하는 무성영화와 같은 방식으로 진행되었다. 살아 있는 호흡이 거세되고 청각과 직접적 감각이 거세된 스크린을 통해 앵글과 프레임 안에 편집된 모습으로만 드러나도록 하였다. 입센의 인물들을 모두 지나간 시대의 유령으로 인식하고 액자 안으로 가두어버린 왕충의 독특한 인식 방식이 흥미롭다.[35]

이들 4인은 지금 중국 연극계를 대표하는 차세대 대표주자들이다. 단지 연극에

---

**33**  선리싱, 「연출의 말」 "개인적으로 이 무대를 통해 관객이 작품 속, 동방의 변증 사상, 신과 인간, 삶과 죽음, 흑과 백, 아름다움과 추악함이 음양의 상생처럼 구분되지 않는다는 것을 여러분과 함께 공유할 수 있기를 기원해봅니다."

**34**  엄현희, 「유진 오닐을 읽는 아시아의 시선 : "2012 아시아연출가전"」, 『연극평론』 65호, 2012. 여름, 49~52쪽.

**35**  삼색 〈유령〉 연출에 대한 허순자의 평은 "입센 실험의 무모함 혹은 어려움"으로 매우 유보적이다. 「시행착오의 반추를 촉구하는 값진 시도들 : "2014 아시아연출가전"」, 『연극평론』 73호, 2014. 여름, 82~85쪽.

대한 열정으로 우리 배우들과의 공동 작업에 임해주었다. 우리 배우들에게는 당대 중국 연극의 호흡과 정신을 만나는 기회였을 것이다.

세대 교체로 젊어진 2015년 제22회 베세토페스티벌에도 젊은 연극인들이 초청되었다. 최근 주목받고 있는 황잉(黃盈)이 각색 연출한 〈황량일몽〉(남산예술센터, 9.23~24)을 공연했다.[36] 중국 고전 단편소설 〈침중기(枕中記)〉를 현대극으로 재창작한 작품이다. 젊은 연출가들의 새로운 인식과 연극 세계를 만나보는 귀한 기회로 더욱 활발한 교류가 기대된다.

## 4. 중국 고전희곡의 재창작─〈조씨고아, 복수의 씨앗〉

2010년 박정희 연출의 〈코뿔소의 사랑〉(두산 아트센터 인인인시리즈),[37] 2011년 박정석 연출의 〈저승〉과 장희재 연출의 〈삶과 죽음 사이〉들은 중국 현대극 수용의 매우 의미 있는 시도로 꼽힌다. 그러나 수천을 헤아리는 중국 고전희곡은 아직 우리 무대에 제대로 오른 적이 없다. 그런 의미에서 2015년 한국 무대에 오른 고선웅 각색 연출의 〈조씨고아, 복수의 씨앗〉(국립극단 제작, 명동예술극장, 2015.11.4~21)은 특별한 의미가 있다. 원대 고전희곡인 기군상(紀君祥)의 잡극 〈조씨고아(趙氏孤兒)〉를 각색 연출하여 깊이와 넓이를 더하며 우리의 감수성으로 거듭나게 한 무대였기 때문이다.[38] 무겁지 않았으며 초반의 익살스럽고 빠른 무대 리듬은 경쾌하기까지 했

---

36 이성곤, 「외연의 확장보다는 지향에 대한 고민이 필요하다 "2015 베세토페스티벌"」, 『연극평론』 79호, 2015. 겨울, 88~93쪽.

37 사실 랴오이메이 작 멍징훼이 연출의 〈코뿔소의 사랑〉이 우리나라 프린지 페스티벌 초기에 초청되어 공연된 바 있으나 거의 알려지지 않았다.

38 오수경의 공연용 번역본을 저본으로 각색하였다. 그 외 문성재 역(『중국희곡선집』, 학고방, 1995), 김우석·홍영림 공역(『원잡극선』, 을유문화사, 2015) 본이 있다.

지만, 인성 깊숙한 곳까지 뒤흔드는 강렬함이 있었고, 공의를 위해 복수해야 했지만 복수 후의 허탈함을 함께 되씹는 씁쓸함이 있었다. 김성희는 〈조씨고아, 복수의 씨앗〉의 "오래된 인물들의 이야기와 삶의 선택을 오늘의 이야기로 환치"시킨 "현대적 각색과 무대화"를 높이 평가했고,[39] 김미희는 "동양적 사유와 연극성의 성공적 접목", "고전의 재해석에 대한 모범답안"이라 평했다.[40] 이러한 의미에서 고선웅의 〈조씨고아〉 재창작 작업을 살펴볼 필요가 있다.

〈조씨고아〉는 도안고의 권력욕과 질투심에서 비롯된 조씨 가문의 멸족 사건으로부터 주변의 의사 정영을 비롯하여 한궐 장군, 공손저구 대부들이 유복자 고아를 살려내어 복수를 완수하게 한다는 복수 주제의 역사극이다. 가장 일찍 서양에 알려진 중국의 비극으로, 오랜 기간 다양한 각색에서 복수가 행해지기도 하고 볼테르의 각색 버전처럼 중국의 도덕 정신에 감화되는 해피엔딩으로 마무리되기도 했다.[41] 〈조씨고아, 복수의 씨앗〉에서는 이 작품의 뼈대인 복수를 지지하며, 공의를 위해, 신의를 위해 스스로 목숨을 내놓고 자식을 내놓는 자기희생의 의미를 긍정하면서도, 권력자의 절대 권력이 자행하는 폭력에 의해 복수의 악순환이 이루어진다는 사실을 적시하고 이를 신랄한 풍자로 드러냈다. 또한 신의를 위해 보류해야 했던 부모로의 정과 자식을 포기한 데 대한 회한을 보듬으며, 원작의 의미를 새롭게 확장시켰다. 지금도 지구상의 많은 전쟁과 살육이 권력욕에서 비롯되며, 사랑하는 가족을 잃는 슬픔은 자신의 삶까지도 무의미하게 만들기 때문이다.

---

**39** 김성희, 「'꼭두각시의 무대' 위에 펼쳐낸 충의와 복수의 허망함—국립극단의 〈조씨고아, 복수의 씨앗〉」, 『한국연극』, 2015.12.

**40** 김미희, 「동양적 사유와 연극성의 성공적 접목」, 『연극평론』 80호, 2016. 봄, 51~55쪽.

**41** 오수경, 「〈조씨고아〉 심층읽기 : 중국의 가장 통쾌한 복수극이자 세계적 비극, 원잡극 〈조씨고아〉」, 『조씨고아, 복수의 씨앗』(국립극단 리허설북 16), 2015, 28~37쪽.

고선웅의 각색에서는 정영이 자신의 아기를 조씨고아 대신 내놓기 위해 데려가는 대목에 첨가된 정영과 정영 아내의 갈등 장면, 그리고 마지막에 정영이 죽은 자에게로 돌아가서 먼저 간 영혼들을 만나는 장면이 첨가되었다. 이 두 장면으로 인해 이 작품은 원대의 고전 〈조씨고아〉에서 현대의 명작 〈조씨고아〉로 거듭났다.

이러한 성공적인 각색의 기저에는 '역사적 기억'에 대한 가치 부여와 절대 권력에 대한 비판, 그리고 깊은 인성에 대한 탐구가 자리한다. 핏빛 역사를 고아에게 알려주어 복수를 수행하도록 하는 것이 정영의 책임이다. 고아가 복수의 책임을 받아들이는 것은 그의 선택이지만, 역사의 진실은 기억되어야 하고 공의가 해처럼 빛나야 한다는 역사 인식을 천명하고 있다. 공의에 입각한 가치관과 희생에 대한 감사가 고아로 하여금 그 책임을 받아들이게 한다. 그러나 절대 권력자에 의해 자행되는 또 한 차례의 대살육은 정영으로 하여금 복수의 본질을 깨닫고 허탈감에 빠지게한다. 복수란 모두를 불행하게 만드는 기제이기 때문이다. 정영의 허탈감과 비애는 죽은 혼들을 만나는 대목에서 극대화된다.

역사적 기억의 재현에 고선웅은 첫 대목의 서예와 영첩에 대한 생략과 비약의 단면적 스케치로부터 장희 공주와 조삭의 죽음, 정영의 고아 구출, 한궐과 공손저구의 죽음들로 구축되는 사건의 재현, 그리고 정영의 생명을 건 웅변의 세 가지 다른 방식을 활용하였다. 엉뚱하게 스케치된 스토리를 통해 역사적 기억이 흔히 단편적이고 불확실하며 호도되기 쉬운 특성을 가지고 있음을 보여준다. 동시에 정영의 절실한 웅변을 통해 역사의 진실이 소환된다.

절대 권력에 대한 비판은 신랄하다 못해 거의 희화되어 나타난다. 도안고가 조순 일가의 반역을 이유로 몰살을 주청하자, 경공이 이미 "일인지하, 만인지상"의 권력을 누리고 있는 도안고의 머리를 눌러 의자로 삼아 깔고 앉는다. 절대 순종을 요구하는 장면이다. 마지막에 정영이 늙은 경공에게 도안고의 삼족을 멸할 것인지 묻자,

"당연하지! 반역을 도모했다는데!"라며 삼족을 멸하라는 명령을 내린다. 역사적 기억의 소환으로 복수 서사가 당위성을 획득하는 동시에 절대 권력의 비판으로 다시 복수의 폭력성을 비판하는 반전이 이루어지며 이 작품은 현재적 의미를 갖게 된다.

〈조씨고아, 복수의 씨앗〉에서 별 볼 일 없는 시골 의사 정영은 중국 무대의 영웅적인 정영과 크게 다르다. 그러한 그가 신의를 지키기 위해, 자신의 아이와 자신의 가정과 자신의 인생을 희생하고서도 인간에 대한 연민을 잃지 않는다는 데서 오히려 우리는 인성의 위대함을 느낀다. 고선웅은 사랑이 없으면 연극이 되지 않는다고 한다.[42] 남의 자식을 위해 자기 자식을 희생시키려는 남편을 경멸하면서도 막을 수도 없는 정영 아내의 창출은 작품에 감동을 더했다. 원작에는 없지만 경극을 비롯한 〈조씨고아〉 아류 텍스트들에서는 이미 정영의 아내가 등장한다. 대의를 세우려는 남편의 뜻을 따르는 윤리적 아내였다. 그러나 고선웅은 정영과 정영 아내의 아기 바꾸는 장면과 아기 묻는 장면을 통해 정영의 내적 갈등과 함께 아내의 고통과 절망, 그리고 속죄[43]를 함께 그려냄으로써 그간 어떤 각색본에서도 표현하지 못한 인성의 깊이를 보여주었고 비극적 에너지를 극대화했다.

물론 연극무대에서 서사가 힘을 발휘하는 것은 구체적인 인물을 통해서이다. 고선웅은 원작 텍스트의 전형화된 인물들을 현대인의 감수성이 수긍하고 공감할 수 있는 인물로 재창조해냈다. 정영과 정영 아내는 물론이고, 고아도 정영의 스토리를 듣는 즉시 자기 정체성을 확립하고 복수의 의지를 다지는 기군상의 고아로부터, 경악하며 수긍하지 못하다가 부친의 팔뚝을 자르는 의연함 속에서 진실을 읽어내고

---

**42** 김소연, 「인터뷰 : 고선웅과 고전—연극적인 너무나도 연극적인」, 『연극평론』 80호, 2016. 봄, 87~96쪽.

**43** 뤼샤오핑은 '속죄'라는 표현을 사용했다. 「탁월한 각색 속에 드러나는 정의, 복수, 원죄 : 〈조씨고아, 복수의 씨앗〉」, 『연극평론』 80호, 2016. 봄, 60쪽.

점차 신뢰와 애정 속에서 자신의 책임을 내면화하는 성숙한 고아로 바뀌었다. 악역의 도안고도 권력욕에 붙들린 간신 또는 남성적 무용의 상징에다 인생의 지혜를 터득한 약삭빠른 도안고를 더하여 복합적인 성격을 구축하였다. 고선웅은 이렇게 진실성을 지닌 살아 있는 인물

〈조씨고아, 복수의 씨앗〉(고선웅 연출)

로서의 주인공들뿐만 아니라 조연들에게도 스토리를 부여하여, 모든 역할이 독특한 매력을 발산하며 함께 놀이의 주체로서 앙상블을 이루도록 했다. 또한 원작이 보여주는 자유로운 상상의 빈 무대는 연극의 유희성을 강조하는 연출에게 더욱 큰 놀이 공간을 제공해주었다. 커튼만을 이용한 빈 무대에서 인물의 등·퇴장이나 장면의 연결들이 더욱 자유로워졌고, 뽕나무, 달, 수레바퀴, 작두, 팔뚝 등 소도구를 무대 위에 매달아놓아 관객의 호기심을 자극하며 빈 무대의 효용과 상징 이미지의 효과를 극대화하였다.

여기에 고선웅표 익살은 이 무대를 한국적인 무대로 만드는 데 크게 기여했다. 중국의 버전들은 모두 '비극'의 장엄함에 기댄 반면, 이 한국판은 풍자와 해학이 넘쳤다. 조순을 죽이려고 칼을 휘두르는 도안고에게 "도안고야, 너는 노상 칼로 무엇을 하려 드는구나. 이제 높은 자리에 올랐으니 그만 칼은 칼집에 넣고 책을 꺼내 들어라. 언제나 철이 들고. 쯧쯧." 하며 약을 올린다. 문무 대립과 질투가 증폭될 수밖에 없다. 경공 권력의 희화는 도안고 장면 외에, 제2막에서 경공이 앉으려 하자

상경 위강이 슬라이딩으로 가서 의자가 되는 대목에서 더욱 강화된다.[44] 문지기와 군사들도 그들의 꿈을 이야기하며, 대를 이어간다. 공손저구의 동자가 문의 안과 밖을 연기하는 대목 역시 자유로운 공간의 전환에 양념을 더한 연출의 놀이정신의 소산이다. 연출의 예술적 상상력은 원작에서 장편의 독백으로 처리된 많은 서술들을 때로는 서예나 영첩의 경우처럼 비약과 생략으로, 때로는 신오처럼 상징적이면서도 아주 상세하게 관객 눈앞에 펼쳐주었다.

이와 함께 원작이 지닌 연극성은 중국 희곡의 드라마트루기에 대한 새로운 관심을 유발하기에 충분했다. 고 연출은 처음 원작을 접했을 때 무대에서 사람이 죽어도 그냥 걸어 나오는 대범함에 놀랐다고 한다.[45] 원작은 창과 대사 위주의 텍스트로 지문은 매우 간결하지만, 기군상은 이 희곡에 이미 뛰어난 연극성을 담아놓았다. 예를 들어 공주가 정영에게 고아를 구해주도록 간청할 때, '무릎을 꿇는다[跪]'라는 한마디의 동작 지시로 공주의 의지를 보이는 대목, 한궐 장군이 정영을 놓아줄 때 세 번을 보내주었다가 다시 부르는 대목이나 도안고가 공손저구를 고문할 때 정영에게 직접 곤장을 치게 하는 대목 등 연극성과 서스펜스의 극작술이 뛰어나다. 원작이 갖고 있는 서사의 힘과 함께 중국 고전희곡에 담긴 연극성과 놀이성을 재발견하는 계기가 되었다는 점에서, 그리고 낯선 중국 고전으로 우리 관객들로부터 큰 공감을 얻어냈다는 점에서 큰 의미를 갖는다.

그러나 무엇보다 〈조씨고아, 복수의 씨앗〉의 성공은 고선웅의 깊은 인간애에 기초한 출중한 각색과 유희성을 강조하는 연출, 그리고 무대, 음악, 소도구, 의상 등

---

**44** 이는 중국 고전희곡 〈장협장원〉에 보이는 배우의 역할 바꾸기와 사람이 의자가 되고 문이 되는 '물화'의 방식과 통한다. 오수경 외, 『중국 고전극 읽기의 즐거움』, 민속원, 2011, 18~61쪽.

**45** 「고선웅 연출 인터뷰 : 우리 좋게만 사시다 갑시다」, 『조씨고아, 복수의 씨앗』(국립극단 리허설북 16), 18~27쪽.

창작진의 창의적 발상, 하성광, 장두이, 이지현 등 우리 배우들의 뛰어난 연기 앙상블이 완벽한 조화를 이루며 만들어낸 결과이며, 바로 한국 무대의 역량을 보여주는 귀한 성과이다.

## 5. 결론

〈뇌우〉를 통한 리얼리즘 연극의 수용으로부터 아직 우리 기억에 생생한 〈조씨고아, 복수의 씨앗〉의 무대까지를 살펴보았다. 해방기 〈뇌우〉의 영향은 우리 연극사에서 공인되는 부분이다. 그러한 중국 리얼리즘의 저력은 베세토연극제 참가작인 〈천하제일루〉 등을 통해 다시 확인되었다. 그 후 약 반세기에 걸친 단절의 기간 동안 중국은 리얼리즘 연극을 탄탄하게 다져왔음을 말해준다. 그러나 실험극은 만날 기회가 많지 않았고 그 영향도 그리 크지 않았다. 일찍이 1980년대 초에 가오싱젠은 서구 현대극의 자유 정신을 수용하고 실험극을 시도했다. 실험은 자유로운 정신으로부터 나오기 때문이다. 아직도 예술 창작의 자유가 제한적인 중국에서 그의 작업이 소중한 이유이다. 그 후 뉴밀레니엄을 전후하여 중국 현대극에 새로운 표현 형식을 부여하며 주목받아온 티엔친신을 비롯한 표현주의 연출가들은 자신의 예술적 열정을 전통극 미학을 접목한 표현 형식의 실험을 통해 발산했다. 중국적 풍토에서 진정한 실험 정신보다는 실험적 스타일에 그칠 우려를 떨칠 수 없지만, 현재 젊은 세대들의 창작열과 실험정신은 눈여겨볼 일이다.

수교 후 20여 년간 공연된 중국 연극 가운데 가장 큰 의미로 다가온 것이 고선웅의 〈조씨고아, 복수의 씨앗〉이었다. 중국은 오랜 전통극의 역사와 너무나 다양하고 풍부한 희곡 텍스트를 가지고 있고, 그것을 무대화하는 다양하고도 정교한 표현 양식을 수립하였다. 그런데 그 미적 감수성은 현대의 우리와 매우 큰 차이를 가지므로, 오히려 지금 우리의 해석과 미감으로 재창작할 여지가 크다. 따라서 이번 고선웅의 〈조씨고아, 복수의 씨앗〉은 그 자체로 각색과 공연 모두에서 이룬 성취 외에도, 중국의 고전희곡 텍스트를 기초로 한 재창작의 가능성을 발견하게 해주었다는 점에서 의미가 있다. 중국 고전희곡의 극작술과 연극미학이 새로운 상상력을 발휘하도록 자극을 준 것은 분명한 사실이기 때문이다. 중국 고전희곡의 재발견을 통한 재창작의 노력이 앞으로 우리 무대를 더 풍성하게 할 수 있으리라 기대한다.

# 제2부
# 최근의 새로운 동향들

# The Receptions of Foreign Theatres on Modern Korean Stages

# 인여페이스(In-Yer-Face) 연극의 소개와 수용

■ 사라 케인과 마틴 맥도너를 중심으로

김미희

## 1. 서론

2006년 서울국제공연예술제에 두 편의 연극이 특히 주목을 받았다. 폴란드 연출가 크쥐스토프 바틀리코프스키(Krzysztof Warlikowski)가 선보인 〈정화된 자들〉과 박정희가 연출한 〈새벽 4시 48분〉이다. 두 편 모두 영국의 극작가 사라 케인(Sarah Kane)의 작품이다. 케인은 28세에 자살로 생을 마감한 20세기 마지막 천재 극작가로 불린다. 1995년 대학원 재학 중에 발표한 작품 〈폭파(Blasted)〉로 영국 연극계에 충격과 논쟁을 일으키며 등장한 장본인이다. 이후 5년 동안 스캔들이라고 할 수 있을 만큼 충격적인 작품들을 잇달아 발표하면서 케인은 마크 레이븐힐(Mark Ravenhill), 마틴 맥도너(Martin McDonagh)와 함께 1990년대 중반 영국 연극에 새로운 물결을 일으켰다. 이른바 '인여페이스(In-Yer-Face)' 연극이다. 2000년대가 지나면서 영국에서는 그 물결이 가라앉은 것처럼 보였지만, 인여페이스 연극은 특히 독일을 위시한 유럽 연극에 큰 영향을 미치며 세기 전환기에 새로운 연극미학을 펼쳐보였다.

1990년대 중반 영국 런던에서 일어난 새로운 물결은 2006년 서울국제공연예술제를 통해 케인의 작품들이 소개되면서 10여 년의 시차를 두고 한국에 밀려왔다. 그 파문은 영국이나 서유럽에서만큼 대단한 것은 아니었지만 적어도 국내 연극인들에게 새로운 연극미학에 대해 눈뜨게 하고 자극을 준 것은 분명하다. 국내 연출가들에 의해 인여페이스 연극이 지속적으로 무대에 올라가고 평단이나 학자들의 학술적 관심이 이어졌기 때문이다. 지난 10여 년간 국내에서 인여페이스 연극 공연은 수적으로 많은 편은 아니다. 그러나 박정희, 박근형, 오경숙, 양정웅 등의 중견 연출가를 비롯하여 변정주, 이인수 같은 젊은 연출가들이 지속적으로 인여페이스 연극에 도전하며 한국 연극의 지평을 넓혀왔다. 또 최근 주목을 받고 있는 연출가 김수정의 작업들에서 인여페이스 연극의 흔적들이 상당히 엿보인다. 이 글에서는 인여페이스 연극이 한국 연극에 어떻게 소개되고 수용되었는지 그 영향 관계를 살피게 될 것이다. 특히 한국 연출가들이 상대적으로 많은 관심을 보였던 케인과 맥도너의 작품을 중점적으로 다루게 될 것이다.

## 2. 인여페이스 연극의 개념과 탄생 배경

인여페이스 연극이란 1990년대 영국에서 발생한 극 스타일을 지칭하는 용어다. 옥스퍼드 영어사전에 따르면 이 용어는 1976년 미국의 스포츠 저널에서 비롯되었다. 조롱과 경멸에 대한 감탄사로 사용되다가 1980년대와 1990년대를 거치며 주류의 속어로 사용되었다. 1989년판 이후에는 'yo' 같은 다양한 스펠링으로 사용되고 있다. 즉 'in-yer-face'는 'in your face'의 속어로, '비난이나 경멸조의 외침,' 또는 하이픈을 사용할 경우 '대담하거나 공격적인,' '뻔뻔스러운', '도발적인', '시끄러운' 등을 뜻하는 말이다. 인여페이스 연극에 대한 우리말 번역도 다양하다. '잔혹연극,'

'대면연극,' '면전연극,' '뻔뻔한 연극,' '파렴치한 연극,' '들이대는 연극,' '도발적 연극,' '당돌한 연극' 등으로 번역되며, 영어 원어의 충분한 뜻을 살리기 위해 원어 그대로 사용하기도 한다. 현대 연극의 용어로 등장한 것은 영국의 연극평론가인 알렉스 시어즈(Aleks Sierz)가 자신의 저서 제목 『인여페이스 연극 : 오늘의 영국 드라마 In-Yer-Face Theatre: British Drama Today』에 이 용어를 사용하면서부터이다. 그는 이 용어를 '관객의 목덜미를 움켜쥐고, 메시지를 이해할 때까지 흔드는 그런 종류의 연극'이라고 정의하며,[1] 인여페이스 작가들이 저속하고 쇼킹한 현실과 대면할 수 있도록 관습적인 연극의 규칙을 깨뜨리며, 관객을 끌어들이고 영향을 미치는 수단으로 공격적인 재료들을 사용한다고 하며, 일체의 한계를 넘어 재현의 규범에 도전하고 관객을 안락한 영역 밖으로 밀어내는 것이 인여페이스 연극이라고 설명했다. 시어즈는 케인과 레이븐힐, 그리고 앤서니 닐슨(Anthony Neilson)을 대표적인 작가로 들며 웹사이트를 만들어 인여페이스 연극을 알리는 데도 애를 썼다. 하지만 시어즈가 제대로 보고 있는 것처럼, 이런 유의 작품을 한두 개만 쓴 작가도 있어 인여페이스 연극의 공통분모를 완전히 포착하는 데는 어려움이 있다.

이런 딜레마에도 불구하고 인여페이스 연극에 대한 이해를 위해서는 시어즈를 비롯한 비평가들의 논의를 중심으로 인여페이스 연극의 주요 특성들을 추려볼 필요가 있다. 요컨대 인여페이스 연극은 등장인물, 대사, 극 행동, 관객 수용의 측면에서 기존 연극과 뚜렷이 차별된다. 우선 등장인물이 주로 남성이거나 사회적 타자들이다. 대부분의 인여페이스 극작가 역시 남성이며 극의 내용도 대개 남성의 이야기를 담고 있다. 남자들 간의 동맹 관계나 동성애가 빈번히 등장하고, 여성이 등장하더라도 남성들의 세계에 둘러싸인 모습으로 나타난다. 또 등장인물들은 흔히 창

---

1    http://www.inyerfacetheatre.com/what.html

녀, 마약중독자, 정신질환자, 동성애자, 좀도둑 등 주류 사회에서 배제되거나 억압받는 사회적 타자라는 점도 특징적이다. 대사는 대체로 냉소적이고, 경멸적이며, 공격적이고, 뻔뻔하며, 도발적이고, 성적이며, 직설적이다. 단정하고 짜임새 있는 서사가 아니라 순간적이고 감정적이며 폭발적인 구어체의 형식으로 발화된다. 또 속어나 비어, 성적인 적나라한 표현들이 여과 없이 관객과 마주한다. 연극의 전통적인 대사들이 메시지 전달이나 소통을 목적으로 인물의 무대 행동에 대한 지시적 성격이 강했다면, 인여페이스 연극의 대사는 그 자체가 극적 행동으로 의미를 갖는다. 또 인물의 신분이나 나이, 성별에 어울리는 적합한 대사를 하기보다는 전혀 어울리지 않는 말이나 표현을 내뱉는 등 전통적인 데코룸의 원칙을 위반한다. 언어는 상스럽고 노골적이며 파편적이다. 극중 인물들은 기존 사회의 도덕률에서 벗어나는 일탈적이고 금지된 행위를 일삼는데, 이들의 극 행동은 주로 변태적 섹스와 잔혹한 폭력으로 모아진다. 근친상간, 동성애, 자위행위, 구강성교, 강간, 마약 복용, 사지 절단, 인육을 먹는 장면들이 리얼하게 무대에 드러난다. 관객 수용 면에서도 차별된다. 인여페이스 연극은 재현보다는 엽기적이고 잔혹한 무대를 통해 관객에게 연극 자체를 체험하도록 하는 데 목표가 있다. 관객들은 벌거벗은 등장인물들이 무대 위에서 행하는 섹스와 강간, 폭력을 면전에서 맞닥뜨릴 때 정서적, 도덕적 혼란을 겪게 되고 불편해진다. 이은경은 이에 대해, 무대 위에서 잔혹하게 유린당하는 몸의 고통을 관객이 이성이 아니라 몸으로 받아들이는 것이며 관객의 시선을 몸에 집중시켜 충격을 통해 공연자와 감각적으로 경험을 공유하게 하는 것이라고 설명한다.[2] 그야말로 관객이 무대의 도발적인 행위들을 함께 체험하는 연극이다.

---

2  이은경, 「연극 속의 폭력, 그리고 도발적 연극(In-Yer-Face Theatre)」, 『공연과 이론』 12호, 공연과 이론을 위한 모임, 2009, 110쪽.

이러한 도발적 연극이 1990년대 중반 영국에서 탄생한 배경은 무엇일까. 다른 유럽 국가들에 비해 영국 연극은 20세기 중반까지 눈에 띄는 연극적 실험이나 새로움은 보여주지 못한 채, 셰익스피어의 명성을 업은 낡은 연극적 권위를 계승해오던 답보 상태였다. 이에 1956년 로열 코트 시어터에서 토니 리처드슨의 연출로 공연한 존 오스본의 〈성난 얼굴로 돌아보라〉는 속된 언어로 도시 하층민의 일상을 적나라하게 드러내며 기성 연극에 분노하는 젊은이들의 목소리를 뿜어냈다. '앵그리 영 맨'은 이렇게 1950년대 중반 이후 영국 연극의 변혁을 요구하며 20세기 후반 영국 연극에 처음으로 저항의 물결을 일으킨 오스본의 후예들을 가리킨다. 그런데 1990년대 중반에 연극의 전통을 극단으로 밀어붙이는 방식으로 또다시 영국 연극에는 새로운 물결이 일어났다.

1950년대 말에서 1980년대까지 '앵그리 영 맨'들이 선도한 영국 희곡은 사회주의와 이를 기반으로 하는 정치극이 주류를 이뤘다. 존 아든, 에드워드 본드, 아널드 웨스크, 데이비드 헤어, 하워드 브렌튼, 캐럴 처칠 등은 연극을 통해 자본주의 체제와 영국 사회를 비판하고 변혁을 꿈꾸었다. 그러나 1990년대에 구소련을 중심으로 한 공산주의 체제가 붕괴되고 1992년에 영국에서는 노동당이 패배하면서 이들 극작가들의 지적, 도덕적 토대가 사라지게 되었다. 그 결과, 1980년대의 영국 연극이 대체로 사회주의적 이념에 기반한 낙관적인 전망을 가졌던 것에 비해, 1990년대 영국 연극은 탈이데올로기적이면서 기성의 규칙과 감성에서 매우 자유로운 형식으로 나타나게 된다. 최영주는 1990년대 중엽 이후 이러한 경향을 영국 연극이 사실주의 연극 전통에서 벗어나 폭력과 섹스, 강간, 마약 등을 그대로 무대에서 재현하는 일련의 하드코어적인 문화 양태로 등장한 것으로 보았다.[3]

---

3   최영주, 「영국의 동시대 연극 : 1990년대 중엽 이후 영국 연극계를 '폭파' 시킨 사라 케인의 극작품

20세기 후반 영국 연극에 일어난 제2의 물결이 바로 인여페이스 연극이다. '도발적,' '도전적,' '충격적,' '종말적' 또는 '뉴자코비안주의,' '뉴브루탈리즘,' '도시적 권태' 등으로 수식되는[4] 인여페이스 연극은 TV나 영화 등 대중문화의 영향을 많이 받았다. 쿠엔틴 타란티노의 영화, 제프 쿤스의 전위 예술, 토니 쿠쉬너의 〈미국의 천사〉, 그리고 데이비드 마멧의 〈올리아나〉에서 영향을 받은 것으로 여겨진다. 그러나 이러한 문화적 전환을 풍성한 예술적 결실로 이어지도록 하는 데는 국가적인 창작 지원이 큰 역할을 했다. 로열 코트(Royal Court), 내셔널 스튜디오(National Studio), 트라버스(Travers), 소호(Soho), 부시(Bush) 등 국가가 지원하는 극장의 신진 작가 프로그램이 젊은 작가들로 하여금 전통적인 극 스타일을 던져버리고 직접적이고 파격적으로 마음껏 실험할 수 있도록 측면 지원했다. 또 데이비드 에드거(David Edgar) 교수가 버밍엄대학 석사 과정에 개설한 '창작' 수업도 큰 기여를 했는데, 이 프로그램은 수강생 90명 가운데 3분의 1을 전문 작가로 배출하는 괄목할 만한 성과를 거두었다.

인여페이스 연극은 그 완성도와 문제의식에 있어 극단적인 반응을 일으켰다. 처음에는 대체로 비판적이었다. 취향이 매우 제한적인 관객과 소통하고 있으며, 포스트모더니즘적인 매너리즘을 차용하고 있다든가, 자극적이기만 하고 메시지나 정서가 부족하다는 점 등이 흔히 비난의 대상이었다. 바로 이전 시대의 작가들이 보여주었던 사회 개혁 정신이 결여되었다는 비판도 강했다. 단지 관객의 이목을 끌기 위해 자극적인 방식들을 사용했을 뿐이며 그 도발적 잔혹함은 개인적 차원에 머물고 만다는 것이다. 그러나 한편에서는 이들 새로운 연극이 비인간화하는 현실, 개

---

을 중심으로」, 『한국연극』 347호, 한국연극협회, 2005, 46~49쪽.

**4** 위의 글, 47쪽.

인을 극단으로 몰아가는 폭력적이고 잔인한 사회를 반영하는 것이라며 옹호했다. 개인의 경험이 중시되는 시대에, 이제는 힘을 잃어버린 거대 담론을 대신하여 인여페이스 연극이 동시대 정신을 포착하는 새로운 연극미학을 제시하고 있다는 시각이다. '광적으로 치닫는 소비주의적 패턴, 가치 기준이 모호하다 못해 끝내는 실종되어버린 도덕성, 타락과 부조리의 사회구조 속에 만연된 불안과 불신, 야만적 폭력의 동인이자 주체로서의 남성성, 그리하여 상실해버린 인간에 대한 사랑 같은 것들'이 지배하는 이 시대를 적절하게 맞닥뜨리게 했다는 것이다.[5] 초기에는 대체로 부정적이었던 영국 평단의 시각들도 점차 호의적으로 변했는데, 마이클 빌링턴 (Michael Billington)의 사례가 이를 잘 보여준다. 그는 1991년에는 이 새로운 작가군의 등장을 '위기 상황'으로 바라보았다. 그러나 1996년에는 태도가 변하여 "이토록 흥미진진한 20대 그룹의 작가들이 있었던 시기를 기억하지 못한다. 더욱이 이들은 자신들의 세대에 직접 이야기하고 있다고" 찬사를 보내게 되었다. 오늘날 인여페이스 연극이 개인화된 폭력을 보여줌으로써 동시대 영국의 정체성에 대해 문제를 제기하고 있다는 데는 대체로 이견이 없다.

## 3. 한국 무대에서의 인여페이스 연극

1990년대 중반 영국에서 반짝했던 인여페이스 연극은 2000년대 중반 우리나라에 해외 초청 공연 또는 번역극의 형태로 소개, 수용되면서 국내 연극계에 충격을 주며 새로운 연극에 눈뜨게 했다. 김형기는 인여페이스 연극을, 20세기 후반 '연출가

---

5    권경희, 「잿빛 반란의 시대정신 : 당돌한 연극(In-Yer-Face Theatre), 그리고 사라 케인」, 『연극평론』 42호, 한국연극평론가협회, 2006, 55쪽.

의 연극'에 대해 희곡적·언어적·대화적인 관습으로 다시 돌아가는 반대 흐름이라 보고 충격적인 잔혹성을 특징으로 하는 앵글로색슨계의 '희곡적 연극'으로 규정한 적이 있다. 김형기는 케인의 작품들의 의미에 대해 말하면서, '희곡적 연극'이란 연극을 구성하는 연극 내적 요소로서 배우의 몸을 관객과의 소통을 위한 연극언어로 우선시하는 작품이라는 뜻이라 설명한다.[6] 2000년 중반 한국 연극은 아직 '탈희곡적 연극'조차 그리 활성화되어 있지 않은 상황에서 인여페이스 연극으로 인해 새로운 '희곡적 연극'을 만나게 된 셈이다. 2000년대 중반 우리 연극계에 다가온 새로운 '희곡적 연극'은 어떤 모습이었고 그 영향은 어떠한가. 본 장에서는 2000년대 중반을 시작으로 수적으로 많지는 않지만 꾸준한 관심을 보여온 국내에서의 인여페이스 연극의 수용 현황과 그 의의에 대해 살펴볼 것이다.

인여페이스 연극이 국내에 본격적으로 소개된 것은 2006년 서울국제공연예술제에서 케인의 작품이 두 편 공연되면서부터다. 바틀리코프스키가 선보인 〈정화된 자들〉과 박정희 연출의 〈새벽 4시 48분〉은 국내 연극인들이 인여페이스 연극에 관심을 갖게 한 공연이라고 할 수 있다. 또한 케인과 함께 국내 주요 연출가들에게 지속적인 주목을 받은 인여페이스 계열의 작가로 맥도너를 들 수 있다. 그의 첫 희곡 〈리넌의 뷰티퀸(The Beauty Queen of Leenane)〉이 케인의 희곡보다 훨씬 앞선 2001년에 강유정 연출로 국내에 선보인 이래, 〈필로우맨(The Pillowman)〉도 국내 연출가들에 의해 주목을 끌며 꾸준히 재해석되어온 작품이다. 이외 사이먼 스티븐스(Simon Stephens)의 〈하퍼 리건(Harper Regan)〉이나 패트릭 마버(Patrick Marber)의 〈클로저(Closer)〉 등의 인여페이스 계열 작품들도 국내 무대에 소개되었다. 그러나 여러

---

6    김형기, 「서울국제공연예술제 전체총평 : 수행적인 것에 대한 미적 경험을 '전염'시키는 연극축제」, 『연극평론』 43호, 한국연극평론가협회, 2006, 120쪽.

연출가들이 지속적으로 관심을 보이고 다양한 무대화를 시도했다는 점에서 케인과 맥도너의 희곡들이 국내 연극인들에게 보다 주목을 받았다고 할 수 있다. 따라서 이 글에서는 두 작가의 작품들이 한국에서 어떻게 해석되고 공연, 수용되었는지 공연사를 중심으로 살펴보게 될 것이다.

## 1) 사라 케인

사라 케인(1971~1999)은 인여페이스 연극을 대표하는 작가다. 브리스톨대학에서 연극을 전공하고 버밍엄대학 대학원 재학 중 발표한 〈폭파〉(1995)로 주목을 받으며 영국 연극계에 혜성처럼 등장하여 6년간 여섯 작품을 남기고 자살로 생을 마감했다. 도발적인 언어와 비전통적인 극 구조, 잔혹한 내용으로 케인의 작품은 늘 논쟁의 중심에 섰다. 그러나 젊은 세대들은 환호했으며 유럽 특히 독일에서 케인은 열광적으로 받아들여졌다. 정신질환으로 시달리며 발작으로 정신병원을 드나들다 1999년 2월 병실에서 목을 매 자살했다. 죽기 한 달 전에 쓴 작품이 〈4.48 사이코시스(4.48 Psychosis)〉로, 자살 직전 케인의 정신 상태를 그대로 드러냈다는 평가를 받는 희곡이다. 그 외 〈페드라의 사랑(Phaedra's Love)〉(1996), 〈정화된 자들(Cleansed)〉(1998), 〈갈망하다(Crave)〉(1998)와 10분짜리 TV극 〈스킨(Skin)〉(1997)을 남겼다. 케인의 무대극은 모두 국내에서 공연되었다.

### 〈폭파〉

〈폭파〉는 1995년 케인이 버밍엄대학 대학원 재학 중 로열 코트 시어터에서 발표되어 작가를 영국 연극의 새로운 기수로 만든 작품이다. 보스니아 전쟁을 배경으로 저널리스트이자 비밀첩보원인 이언과 중하층 출신의 직업이 없는 젊은 여성 케이트에게 리즈의 어느 호텔에서 일어나는 충격적인 사건을 다루었다. 무대에는 강간,

동성애, 인육 먹기, 똥을 싸며 죽어가는 등 끔찍한 폭력이 난무하는 가운데 관객으로 하여금 면전에서 그 잔혹성을 직접 체험하도록 만든다. 희곡이 담고 있는 극단적인 폭력과 섹스에 대해 처음에는 설익은 젊은 작가가 관객의 이목을 끌려는 센세이셔널리즘의 하나로 보는 시각도 있었으나, 점차 현대인의 실존적 상황을 대변하는 것으로 받아들여졌다.

국내에서 케인의 연극으로 처음 소개된 희곡 역시 〈폭파〉다. 2005년 3월 3일에서 3월 6일에 걸쳐 인아소극장에서 일본 극단 아네폴르(Anneesfolles)의 연출가 키타무라 아라타(キタムラアラタ)의 구성과 연출로 선보였다. '2005 한일 우정의 해' 기념으로 초청되어 한국어 자막과 함께 일본어로 공연했다. 한일 연극 교류의 초창기에 이루어진 공연이라 홍보도 부족했고 단 5회 공연되었는데, 당시만 해도 대학로의 변두리에 위치한 작은 소극장을 주로 소수의 전문 연극인 관객들이 채웠다. 트랜스젠더 연출가 키타무라 아라타와 논쟁적인 요절 작가 케인의 작품이라는 연극 외적인 요소들이 공연에 대한 호기심을 불러일으켰다. 좁고 어두침침한 무대와 배우들의 연기가 기대에 미치지 못했으며 한국 무대에 주목할 만한 연극적 반향은 낳지 못한 공연이었다.

### 〈정화된 자들〉

2006년 서울국제공연예술제에서는 케인의 작품이 두 편 공연되어 국내 무대에 인여페이스 연극이 본격적으로 소개되는 계기가 되었다. 바틀리코프스키의 〈정화된 자들〉과 박정희 연출의 〈새벽 4시 48분〉으로, 저명한 외국 연출가와 중견 국내 연출가에 대한 기대에 관심을 모았던 공연들이다. 이후 나머지 케인의 희곡들도 모두 국내에서 국내외 연출가에 의해 소개되었다.

〈정화된 자들〉은 케인이 1998년 쓴 희곡이다. 1998년 4월 30일 영국 로열 코트 극장 1층에서 제임스 맥도널드(James McDonald) 연출로 초연되었다. 대단히 추상적이며 시적인 이미지로 나열된 대사, 세 축으로 전개되는 플롯, 사실성을 결여한 인물들의 정체성 바꾸기 등으로 인해 내용이 매우 복잡한 작품이다. 무대는 학교 건물을 개조한 병원으로 규제와 규율이 지배하는 공간이다. 고문자이자 정신과 의사인 틴커가 환자들을 통제하는데, 그는 권력과 제도권의 지배 인물로 대변되며 그 외의 인물들은 제도권에서 제거되어야 할 개인들이라 할 수 있다. 환자와 의사의 관계는 이성이 규제해온 문명과 감성의 자유를 항거해온 개인들의 삶, 이 둘을 축으로 이루어진 우리 사회를 반영한 것으로도 볼 수 있다. 가학적이라는 혹평과 '연극사의 이정표'라는 찬사가 엇갈리는 희곡으로, 고도의 은유와 상징으로 섹스 · 폭력 · 정체성의 문제를 다루고 있다. 그러나 그 모든 잔혹한 세상에서도 사랑을 통한 희망과 구원의 가능성을 암시한다는 점에서 다른 작품들에 비해 희망적인 작품이다.

폴란드 브로츠와프 현대극단의 바틀리코프스키가 연출한 〈정화된 자들〉은 서울국제공연예술제의 개막작으로 초대되어 2006년 10월 7일에서 10월 9일에 걸쳐 아르코대극장에서 공연되었다. 한국어로는 2007년 오경숙 연출로 극단 뮈토스에 의해 우석레퍼토리극장에서 초연되었다.

바틀리코프스키는 피터 브룩, 조르지오 스트렐러, 잉마르 베리만의 영향을 받은 연출 기법으로 조명과 이미지, 음악을 통해 강렬한 시적 무대를 창조하는 것으로 잘 알려져 있다. 그는 아르코대극장의 무대를 거의 비워놓은 채 무대 뒷면의 검은 벽과 그 앞에 설치된 샤워기들, 무대 왼쪽에 걸린 샌드백만으로 무대를 채웠다. 무대 삼면의 벽을 둘러싼 유리벽과 환상적인 색감의 조명, 무대 위의 움직임이 벽에 반사되어 만들어내는 신비한 실루엣 등이 큰 주목을 받았다.[7] 정신병원에 갇힌 고

---

7    최영주, 「해외공연작 총평 : 동시대적 자의식과 새로운 연극성」, 『연극평론』 43호, 한국연극평론가

통받는 사람들, 근친애자, 동성애자, 성정체성이 혼란한 사람들에게 잔혹한 폭력이 가학적이고 피학적으로 행해지지만 여배우의 사랑의 노래와 '비정상적인' 사람들의 사랑으로 인해 이러한 폭력이 정화될 수 있음을 암시한다.

최영주는 이번 공연에 대해, 케인 희곡의 폭력성을 이미지로 치환한 연출 개념이 새로운 미학의 경지를 열어 보여주었다고 찬사를 보냈다.[8] 관객으로 하여금 무대 위의 충격적인 폭력 상황을 경험하도록 하기보다는 거리를 두고 폭력의 피해자에게 시선이 가도록 하는 소통 방식을 택해, 강간과 사지 절단이라는 극단적인 상황을 제시하면서도 사랑에 대한 인간의 갈망을 아름답고도 절실하게 보여주었다는 것이다. 김숙현의 연극평도 바틀리코프스키의 이미지 연출 개념이 케인의 인여페이스적 특성을 성공적으로 구현하고 있음을 말하고 있다. 그는 그로테스크한 빛과 무대가 '불쾌'를 자극하면서도 연극의 아름다운 언어가 비린내 나는 극 사건의 현란한 충격적 잔혹성을 감싸 안는 가운데, 진정한 사랑과 소통을 갈망하는 살아 있는 꿈틀대는 인간을 보여주었다고 묘사했다.[9] 한편 김형기는 공연을 표현주의적인 연극미학으로 해석했다. 시적 독백과 단편화된 대화라는 반자연주의적인 연극 언어와, 서늘하고 섬칫한 금속성의 무대미술과 시적인 무용 동작, 의식을 비춰주는 강렬한 조명의 사용이 등장인물의 의식과 무의식의 세계에 잠재한 폭력, 가학, 고독과 소외, 성정체성의 혼란, 사랑, 죽음에 대한 욕망 등을 잘 드러내고 있다고 보았기 때문이다.[10]

협회, 2006, 128쪽.

8  위의 글, 128~129쪽.

9  김숙현, 「국내공연작 총평 : 상상력이 요동치지 않는다―사유의 폭을 넓혀줄, 연출의 부재」, 『연극평론』 43호, 한국연극평론가협회, 2006, 140쪽.

10  김형기, 앞의 글, 122쪽.

바틀리코프스키가 〈정화된 자들〉을 한국에 소개한 지 1년 만에 오경숙 연출의 〈정화된 자들〉을 만나게 된다. 2007년 10월 12일에서 28일까지 극단 뮈토스가 우석레퍼토리 극장에서 공연했다. 바틀리코프스키의 강렬한 시적 판타지의 무대에 비해 오경숙의 무대는 보다 사실주의적으로, 한국적으로 수용

〈정화된 자들〉(오경숙 연출, 2007)

된 모습이다. 원작의 환상 부분이 많이 삭제되었다. 무대 구현의 어려움 때문이라 여겨진다. 구타, 강간, 고문, 인육 먹기 등의 폭력적 장면들도 상징적인 무대로 대체되었다. 이는 의사 틴커의 연기에서 특징적으로 드러나는데, 혀를 자르고 사지를 절단하는 틴커의 잔인한 폭력성은 오경숙의 무대에서는 플래시를 들고 다니며 어두운 곳의 인물들을 비추는 것으로 표현되고 있다. 또 그레이스가 오빠와의 근친상간으로 사람들에게 구타와 강간, 전기고문을 당하는 장면도 사실적이기보다는 음향효과와 배우의 상징적 몸짓으로 구현된다. 또 원작에서는 일탈자들을 탄압하고 비난하는 사람들이 쥐로 나타나 인물들의 신체를 갉아 먹는 것으로 나오지만, 이번 공연에서는 쥐를 등장시키지 않고 인물들의 대사로만 언급된다.

무대는 중앙의 긴 수로를 중심으로 세 공간으로 나뉘는데, 수로는 제목인 '정화'의 이미지를 상징하고 있음을 쉽게 알 수 있다. 수로는 그레이엄과 그레이스가 서로에게 물을 뿌리며 사랑을 나누고 로드가 칼에게 물을 끼얹어주는 공간으로, 죽음을 무릅쓴 이들의 사랑으로 인해 그 어떤 폭력과 잔혹함도 정화될 수 있다는 메시

지를 읽을 수 있다.[11]

오경숙 연출가는 연극 프로그램을 통해 관객이 케인의 세계에서 추함과 아름다움이 섞인 미학을 경험하기를 기대한다고 밝혔다. '스러져가는 무의식을 설명이나 해석 없이 그대로 무대에 담아내는 것, 상상을 초월한 젠더의 유희'를 통해 연극을 '혼돈에 가득 찬 삶의 조건과 사회와 인간에 붙어 있는 위선의 껍질을 도려내고 극단적인 방법으로 무대 위에서 일어나는 하나의 제의'로 보기를 바랐던 연출 개념이 뚜렷이 보이는 공연이었다.

### 〈페드라의 사랑〉

〈페드라의 사랑〉은 케인이 게이트극장의 의뢰를 받아 1996년에 쓴 작품이다. 세네카의 원작에서 페드라를 둘러싼 주요 인물들 간의 기본 관계와 기본적인 틀은 가져왔으나 배경은 현대다. 원작과는 달리 주인공은 히폴리투스다. 우울증 진단을 받은 그는 종일 삶의 권태를 견디며 먹다 남은 과자 봉지, 벗어놓은 묵은 속옷이 널린 쓰레기 더미 같은 방 안에 살고 있다. 어두운 집안에서 햄버거와 땅콩버터를 집어 먹고, TV로 할리우드 영화를 보거나 원격 조정 자동차를 가지고 논다. 아니면 자위 행위를 하든가 그를 방문하는 누군가와 섹스를 하며 시간을 죽인다. 그런데 어떤 것에도 흥미를 느끼지 못한 채 집 안에 스스로를 유폐한 히폴리투스를 향한 페드라의 욕망은 걷잡을 수 없다. 자신이 히폴리투스를 구원할 수 있다고 생각한 페드라는 그의 생일날 찾아가 사랑을 고백하지만 거절당한 뒤, 수치심에 아들이 자신을 겁탈했다고 죄를 뒤집어씌우고 자신은 목을 매 자살한다.

---

11  이상 오경숙의 공연에 관해서는 이용복의 리뷰를 참조함. 이용복, 「어둠과 밝음, 폭력과 사랑의 대조 ─ 〈정화된 자들(Cleansed)〉」, 『연극평론』 47호, 한국연극평론가협회, 2007, 108~113쪽.

케인은 이 극을 '나의 희극'이라고 불렀으며 자신의 연출로 1996년 게이트극장에서 공연했다. 독일의 토마스 오스트마이어, 리투아니아의 오스카라스 코르슈노바스 등의 서구 연출가들이 매료되어 연출했던, 충격적이지만 시적인 작품이다. 한국에서는 2007년 6월 22일에서 7월 1일까지 국립극장 별오름극장에서 극단 골목길에 의해 초연되었다. 조현진의 번역으로 당시 30세의 이은준이 연출했다.

연출가는 필자와의 인터뷰에서, 우연히 추천받은 이 작품을 공연하기로 결정한 뒤 무대에 올리기까지 우울증까지 걸릴 정도로 힘든 작업 과정을 겪었다고 고백했다. 작품 자체가 지닌 엄청난 폭력성과 비정상적인 성적 표현들이 국내 무대에서는 상당한 윤리적 문제를 야기할 수 있다고 생각했고, 이를 아직 경험이 많지 않은 젊은 배우들과 무대에 올리기가 쉽지 않다고 판단했기 때문이다. 결과적으로 무대는 자연주의적인 무대가 아닌 빈 무대가 되었다. 히폴리투스가 가지고 노는 전동 자동차 장난감만이 무대에 남겨졌다. 페드라에 이성자, 히폴리투스에 김주완, 딸 스트로프에 하지은 등 세 명의 중심 연기자가 더블로 연기했으며, 군중 역은 여배우 없이 모두 남자 배우들이 맡았다. 극도의 선정성과 폭력성 때문에 원작의 지문을 내러티브로 대체하여 극이 시작되도록 했다. 무엇보다 연출가에게는 모자 간, 동성 간에 벌어지는 강간, 섹스, 사지 절단 등의 폭력들을 어떻게 무대화할지, 어떤 수위로 국내 관객에게 드러내야 할지가 가장 큰 문제였다고 했다. 고민 끝에 페드라의 상의를 탈의하고 객석에 등을 돌려 히폴리투스와 오럴섹스를 하는 것으로, 목사와 히폴리투스의 오럴섹스 장면도 같은 방식으로 연기하도록 처리했다. 또 마지막 바비큐 장면도 독백과 섞음으로써 관객이 체험하는 폭력의 강도를 약화시켰다.

연출가는 이 작품의 실존적 상황을 인지하면서도 한편으로는 '외로운 권력자의 이야기'를 보여주고 싶었다고 한다. 하지만 공연의 윤리적 반향에 대한 연출가의 복잡한 마음이 미학적으로 정리되지 못한 채 무대에 올라감으로써, 무대 위에 재현된 광기와 폭력은 연출의 기대를 제대로 표출해내지 못했다. 인여페이스 극으로서 케인 희곡의 깊이를 드러내지 못한 채 많은 관객에게 불쾌감만 남기고 말았다. 그러나 작가 사라 케인에 대한 우리 연극인들의 관심을 촉발했다는 데 의의가 있다.

### 〈갈망하다〉

〈갈망하다〉는 케인이 죽기 전 해인 1998년에 쓴 작품이다. 2012년 12월 17일에서 12월 28일까지 극단 여행자의 양정웅 연출로 서강대 메리홀 소극장에서 한국 초연되었다. 양정웅 연출은 이 공연에서 배우들의 몸 연기보다는 영상 이미지로 케인의 희곡을 해석, 무대화했다. 두 명의 남자 배우와 두 명의 여자 배우들이 누가 주인공인지 인물 간의 구분은커녕 성별도 구분하기 힘든 정신분열증에 걸린 사람들을 연기한다. 머릿속에 순간순간 떠오르는 기억들을 무대 위에 쏟아내고 토해내는 네 명의 배우는 무대 중앙에 각자의 컴퓨터가 놓인 테이블을 앞에 두고 앉아, 그 앞의 영상 카메라를 얼굴 높이로 마주하고 있다. 카메라가 잡은 배우의 얼굴 클로즈업 영상이 무대 후면의 큰 사각 액자틀에 투사되며, 배우들은 컴퓨터 화면에 있는 대본을 보며 대사를 하고 표정연기를 한다. 영상 속의 인물 표정과 대사를 통해, 이들 네 인물들의 강간, 간음, 소아성애, 마약, 정신장애, 살인, 자살 등의 기억들이 불쑥불쑥 뱉어진다. 이들 대사들은 마치 한 인간의 내면에

〈갈망하다〉(양정웅 연출)　　　　　　　　자료 제공 : 강일중

서 나오는 소리처럼 들린다. 강일중은 전반적으로 영상 속의 클로즈업된 인물 표정
과 대사의 이미지가 강렬하여 공연을 통해 이들의 고통이 시적으로 잘 전해졌다고
평했다.[12] 이번 공연은 최근 영상 사용이 잦아지는 양정웅의 연출적 경향을 반영하
면서, 마치 사뮈엘 베케트의 후기 짧은 단막극들을 보는 것처럼 절단되고 파편화된
인간의 고독과 고통을 멀티미디어적 형식으로 해석한 공연이었다.

### 〈4.48 사이코시스〉

〈4.48 사이코시스〉는 케인의 유작으로 〈갈망하다〉의 연작이라고 할 수 있다. '75
분의 자살 노트'라고 불리기도 하는데, 케인이 1999년 자살하기 전 완성한 마지막
희곡으로 마치 자신의 자살의 순간과 심정을 그대로 예고라도 하는 듯한 내용과 분
위기를 갖고 있다. 케인의 친구이자 극작가인 데이비드 그레이그에 따르면 희곡의
제목은 케인이 가장 절망적인 상태로 깨어 있곤 했던 새벽 4시 48분을 의미한다고
한다. 2000년에 로열 코트의 저루드 시어터 업스테어(Jerwood Theatre Upstairs)에서 맥
도널드의 연출로 초연되었다. 케인의 텍스트에는 배역이나 인물의 이름, 무대 지문
이 존재하지 않아 연출적 해석에 따라 한 명 또는 여러 명의 배우들에 의해 연기될
수 있는 열린 텍스트이다. 주인공은 현실과 환상의 경계를 넘나들며 고독과 소외의
고통을 겪는 정신병적인 자아의 유영을 드러낸다. 정신질환자와 의사가 나오지만,
이 둘은 배역으로 구분되지 않으며 환자나 의사 모두 자기 자신과 상대를 바라보는
자의식적인 다양한 목소리들에 의해 무대 위에서 그 존재론적 독백을 쏟아낸다.
맥도널드의 초연에서는 세 명의 배우에 의해 공연되었다. 주목할 만한 국내의 공연
으로 박정희가 연출한 〈새벽 4시 48분〉과 필립 자릴리(Philip Zarilli)가 연극원에서 연

---

12  http://blog.naver.com/ringcycle/40175368318

출한 〈4.48 사이코시스〉가 있다.

　케인의 〈4.48 사이코시스〉는 〈새벽 4시 48분〉이라는 타이틀로 2006년 박정희 연출로 2006년 10월 21일에서 23일에 걸쳐 서울국제공연예술제에서 공연되었다. 김호정, 정영두, 김유리 등이 출연했다. 이 공연에 대해 프랑스 연극학자이자 평론가인 파트리스 파비스는 연출가가 연기, 무대장치, 음악을 강하게 제어하며 시각적인 시를 보여주었다고 평했다. 화자를 해체하여 세 배우를 통해 세 개의 다른 자아, 즉 주된 자아, 의사의 자아, 타자의 사아 등에게 시로 호소하도록 재구성했다고 보았다.[13] 백로라도 이 공연이 시적인 독백, 독특한 신체 동작 이미지, 파편화된 조명 등을 통해 해체되거나 분열되어가는 자의식의 세계를 감각적으로 연출하여 주목을 받았다고 평가했다.[14] 반면 김숙현은 박정희 연출이 원작의 섬세하고 복잡한 자아를 단순화했다며 비판했다. 원작의 감각의 언어는 사라지고 정신착란적인 광기의 세계도 정리되어, "어둠과 빛 양단에 걸쳐 헤매는 영혼의 우울한 풍경이 배제된 채 영혼의 아름다운 비상만이 강조된 느낌"이라고 보았다. 희곡의 깊이를 연출미학으로 표현해내는 연출가의 치열한 사유와 동시대적 관점의 부족이 단순하고 예쁘게 정제된 무대를 낳게 되었다는 것이다.[15] 박정희의 〈새벽 4시 48분〉이 '평화롭게 죽음을 명상하는 연극이 되고 말았다'는 비판은 같은 시기에 서울국제공연예술제에서 선보였던 바틀리코프스키 연출의 〈정화된 자들〉에 쏟아졌던 평단의 찬사들과 비교된다.

　두 번째로 주목할 만한 국내의 〈4.48 사이코시스〉 무대는 2008년 5월 15일에서 5

---

13　파트리스 파비스, 「미장센과 퍼포먼스, 어떤 차이가 있는가?―〈한국사람들〉, 〈4.48 사이코시스〉」, 『연극평론』 44호, 한국연극평론가협회, 2007, 162~165쪽.

14　백로라, 「박정희 연출론」, 『민족문학사연구』 52권, 민족문학사학회, 2013, 277쪽.

15　김숙현, 앞의 글, 140~141쪽.

월 16일에 걸쳐 연극원 레퍼토리로 선보인 공연이다. 연출가이자 신체 훈련가인 자릴리의 연출로 공연되었다. 자릴리는 문화상호주의적인 관점에서 동양의 무술과 명상을 통해 신체의 표현을 극대화하는 연기 지도로 정평이 나있다. 이미 2004년, 2007년 두 차례에 걸쳐 영국의 엑스터대학 학생들과 스튜디오 실험실 형식으로 공연한 데 이어, 케인의 〈4.48 사이코시스〉는 이번에 연극원 학생들과 심신 훈련을 적용한 연극으로 재탄생했다.

자릴리는 이번 공연을 위해 원작은 그대로 둔 채로 무대 지시문을 첨가하여 연기 스코어를 짰다. 한 명의 배우를 쓰는 대신 20명의 배우를 함께 등장시키는 연출법을 택했고, 단상과 의자만으로 이루어진 빈 무대를 만들었다. 이런 무대 개념에 대해 연출가는 공연이 어떤 재현적 목적을 갖고 있다기보다는 텍스트의 시적인 특성을 전달하기 위한 것이기 때문이라고 리허설 중에 설명하곤 했다. 또 이 작품이 〈마라 사드〉처럼 정신질환을 앓는 사람들을 다루고 있지만 배우들이 '정신질환자'를 연기해서는 안 된다는 것을 주장하며,[16] 이를 위해 무대는 절대로 정신병동의 분위기를 연상시켜서는 안 된다고 강조했다. 그 결과 케인의 원작에서 암시되었던 특정한 정신병적 징후는 자릴리의 무대에서 모든 인간들이 체험하는 실존적 조건으로 드러났다. 이 같은 자릴리의 무대 해석을 통해 연극원 공연은 케인의 작품 속에 깊숙이 자리 잡고 있는 존재론적인 질문과 고통을 관객 역시 분명히 느끼도록 만들었다. 자릴리의 연출은 케인의 작품을 연출하기도 했던 영국 연출가 맥도널드가 작가에 대해 했던 코멘트를 떠올리게 한다. 즉 케인은 "단순한 90년대의 증후가 아니며, 그녀의 신들은 베케트, 핀터, 본드, 베이커다"라는 그의 논평에 고개를 끄덕이

---

16   정수진, 「〈4시 48분 사이코시스〉 연출가, 필립 자릴리 교수」, 『연극포럼』, 한국예술종합학교, 2008, 331쪽.

게 하는 공연이었다.

## 마틴 맥도너

맥도너(1970~ )는 영국에서 태어났으나 16세 때 부모가 고향인 아일랜드로 떠나면서 형과 단 둘이 런던에 남겨진 뒤, 고등학교를 중퇴한 채 실업수당을 받는 극빈자 생활을 전전했다. 시나리오 작가를 꿈꾸던 형을 쫓아 자기도 작가가 되기로 결심하고 7년 동안 22편의 라디오극, TV 드라마 대본, 시나리오를 썼지만 그의 이야기들은 제작자들에게 모두 거절당하고 만다. 다른 길이 없었던 맥도너는 25세에 희곡을 쓰게 되었는데 8일 만에 썼다는 〈리넌의 뷰티퀸〉이 아일랜드의 한 극단에서 초연되며 극작가로서 성공적인 출발을 하게 된다. 이후 웨스트엔드와 브로드웨이를 점령하며 27세가 되던 1997년에는 런던의 웨스트엔드 무대에 그의 작품이 네 개가 동시에 올라가는 성공을 거두게 된다. 그러나 맥도너를 바라보는 평단의 시선은 처음에는 그리 곱지 않았다. 기괴하고 독특한 그의 희곡 세계는 늘 논쟁의 대상이 되었으며, 인물에는 깊이가 없으며 삶에 대한 진지한 성찰도 보이지 않는다고 비판받았다. 그럼에도 그의 작품 세계는 그림 형제, 카프카, 톰 스토파드, 도스토옙스키 등과 연결되어 이해됨으로써 맥도너의 위상은 공고해졌다.

희곡뿐 아니라 현실에서도 도발적인 행동으로 주목을 받곤 하던 맥도너는 〈필로우맨〉을 마지막으로 연극으로부터 등을 돌렸다. 그러나 그는 연극계의 타란티노로 인여페이스 극을 주도하며 세기말 연극에 새로운 연극 서사를 제시했다는 점에서 의미 있는 족적을 남겼다. 이 글에서는 그의 대표작이며 우리 연극계에 맥도너에 대한 관심을 촉발시켰던 〈리넌의 뷰티퀸〉과 〈필로우맨〉을 중심으로 그가 국내에 어떻게 소개되고 수용되었는지 살펴볼 것이다.

〈리넌의 뷰티퀸〉

〈리넌의 뷰티퀸〉은 아일랜드의 오지 리넌에서 외부 세계와 단절된 채 살아가는 모녀인 70대 늙은 어미 맥과 40대 노처녀 모린 간의 끔찍한 애증의 비극을 다룬 작품이다. 어미의 굴레와 구속에서 벗어나 지긋지긋한 시골마을에서 벗어나려는 딸 모린과 그녀를 붙들려는 어미 맥이 서로에게 상처를 내며 고통받는 이야기이다. 연극은 자신이 그토록 벗어나려 했던 어미의 모습을 닮아가는 딸 모린이 남자친구와 탈출하려던 계획이 실패로 끝나자 어미한테 끓는 물을 끼얹어 복수하는 것을 암시하며 끝난다.

국내 초연은 〈아름다운 여인의 작별〉이라는 제목으로, 여인극단의 강유정 연출로 2001년 3월 15일부터 4월 15일까지 제일화재쎄실극장에서 선보였다. 맥 역에 김금지, 모린 역에 정경순, 모린의 남자친구 역에 이승철이 분하여 훌륭한 앙상블 연기로 호평을 받았다. 장성희는 정경순의 정확하고 섬세한 인물 해석이 자칫 비정상적이며 자극적으로만 보일 수 있는 모린 역을 성공적으로 소화하도록 했으며, 김금지의 노련한 연기가 딸에게 등에처럼 들러붙어 연명하는 어미 맥의 이기심과 정신적인 퇴행을 생생하게 보여주었다고 묘사했다.[17]

전반적으로 배우들의 앙상블 연기가 돋보였던 공연이었지만, 살인으로 이끄는 맥의 연기에서 극적 설득력이 떨어진다는 지적도 있었다.[18] 2004년 11월의 재공연에서는 배역진이 교체되어 맥 역에 이승옥이, 모린 역에 이영란이 맡아 초연과 같은 개념으로 무대에 올랐다.

---

17 장성희, 「익숙한 그러나 강렬한, 삶의 스밈과 짜임」, 『한국연극』 298호, 한국연극협회, 2001, 86~87쪽.

18 『동아일보』, 2001.3.27.

6년 뒤인 2010년 1월 14일에서 2월 28일까지 〈뷰티퀸〉이라는 제목으로 다시 한국 관객과 만났다. 노네임씨어터 컴퍼니와 극단C바이러스 공동 제작으로 두산아트센터 스페이스111 무대에서 이현정 연출로 올려졌다. 맥 역은 홍경연, 모린 역은 김선영, 파토 역은 김준원이 맡았다. 무대 변화가 거의 없었음에도 불필요한 긴 인터미션을 둔 점이나, 두 주역 배우들의 선정적인 연기가 광기 어린 주인공들의 고독을 설득력 있게 전달하지 못했다는 점 등이 배우들의 열연에도 불구하고 공연의 완성도를 떨어뜨리는 것으로 지적되었다.

두 공연 모두 자연주의적인 무대디자인으로 아일랜드 오지에서 살아가는 가난하고 불행한 모녀의 고통스런 삶을 현실감 있게 뒷받침했다.


### 〈필로우맨〉

소설가인 카투리안이 지어내는 일곱 가지 이야기와 이를 본뜬 살인 사건이 교차되는, 허구와 실제가 얽힌 새로운 이야기 구조를 띤 작품이다. 막이 열리면 소설가 카투리안이 용의자로 몰려 경찰서에 잡혀와 형사들에게 취조를 받고 있다. 그가 쓴 소설의 내용과 똑같은 방법으로 아이들이 살해되었기 때문이다. 취조를 받는 가운데, 카투리안과 그의 형인 지적 장애자 마이클의 불행한 어린 시절과 고통이 드러난다. 천부적인 작가적 재능을 지닌 동생의 창의성을 위해 부모가 형 마이클을 고문하고 희생시킨 것, 부모에게 7년간이나 무서운 고문을 당했던 카투리안의 기억들, 동생의 이야기를 듣기를 좋아하고 이야기의 내용대로 잔인한 방법으로 아이들을 살해했지만 그것이 학대받은 어린아이들에게 구원이 될 거라 생각한 형 마이클, 부모처럼 보살폈던 사랑하는 형을 구하기 위해 부모를 베개로 눌러 질식사시킨 카투리안 등 학대와 폭력, 살인과 복수로 점철된 등장인물들의 이야기는 믿을 수 없을 정도로 기괴하며 섬뜩하다.

형식적으로도 이 희곡은 복잡한 다층적인 구조로 짜여 있다. '이야기의, 이야기에 의한, 이야기를 위한 이야기'라고 할 수 있는데, 김윤철은 관련하여 이 극에는 세 가지 차원의 상호 반영적 행동이 있다고 분석했다.[19] 우선, 피의자인 카투리안의 소설들과 그의 형이 동생의 소설을 모방해 실제로 저지른 범죄가 상호 반영적이며, 둘째는 두 형제를 취조하는 두 형사의 과거와 소설의 내용이 상호 반영적이라고 보았다. 셋째는 이 형제들을 가두고 폭행하는 두 형사의 취조와 고문 역시 상호 반영적이라고 지적했다. 즉 취조가 소설 쓰기에 해당한다면 고문은 이의 범행의 재현으로 상호 반영적이라는 것이다.

〈필로우맨〉은 2007년 5월 1일에서 20일까지 박근형 연출로 LG아트센터에서 국내 관객에게 처음 선보였다. 원작에 등장하는 여자아이까지 일곱 명의 캐릭터 모두를 그대로 등장시켰다. 그동안 〈청춘예찬〉, 〈경숙이, 경숙 아버지〉 등을 통해 그 역량을 인정받은 연출가 박근형이 대극장에서 시도한 첫 작품이다. 원작의 등장인물들의 복합적인 심리를 드러내며 얽히고설킨 연극의 이야기 구조를 관객에게 전달하는 데에는 소극장 무대가 더 적당하다. 따라서 LG아트센터라는 대극장 무대에서 박근형이 어떻게 이 작품을 소화해낼지 궁금증을 낳았다. 또 7년 만에 연극무대에 선 최민식(카투리안 역)과 극단 골목길에서 연출가와 오랫동안 호흡을 맞춰온 윤제문(마이클 역), 중견 배우인 최정우(착한 형사로 형사반장 투폴스키 역)와 이대연(나쁜 형사 에리얼 역)의 연기에 대한 기대도 컸다.

우선 박근형의 대극장 데뷔는 성공적이었다. 소극장에 더욱 적합한 희곡을 위해 무대디자인의 정승호는 무대 전면 벽에 사각의 틀을 만들어 LG아트센터의 큰 무대

---

19  김윤철, 「진실과 예술의 잔혹한 관계—〈필로우맨〉」, 『연극평론』 45호, 한국연극평론가협회, 2007, 154~158쪽.

를 작게 보이게 함으로써 물리적인 한계를 극복하려 했으며 직선과 각이 만들어내는 폐쇄성이 억압적인 연극의 세계를 잘 드러냈다. 그러나 김미도가 잘 지적한 대로 전체주의적인 사회를 상징하는 취조실의 밀폐성을 표현하기엔 물리적인 한계도 있었다. 베테랑 연기자들의 연기는 대극장에 무리가 없을 만큼 무난했으나 최민식이 지적인 소설가이자 동시에 비굴한 약자라는 복합적인 인물을 구현하는 데는 못 미쳤다는 중론이다. 반면 형사반장으로 착한 형사를 연기한 최정우는 외양은 부드럽지만 속은 비열하고 냉정한 자신의 역할을 깊이 있게 소화했다는 평가를 받았다. 하지만 두 형사는 호연했음에도 불구하고, 둘의 호흡이 지나치게 잘 맞아 작품의 배경과 두 형사의 취조실 공간, 그리고 이들의 극중 역할이 함의하는 전체주의의 성격을 희석시키는 아쉬움도 있었다. 그럼에도 전반적으로 연기자들의 앙상블 연기는 박근형의 대극장에서의 새로운 도전을 성공적으로 이끈 견인차였다.

　연극의 메시지에 대한 반응은 대체로 긍정적이었다. 우리 삶은 잔혹하나 이를 견디게 하는 것은 예술적 창조의 희열이라는 주제를 잘 전달했으며, 어둡고 잔혹한 이야기를 동화처럼 밝게 연출하여 이 부조리한 세상에서 살아가는 고통받는 인간 존재를 따뜻한 시선으로 그리고 있다는 평가다. 상처만 준 남편과 아비를 버릴 수 없는 아내와 자식, 진저리나는 가족을 끝까지 버리지 못하고 껴안고 살 수밖에 없는 박근형표 인물들이 또 다른 모습으로 무대에 나타나 버티어내는, 카투리안의 이야기에서와 같이 견딜 수 없는 잔인한 삶 속에서, 연극이라는 서사는 때로는 비굴하고 누추한 모습으로 삶을 버티어내게 하는 유일한 의미인 것처럼 다가오게 했다.

　그럼에도 이번 공연에서 아쉬웠던 점은 박근형의 색깔이 작품의 해석이나 연출적인 측면에서 그다지 드러나지 않았다는 점이다. 이혜경은 이에 대해 개인이나 가족사에 드리운 그림자에 집착해왔던 박근형조차 맥도너의 촘촘한 희곡의 구조와 충격적 이야기 틈새로 자신의 얼굴은 들이밀 수 없었다고 보았다. 그는 이것이 연출의 부재 탓이라기보다는 그 어떤 연출적 틈입도 허용하지 않으며 희곡 속에 자신의 존재감을 확고히 박아놓은 맥도너 때문일지 모른다고 진단했다.[20]

〈필로우맨〉의 두 번째 한국 무대는 변정주 연출로 2012년 11월 20일에서 12월 15일에 걸쳐 두산아트센터에서 올려졌다. 제작상의 여건 때문에 등장인물을 네 명으로 축소하여 소극장용으로 만들었다. 2013년 충무아트홀 중극장에서 재공연되었는데 여신동이 디자인한 같은 무대지만 초연보다 젊은 배우들로 무대를 채웠다. 박근형 연출에 비해 시각적 이미지들이 보다 강렬해지고 다양하게 사용되었다. 무대에 설치된 거울 같은 대형 오브제와 인형, 애니메이션 등의 영상의 사용으로 이야기의 폭력성과 잔혹함을 더욱 보완하고 강화했다. 그러나 이는 관객의 눈앞에서 폭력을 체험토록 하는 측면도 있지만, 한편으로는 카투리안의 이야기에 집중하는 것을 막고 관객의 상상력을 제한하는 결과를 낳기도 했다. 1막 2장과 2막 2장에서 카투리안이 쓴 이야기가 재연될 때 연기적 형식이 아닌 내레이션의 형식을 취했다. 이는 등장인물이 아니라 작가로서 관객에게 이야기를 들려준다는 점에서 '현실과 이야기의 관계, 과연 이 둘을 구분할 수 있는지'를 묻는다는 연출의 관점을 드러내기도 한다. 그러나 그다지 일관성 있는 무대 연출로 표현되었다고 보기는 힘들다. 카투리안 역에 김준원, 마이클 역에 이현철, 투폴스키 역에 손종학이 두 차례의 공연에 그대로 캐스팅되었다. 2012년에는 조운이 에리얼을 맡았고, 2013년에는 정태민이 맡았다.

세 번째 주목할 만한 〈필로우맨〉 무대는 변정주 연출 공연에서 드라마트루그를 담당했던 이인수가 번역하고 연출한 공연이다. 2015년 8월 1일에서 30일까지 두산

---

**20** 이혜경, 「실낙원에서 불멸의 존재이길 꿈꾸는 이야기꾼—〈필로우맨〉」, 『연극평론』 45호, 한국연극평론가협회, 2007, 164쪽.

〈필로우맨〉(이인수 연출, 2015)

아트센터 스페이스111에서 공연되었다. 정원조(카투리안), 윤상화, 김수현, 이형훈 등이 출연했다. 애니매이션을 사용했던 변정주 연출과 달리 내레이션을 주로 사용했으며, 연출은 시각적인 이미지나 볼거리를 만드는데 치중하는 대신 이야기가 만들어내는 이미지와 이를 그려낼 수 있는 관객의 상상력을 불러일으키는 데 집중하였다. 이인수는 이에 대해 한 인터뷰에서, "이야기의 힘, 그리고 이야기와 현실의 경계가 무너지는 악몽에 집중하며 작품의 본질과 블랙 코미디의 장르에 더욱 가까이 다가갈 계획이다. 관객의 그 어떤 상상력도 제한시키지 않는 이야기로 관객들을 다시 한 번 마틴 맥도너의 괴상하고 매력적인 세계로 인도할 것이다"라고 밝힌 바 있다. 고대 그리스극이나 셰익스피어극의 중심이 언어고 언어의 리듬감과 언어가 불러일으키는 상상력이 굳이 폭력과 잔혹함으로 가득 찬 이 연극을 시각화하지 않아도, 아니 그보다 더욱 잘 희곡의 정수를 전달할 수 있다고 본 것이다. 그런 점에서 이인수의 연출은 최영주가 언급했던, 20세기 후반 영국 연극의 희곡적 회귀, 즉 아이러닉한 논조로 플롯을 비틀고 있는 텍스트 중심의 잉글랜드 연극의 맥을 제대로 전달했다고 할 수 있다.

이인수의 연출 개념은 무대디자인의 변화에서 잘 나타나는데, 서류로 가득 채워져 있는 선반과 종이뭉치가 가득 쌓인 캐비닛으로 이루어진 무대 뒷배경이 특징적이다. 서류와 종이뭉치들은 형사가 주인공을 취조하기 위한 서류일 수도 있고 투폴스키가 캐비닛에 들어갔다 나오며 들고 나오는 이야기의 원천일 수 있다. 전체적으로는 이전의 변정주 연출에 비해 연기는 차분해지고 거친 폭력성은 다소 제거된 정적인 공연이었다. 원작의 입에 담을 수 없는 욕들이나 적나라한 성적 표현 부분도 상당히 순화되었다.

언어와 상상력을 통해 원작을 더욱 생생하게 무대에 올리려던 이인수의 연출적 시도에 대한 평자들의 반응은 엇갈렸다. 텍스트에 대한 존중과 이야기의 힘에 대한 믿음에 기반하여 그림 만들기식의 전형적인 연출적 시도를 의도적으로 벗어나고자 한 점에는 긍정하기도 하지만, 이 또한 연극을 낭독 공연이나 오디오극 등으로 문학화하는 최근의 일련의 경향은 아닌가 하는 우려의 시선도 있었다. 또한 변정주의 공연에서도 그랬듯이 원작의 등장인물을 축소함으로써 원작의 이야기를 평면화했다는 비판도 제기되었다.

## 4. 결론

1990년대 중반 영국에서처럼 2000년대의 우리나라도 사회적인 연극이 쇠퇴한 시기이다. 개인적이고 형식적인 실험에 대한 연극계의 관심이 강한 시기였다고도 할 수 있다. 때문에 한국 연극이 인여페이스 연극을 맞아들일 준비가 된 시대였다. 그러나 전반적인 한국 사회의 윤리적 보수성 탓에 우리 무대에서 인여페이스 희곡들은 그 트레이드마크라고 할 수 있는 과도한 욕설, 성교, 마약 복용, 고문 같은 잔인함과 폭력성은 직접적이기보다는 간접적이고, 순화되고 약화되어 수용되었다. 그 결과 케인 희곡 공연의 경우, 한국 관객들이 인여페이스적인 연극적 특성들을 제대로 체험하는 데 한계도 있었다. 오경숙이나 박정희의 공연들에서처럼 시적, 상징적으로 접근하거나 원작의 상당 부분이 삭제되어 무대에 올라갔기 때문이다. 또 인여페이스 연극에 대한 한국에서의 관심이 짧은 기간 동안 연출가나 평론가 등 연극 전문가들의 영역에서만 반짝한 측면도 있다. 그럼에도 불구하고 인여페이스 연극은 우리 관객들에게 기존의 희곡과는 다른 내러티브를 지닌 '희곡적 연극'을 접하게 하고, 연극인들에게 극미학적인 자극을 준 것도 분명하다. 요즘 평단의 주목을 받고 있는 연출가 김수정의 무대에서 한국의 사라 케인이 엿보인다. 〈그러므로, 포르노〉 공연에서 대표적으로 드러나듯 김수정의 무대는 관객으로 하여금 세상에 분노하고 절규하는 젊은이들을 섹스와 폭력의 무대를 통해 직접 대면하게 만든다. 케인에 비해 김수정의 무대는 노골적으로 정치적이며 알레고리적이다. 그러나 이 시대 한국 젊은이들의 분노와 좌절이 1990년대 중반 영국 젊은이들의 그것과 마찬가지로 섹스와 폭력이라는 코드를 통해 투영되고 있음을 김수정의 연극은 분명히 한다. 맥도너의 경우 〈리넌의 뷰티퀸〉과 〈필로우맨〉에서 보인 현대 아일랜드 희곡의 독특한 서사와 그로테스크한 극 내용으로 국내 연극인들에게 연극 서사 개념에 대한 새로운 인식을 갖게 했다는 점에서 의의가 있다.

# 수행적 미학에 근거한 동시대 해외 공연들

심재민

## 1. 서론

한국 연극이 한국 무대의 해외 공연들을 통하여 '몸성과 수행성'을 전제한 수행적 미학에 주목하게 된 것은 대체로 2000년대 이후의 일이라고 말할 수 있다. 이를 위해서 가장 큰 역할을 해낸 것은 무엇보다 서울국제공연예술제이다. 연극뿐 아니라 다양한 탈경계적 공연들이 초청되면서 한국의 관객에게도 이제 몸성과 수행성, 그리고 심신일원론적 현존의 미학에 대한 새로운 관심이 증폭되는 계기가 주어졌다. 여기에 더해서 '페스티벌 봄'을 통해 유입된 해외 공연들 역시 이 새로운 미학적 경향을 소개하는 데 그 나름대로 역할을 담당하였으며, LG아트센터의 해외 초청 공연들도 때때로 그러한 기회를 제공하였다. 이로써 재현연극에 익숙했던 한국 관객들이 겪은 혼란 역시 만만치 않았지만, 그로 인해서 학계와 평론계에 새로운 연구를 위한 자극이 주어졌던 점 역시 분명하다. 그 덕분에 1990년대 말 이후 한국에서 자생적으로 등장했던 유사 경향의 공연들에 대한 새로운 학문적 접근 방식 역시 가능해진 것도 사실이다. 이런 배경에서 본 논문은 한국에 소개된 2000년대 이후 해외 공연들 중에서 수행적 미학에 근거하여 몸성과 수행성을 두드러지게 드러내면서 관객에게 새로운 공연 관람 방식을 유도한 경우들에 주목하고자 한다. 이를 통해서 기존의 재현연극과 다른 '감각적 지각(Aisthesis)'의 문제, 그리고 더 나아가서 수행성을 구성하는 주요 개념들에 대해서도 살펴보고자 한다. 결국 본고는 수행성과 몸성을 강조하는 해외 공연들이 새로운 연극미학적 특징들을 어떻게 드러내고, 또한 관객에게 어떻게 수용되며, 더 나아가서 관객은 기존의 수용 방식과 다르게 공연과 어떤 관계를 형성하는지를 연구하고자 한다. 이를 위해서 본고는 최근 10년 이내에 한국 무대에 소개되었던 해외 공연들 중에서 특히 몸성과 수행성이 두드러지게 드러난 아홉 편을 연구하게 될 것이다. 그리고 연구를 위한 이론적 틀을 제시할 때, 무엇보다 크래머(Sybille Krämer)와 피셔-리히테(Erika Fischer-Lichte)의 수행성 이론에 주로 의존하고자 하며, '감각적 지각'의 문제와 관련해서는 메를로-퐁티(Maurice Merleau-Ponty)와 게르노트 뵈메(Gernot Böhme)의 철학의 도움을 받고자 한다.

## 2. 동시대적 주제를 드러내는 새로운 형식 : 몸성과 수행성

본고가 다루는 공연들은 무엇보다 이성중심주의적 철학에 대한 비판적 관점에서 출발하고 있다. 이런 면에서 볼 때 '몸의 중시'는 이성에 의한 '몸의 억압'에 대한 일종의 반동적 경향이다. 몸을 통해서 이성중심주의를 비판하는 가운데, 본고의 공연들은 이성에 근거한 세계 인식의 차원을 넘어서 감각적 지각에 기반한 몸성과 수행성의 형식을 통해서 형상화된다. 또한 이성중심주의에서 나온 기독교적 유일신에 대한 의문 역시 발견되며, 같은 맥락에서 남성중심주의에 대한 비판도 눈에 띈다. 또한 남성에 의해서 자행된 폭력의 역사가 반복되는 문제를 전통적인 작품들의 재구성을 통해서 강조하기도 한다. 더 나아가 이성중심주의의 문제는 도구적 이성과 연결되면서 자본주의 사회의 인간 소외와 비인간적 사회 시스템의 문제로까지 확장된다. 따라서 이에 대한 비판 역시 본고는 주목하지 않을 수 없다. 그리고 이러한 주제들은 전통 형이상학에서와는 다른 새로운 철학적 토대 위에서 세계와 관계를 맺는 가운데 몸을 중심으로 하는 새로운 공연 형식을 내세우게 된다. 본고에서 다루는 공연들은 결국 몸을 새로운 시각에서 바라보면서, 전통적 인식주체와 다른 지각주체 및 신체주체로서의 관객과 배우를 전제한다. 이로써 관객과 배우는 지각학(Aisthetik)이라는 새로운 관점에 입각해서 상호 관계를 형성한다.

그러므로 본고에서 내세우는 '몸성'과 '수행성' 개념은 먼저 감각적 지각과 직결된다. 수행성은 신체주체로서 인간의 몸을 통해서 감각을 통합하는 지각 활동이 실행된다는 데서 출발한다. 또한 수행성은 감각적 지각에 근거한 몸성, 소리성, 공간성에 의해서 작동한다. 본고는 수행성을 추동하는 지각의 문제를 논구하면서 공연을 '지각사건'으로 바라보는 가운데, 몸성과 수행성이 강한 공연들을 연구하고자 한다. 여기서 본고는 크래머가 말하는 수행성의 세 단계 중에서 특히 '신체화하는 수행성(korporalisierende Performativität)'[1] 개념이 오늘날 몸성과 수행성의 공연들이 갖는 핵심적 특징들을 정확하게 설명하고 있다는 점을 중시한다. '신체화하는 수행성'은 동시대 공연예술에서의 지각학에 근거한 수행성을 의미한다. 따라서 몸성과 지각이라는 개념들은 당연히 수행성의 구성 조건에 해당된다. 이런 의미에서 본고가 의

---

1  Sybille Krämer, "Was haben Performativität und Medialität miteinander zu tun? Plädoyer für eine in der Aisthetisierung gründende Konzeption des Performativen", Sybille Krämer(ed.), *Performativität und Medialität*, München: Wilhelm Fink, 2004, p.13~32, p.14 ; 심재민, 「지각화의 관점에서 본 연극에서의 수행성과 매체성」, 『순천향 인문과학논총』 33-3, 2014, 225~264쪽, 234~239쪽 참조.

존하는 '지각'의 바탕이 되는 신체와 정신의 관계는 심신일원론적 토대 위에 있다.[2]

　'신체화하는 수행성'은 오늘날 연극을 비롯한 예술적 퍼포먼스의 경험과 관련되면서 예술적 수행성 내지 연극적 수행성으로서 확장된다.[3] 그리고 이 수행성의 구성 요소로서 무엇보다 공연의 "사건적 성격"이 대두한다. 공연은 작품의 성격에서 벗어나서 사건으로 이행하는 가운데, 이제 하나의 단편(斷片, Fragment)적 구조를 갖는다. 행위자와 관객은 지각학에 근거한 상호 관계를 형성하며, 따라서 관객은 인식의 차원이 아니라 지각을 통해서 의식에 이르는 방식으로 공연을 수용한다. 즉 메를로-퐁티가 말하는 '지각적 의식'이 작동한다고 말할 수 있다. 메를로-퐁티는 칸트의 인식주체 및 이성중심주의와는 다르게 지각을 통한 의식의 실행을 강조한다. 크래머가 말하는 '신체화하는 수행성'의 구성 요소들과 관련해서 볼 때 피셔-리히테 역시 수행성에 대하여 유사한 사유를 보여준다. 피셔-리히테는 수행적 공연에서는 행위자와 관객 사이의 '신체적 공동현존'에 근거해서 특히 관객의 감정과 느낌이 활성화됨으로써 '자동형성적 피드백-고리(autopoietische feedback-Schleife)'가 작동된다고 말한다. 이로써 수행적 공연은 이제 더 이상 작품이 아니라 사건으로서 통용된다는 것을 뚜렷이 제시한다.[4]

　그리고 공연에 대해서 관객이 몸을 통해서 수용하고 반응함으로써 객석에서 자생적으로 반응의 고리가 생성되고, 이러한 반응의 고리는 다시 행위자와 관객 사이에서 일정 시간 동안 자동적으로 반복된다. 따라서 관객은 공연의 계속적인 생산에

---

2　본고가 의존하는 심신일원론적 관계는 무엇보다 메를로-퐁티에 기초하며, 더 나아가 피셔-리히테의 '수행성' 이론에서도 발견된다. 이에 대해서 Erika Fischer-Licht. *Ästhetik des Performativen*, Frankfurt a. M.: Suhrkamp, 2004, pp.141~160 참조.

3　Krämer, 앞의 논문, p.17.

4　Erika Fischer-Lichte, 앞의 책, pp.284~318 참조.

참여하게 된다고 피셔–리히테는 말한다. 그런데 크래머는 공연에서 새롭게 중시되는 '사건 관점' 및 '현존 관점'을 내세우면서 여기서 재현의 기호성의 틀을 넘어서는 공연들을 언급한다. 이것은 신체화하는 수행성이 작동할 때 사건으로서의 공연에서 바로 행위자의 몸의 현존과 함께 연극요소들의 현존이 중시되기 때문이다. 따라서 공연은 생성되고 소멸되는 '지각사건'으로서 실행된다. 그런 가운데 현존의 지각이 관객에게 주선됨으로써 에너지, 호흡, 리듬, 생명력 등의 전달이 가장 중요한 관건이 된다. 이로써 공연은 이제 흐름 속에 실행되며, 공연이 갖는 "불안정성과 찰나성(Flüchtigkeit)" 역시 수행성을 구성하는 요소가 된다.[5] 재현적 공연에서 관객이 기호의 의미를 파악하고 해석하는 데 치중했다면, 수행적 공연에서는 공연의 종합적이고 안정적인 구조 자체가 해체되고 단편적인 사건들이 부각된다. 따라서 지속적인 의미구성이 와해되면서 일시적이고 찰나적으로 '흘러가는' 공연의 성격이 드러난다.

그러므로 수행적 공연에서는 '지각사건'으로서의 묘사 대상에 대한 관객의 참여가 전제된다. 관객은 감각적 지각을 통해서 공연의 지각과정과 특히 시청각적인 자극을 수용하는데, 이를 위해서 관람 자체도 이미 하나의 '행위 성격'을 드러내게끔 되고, 관객은 공연 생산 자체의 협력자가 된다.[6] 즉 지각사건으로서 공연은 몸을 비롯한 연극요소들의 물체성이 용출하는 '현상적 존재(phänomenales Sein)'라는 물질성을 드러낸다. 이 물질성은 관객의 지각에 직접적으로 영향을 미치면서 관객의 적극적인 반응을 이끌어내고 이에 기반해서 관객은 공연의 공동 작업에 참여하게 된다. 여기서 관객은 이 현상적 물질성을 지각하면서 물질성 자체가 만들어내는 '자기지

---

5  Krämer, 앞의 논문, p.17.
6  위의 논문, p.18.

시성'에 의해서 스스로 의미를 수용할 수 있는 기회를 갖는다. 그러니까 배우의 몸을 비롯한 연극요소들이 가진 현상적 물질성이 결국 관객에게 의미 생산의 기회를 제공한다. 그러므로 배우의 '몸성' 개념은 연극요소의 하나로서 수행성과 직접적으로 연관된다. 즉 사건의 성격을 띠는 공연에서 연극요소들의 현존이 중심을 이룬다.

여기서 신체화하는 수행성은 이미 몸성에서 나오는 현존을 전제한다. 관객에게는 피셔-리히테가 언급한 바대로 무대 위 행위자들 내지 배우들과의 '신체적 공동현존'의 경험이 전제된다. 이런 의미에서 관객은 공연의 협력자 내지 공동생산자의 지위를 새롭게 얻는 것이다. 다시 말해서 공연의 사건적 성격은 관객의 참여를 전제로 작동할 뿐 아니라, 이로써 동시에 수행성을 활용하는 것이다. 여기서 수행성은 이미 몸성을 통한 무대와 객석의 상호 관계를 감안하고 있으며, 몸성은 결국 지각의 문제와 직결된다. 다시 말해서 몸성은 행위자에 국한된 것이 아니라, 관객에게도 해당되는 사안이다. 몸을 통해서 관객과 행위자 사이에 지각적 상호 교류가 이루어지며, 여기서 몸은 심신일원론적 체현과 현존의 성격을 기본적으로 전제한다. 다시 말해서 체현을 통해서 배우 내지 행위자는 자신의 신체적 현존을 드러내는 것이며, 이를 위해서 현상적 신체를 구성하는 신체육체(Leibkörper)의 변증법적 관계를 기초로 한다. 행위자는 자신의 현상적 신체가 드러내는 현존을 통해서 관객에게 다양하게 에너지의 교류를 고취시킨다. 피셔-리히테는 현존과 관련해서 약한 현존, 강한 현존, 그리고 근본적 현존을 제시한다. 그러므로 수행적 미학에 근거한 공연들에서 특히 중요한 것은 현존의 '강도'이며, 더 나아가서 현존을 통해서 관객의 지각과 의식의 변화를 주선하는 공연들이다. 바로 이 지각과 의식의 연관, 즉 메를로-퐁티가 말하는 '지각적 의식'에 입각해서 재현연극에서와 다르게 세계를 새롭게 바라보고 변화시킬 수 있는 관점을 획득할 수 있는 기회를 주는 공연들이 본고의 관심 대상이다. 이와 더불어 여기서 나타나는 관객의 변화에 대해서도 본고는 집중하고자 한다.

## 3. 한국 무대의 해외 공연들

### 1) 〈눈물의 역사〉

노르베르트 엘리아스(Norbert Elias)에 따르면, 문명사적으로 볼 때 인간은 중세 이후 왕권의 중앙집권체제가 강화되면서 문명화된 사회를 지향하고 행동 규범을 체계화시킨다. 이와 더불어 점점 오줌 침 체액 등 몸의 분비물을 남 앞에서 함부로 드러내는 것을 비문명적인 것으로 간주하기 시작한다.[7] 이것은 중세 사회에서 근대 사회로의 전환과 맞물리는데, 여기서 결국 사회적 통제의 내면화 과정이 작동하며, 이는 이성에 의한 몸의 지배와 일맥상통하는 현상이다. 얀 파브르(Jan Fabre)는 자신의 탈경계 퍼포먼스적 공연 〈눈물의 역사(History of Tears)〉(얀 파브르 연출, 얀 파브르-트루블렌[Jan Fabre-Troubleyn] 극단, 예술의전당, 2006.2)에서 이러한 문제의 역사를 몸의 억압과 학대를 통하여 폭로한다. 행위자들의 현상적인 몸이 드러내는 고통을 통해서 역설적으로 몸의 가치를 폄하해온 이성중심적 세계에 대한 문제 제기를 시도한다. 공연에서는 악취를 풍기며 춤을 추는 사람에게 더 이상 흥을 느끼지 못하는 상황에서 이제 향수를 뿌리고 춤을 추는 또 다른 사람을 주목하게 된다. 인간의 몸에서 나온 분비물은 이제 더는 환영받지 못할 뿐 아니라, 반문명적이고 야만적인 것으로 간주된다는 점이 시사된다. 얀 파브르는 이처럼 몸 자체를 경멸하는

---

7  박미애, 「결합태와 문명화과정의 역동적 구조」, 노르베르트 엘리아스, 『문명화과정 I』, 박미애 역, 한길사, 1996, 21~43쪽, 35~41쪽 참조.

문명에 맞서서 인간의 몸이 만들어내는 모든 것을 '눈물'이라는 메타포를 사용하면서 옹호한다. 즉 '울고 있는 육체'라는 표현으로써 파브르는 이성의 지배에 문제 제기를 한다.

〈눈물의 역사〉 공연은 여덟 명의 여성 무용수들이 우는 것으로 시작된다. 더 나아가 무용수들은 벗은 몸으로 여러 종류의 유리잔과 유리병을 손에 들고 또 사타구니에 끼우고 이동하기도 한다. 심지어 유리병 위에 눕기도 한다. 그들의 몸은 고통과 억압의 대상이 된다. 이로써 몸은 이성의 지배하에 폄하되고 학대당했다는 것을 현상적으로 지각하게 유도한다. 그리고 '기사'라는 인물을 통해서 파브르는 신의 지배하의 인간 이성이 선악이분법에 몰두하는 문제를 지적한다. 즉 몸 자체가 불결하고 따라서 '악'의 영역에 속하게 된 것을 문제시한다. 그러므로 중세로의 회귀를 강조하는 기사의 말은 결국 문명화 과정에 의해서 형성된 인간의 문명이 오히려 진정한 육체의 욕망을 마비시키고 있다는 강한 문명비판의 어조를 띤다.

그리고 바위여인은 니오베(Niobe)를 의미한다. 신화에 따르면, 여신 레토가 니오베의 자식들을 모두 죽이자 그녀는 비탄 속에서 돌이 되어 죽었다. 파브르는 바위여인의 한탄을 통해서 신의 저주를 받고 생명력을 상실한 현대문명의 문제를 제시한다. 그러므로 다시 태어나는 아이는 결국 생명의 재탄생을 의미한다. 공연 말미에 반라의 기사는 혼자 조명을 받고 웃다가 갑자기 움직이면서 춤을 춘다. 이 춤은 몸의 생명력을 드러낸다. 개가 등장하여 인간의 부재를 한탄하는 것 역시 철학사적으로 견유(犬儒)학파(Zynismus)의 디오게네스를 연상시킨다. 이는 인간 문명에 의해 만들어진 허위 욕망이 진정한 자연과 몸을 피폐하게 만드는 것을 가리킨다. 벌거벗은 무용수들이 생명의 '눈물'을 갈망하는 여러 유리잔과 병을 몸을 통해서 부각시킬 때, 관객은 그러한 몸들이 주는 다양한 육체적 감정에 사로잡힌다.

## 2) 2007년 서울국제공연예술제 〈세일즈맨의 죽음〉

연극 〈세일즈맨의 죽음〉(루크 퍼시발[Luk Perceval] 연출, 베를린 샤우뷔네[Schaubühne] 극단, 남산예술센터)에서 특히 배우들의 몸의 현상적 물질성, 즉 몸성은 관객에게 강렬하고 충격적으로 다가온다. 윌리 로먼의 튀어나온 배 부위와 뚱뚱한 몸은 전형적인 하층 노동자들의 외형에 다름 아니다. 린다의 늘어진 가슴, 주름진 몸과 얼굴, 왜소한 어깨 등은 삶에 지친 중년(重年) 여인의 외모를 그대로 보여준다. 큰아들 비프 역시 나이에 비해 살찐 외모에 어눌한 말투가 주는 현상적 몸성은 어딘지 사회 부적응자 같은 인상을 풍긴다. 비프와 더불어 마른 몸의 작은아들 해피도 팬티 속에 한 손을 넣고 등장하는 데서 그들의 의식을 지배하는 행동, 즉 성적 관심에 대하여 관객은 감각적으로 지각하게 된다. 또한 해피는 늘 빠른 말투로 대화를 나누면서 상대방에게 그다지 신뢰를 주지 못하는 듯이 보인다. 윌리의 아내 린다는 쭈글쭈글한 피부에 지친 기색이 역력한 몸을 드러내면서 성적 매력과는 거리가 멀다는 것을 느끼게 한다. 잠자리에 들려는 윌리에게 아내의 몸은 그저 늙은 여자의 그것에 불과하다.

하지만 윌리의 젊은 시절 외도 대상이었던 여성의 몸에서는 그야말로 성적인 것 그 자체가 부각된다. 회상의 순간에 주인공에게 직접 다가오는 여성의 현상적 신체는 관객에게도 도발과 충격으로 느껴진다. 노출된 상체에서 드러난 엄청나게 큰 가슴과 얇은 속옷 속에 비치는 음부 역시 관객의 시선에 그대로 지각된다. 또한 윌리와 그녀 사이의 강한 애무 동작 앞에서 관객은 그 성적 자극으로 인해 시각적으로 매우 강렬한 몸성을 지각한다. 그녀의 육감적인 외모, 그리고 무대 위에서 실행되는 적나라한 남녀 관계가 보여주는 몸의 현존은 관객의 지각과 의식을 지배하는 가운데 관객은 배우들의 몸의 현존과 대사에 집중하게 된다. 여기서 작동하는 수행성

〈세일즈맨의 죽음〉

은 배우들의 몸의 '강한 현존'에 근거한다. 피셔-리히테에 따르면, '강한 현존'을 드러내는 배우의 현상적 신체는 관객과 공존하는 공간을 지배하고 관객의 주목을 강제하는 성질을 갖는다.[8] 이와 관련해서 피셔-리히테는 배우가 지배하는 특정한 기교와 실행 기법을 언급한다. 즉 배우가 이러한 기교와 기법을 작동시킬 줄 알게 됨으로써 관객을 사로잡는다는 것이다. 이렇게 볼 때, 윌리 역의 티메(Thomas Thieme)와 여인 역의 가이쎄(Christina Geisse) 두 사람이 보여주는 연기는 관객을 집중하게 하는 힘을 가진다고 말할 수 있다. 관객은 특이하게 강력한 방식으로 현존하는 배우를 감지함으로써, 동시에 자기 자신의 현존을 매우 강력하게 느끼는 능력을 부여받는다. 즉 배우의 현존을 통해서 자기 자신의 현존을 느끼게 되는 것이다. 현존은 그러므로 "현재에 대한 강력한 경험"으로서 "발생한다"[9] 이런 맥락에서 관객은 겉으로 침묵하지만 무대의 분위기가 객석에 전이되는 기운을 느낄 수밖에 없다. 따라서 자동형성적 피드백-고리가 작동하면서 무대의 에너지는 객석에 전달되고 관객 역시 그러한 무대 분위기의 직접적인 목격자로 변

---

8  Fischer-Lichte, *Ästhetik des Performativen*, p.165 참조.
9  위의 책, p.166.

신하게 된다. 여기서 아버지의 외도를 목도한 비프의 기억이 무대 위에서 재현되는 상황에서 관객은 그가 겪었을 충격과 아픔에 대한 다양한 육체적 감정을 느끼게 되며, 따라서 안타까움과 숨이 막힐 듯한 답답함을 체험하게 된다. 동시에 관객은 윌리 로먼이 처했던 상황을 다른 각도에서 경험할 수 있는 기회를 얻는다. 그의 외도를 소외의 관점에서 다시 바라볼 수 있게 된다. 외도를 통해서 가장의 책임감에 억눌린 윌리의 심리적 일탈을 발견할 수 있는 계기가 주어진다고 말할 수 있다.

　게르노트 뵈메의 '분위기' 개념에 입각해서 볼 때, 정글과 좁은 거실의 분위기는 사뭇 대조적으로 다가온다. 관객은 여기서 전혀 다른 분위기를 감지한다. 뵈메의 이론을 공연의 수행적 공간과 연관해서 생각해보면, 사물의 엑스터시, 즉 탈자(脫自)가 실행되기 위해서는 사물을 지각하는 주체가 사물의 현존에 자신을 맡겨야 한다. 다시 말해서 지각주체 내지 관객은 사물의 현존을 경험해야 한다.[10] 정글이라는 넓은 공간과 대조되는 좁은 거실의 현존은 그러므로 지각주체로서 관객에게 분명하게 지각된다. 그리고 그 안에서 움직이는 극중인물들의 삶의 모습 역시 감각적으로 다가온다. 전쟁터 같은 정글을 지나서 비로소 도달한 좁은 거실 자체는 이미 전쟁 이후의 휴식이 주는 왜소한 삶을 지각하게 만든다. 여기서 무대 위에 펼쳐진 정글과 거실의 대조적 상황은 그 자체로 탈자를 드러내면서 관객의 열린 지각 운동과 상호교류적 관계를 실행한다. 관객은 답답함과 함께 안타까움과 쓸쓸함 등을 느끼게 된다. 튀어나온 '맥주배(Bierbauch)'의 맨살을 그대로 노출한 채, 맥주를 마시면서 멍하게 TV 속의 허상세계에 몸과 영혼을 맡기는 찰리와 윌리, 그리고 린다의 지친 몸이 만드는 거실의 분위기는, 정글에서 전쟁을 치른 후에 그들이 추구하는 안락함

---

10　Gernot Böhme, *Aisthetik. Vorlesungen über Ästhetik als allgemeine Wahrnehmungslehre*, München: Wilhelm Fink, 2001, p.132 참조.

의 그 단조롭고 무미건조함을 적나라하게 보여준다. 그런데 텔레비전의 시청 내용 역시 물화된 세계의 모습을 노골적으로 드러낸다. 무대에서 계속 들리는 소리는 자본주의 사회의 상품화된 인간관계를 여지없이 고발한다. 여성의 몸이 상품이 되어 홈쇼핑처럼 전화 주문을 유혹하는 광고, 그리고 여성의 몸을 통해서 돈을 걸고 손님을 끄는 광고를 쉴 새 없이 내보내는 자본주의 사회의 대중매체의 치부가 폭로된다. 그리고 이런 방송을 멍하니 바라보면서 휴식의 시간을 갖는 윌리 로먼의 일상은 대중매체의 의식 조작에 의해서 세뇌된 하층 노동자들의 평균적인 삶을 반영한다. 이를 바라보는 관객은 무대의 분위기 앞에서 어떤 돌발적 연상 내지 상상에 근거한 창발(創發, emergence)적 의미들이 계속 떠오르는 것을 피할 수 없다. 이 공연이 관객에게 중개하는 의미망은 이처럼 창발의 성격을 띤다고 보아야 한다. 관객 스스로 의미를 정의할 수는 없지만 그에게는 다양한 의미들이 떠오르고 그것들은 결국 자신의 삶의 역사에서 연유하는 것이다. 이런 점에서 원작의 의미 맥락과는 다른 한국적 상황 안에서 이 연극의 의미가 파악될 수 있는 여지는 분명히 존재한다. 더 나아가서 생존경쟁의 전투를 매일같이 치러야 하는 소시민적 일상 속의 한국 관객에게 이 연극이 주는 의미 파장은 클 수밖에 없다.

### 3) 〈인형의 집〉

〈인형의 집(Dollhouse)〉(리 브루어[Lee Breuer] 연출, 마부 마인즈[Mabou Mines] 극단, LG 아트센터, 2008.4)에서 리 브루어는, 19세기 말 여성이 처한 상황을 21세기 초 시공간적 상황에서 재해석한다. 그러니까 19세기 말 여성의 상황이라는 거울에 21세기 여성의 모습을 비춰보면서 연출가는 새로운 연출 콘셉트와 스타일에 몰두한다.

연극이 시작되면 관객은 미완성 무대에서 무대막과 소품들이 갖추어지고 비로소 무대장치가 완성되는 것을 경험한다. 그런데 무대 위의 집은 마치 '바비인형 놀이 속의 집'과 같으며, 실제로 인형들이 살 것 같은 느낌을 준다. 그런데 이 '인형의 집'은 공연의 극중극 부분에 해당하면서 무대 공간 전체의 일부를 형성한다. 극중극 무대 세트 뒤편 주어진 빈 공간에서는 스태프 역할을 맡은 검은 작업복 차림의 인물들이 활동한다. 이와 더불어 피아노를 치는 아시아계 여인도 독특한 극중 역할을 맡는다. 그녀의 표정이나 움직임에서 나오는 몸성과 더불어 피아노의 소리성은 기계적이고 경직된 분위기를 연출하면서 극중극에서 종종 벌어지는 그로테스크한 상황을 더욱 비현실적인 것으로 각인시키는 데 기여한다. 또한 그녀는 '인형의 집'에서 벌어지는 극중극에 검은 옷의 스태프들과 함께 투입되어서 공연 전체의 분위기를 현존적 상황으로 만든다. 즉 극과 극중극의 경계가 무너지면서 무대 위에서 벌어지는 돌발적 현상들의 '현존'이 수행성을 작동시키면서 관객에게 '인형의 집'의 생경하고 혼돈스러운 현실에 대한 감각적 지각을 주선한다. 예컨대 싸이키 조명 속에서 요란한 춤과 음악이 진행될 때, 랑크 박사가 피아노 치는 여인을 밀어내고 직접 연주를 하자 그녀는 무대 위로 올라간다. 여기서 그녀는 검은 스태프들과 함께 춤을 추면서 '혼돈상황'을 현존적으로 보여준다. 이것은 결국 노라의 심리 상태를 관객에게 전달하는 효과적인 방식으로 기능한다. 즉 무대 위에서 극 차원과 극중극 차원의 인물들이 혼재된 가운데, 공간성과 소리성을 통한 수행성이 작동하고 '혼돈' 그 자체의 현존이 드러난다. 그럼으로써 관객에게는 노라의 심리적 내면이 현상적 물질성의 강렬한 인상으로 대체되어서 기억된다. 노라의 혼란스러운 심리를 수행성을 통해서 관객에게 감각적으로 지각되게끔 유도하는 것이다.

이 연극에서 특히 배우들의 몸성은 매우 독특한 분위기를 드러낸다. 토어발트 헬머와 랑크 박사, 크록슈타트 등 남성들은 모두 난장이로서 왜소한 몸을 가졌다. 이들의 몸의 현존은 그 자체로 자기지시성(Selbstreferentialität)을 드러내면서 이 시대 남성의 위상을 보여준다. 현상적인 왜소한 몸과는 대조적으로 그들의 표정과 말의 음색은 전통적인 남성의 권위를 과시하려는 태도를 보인다. 특히 토어발트에게서 이러한 권위의식이 관객에게 직접 지각된다. 이로써 그의 몸과 말의 모순은 생소하게 다가오면서 관객의 지각과 의식에 동시적으로 작용한다. 한 가정의 가장으로서 토어발트는 권위적으로 행동하려 하지만, '인형의 집' 안에 거주하는 그는 결국 관객에게 현실과 유리된 인물로 비쳐질 뿐이다.

또한 왜소한 남자들과 대조적으로 키가 매우 큰 여성들은 몸성을 통해서 그들의 현존을 부각시킨다. 특히 노라는 체격에 어울리지 않는 애교스러운 발성을 함으로써 몸성과 소리성에 의존한 수행성을 작동시키면서 관객의 감각적 지각에 생경하고 비현실적인 분위기를 조성한다. 노라의 소리성과 몸성에 근거한 현존을 통해서 관객은 그녀의 비현실적인 실존 상황을 지각하면서 의식한다. 즉 그녀는 자신이 상대하는 남성들의 키에 맞춰서 일부러 낮은 자세로 애교를 떨면서 자신에게 주어진 실존 상황에 적응하는 태도를 보인다. 예컨대 딸 에미와 함께 랑크 박사가 주는 돈을 입으로 주고받는 상황은 남성중심적 가부장 사회를 강요하는 현실 앞에 종속된 여성의 삶을 적나라하게 고발한다. 이처럼 남성과 여성의 '몸성 대비'에 의한 극중극 속 '인형의 집'의 실존 상황은 이미 그 자체로 비현실적이고 생경한 것으로서 지각된다. 즉 인형의 집과 그 속 인물들이 만들어내는 분위기로 인해서 극장의 분위기 전체는 수행적 공간성에 의해서 지배된다. 관객은 먼저 인물들과 연극요소들이 방출하는 현상적 물질성 앞에서 분위기를 지각하면서 다양한 감정에 사로잡히며, 여기서는 자동형성적 피드백−고리가 작동한다. 이로써 동시대 관객은 비현실성과 생경함을 느끼게 되며, 동시에 이를 주선하는 무대 환경에서 다양한 의미들을 발견한다. 다시 말해서 무대 위의 상황들이 던져주는 현상적 물질성에서 나온 기표들을 통해서 자신의 삶을 바라보면서 자유로운 의미생성, 즉 창발적 의미생성을 경험하게 된다. 그러니까 극중극의 상황에서 떨어져서 극 전체를 바라보는 그 순간에,

관객은 이러한 극중극 현실에 대한 거리두기를 통해서 지각과 의식에 근거한 감정과 사유를 동시에 실행하면서 이 상황을 바라볼 수 있게 된다. 여기서 관객이 경험하는 무대 위 다양한 기표들의 의미가 생성되게 된다. 이로써 관객은 현상적 물질성에서 지각된 자기지시적 의미와 더불어 창발적 의미생성의 기회까지 갖게 되면서 자신의 현실을 되돌아본다.

그런데 공연이 종반으로 치닫고 노라가 가출을 시도하는 장면에 이르면 연극은 이제 반전의 국면을 제시한다. 남녀 사이의 몸성과 소리성은 역전되고, 무대 위 연극요소들은 새로운 상황을 적나라하게 드러낸다. 시종 몸을 숙였던 노라가 이제 큰 키의 몸을 당당하게 펴

〈인형의 집〉

고 남편 앞에서 모든 것을 주장할 때, 표정과 목소리 역시 자신감에 차 있으며 심지어 엄숙함을 드러내기도 한다. 그 반면에 토어발트의 음성은 오히려 애원하고 매달리는 듯한 인상을 준다. 이 상황에서 여태껏 존재했던 '인형의 집' 세트는 이미 제거되었으며, 토어발트의 침대는 크고 휑한 무대 우측 구석에 옹색하게 내몰려 있

다. '인형의 집' 안에서 군림하던 토어발트의 안락한 '성'이 제거된 채, 그는 이제 엄마 없이 내팽개쳐진 아이처럼 방치된 존재로서 지각될 뿐이다. 그 반면에 노라는 마치 어느 공연의 주인공처럼 자신의 몸과 음성을 새롭게 각인시킨다. 이제 노라는 새로운 여성성을 표현하기 위해서 입던 옷을 벗고 긴 머리를 거부한다. 그녀의 벌거벗은 상체와 민머리는 중성적인 이미지로 다가오면서 강력한 현존적 몸성을 드러낸다. 이로써 그녀가 더 이상 남성의 '애완용' 여성이 아니라는 강렬한 분위기가 방출된다. 여기서 관객은 무대 현실로부터 다양한 창발적 의미생성을 경험할 수 있는 기회를 얻으며, 이 상황은 결국 관객 자신의 고유한 현실에 근거한다.

### 4) 〈변신〉

프란츠 카프카의 원작 〈변신〉은 그 자체로 모더니티(Modernity)의 문제를 가장 적나라하게 드러낸다. 산업화 · 도시화 · 기계화라는 산업적 모더니티에 맞서서 카프카의 〈변신〉은 문학적 · 예술적 모더니티를 구현하면서 도구적 이성의 노예로 전락한 인간의 소외를 조명한다. 즉 산업사회의 도래로 인해서 인간 실존이 처하게 되는 위기적 상황을 첨예하게 부각시킨다. 원작을 각색한 공연 〈변신〉(가다손(Gisli Örn Gardarsson) · 데이비드 파[David Farr] 공동 연출, 아이슬란드 베스투르포트[vesturport] 극단, LG아트센터, 2008.5) 역시 모더니티의 세계 안의 인간 소외의 문제를 독특한 형식으로 형상화한다. 이 공연은 주인공 그레고르 잠자(Gregor Samsa)의 현상적 신체를 주목시킴으로써 몸의 현존을 드러낸다.

그레고르 잠자의 벌거벗은 몸은 그 자체 기괴하게 보인다. 잠자의 방을 구성하는 소품들과 무대장치는 다른 가족구성원들의 그것과는 처음부터 다른 각도에 위치해 있다. 그의 생존 방식은 이미 보통 사람과 다르게 실행된다. 벌레처럼 벽을 기어 다니고, 다른 사람들이 알아들을 수 없는 소음과 괴성을 지른다. 그가 지르는 소리를 포함해서 그의 몸이 드러내는 현상적 물질성은 이 공연의 중심적인 형식을 이룬다. 잠자가 동물적인 움직임을 통해서 보여주는 몸의 현존은 관객에게 아주 강렬하게 다가오지는 않지만, 적어도 피셔-리히테가 말하는 '약한 현존' 이상의 효과로 작용한다. 여기에 음향효과가 주는 소리성이 더해지면서 관객의 육체적 감정을 자극하고 수행성을 작동시킨다. 무엇보다 잠자의 의사표현이 다른 사람들에게 참을 수 없는 소음으로 지각된다는 것은 그와의 의사소통 자체가 불가능할 뿐 아니라, 그가 소외의 대상이 된다는 것을 의미한다. 잠자의 소리성은 관객으로 하여금 그의 비인간적 실존을 감각적으로 지각하게 만든다. 자신의 방이 있는 2층의 바닥을 뚫고, 가족이 사는 1층 천장을 통해서 내려오는 잠자의 행위는 가족 구성원 속에 합류하고 싶은 그의 의지를 과시한다. 하지만 타인에게 벌레로 비치는 그의 몸이 보여주는 유해성이 적나라하게 드러날 뿐이며, 관객은 여기서 소외된 실존의 모습을 지각한다. 더 나아가 잠자의 벌거벗은 몸이 붉은 커튼 천에 묶인 채 허공에 매달릴 때 관객은 몸을 통해서 드러나는 한 인간의 억압과 학대의 현장과 마주하게 된다. 이로써 관객에게 비춰지는 사망한 잠자의 현존은 그에 대한 다양한 육체적 감정을 야기한다. 그의 죽음 앞에서 관객은 지각적 의식에 기반해서 산업사회의 인간소외 문제를 생각하지 않을 수 없다. 그와 동시에 잠자의 죽음 앞에서 홀가분한 표정으로 외출을 실행하는 가족 구성원들의 행동으로 인해 관객은 혼란스러운 감정에 사로잡히게 된다. 특히 노동력을 상실한 인간의 비인간적 취급이라는 자본주의의 민낯이 적나라하게 각인된다.

## 5) 2010년 서울연극올림픽 〈맥베스〉

〈맥베스〉(크로아티아 이비짜 불랸[Ivica Buljan] 연출, 대학로예술극장 소극장)는 하이너 뮐러(Heiner Müller)가 셰익스피어의 원작을 다시 쓴 것이다. 〈햄릿머신〉에서와 마찬가지로 밀러는 〈맥베스〉를 재구성하면서 동독사회에서의 폭력의 역사를 확인한다. 〈맥베스〉에서 폭력의 역사는 '계급갈등'의 문제로서 드러난다. 즉 계급갈등을 통해서 극중인물들은 폭력의 역사를 반복한다. 연출가 불란은 밀러의 작품에서 크로아티아의 폭력적 역사 역시 상기시킨다. 그리고 텍스트를 바탕으로 하는 이 연극에서 배우들의 몸의 현존을 강력하고 중심적으로 부각시킨다. 여기서 배우의 몸성은 특히 발성의 소리성과 신체성으로 두드러지게 부각된다. 빈 원형 공간 안에서 극중인물들은 서로 몸을 부딪치고 싸우면서 마치 레슬링 경기를 하는 듯한 연상을 불러일으킨다. 그들은 투쟁 그 자체를 보여주면서 공연을 만들어간다. 즉 남성적 에너지에 사로잡힌 맥베스라는 인물을 통해서 폭력으로 점철된 역사의 문제에 다시금 조명을 가하며, 이를 관객에게 감각적으로 지각하게 만든다. 짧게 깎은 머리에 군복 바지와 상체를 드러낸 남자들 사이에서 벌어지는 난교 장면, 그리고 몸의 충돌과 억압 등은 그 자체로 감각적이고 현상적인 몸의 물질성을 과시한다. 그러므로 이 연극은 단순히 공연 텍스트를 재현하는 것이 아니라 몸연극으로서 재해석된다. 즉 '몸언어'가 연극의 기본이 된다. 그들은 손가락을 항문에 넣기도 하고, 토사물을 다시 먹기도 한다. 그들의 몸이 드러내는 거친 호흡, 근육, 몸짓, 움직임 등은 바로 몸의 현존을 직접적으로 과시하면서 관객들에게 에너지를 전달하고 무대와 객석 사이에 자동형성적 피드백—고리를 작동시킨다. 관객은 여기서 매우 부정적인 육체적 감정을 느끼게 된다.

특히 맥베스가 덩컨 왕 살해 후에 마녀의 후원에 힘입어 붉은 조명 아래에서 내뱉는 독백의 소리성은 그의 근육 움직임과 함께 관객에게 매우 강렬하게 다가온다. 맥베스 역의 만디치(Marko Mandic)가 자극하는 소리성을 포함한 현상적 신체의 몸성은 현존 그 자체로 기능하면서 관객의 육체적 감정을 자극한다. 관객은 감각적 지각을 통해서 맥베스의 비이성적이고 폭력적인 권력욕이 결국 죽음으로 종결될 것이라는 예감에 사로잡힌다.

그리고 공연 중에 배우들은 객석 계단을 수시로 오르내리면서 관객의 반응을 공연의 구성 요소로 끌어들인다. 땀으로 범벅이 된 채 역한 체취를 풍기는 배우들은 느닷없이 객석으로 들이닥쳐 관객의 몸과 접촉을 시도한다. 관객에게 악취 나는 겨드랑이 냄새를 풍기기도 하고 땀이 심하게 묻은 몸과 머리를 관객의 몸에 문지르기도 한다. 관객은 그들의 행동으로 인해 소리를 지르고 말을 하면서 반응한다. 여기서 관객들은 속수무책으로 배우들의 몸을 체험하게 되면서 당혹스러움과 찝찝함 등의 육체적 감정을 갖기도 한다. 이로써 관객은 공연의 공동생산자 내지 협력자로서 변형되는 경험을 한다. 그런 가운데 배우의 몸의 에너지는 계속해서 관객에게 전달된다. 여기서 무대와 객석의 구분은 없어지고 수행성이 작동하면서 자동형성적 피드백-고리는 꾸준히 순환한다. 따라서 배우들의 몸은 쉴새없이 관객의 감각 속으로 밀려들어오고 그 결과 관객은 몸성을 통해서 연극을 지각한다. 관객은 여기서 전이성(Liminalität)을 경험하는 가운데 공연의 수행성이 작동한다. 즉 관객은 전이성이라는 경계 상태를 때때로 위기 형태 안에서 체험하면서 생리적·에너지적 상태의 변화를 겪게 되고, 폭력의 역사에 대해서 몸을 통한 지각에 입각해서 구체적으로 의식하게 된다. 즉 관객은 지각과 의식의 동시성을 경험하면서 폭력의 역사를 경험하게 된다.

## 6) 2010년 서울연극올림픽 〈햄릿〉

셰익스피어의 〈햄릿〉(토마스 오스터마이어[Thomas Ostermeier] 연출, 남산예술센터)은 마이엔부르크(M. von Meyenburg)의 드라마투르기에 힘입어 동시대적으로 번안된 공연이다. 예컨대 햄릿이 뉴욕에서 남자친구와의 동성애적 사랑을 언급하는 부분이나 극중인물들이 유행가를 활용하는 부분 등에서 동시대성이 드러나며, 이를 활용해서 연극은 무엇보다 죽음과 삶의 문제에 초점을 맞춘다. 〈햄릿〉에서 오스터마이어는 특히 연극요소들의 두드러진 현상적 물질성을 통해서 재해석한다. 바닥에 깔린 흙, 인물들이 먹어대는 음식, 관, 피, 물 등은 공연에서 강조되는 그로테스크의 분위기를 만드는 핵심적인 물체들이다. 여기서 용출되는 물질성은 관객에게 감각적으로 다가가면서 관객의 의식을 지배한다. 이처럼 배우들의 몸을 포함한 연극요소들의 현상적 존재들에 대해 관객은 육체적 감정을 갖게 되고, 결국 수행성에 기반한 새로운 의미 생산에 능동적으로 참여한다. 다시 말해서 '햄릿'이라는 인물을 둘러싼 상황은 관객의 지각을 통해서 새롭게 의미를 획득한다.

예컨대 카메라를 통해서 드러나는 시각 이미지들 역시 이 공연을 감각적으로 지각하게 만든다. 카메라의 이미지는 인물의 심리적 내면을 확장시키는 효과를 갖는다. 무엇보다 결혼식에서 게걸스럽게 식탐을 드러내는 인물들의 이미지를 확대해서 보여줌으로써 그들의 몸성은 관객에게 추함과 역겨움 등과 같은 육체적 감정을 야기한다. 그리고 햄릿이 입은 뚱뚱한 몸틀은 관객에게 비정상적이고 부자연스럽게 다가온다. 햄릿이 자신의 분노와 복수심을 뚱뚱한 몸틀을 통해서 거칠게 표현함으로써 관객은 그의 외모와 행동을 감각적으로 지각한다. 즉 행동하지 못하고 고뇌하는 햄릿의 상황이 그대로 전달된다. 흙을 수단으로 햄릿이 보여주는 행동은 흙의 물질성과 더불어 하나 된 듯한 인상을 불러일으킨다. 다시 말해서 엘시노어 성의 오염된 세계 [11] 안에서 마치 어린아이가 떼를 쓰고 화를 내면서 주변 사람들(특히 오필리어와 거트루드)을 괴롭히는 것처럼, 햄릿은 흙을 매개로 자신의 감정을 있는 그

---

11  Dorothea Marcus, "Ostermeiers 'Hamlet' in Avignon, Terrorist aus der Familienzelle", *Die Tageszeitung*, 2008.7.18, 이인순, 「공연분석 : 오스터마이어의 〈햄릿〉(프랑스 2008, 한국 2010)」, 『한국연극학』 52, 2014, 229~270쪽, 246쪽에서 재인용.

대로 표출한다. 여기서 흙의 물질성은 부각되며 이는 관객에게 기표적 이미지로서 작용하면서 다양한 기의를 낳는다. 그런 가운데 흙은 특히 죽음을 연상시키면서 삶과 죽음 사이에서 갈등하는 햄릿의 내면을 주목시킨다.

그리고 극중극 배우로서 나오는 햄릿의 몸에 뿌려진 피의 시각적 이미지는 그 자체 현상적 존재로서 죽음과 위기 등 그로테스크하고 부조리한 상황을 표현한다. 또한 거트루드와 오필리어라는 두 여성의 몸은 한 배우에 의해서 연기됨으로써 그녀의 몸 자체는 남성, 특히 햄릿에게 성적 대상으로서 부각되고 성욕을 자극하는 몸으로서 작용한다.

## 7) 2013년 서울국제공연예술제 〈PHILIA〉

탄츠테아터 〈PHILIA〉(장수미 · 허성임 안무, 장수미 · 허성임 · 토마스 예커[Thomas Jeker] 출연, 아르코예술극장 소극장)는 해외 활동 중인 한국 무용수들 및 스위스 출신 음악가 예커가 창작한 공연이다. 공연 제목은 그리스어로 친구 사이의 우정이나 사랑을 의미한다. 공연은 사춘기 여중생들의 우정과 사랑, 열정과 불안, 상처와 아픔, 몸의 변화 등을 무용수의 몸과 라이브 음악을 통해서 형상화한다. 여기서는 무용수들의 몸성과 더불어 육성에서 나온 소리성이 핵심적인 역할을 한다. 무용수들의 몸은 인간의 경험과 감정을 시각적인 것과 소리의 두 가지 측면에서 체현한다. 시각적인 것은 제스처, 표정 연기, 행동을 통해서 나타나며, 소리는 말과 노래를 포함한다. 그 밖에도 공연에서는 영상과 음악이라는 무대요소들이 중요한 역할을 담당한다.

무용수들은 14세 소녀 시절의 경험과 감정을 묘사하기 위해서 말을 통한 의미 전달을 실행할 뿐 아니라, 동시에 말은 노래와 표정, 제스처와 움직임 등을 통해서 감각적 지각의 측면으로 확대된다. 무용수들은 몸성과 소리성을 통해서 좁은 공연장의 관객과 감각적으로 교류하면서 수행적 공간성을 형성한다. 그들은 몸성에 근거해서 사춘기 소녀의 생각과 감정을 노래로 표현할 뿐만 아니라 관객과 감각적 긴장 관계를 유지한다. 즉 사춘기 소녀의 감정을 표현하는 몸성은 관객에게 직접적으로 지각되면서 육체적 감정과 긴장을 유발한다.

무용수들은 율동, 표정, 제스처, 움직임, 노래, 소리 등을 통해서 몸의 역동성을 살려내면서 탄츠테아터의 특성을 보여줄 뿐 아니라, 호흡과 리듬, 강렬한 에너지의 발산 등을 통하여 관객과의 감각적 교감을 실행한다. 예컨대 무용수들은 사춘기 소녀들 사이의 사랑과 우정의 감정을 경쾌한 노래와 움직임으로 표현하면서 관객과 감각적 상호 관계를 형성한다. 관객에게 사춘기 소녀의 정서를 감각적으로 전달하면서 그들을 놀이의 공동생산자가 되게끔 유도한다. 하지만 다음 시퀀스에서 무용수들은 사춘기 소녀들 사이의 오해와 그로 인한 마음의 상처를 절규에 가까운 매우 강렬한 음성과 함께 몸의 격렬한 움직임을 통해서 현존적으로 드러낸다. 여기서 소리성은 공간성의 분위기를 형성하면서 지각주체로서 관객이 이러한 분위기에 휩싸이도록 관객의 몸에 직접적으로 영향을 미친다. 따라서 몸성과 소리성 및 공간성에 힘입은 수행성이 작동함으로써 관객은 자신의 다양한 육체적 감정이 발현하는 것을 느끼게 된다. 소녀들에 대한 연민과 애잔함 등의 감정이 생기면서 자동형성적 피드백-고리가 실행된다. 관객은 사춘기 소녀들의 아픈 감정과 상처받은 내면이 격렬하게 쏟아져 나오는 것을 감각적으로 지각하는 가운데, 여기서 몸을 통한 감정의 교류와 순환이 무대와 객석 사이에서 형성된다. 이로써 공연의 분위기는 관객으로 하여금 자신의 연상의 돌발적 현재화를 경험하게 한다. 다시 말해서 관객은 무용수들과의 지각적 상호 관계를 통해서 자기 자신의 기억이나 경험 및 체험들이 현재화되는 '창발'의 순간을 겪는다. 그 결과 관객은 자신의 연상에서 비롯된 유사한 사례들에 근거해서 공연의 의미를 스스로 구성한다.

## 8) 2014년 서울국제공연예술제 〈십자가의 일기〉

무용 퍼포먼스 〈십자가의 일기(Diario de una Crucifixion)〉(콜롬비아 엑스플로즈 [L'Explose] 컴퍼니, 티노 페르난데즈[Tino Fernandez] 안무, 대학로극장 소극장)의 토대가 되는 것은, 교황 이노센트 10세에 대한 벨라스케스(Velazquez)의 초상화를 보고 연구한 프랜시스 베이컨(Francis Bacon)의 작품이다. 먼저 벨라스케스의 1650년 그림은 공식 복장을 입고 있는 75세 교황의 초상화이다. 여기서는 교황의 권위와 엄격함이 느껴지는 가운데 그러한 이미지를 드러내는 데 붉은색이 일조하고 있다. 이 그림을 보고 영감을 얻은 20세기 영국 표현주의 화가 프랜시스 베이컨은 여러 편의 교황 관련 작품들을 발표하였다. 베이컨의 그림들에서 직접적으로 느껴지는 것은 무엇보다 어떤 끔찍하고 경악스러운 것이다. 이를 통해서 인간 내면의 공포와 절규, 그리고 심리적 혼란과 분열 등이 연상되지 않을 수 없다. 따라서 벨라스케스의 교황이 엄격하고 권위적인 외적 모습에 치중되어 있다면, 이와는 다르게 베이컨의 그림은 탈권위적인 인간 본연의 몸, 그리고 그러한 몸에 바탕한 나약한 내면적인 모습과 관련된다고 말할 수 있다. 공연은 바로 프랜시스 베이컨의 그림들에서 출발한다. 이 무용 퍼포먼스 역시 교황이라는 종교적 권위로부터 인간의 심리적 내면으로 그 관심의 초점을 바꾸는 데서 시작한다. 그리고 궁극적으로 인간의 몸에 치중하면서 그러한 몸으로의 회귀에 힘입어 몸에 대한 부정을 전복시키는 힘을 드러내고자 한다.

작고 투명한 유리 상자 안에서 무용수는 혼자 노출되어 있다. 그는 그 안에서 움직임을 통해서 자신의 몸을 관객이 지각하게 만든다. 여기서 관객과 무용수는 신체적으로 공동현존하는 상황이 전제된다. 무용수는 먼저 세속적 일상복을 교황의 의상으로 갈아입으면서, 신의 존재와 그 말씀, 그리고 권위에 대해 복종하는 모습을 보인다. 교황으로서 그는 근엄한 표정으로 화려한 장식이 된 의자에 앉기도 하고 수많은 사람들의 환호에 호응하듯 손을 흔들며 걷기도 한다. 하지만 그는 또다시 신의 말씀에 대한 거역의 몸짓을 드러내며, 노동과 출산의 고통을 포함한 인간의 육체적 고통을 상기시키는 몸짓을 보여준다. 그는 교황의상을 벗고 맨몸을 드러냄으로써 이러한 고통을 경험하며 이로써 자신에 대한 도덕적 죄의식과 고뇌에 사로잡힌 듯한 움직임과 표정을 드러낸다. 하지만 여기서 무용수의 몸은 이중적 시각을 제공한다. 몸을 바라보는 관객은 한편으로 이러한 죄의식과 고뇌에 사로잡힌 듯한 교황의 몸의 자기 구속을 읽게 된다. 하지만 이 몸은 욕망을 담고 있는 또 다른 시각을 개방한다. 이 몸이 드러내는 욕망은 움직임, 제스처, 표정, 세게 발구르기, 팔 뻗기 등을 통해서 관객에게 어떤 해방감을 과시한다. 다시 말해서 관객은 이 순간에 벗은 몸의 교황이 보여주는 행위를 통해서 독특한 육체적 감정을 경험한다. 즉 교황이 자신의 몸을 가지고 드러내는 퍼포먼스적 행위가 계속되는 동안, 관객은 감각적 지각이 의식의 차원에까지 이르는 것을 깨닫게 된다. 그리고 관객 스스로 자신의 몸을 통해서 무대의 상황에 대한 의미구성을 모색한다. 따라서 교황의 해방된 몸이 성적 욕망을 암시한다는 것 역시 자연스럽게 연상될 수밖에 없다. 더 나아가 이 성욕은 긍정되는 가운데, 맨몸의 교황은 가위로 자신의 마지막 속옷을 자르는 행위를 실천한다. 그는 이제 무수한 움직임으로 인해 생긴 땀을 모으는 행위를 보여준다. 그가 땀을 용기에 담아 투명 유리 상자 벽면에 십자가처럼 매달아놓자 경건한 분위기의 음악이 울려 퍼진다. 그리고 공연에서 교황이 돌을 짊어지고 밟으며 양손을 펼친 채 어떤 행복한 표정을 지을 때, 노동의 짐이 고통에서 즐거움으로 바뀐 듯한 분위기가 드러나게 된다. 이제 평상복(세속복)을 갈아입은 후에 교황은 오히려 더욱 경건해 보이기까지 한다. 이로써 신의 말씀과 계율에 대한 복종에서 거역으로 변화된 모습을 드러내는 것은, 종교적인 계율이 몸을 부정의 대상으로 바라보는 데 대한 이의 제기로 해석될 수 있다. 공연은, 말보다 몸이 우선되며 몸을 긍정적으로 바라보아야 한다는 메시지를 전달한다. 결과적으로 공연은 몸연극 내지 몸 퍼포먼스에 근거한 춤을 보여준다.

### 9) 2015년 페스티벌 봄 〈아이 큐어〉

〈아이 큐어(I-cure)〉(불가리아 이보 딤체프[Ivo Dimchev] 안무 및 출연, 문래예술공장) 공연에서 딤체프의 몸은 외설적이고 욕구 충족적인 데서 오는 부담스러움과 소란함을 드러내지만, 동반되는 말은 힐링과 건강을 약속한다. 그 사이에서 모니터의 영상 이미지는 발화된 말의 외연적 의미(Denotation)보다는 오히려 연상 의미(Konnotation)를 강화하는 효과를 발휘한다. 따라서 영상 이미지는 몸의 현상적 물질성과 자기지시성이 야기하는 수행성을 어느 정도 보조하면서 말의 외연적 의미와 자주 모순을 일으킨다. 공연에서 딤체프는 치유를 위한 카드 영상을 보여주고, 관객에게 동참을 요구한다. 하지만 그는 상체를 노출하고 팬티만 걸친 채 긴 머리를 드러내면서 여성성을 강조하는 가운데, 그의 몸성은 공연 제목(I-cure)의 또 다른 의미를 연상시킨다.

그리고 모니터를 통해서는 다양한 이미지의 영상이 공연 내내 제시된다. 즉 행위자의 몸은 영상 이미지와 여러 관계를 형성한다. 예컨대 야자수가 있는 해변의 영상 이미지가 보이는 가운데 딤체프는 첼로를 연주하다가 첼로 활을 입에 물고 오럴 섹스를 연상시키는 몸짓을 보인다. 그 밖에도 따뜻한 모닥불, 폭포수, 초원을 달리는 치타, 클로즈업된 대변, 어지럽게 타원을 그리며 확대와 축소를 반복하는 나선형 흑백선의 이미지 등이 영상 이미지로서 관객의 시각적 감각을 자극한다. 그런 가운데 딤체프는 한 남자를 불러서 그에게 오럴섹스와 섹스를 요구하는 가운데 그를 예수로 부르기도 한다.

그런데 딤체프가 쉴새없이 던지는 말의 기표는 한편으로는 그저 부유할 뿐이다. 그러나 다른 한편으로 단어의 연상 의미는 공연의 수행성을 오히려 응원한다. 왜냐하면 말의 기표가 채 기의에 도달하기 전에, 기표의 미끄럼짐으로 인해서 부유하는 기표들은 오히려 연상 의미를 자극하기 때문이다. 단어의 외연적 의미와 연상 의미는 서로 부딪히는 가운데, 행위자의 현상적 몸이 수행적으로 생산해내는 소리성, 몸성, 공간성은 연상 의미의 편을 들게 된다. 다시 말해서 딤체프가 생산하는 수행성은 단어의 연상 의미를 이용해서 오히려 기표와 기의의 결합을 노골적으로 방해한다. 이처럼 행위자의 몸성과 수행성은 외연적 의미와 연상 의미의 충돌을 교묘히 유도하면서 이 상황 자체를 퍼포먼스로 만든다. 여기서 관객이 몸성과 언어 사이에서 겪는 혼란은 전략적으로 의도된 것이다. 이로써 공연은 단어의미의 중의성과 모순성을 부각시키면서 오히려 관객의 감각적 긴장을 촉구한다. 즉 말의 의미의 진위 여부를 확정하는 것은 감각적 지각이며, 따라서 말보다 몸성의 진정성이 우위에 서게 되며, 영상 이미지는 이 몸성을 돕는 쪽으로 작용한다. 이로써 기호적 이미지와 현상들의 물질성 이미지 사이의 계산된 괴리와 도발로 인해서 관객의 의식은 혼란스러워진다.

그리고 마지막 영상 이미지에서 보이는 가자 지구의 아이들과 어머니의 죽음에 대해서 행위자가 보이는 반응은 관객을 더욱 당혹스럽게 만든다. 그는 이 시퀀스에서, 자문자답의 형식을 취하면서 가자 지구 사망자들의 문제를 매우 심각하게 받아들이고 이로 인해서 폭력과 고통으로부터의 치유 가능성 문제에 직면한 자신의 기존능력에 의구심을 갖는다("고통과 폭력이라는 생각이 사랑을 만들어낼 수 있는 너의 능력을 완전히 지배해버리게 놔두면 이 세상엔 희망이 없어"). 이로써 그는 관객이 지금까지 겪은 괴리와 혼란에 다시 한 번 더 큰 혼란을 불러일으킨다. 그는 여태까지 보여진 영상 이미지들 앞에서 자신의 치유 능력(cure)의 진정성과 긍정성에 대한 자기확신적인 태도를 관객에게 과시해왔다. 또한 자신의 그러한 행동들 자체에 보이는 관객의 반응까지를 퍼포먼스의 구성에 산입해놓았으면서도, 이제 와서 갑자기 자신의 이전 행동들이 관객에게 촉발시킨 계산된 혼란을 오히려 계산되지 않은 것처럼 만드는 전략을 구사한다. 따라서 이미 형성된 언어기호적 이미지와 몸의 괴리로 인한 혼란은 지금 여기서 바로 퍼포먼스 자체의 인식론적 존재론적 한계에 대한 행위자 자신의 성찰의 맥락을 더욱 주목하게 만든다. 그러므로 그가 '치유'하고 싶어 하는 문제들을 대하는 전제로서 '긍정성' 및 '진정성'이라는 개념이 통용될 수 있는 현실의 한계에 대해서 관객은 다시 한 번 사유하는 기회를 갖게 되며, 이런 맥락에서 가자 지구의 '죽음'에 대한 관객의 관심을 촉구한다. 더 나아가서 관객의 실제 현실과 그러한 것이 예술가를 통해서 예술적으로 형상화되는 것 사이에서 '예술의 효용과 존재의미'를 바라보게 된다. 즉 관객은 현실과 예술 사이의 다양한 관계 방식에 대하여 고민하는 기회를 갖는다.

## 4. 한국 연극에 미친 영향

수행적 미학에 근거해서 몸성과 수행성을 강하게 드러내는 해외 공연들이 한국 연극에 어떤 직접적인 영향을 미쳤는지를 파악하기는 쉽지 않다. 그러므로 해외 공연들이 한국 연극에 미친 영향에 대한 논구는 오히려 다른 관점에서 접근되어야 한다. 즉 몸성과 수행성의 공연들이 한국 연극에 어떤 영향을 줄 수 있다는 가정하에 역으로 '영향'이라는 문제를 바라보아야 한다.

그런 맥락에서 먼저 해외 공연들이 원작을 재해석할 때 전제되는 충실한 '번안'에 주목해야 한다. 다양한 해외 공연들은 번안 공연의 측면에서 한국 연극에 하나의 전범적 역할을 수행한다고 볼 수 있다. 퍼시발의 경우는 원어인 영어를 목적어인 독일어로 바꾸면서 특히 주인공과 그의 가족을 독일의 중하층 소시민으로 설정하고 예를 들면 그에 맞는 몸성을 극중인물들의 외모에 드러내고 있다. 즉 중하층 노동자의 삶을 원작의 해석에서 가장 중요한 기준으로 삼으면서 그 삶에서 드러나는 현실과 꿈의 문제를 연출 콘셉트와 스타일에서 부각시킨다. 따라서 '독일 중하층 노동자의 삶의 전형성을 연극에서 어떻게 형상화할 것인가'라는 질문이 대두한다. 즉 독일의 동시대적 상황이 주인공과 그의 가족에게 어떤 식으로 영향을 미치며, 그들은 그 안에서 어떤 가치관과 세계관을 가지고 삶을 영위하느냐라는 것을 무대 위에서 보여주기 위한 콘셉트와 스타일이 관심의 초점이 된다. 이런 관점에서 볼 때 그가 실행한 번안의 방식은 한국 번안 공연들에 중요한 의미를 갖는다고 볼 수 있다. 오스터마이어의 〈햄릿〉의 경우에도 동시대적 대중문화의 영향을 반영하는 가운데 관객에게 익숙한 노래들을 활용하면서 수행성을 유도하는 것이 눈에 띈다. 더 나아가 원작의 주제를 인류 보편적인 문제, 즉 삶과 죽음의 문제로 압축한 점 역시 설득력을 보여준다. 이런 맥락에서 볼 때 해외 공연들에서 번안의 문제는 결국 관객이 속한 어떤 특정한 시공간의 상황에 적합하게 원작을 재구성하는 것뿐만 아니라, 더 나아가서 인간의 가장 보편적인 문제들을 조명하면서 원작을 새롭게 해석하는 것이라는 확장된 관점에 입각해서 주목받아야 한다.

그런 가운데 수행적 미학을 활용하는 연출 스타일이야말로 한국의 공연들에도 직접적인 영향을 미칠 수 있다. 따라서 해외 공연들은 주인공들이 그가 속한 사회와의 관계에서 드러내는 사고방식 및 행동 패턴들을 몸과 연극요소들의 현상적 물질성에 기대어 시청각적으로 표현하는 영향미학적 연출미학을 실현한다. 여기서 통용되는 수행적 미학은 관객의 감각적 지각을 활성화하면서 공연의 수행성을 작동시키는 연출미학적 및 연극미학적 기법이다.

이런 맥락에서 해외 공연들은 연극요소들을 보다 적극적으로 활용한다. 재현연극의 경우와는 달리 현상적 물질성을 드러내는 연극요소들을 고안해내는 가운데 특히 시청각적 이미지를 부각시킨다. 예를 들어 퍼시벌의 〈세일즈맨의 죽음〉은 무대 오브제들을 통해서 자본주의 사회의 본질을 시각적 이미지화 한다. 연출가는 뒷무대에 수많은 화분들을 배치해서 마치 숲과 같은 시각적 이미지를 구축한다. 이거대한 숲과는 대조적으로 배우들이 활동하는 주공간은 매우 좁고 오브제 또한 소박하다. 무대 앞쪽에 놓인 TV 수상기, 또 그것을 바라보는 윌리가 앉은 3인용 소파와 그 옆의 1인용 소파 등이 주요 소품들이다. 이 무대의 시각이미지 자체는 이미 수행적 미학의 콘셉트를 수용하고 있다. 이처럼 여러 공연들에서는 무대의 연극요소들이 관객과의 신체적 공동현존을 전제로 몸에 근거한 분위기의 조성을 목적으로 한다. 즉 관객의 감각적 지각을 활성화시키면서, 게르노트 뵈메가 말하듯이, '사물의 탈자(脫自)'에서 나오는 분위기를 관객 스스로 감지하게끔 한다. 여기서 관객은 그러한 분위기를 형성하는 연극요소들의 현존을 통해서 동시에 자신의 현존을 감지하게 된다. 바로 이러한 영향미학적 전략을 통한 시청각적 이미지를 강조하면서 해외 공연들은 한국 연극에 영향을 미치게 된다.

그러므로 해외 공연들은 관객에게 기존의 관람 방식과 다른 새로운 접근법을 유도한다. 이제 몸을 비롯한 연극요소들에 대해서 현상학적으로 바라볼 수 있는 체험과 의식을 개방한다. 관객은 대상들에 대한 감각적 지각을 통해서 의식의 차원에까지 이르게 되는 경험을 하게 된다. 무대 위의 재현적이고 기호적인 작품에 대한 해석에 익숙한 관객은 전혀 다른 환경에 처한 자신을 겪게 되면서 이제 불안정하고 찰나적인 공연의 성격과 마주한다. 또한 관객은 무대 위의 에너지가 자신에게 전달되고 객석 전체에 퍼져가는 것을 체험한다. 이런 맥락에서 볼 때 해외 공연들은 한국 관객에게 공연을 지각학적으로 새롭게 바라보게끔 만든다.

같은 맥락에서 관객은 '공연의 의미를 어떻게 읽어내어야 하는가'라는 새로운 고민에 부딪치게 된다. 다시 말해서 기존의 방식으로 더 이상 작동하지 않는 의미파악의 문제 앞에 선 자신을 경험한다. 이로써 해외 공연들은 의미구성과 직접적으로 연관된 이른바 '창발'의 경험을 주선한다. 관객은 무대 위 사건을 구성하는 연극 요소들이 제시하는 현상적 물질성 앞에서 돌발적으로 어떤 연상, 회상, 상상, 체험, 경험 등을 떠올리게 된다. 이에 힘입어서 관객은 스스로 의미구성을 하면서 이전의 기호해석의 경험과 다른 새로운 것을 겪게 된다. 이 역시 해외 공연들이 관객에게 미치는 새로운 영향에 해당한다.

# 매체연극과 로베르 르빠주의 연극 세계

이선형

## 1. 서론

사전에서 매체란 "어떤 작용을 한쪽에서 다른 쪽으로 전달하는 물체 또는 그런 수단"을 의미한다. 이러한 의미의 매체는 가능한 멀리, 가능한 빠르게, 가능한 많은 사람들과 한꺼번에 소통하기를 지향하는 방향에서 그 발달이 이루어져왔다. 문명의 역사는 '던짐'의 역사다.

그런데 매체에야말로 소통을 위한 던짐, 즉 cast의 의미가 들어 있다. 인간이 추구하는 매체의 기술은 더 멀리, 더 빠르게, 더 정확하게 던지기 위한 것이었다. 원시인은 사냥이나 전쟁터에서의 생존을 위해 돌이나 창, 화살 등을 던졌으며, 그것은 과학이 진보함에 따라 총, 대포, 로켓, 위성, 우주선의 던짐으로까지 진화하였다. 또한 방송을 의미하는 영어 단어 broadcasting에도 cast라는 단어가 들어 있다. 즉 방송이란 전파를 던지는 행위로서 인간이 행하는 던짐 중에서도 최첨단의 범주에 속한다. 한편, 인터넷을 통한 빠르고 광범위하고 정확한 정보의 던짐도 마찬가지이다.[1] 던짐은 소통이며 매체의 핵심도 소통인 것이다. 그렇다면 관계와 상호작용 속에서 삶을 영위해나가는 인간에게 있어, 인간에 의한 인간을 위한 모든 소통적 행위는 직·간접적으로 매체의 성격을 지니고 있는 것이 된다. 인간의 몸, 언어, 전통예술이 보편적인 아날로그 매체라면 하이테크를 기반으로 다중 매체를 지향하는 인터넷과 이를 활용하는 기기(TV, 컴퓨터, 스마트폰)와 각종 SNS는 디지털 매체가 될 것이다. "인간 사이의 소통을 매개하는 기술이 미디어, 즉 매체다. 매체란 소통의 방식이나 수단을 뜻한다. 뉴미디어는 신문, 라디오, 텔레비전 따위의 전통적 미디어에 대하여, 정보통신기술의 발달로 새로이 등장한 각종 인터넷/모바일 미디어들을 지칭한다."[2]

예술 또한 던짐(cast)의 행위다. 심상, 인지, 사고, 정서를 화폭에 던지는 것이 미술적 행위라면, 이를 오선지에 던지는 것이 음악적 행위이고, 무대에서 던짐의 행위를 실현하는 것이 연극일 것이다. 과거 그리스의 대형 야외극장에서 행해지던 연극은 매체로서 제일 멀리 높게 던질 수 있는 힘을 지니고 있었다. 수많은 관중을 앞에 놓고 그들의 심금을 울렸던 비극보다 더 멀리 던질 수 있는 예술은 없었다. 이때의 연극, 몸이 매체였던 연극은 종교와 결합된 형태 즉 신과 만나는 성스런 예술 행위였다. 그러나 인쇄술이 발견되고 언어 매체가 몸 매체를 대신하게 되면서 연극은 텍스트에 종속되고 만다. 인쇄 매체가 확산되면서 연극은 문학적 성격이 강조되었고, 연극의 역사는 문학에서 탈피하려는 노력으로 점철된다. 현재 우리는 또 다른 혁명을 목격하고 있다. 인터넷의 확산은 아날로그 연극에서 디지털 연극으로, 탈경계의 통합적 연극으로의 변신을 강요받고 있다.

---

1　김기덕, 『한국 전통문화와 문화콘텐츠』, 북코리아, 2007 참조.
2　위의 책, 21쪽.

그렇다면 매체연극이란 무엇인가? 매체연극에 대한 정확하게 정해진 개념은 없다. 그런데 매체가 중간 또는 매개를 의미하며 현대에 들어와 커뮤니케이션을 위한 모든 수단[3]을 뜻한다면, 또한 예술가가 예술 행위를 통해 관객에게 어떤 메시지를 전달하고자 한다면 예술가의 예술 행위뿐 아니라 그로부터 생산된 예술품 자체는 매체의 개념으로 수렴된다. 모든 예술은 매체의 범주에 속하여, 연극 역시 매체에 포함되는 것이다. 그렇다면 군이 매체와 연극을 접목시켜 매체연극이라는 하나의 독특한 연극 양식으로 인식하도록 하는 이유는 무엇인가? 사이먼 페니는 디지털 아트, 컴퓨터 아트, 전자 예술 등의 개념으로 확산되는 디지털 미디어아트(Digital Media Art)의 양상으로 이미지 조작과 변형, 가상현실로의 몰입, 네트워크를 통한 분산적 작업, 관객의 상호작용적 참여를 들고 있다. 현재 매체연극으로 불리는 것들은 새로운 매체(뉴미디어)와 유관한 틀을 지니고 있다.

첨단 기기로 생산된 이미지를 활용한 매체연극은 대략 다음의 특징이 있다. 첫째, 상호성을 들 수 있다. 매체예술은 상호성의 특징이 있으며 매체연극 역시 그러하다. 매체연극의 관객은 참여적 성격이 짙고 새로운 소통 방식을 추구한다. 즉 일방향이 아닌 양방향이 특징이다. "디지털 문화의 성격은 양방향성, 하이퍼텍스트, 멀티미디어"[4]이다. 물론 예술사를 보면 다른 예술에 비해 연극은 양방성의 성격이 강한 예술이지만 매체연극에서의 상호성은 기존의 개념을 뛰어넘는다. 관객이 직접 참여하고 몸과 접목된 예술의 형태로 나가는 것이다. 매체연극은 양방향의 소통 및 시공간의 거리를 뛰어넘는 소통을 지향함으로써 관객의 적극적인 참여를 유

---

3   조광제 외, 『철학, 예술을 읽다』, 동녘, 2006 참조.
4   박혜란, 「디지털 미디어 시대의 무용작품 분석에 관한 이론적 접근」, 『한국무용연구』 30-2, 2012, 53쪽.

도하고 표현의 한계를 극복하여 지각 방식의 변화를 꾀한다. 둘째, 가상현실을 창조한다. 무대에는 살아 있는 몸들이 직접 존재하지만 그럼에도 무대는 현실이 아니다. 또한 무대는 이미지의 허구와도 구분된다. 그러나 매체연극은 이미지를 적극적으로 조작하고 변형시킴으로써 현실과 허구, 실제와 가상현실 사이의 변증법을 해체시켜 허구와 가상현실에 몰입하도록 한다. 이로부터 매체연극은 시공간을 뛰어넘는 소통의 확산이 가능해진다. 셋째, 시공간을 뛰어넘는 소통을 지향한다. 지각 방식의 변화와 확장은 시공간을 뛰어넘는 소통으로 나아간다. "미디어의 발달로 말미암아 시간적 간격과 공간적 거리를 뛰어넘는 소통이 가능하게 되었다. 뉴미디어의 도움을 전제로 세계의 모든 인구가 실시간으로 하나로 연결될 수 있는 가능성이 꿈이 아닌 현실로 우리에게 다가서 있다."[5] 넷째, 탈경계적이다. 상호적이며 가상현실에서 시공간을 뛰어넘는 새로운 매체는 무대와 객석 간의 공간적 경계는 물론 예술 간의 경계를 무너뜨린다. "예술영역과 작가 관객의 상호작용성, 멀티미디어, 일렉트로닉스를 응용하였고, 그 결과 관객의 참여로 인해 완성되는 작품들, 신체 행위를 접목한 예술, 컴퓨터 음악이 등장하게 되었다."[6] 매체연극에서 무용, 퍼포먼스, 행위예술, 영상예술이 통합되고 몸, 소리, 빛, 색, 공간 건축, 오브제, 이미지, 움직임, 텍스트와 같은 무대언어가 발화된다. 연극의 탈영역의 추세는 영화, 무용, 퍼포먼스와의 혼종이 이루어지고 극텍스트에서 벗어나는 경향이 있다.[7] 다섯째, 몸 연극에 관심이 크다. 매체연극에서 몸은 두 가지 방향성을 지니고 있다. 하나는 텍스트 연극에서 몸 연극으로, 즉 매체로서 몸의 회복을 의미한다. 태초의 매

---

5  김기덕, 앞의 책, 21쪽.

6  박혜란, 앞의 논문, 54쪽.

7  김형기, 「다매체 시대의 연극의 탈영토화 : 연출가 연극–춤연극–매체연극」, 『한국연극학』 34권, 2008, 참조.

체는 인간의 몸이었다. 원시인들은 몸에 의지하여 벽에 그림을 그리고, 노래하고 춤추고 또 의례를 거행하고 이를 통해 소통하고 단합을 꾀하였다. 그림, 노래, 춤, 의식을 하나로 아우르는 몸은 인간의 원초적인 매체였다. 파울슈티히는 최초의 매체는 '인간' 자체였으며 인류의 역사는 곧 매체의 역사라고 주장한다. 고대 신탁을 전하던 신전의 무녀나 그녀들의 춤이나 연극이 곧 인간매체였다는 것이다.[8] 그러나 테크놀로지의 발달은 매체로서의 몸의 감각을 점차 분리시켰다. 따라서 매체연극은 기본적인 매체로서 명맥을 유지할 뿐인 몸의 매체로의 적극적인 회복을 추구한다고 할 수 있다. 매체연극은 몸을 기본적인 매체로 간주하고 몸을 적극적으로 탐구하는 연극인 것이다. 또 다른 하나는 사이버 세계로 확장된 몸이다. 새로운 매체로부터 시공간의 물리적 거리가 제거되는 시대의 인간은 더 이상 세계—내—존재로서의 신체적 인간이 아니라 세계 없는 인간, 혹은 신체 없는 인간으로서 사이버 공간 속의 연장(延長) 없는 점으로 수축된다."[9] 신체는 존재하되 신체가 없는 무대, 신체의 무한한 확장이 가능한 무대가 되는 것이다. 무대는 가상현실 혹은 사이버 세계가 되어 실제의 몸은 사라지고 대신 영상, CG, 홀로그램이 대신한다. "뉴미디어는 더 이상 매체가 아니라 주체로서 인간을 대신해 자신의 관점에서 의미를 생산하고 유통한다. 인간은 뉴미디어가 생산하고 유통하는 의미의 수신자요 구매자일 뿐이다."[10] 상반된 몸에 대한 개념이 강조된 몸 연극은 궁극적으로 현존의 문제라는 철학적 영역으로 귀결되는 문제이기도 하다.

매체연극은 어느 날 갑자기 홀로 나타난 것이 아니다. 지각 방식을 완전히 새롭

---

8 베르너 파울슈티히, 『근대 초기 매체의 역사 : 매체로 본 지배와 반란의 사회 문화사』, 황대현 역, 지식의 풍경, 2007 참조.

9 위의 책, 9쪽.

10 심혜련, 『20세기의 매체철학 : 아날로그에서 디지털로』(철학의 정원 12), 그린비, 2012.

게 하여 인식을 끝없이 확장시키고자 하는 인간 욕망의 결과이며, 꾸준한 기술의 발전과 더불어 포스트모더니즘 현상 혹은 포스트드라마 연극의 현상 속에 포섭되는 연극 양식인 것이다. 레만은 "포스트드라마 연극론은 총체성을 불러일으키는 미디어 스펙터클 사회의 시민들이 보통 관객으로 살아가고 있음을 지적한다."[11] 이처럼 현대 연극의 한 분야로 관심의 대상이 되고 있는 매체연극과 관련하여 한 획을 그은 것으로 평가받고 있는 로베르 르빠주의 연극미학을 통해 그의 매체연극의 특징이 무엇인지를 살펴보고자 한다. 나아가 르빠주의 매체연극이 한국 연극에 어떠한 영향을 미쳤는지도 살펴볼 것이다.

## 2. 매체연극과 퀘벡

퀘벡에는 통합적 성격의 매체 공연이 활발하다. 장르 간의 통합은 물론이고 예술성과 상업성 및 오락성이 교묘하게 조합되어 있다. 서커스를 예술적 경지로 끌어올린 '태양의 서커스', 발레와 무용을 결합시켜 유명해진 'Les Ballets Jazz de Montréal'(1989, 1992, 2007 내한 공연), 내한 공연으로 호평을 받은 현대무용단 'La La La Human Steps'(2015년 9월, 35간의 여정을 마치고 재정난으로 해체 결정), 무용-연극을 통합시킨 'PPS Danse', 2003 국제현대무용제의 개막 공연으로 초청된 '마리 슈이나르 컴퍼니(Compagnie Marie Chouinard)', 2007년 내한한 '몬트리올 재즈발레단 BJM danse', 음악, 이미지 등의 통합적 연극을 선보인 'Les Deux Mondes', 홀로그램을 활용한 '4D Art' 등 퀘벡만의 독특한 예술적 성향을 보이고 있다. 이들 대부분의 공연

---

11  유봉근, 「레만의 포스트드라마 연극론에서 수행성과 매체성의 문제」, 『수행성과 매체성』, 푸른사상사, 2012, 87쪽.

예술은 테크노와 결합되고 탈장르적이라는 공통점이 있다. 유독 매체예술이 퀘벡에서 활발한 까닭은 무엇일까? 지리적으로 미국과 국경을 접한 퀘벡은 공용어가 프랑스어일 정도로 역사적으로 프랑스와 밀접한 관계를 형성하고 있다. 즉 북미에서 가장 유럽적인 지역인 것이다. 또한 이곳에는 다양한 민족과 문화의 공존 및 어울림이 존재한다. 다인종 지역인 만큼 개인 고유의 특성을 고무시키면서 이들의 다양성이 마음껏 자랄 수 있도록 하는 지방정부 차원의 지원도 한몫 거들고 있다. 퀘벡은 정신, 역사, 지리, 문화의 통합적 집산지로서 그들의 고유한 문화와 예술을 탈경계, 통합 등의 개념으로 승화시키고 있는 것이다. 결국 퀘벡 주는 지리적·역사적 특징인 유럽과 미국 정신을 혼합하고 각 이민 문화를 받아들여 역동적이면서도 새로운 공연예술 창출에 성공한 것으로 볼 수 있다. 퀘벡의 공연예술 정책의 특징으로는 "첫째, 예술교육에 적극적이다. 예술교육은 예술 수준 향상은 물론 예술 성장의 견인인 관객 개발에 있어서도 커다란 역할을 한다. 둘째, 퀘벡인들은 공연예술의 활성화를 위해 일찍이 예술 경영의 중요성을 깨닫고 예술 기획과 예술 경영 부분에서 인재를 양성하였다. 셋째, 종합예술인 공연예술 정책을 원활히 실천하기 위해 연방정부뿐 아니라 관계 부처 사이에 긴밀한 관계를 형성하고 있다. 넷째, 퀘벡인들은 과거에 얽매이지 않고 새로운 테크놀로지를 적극적으로 수용한다. 이것이 전통을 바탕으로 이미지 연극, 다매체 예술, 다원예술 혹은 상호예술 분야에서 세계적인 수준을 유지하게 된 원동력이라고 하겠다."[12] 이러한 문화적 환경과 정책 속에서 로베르 르빠주라는 걸출한 연극인이 생겨났다.

---

12  이선형, 「퀘벡의 공연예술 정책」, 『드라마연구』 28권, 2008.

## 3. 르빠주와 공연예술

르빠주는 작가인가 배우인가 연출가인가? 우리에게는 아무래도 연출가로 각인되어 있다. 내한 공연에서 르빠주는 한 번도 무대에 선 적이 없으며 그의 극작품이 정식 번역되어 출간된 적도 없기 때문이다. 르빠주가 세계 연극계에 확실하게 이름을 알리기 시작한 것은 2007년 유럽 연출가상(Europe Theatre prize) 수상이 계기가 된다. 유럽이나 미국이 아닌 변방 출신의 그가 세계적으로 알려질 수 있는 하나의 방안은 유수의 연극제에서 두각을 나타내는 것이다. 이러한 전략은 성공적이어서 현재 르빠주는 퀘벡을 대표하는 연극인일 뿐 아니라 세계 각국을 인기리에 투어하는, 명실 공히 세계 연출가의 반열에 올라서 있다. 그의 위상은 한국에서도 높이 평가되고 있다. LG아트센터는 세 번이나 르빠주의 연극을 초청하였고 성황리에 공연을 마쳤으니 말이다. 유럽과 미국뿐 아니라 아시아 등 세계 곳곳에서 르빠주의 연극이 호평을 받은 것은, 고도의 기술을 바탕으로 한 새로운 무대언어의 창출, 즉 영상매체와 연극매체와의 교합으로 만들어낸 환상적인 무대가 연극 관객의 습관적 지각에 충격을 주었기 때문이다. 그런데 퀘벡이라는 환경에서 태어나 교육을 받은 르빠주의 예술적 삶의 여정을 보면 이러한 창조적 시도가 우연히 아님을 알게 된다.

르빠주는 연극을 전공하였지만 연극에만 천착하지 않고 영화, 오페라, 이벤트, 쇼, 전시 등에 참여하였으므로, 그의 독창성이라 할 수 있는 이미지와 테크놀로지의 무대적 통합은 이러한 관심의 결과다. 이 점은 지금껏 창작해온 수많은 작품들이 증명해주고 있다. 그는 배우 혹은 감독으로 14편의 영화에 관여하였으며, 2015년에 〈사자의 사랑(L'amour de lion)〉를 비롯한 총 12편의 오페라를 감독한 바 있다. 또한 록쇼(Rock Show)와 서커스를 감독하여 네 개의 작품을 연출하였으며, 이들 중 2004년에 창작된 〈카(Kà)〉(작가 · 감독)와 2010년의 〈토템(Totem)〉(작가 · 감독)은 '태양의 서커스'와 공동으로 제작한 것이다. 이외에도 전시, 야외 벽 프로젝트, 콘서트 등 전방위적 공연예술에 참여하고 있다.

## 4. 르빠주 연극의 국내 공연

르빠주의 연극은 태생적으로 그의 극단에 의해서만 재현될 수 있는 성질을 지니고 있다. LG아트센터에서 소개된 세 편의 연극 역시 그의 극단이 직접 내한하여 공연한 것이다. 그의 내한 작품은 2002년 〈달의 저편〉(2000년 초연)을 필두로 2007년에 〈안데르센 프로젝트〉(2005년 초연), 2015년에 〈바늘과 아편〉(1991년 초연)이다.

### 1) 〈달의 저편〉

〈달의 저편〉이라는 한 편의 공연으로 르빠주는 국내 연극계에 확실하게 각인시킬 만큼 그 파급력이 엄청났다. 〈달의 저편〉의 무대는 영상이 결합된 새로운 차원의 공간 활용으로 한국 연극계에 대단한 충격을 주었다. 2000년 초연 당시 이 공연은 르빠주가 작가, 연출가, 배우로 참여하여 연극의 진정한 삼위일체가 무엇인지를 보여주었다. 그러나 한국 공연에서 르빠주는 내한하지 않고 이브 자크가 일인다역의 열연을 하였다. 국내의 평을 보면, "디지털의 첨단 매체로 창조된 환상적인 공간을 일종의 마술"(김윤철), "무대 내적으로 표현된 인류애를 언급하면서 인간과 문명의 화해"(최영주), "시적 연극"(안치운), "화해와 평화의 메시지(박준용)" 등으로 표현되고 있다. 〈달의 저편〉의 공간에서 다양한 장소를 제시하는 슬라이드, 필름, 라이브 비디오 프로젝션 등 이미지 매체의 활용이 인상적이다. 무대는 아담하면서 짜임새가 돋보인다. 한 면이 유리로 되어 무대 중앙 허공에 구축된 축을 중심으로 풍차처럼 돌아가는 널빤지와 미닫이식의 벽이 인상적이다. 널빤지는 회전하면서 상

〈달의 저편〉의 포스터.
어항의 다용도 활용과 물의 세계를 박차고 나간
금붕어의 우주로의 유영이 눈에 띈다.

황에 따라 거울이 숨기도 하고 나타나기도 한다. 무대에 대형 거울의 존재는 연출가의 이미지에 대한 숭배처럼 보이며 실체와 허상의 조합은 〈달의 저편〉의 키워드가 된다. 미달이 벽에는 조그만 구멍이 하나 뚫려 있다. 구멍의 다용도의 쓰임새는 연출미학의 극치다. 구멍은 요지경처럼 세탁기 문이 되었다가 지구가 되었다가 어항이 되기도 한다. 구멍은 나아가 우주로 향하는 입구이자 영원한 안식처인 자궁(우주선과 끈으로 연결되어 우주를 떠다니는 우주인은 탯줄과 연결된 태아이다)이기도 하다. 또 한계를 지닌 무대 공간을 무한히 확장시키는 블랙홀이 되기도 한다. 지구는 어머니의 품이자 요람이지만 인간은 언제까지고 그곳에 안주할 수 없다. 이때 구멍은 요람을 박차고 나가는 입구가 될 것이다. 구멍은 우주로의 갈망이며 카오스에서 코스모스로 향하는 본원적인 욕구인 것이다. 한편, 이 공연에서 가장 기억될 만한 장면은 대형 거울을 이용하여 무중력 상태인 우주를 유영하는 환상적인 모습이다. 이 장면은 구멍을 통한 공간 확장의 극치로서 원형적이며 인간적인 갈망을 보여준다. 현대사회에서 인간적 갈망은 진정한 의사소통을 통한 소외감의 해소라고 할 수 있는데, 이는 르빠주 개인사와도 연결되는 주제다.

〈달의 저편〉에는 도저히 화해할 수 없을 것 같은 형제가 등장한다. 뜬구름을 잡듯 우주에 집착하는 형 필립(Philippe)과 과학적인 데이터가 생명인 텔레비전 방송국의 기상 캐스터인 동생 앙드레(André) 사이에는 아무런 연결점이 없어 보인다. 마흔이 넘은 나이에도 여전히 공부를 하느라 혼자서 궁색한 삶을 살아가는 형과 경제적인 풍요로움 속에서 남자 친구와 동거하는 동생은 화해를 모색하지만 실패하고 만다. 이들의 대립은 은유적으로 무수히 중첩된다. 우주 경쟁을 통한 소련과 미국의 대립, 새로움과 전통, 하이 테크놀로지와 클래식, 영상예술과 무대예술, 달의 이편과 저편, 버벌과 넌버벌, 과학과 인문학 등으로 대립된다. 영상과 마임이 어울린 무대는 편중된 애정으로 두 아들을 갈등의 장으로 몰아넣었던 어머니의 죽음, 그 잔상인 금붕어의 죽음으로 각기 소외되었던 이들이 화합할 수 있음을 보여준다. 그들의 화해는 전화와 편지로 이루어진다. 그때 마침 형이 응모한 외계 지적 생명체와의 접촉 프로젝트 비디오가 당선된다. 전화, 편지, 접촉은 소외감을 치유하는 도구들이다. 이처럼 대립적인 것들 사이에서 이루어진 소통은 〈달의 저편〉을 관통하는 주제가 된다.

일인다역극의 〈달의 저편〉에서 한 연기자로 인해 어쩔 수 없이 생겨나는 빈자리는 대체물과 영상물로 훌륭하게 메워진다. 영상매체가 무대언어를 대체했다기보다는 함께 소통했다는 편이 옳다. 극적 공간에서 인간과 기계 및 문명의 충돌과 화해의 변주를 읽어낼 수 있으며, 화려한 영상매체를 받치고 있는 메시지가 지극히 인간적인 색채를 띠고 있기 때문이다. 갈등의 골이 깊을 대로 깊어진 두 형제가 어머니의 죽음을 계기로 서로를 이해하고 화해하면서, 무대는 종국에 인간과 기계의 갈등이 상생의 길을 찾는다는 선명한 주제를 제시하고 있다. 기계화되어가는 현실을 외면하지 않으면서도 여전히 인간이 지니고 있는 따뜻한 사랑을 잊지 말아야 한다는 외침을 담고 있는 것이다. 〈달의 저편〉은 디지털 장치가 인간성 확장에 기여할 수 있음을 보여주며 전통적인 연극 형식에 매달리는 습관적 지각에 새로운 시선을 부여하였다는 데 커다란 의의가 있다.

## 2) 〈안데르센 프로젝트〉

2007년 우리가 만난 르빠주의 두 번째 공연 〈안데르센 프로젝트〉는 그의 명성이 유럽에까지 퍼진 덕택에 생겨난 작품이다. 안데르센 재단은 안데르센 탄생 200주년을 기념하기 위해 르빠주에게 안데르센 관련 공연을 의뢰했다. 이 작품은 그의 고향인 퀘벡시티에서 2005년 3월 초연된 후, 같은 해 11월 덴마크와 프랑스에서 공연되었다. 2006년에 호주와 영국, 다시 몬트리올 그리고 프랑스의 리용에서 공연을 한 다음 7월 일본으로 건너가 네 도시에서 순회 공연을 하였고 이탈리아, 스페인, 프랑스에서 공연을 하였다. 2007년에는 독일, 프랑스, 캐나다, 러시아 등지에서 공연을 하였고 9월에 서울에서, 이후 10~11월에 다시 몬트리올에서의 공연과 12월에 파리에서 공연을 하였다. 세계적으로 유명인사가 된 르빠주의 순회 공연은 그의 트레이드마크처럼 보인다.

## 주요 등장인물

〈안데르센 프로젝트〉에 등장하는 주요 인물은 안데르센, 프레드릭, 아르노, 애완견 파니다. 퀘벡 출신의 오페라 작사가인 프레드릭은 안데르센 동화를 각색해달라는 요청을 받고 파리에 온다. 그는 파리의 친구 디디에가 마침 몬트리올에 일이 있었던 관계로 당분간 아파트를 맞바꾸기로 합의한다. 디디에에게는 애완견 파니가 있어 프레드릭은 파니도 돌봐야 하는 책임이 있다. 그런데 프레드릭은 파리에서의 일이 원만하지가 않다. 무엇보다도 디디에의 아파트가 핍쇼 위에 있어 집중해서 작업을 할 수 없다. 또한 안데르센 프로젝트를 위해 선정된 작품 「드라이아드」는 다른 동화에 비해 덜 알려진 일종의 어른을 위한 동화인데 재단 측이 원하는 것과는 달리 프레드릭은 이 동화에서 드러나는 안데르센 개인의 고독과 성 문제 등에 관심을 갖는다. 그러나 주최 측에서는 어린이용으로 만들 계획이므로 그의 제안에 당혹해한다. 우여곡절 끝에 프레드릭은 안데르센 프로젝트에서 제외되고 그는 파리를 떠나 몬트리올로 되돌아가려고 한다. 그는 일뿐 아니라 사적인 삶에 있어서도 커다란 문제를 안고 있다. 그는 16년 동안이나 사귀던 여자 친구 마리와 두 달 전쯤 다툼을 벌이고 헤어졌지만 다시 마리를 만나고 싶어 한다. 이들 커플이 다투었던 이유는 프레드릭이 마리와는 달리 아이를 원하지 않았기 때문이다. 그는 파리에서 마리에게 전화를 걸어 그녀와 재결합을 원한다고 말하지만 마리는 어느새 디디에와 새로운 관계를 맺고 있다. 그 사실을 알게 되는 순간 프레드릭은 밀려드는 상실감과 고독감을 주체할 수 없다. 또 다른 인물 아르노는 오페라 기획을 위해 바쁘게 살고 있지만 가정생활은 불완전하다. 아내의 마음이 자신의 친한 친구한테 가버렸기 때문이다. "나이 오십에 삶을 다시 개척하기란 쉽지 않다"고 말하는 대사는 그의 절망스러운 상태를 대변해준다. 아르노는 절망과 외로운 상황에서 프레드릭을 만나러 왔다가 핍쇼에 들르게 되고 포르노를 보면서 자위행위에 빠져든다. 아내의 배신과 못다 이룬 성적 욕망을 표출시키는 것이다. 프레드릭과 아르노는 일로 만난 사이지만 매우 닮은 모습을 하고 있다. 산더미 같은 일에 싸여 바쁜 나날을 보내면서도 소외되어 있는 현대인을 대변하는 것인데 이것은 고독과 소외 속에서 살다 간 「미운 오리 새끼」의 작가 안데르센의 모습이자, 자신의 그림자에게 배반당한 「그림자」[13]의 주인공 학자이자, 동경했던 세계에 실망감을 느끼고 한 방울의 눈물이 되어 흔적도 없이 사라져간 드라이아드이기도 하다.

그렇다면 〈안데르센 프로젝트〉의 인물들은 인간적으로 실패한 자이거나 소외된 자인가? 겉으로 보면 인물들은 실패한 것처럼 보이지만 사실은 그렇지가 않다. 요란했던 안데르센 프로젝트는 실패하고 마리와의 재결합도 물 건너간 것처럼 보이지만, 이로부터 프레드릭은 자신의 정체성을 찾는 소중한 기회를 갖는다. 그는 아

---

13  이야기 속의 이야기 「그림자」에서 그림자는 프로이트 관점에서 보면 무의식이거나 본능에 충실한 이드일 수 있다. 말하자면 평생을 동정으로 지낸 안데르센에 있어 그림자는 그의 리비도인 것이다.

르노에게 이렇게 말한다. "일이 이렇게 된 건 제 책임이니까요. 잘못된 동기를 가지고 파리에 온 건 바로 저였어요. 전 제 가치를 인정받기 위해 여기에 왔습니다. 식민지 사람들이 다들 그렇듯 저도 구대륙 사람들에게 인정받기 전까지는 성공한 게 아니라고 생각했죠. 왜냐하면 몬트리올에서는 아직도 파리를 세상의 중심으로 생각하거든요. 하지만 더 이상은 그렇지 않죠." 한편, 애완견 파니는 특별한 의미를 지닌다. 고독한 색채로 칠해진 무대에서 한 마리의 애완견이 풍요롭고 따뜻한 의미를 전달한다. 파니는 단순히 한 인간의 고독을 메우는 역할일 뿐 아니라 임신을 함으로써 프레드릭의 아이에 대한 사유와 아르노의 자식 박탈에 의한 허탈감을 은유적으로 한꺼번에 해소시키고 있다. 인간이 아닌, 자신의 것도 아닌, 소유의 의미와는 별개인 파니를 통해 어느덧 주인공은 외로움을 보상받는다. 극의 마지막에 이르러 스크린에서 활활 타오르는 아파트를 배경으로 그는 이렇게 말한다. "이렇게 해서 욕망과 염원을 가진 인간은 언제나 처벌을 받고 동물들만이 남아서 많은 새끼를 낳고 영원히 행복하게 사는 거죠." 욕망이 없는 동물이 행복하다는 깨달음은 욕망의 도시 파리에서 얻은 교훈이었던 것이다.

### 〈안데르센 프로젝트〉의 매체적 특징

〈안데르센 프로젝트〉에서 음향과 조명 등 다매체를 활용한 무대는 현란하고 마술적인 이미지로 가득하여 완벽한 이미지를 창출했다는 평가를 받았다. 연출가는 이미지와 무대의 조합을 통해 제한된 시간과 공간의 무한대로 확장시켰던 것이다. 무대를 조그맣게 축소시켜 만든 프레임은 영락없이 영화관의 스크린이나 TV 수상기를 연상시킴으로써, 그 안에서 일어나는 모든 것들이 현실이든 이미지든 일종의 영상으로 착각하도록 한다. 강렬한 비트가 끊임없이 울려 나오는 가운데 순식간에 굵은 기둥이나 거대한 건물이 세워진다. 실제로 무대에 존재하는 안데르센과 그래피티로 그려내는 안데르센의 얼굴이 중첩되어 그의 내면적 정서가 섬세하게 그려진다. 또한 다매체의 활용은 공간 이동을 자유롭게 한다. 포르노 샵, 전화 부스, 인터넷 카페, 카페테리아, 동물병원, 기차 안, 회의장, 지하철,

안데르센의 기차 여행 장면

대형 극장에서 프레드릭의 연설 장면

숲, 루브르 박물관 등이 순간적으로 제시된다. 스크린으로 변신한 무대에서 표현 불가능한 장소는 없으며 관객은 강렬하고 재빠른 공간 이동에 눈을 뗄 수가 없다. 배우가 존재하는 무대와 영상매체의 실체와 허구의 환상적인 조합은 르빠주의 독창적인 이미지 연극의 미학을 제시한다. 이로부터 관객은 낯설고 즐거운 감각적 인식의 쾌감을 느끼게 될 것이다.

〈안데르센 프로젝트〉는 영상매체의 활용이라든가 이야기를 중요하게 간주하는 측면에서 '엑스 마키나'의 과거의 공연들과 동일한 연장선상에 있다. 중층적인 플롯을 지니고 있지만 결국 하나로 모아지는 수법도 동일하고 섹슈얼리티가 강조된 점도 그러하다. 안데르센이라는 잘 알려진 작가를 기념하는 프로젝트에서 탄생한 작품이기 때문에 르빠주가 애초부터 계획한 작품에 비해 그의 창조성과 상상력이 전적으로 발휘되었다고 보기는 어렵다. 그럼에도 이 작품은 거대 도시에서 발생하는 현대인의 소외된 삶의 형태를 보여주고 궁극적으로 인간이 추구해야 하는 것이 과연 무엇인가 또는 이 시대를 살아가는 우리의 삶의 방식과 목적이 무엇인가라는

진지한 질문을 던진다는 점에서 의의가 있다. 무대의 마지막에 활활 타오르는 불꽃은 인간성을 말살하는 기계주의나 문명주의를 불태우려는 의도로 보인다. 르빠주의 연극은 첨단 기술 덕택에 무대와 객석 간의 의사소통을 원활하게 하지만 결국 물신 숭배가 아닌 사랑과 인간성을 강조하고 있는 것이다.

### 3) 〈바늘과 아편〉

우리는 2015년 르빠주 연극을 세 번째로 만났다. 〈바늘과 아편(Les Aiguilles et l'Opium)〉은 1991년 오타와에서 초연된 작품으로 그는 당시 작가이자 연출가이자 배우 역을 수행하였다. 초연 공연은 르빠주의 일인다역극이었으므로 흑인 데이비스를 표현하기 위해서는 그림자를 활용하였다. 1984년 연출가로 데뷔한 르빠주는 〈바늘과 아편〉으로 퀘벡을 대표하는 연출가로 인정받게 되었고 캐나다에서 샤머스 상(Chalmers), 영국에서 로렌스 올리비에상(Larence Olivier)을 수상하는 영예를 안았다. 1997년 〈바늘과 아편〉은 '엑스 마키나(Ex Machina)'에서 다시 제작하여 이탈리아와 스페인에서 재공연된다. 이때는 배우가 르빠주에서 마르크 라브레쉬(Marc Labrèche)로 바뀌었을 뿐 모든 것이 그대로다. 따라서 〈바늘과 아편〉의 공식적인 각색으로 평가받은 것은 초연 후 22년 만에 재공연된 2013년의 공연이다. 르빠주는 재공연을 썩 좋아하지 않는다고 스스로 밝히고 있다. 그럼에도 〈바늘과 아편〉을 다시 공연한 것은, 라브레쉬의 제안도 있었지만 결정적으로 이 작품을 다시 봤을 때 스스로 괜찮은 작품이라는 판단이 섰기 때문이다. 르빠주는 22년이 지난 자신의 작품을 감상하면서 젊은 시절의 생각과 연출 기법을 깊이 생각했을 것이다. 그리고 그것이 여전히 유효하다는 확신이 섰으므로 재공연을 결심하게 되었다. 이는 〈바늘과 아편〉이 20여 년의 시간을 넘어 여전히 르빠주의 연극미학과 연출 이념을 충실하게 보여주는 작품이라는 의미를 담고 있다. 연출적 측면에서 무대와 영상을 조합한 테크닉

이 충실하게 반영되었고 주제적 측면에서 〈달의 저편〉이나 〈안데르센 프로젝트〉에서 보여준 인간 사이의 관계, 실존적인 고통과 고독의 문제가 잘 드러나고 있는 것이다.

또 하나 중요한 사실은 〈바늘과 아편〉이 연출가 자신의 창작 텍스트라는 점이다. 르빠주는 작가지만 '엑스 마키나'의 모든 작품을 다 쓴 것은 아니다. 협업이 아닌 오로지 혼자의 힘으로 쓴 작품은 여섯 작품뿐으로 〈887〉(2015), 〈Lisynch〉(2007), 〈빈치(Vinci)〉(1986) 이외에 국내에 선보인 세 작품이다. 그가 창작한 다섯 작품은 일종의 자서전처럼 자기 탐색이 강하다는 공통적 특징이 있다. 그 이유는 스스로 언급한 것처럼 자신이 가장 잘 알고 느끼는 이야기를 할 때 관객과 가까워질 수 있다고 믿기 때문이다. 또한 자전적 이야기에는 표현을 통한 치유의 효과가 강하다는 것을 알고 있었다. 그러니까 극중 인물 로베르(Robert)는 제2의 자아(alter ego)로서 극작가의 심리적, 문화사회적 상황을 그대로 담고 있다고 하겠다. 이를테면 변방, 경계, 회색인, 고독, 사랑, 애욕, 소통은 그의 주위를 유령처럼 맴도는 중심적인 주제다. 그러므로 〈바늘과 아편〉에서 사랑의 상처와 아편 경력의 중심적인 인물로 등장하는 장 콕토(Jean Cocteau)와 마일스 데이비스(Miles Davis)에 대한 심층적인 탐구는 작품을 이해하는 데 핵심적인 사항이다.


### 로베르 혹은 르빠주

〈바늘과 아편〉은 1989년 퀘벡 배우인 로베르가 파리에 도착하는 것으로 시작한다. 데이비스의 다큐멘터리를 제작함에 있어 내레이터로 로베르가 선택받은 것은 그가 퀘벡 출신으로 프랑스어와 영어에 능통하기 때문이다. 데이비스의 삶을 언급할 때, 미국과 프랑스는 가장 중요한 국가이고 프랑스 억양의 영어가 필요했던 것이다. 그런데 이때 로베르는 사랑하는 연인이 그를 떠나 뉴욕으로 가버리면서 목소리에 문제가 생겨난다. 그는 목을 치료하기 위해 침술을 받는다. 막이 열리면 어둠의 로베르는 온몸이 침의 빛으로 싸여 있다. 그러나 목소리 문제는 전적으로 심리적인 것으로 그는 다시 최면 치료를 받는다. 파리에서 로베르는 고독하다. 이곳에서 그는 외부인이며 헤어진 연인이 그립기도 하다. 작업도 순탄하지 않다. 퀘벡 불어는 현지인에게 웃음거리가 되고 '사랑'이라는 단어가 나올 때는 목이 멘다. 이번에도 로베르는 파리를 방문할 때마다 머물렀던 '루이지안 호텔(Hôtel de la Louisianne)'에 머문다. 낡고 방음도 잘 되지 않은 호텔이지만 그가 그곳에 머무는 이유는 순전히 그레코와 데이비스가 머물렀던 곳이며, 한때 사르트르와 시몬 드 보부아르(Simone de Beauvoir) 커플이 머물렀던 곳이기 때문이다. 사르트르는 누구인가? 사르트르의 실존은 바로 관계를 바탕으로 타자의 문제를 다루고 있지 않은가. 우리가 자신의 실존을 발견하게 되는 것은 은신처가 아닌 길이나 도시 군중, 사물 속의 사물, 사람들 중의 사람으로서라고 말하지 않았던가. 사르트르에 따르면 나의 실존은 세계를 향해 나의 의식을 투기할 때, 또는 나를 의식하며 바라보는 누군가와 함께 있을 때 가능하다.[14]

그에 의하면 나의 존재는 나를 바라봐주는 누군가로부터 생겨난다. 콕토가 라디게를 통해 존재감을 느끼고 데이비스가 그레코를 통해 존재감을 느꼈듯이 말이다. 그러나 불행히도 파리에 홀로 머물고 있는 로베르는 누군가의 시선이 결핍되어 있다. 이 결핍은 호텔 방의 공간에서 그레코를 떠날 수밖에 없는 데이비스와 슬픈 모습과 교묘하게 중첩된다. 로베르는 옆방의 소음에 시달리면서 뉴욕의 사랑하는 연인에게 전화를 건다. 밤늦게 어렵사리 통화가 이루어지지만 로베르의 의도와는 달리 연인과의 통화는 완전히 실패로 끝나고 오히려 고독이 가중될 뿐이다. 잠 못 이

---

**14**  Paul Foulquié, *L'existentialisme*, PUF, 1989 참조.

루는 깊은 밤 그는 생시인지 꿈인지 환각의 상태에서 데이비스를 만나고 낭만적인 프랑스 문화예술이 풍미했던 시대의 주역들, 그레코와 모로 그리고 콕토를 만난다. 〈사형대의 엘리베이터〉의 동영상이 배경으로 나오고 데이비스의 트럼펫 소리가 은은하게 울려 퍼진다.

### 매체연극과 공간 확장

〈바늘과 아편〉에서 조명과 음향은 물론 영화, 슬라이드, 오버헤드 프로젝터, 그림자연극, 서커스, 착시 현상 등이 무대를 수놓는다. 그러나 연출가 자신이 강조하듯 영상매체는 목적이 아니라 극적 소통을 위한 수단이다. 무엇보다도 무대와 다매체의 조합은 관객을 통감각적인 세계로 안내한다. 지속적으로 흘러나오는 배경음악은 물론이고 데이비스의 트럼펫, 목소리 연기는 청각에 대한 관심을 분명하게 보여준다. 이를테면 관객은 하이 톤의 콕토의 목소리, 녹음하는 로베르의 목소리, 모로의 목소리를 들을 수 있다. 또한 이전 공연들 못지않게 영상을 통한 기상천외한 공간 확장도 돋보인다. 로베르 전신에 비춰진 침술 장면, 특히 하늘을 나는 콕토의 장면들은 거대한 스크린 속의 우주 공간이라는 환상을 준다. 별들이 촘촘한 박힌 광대한 공간을 접한 관객은 상상의 나래를 펼칠 수 있다. 영상미가 인위적이긴 하지만 자연에서 느끼는 칸트의 숭고미와 견주어도 손색이 없다. 영상 덕택에 큐브의 삼면은 이미지의 파노라마가 되고 관객은 시각적 즐거움에 빠져든다. 무대는 흔들리는 뉴욕의 거리가 되거나, 파리의 호텔, 녹음 스튜디오가 되기도 하고 기차역 또는 재즈 클럽이 된다. 시간과 공간이 각각인 세 사람의 이야기가 중첩되어 있지만 큐브와 영상 덕택에 이야기와 이야기 사이에 단절감 없이 공간 이동이 자유롭다. 나아가 영상은 클로즈업을 통해 특정한 부분을 강조하거나 관객으로 하여금 섬세한 변화를 감지하도록 한다.

오로라를 통과하는 장 콕토

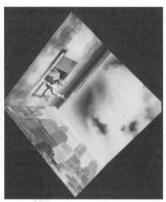
'큐브 공간'(자료 제공 : LG아트센터)

〈바늘과 아편〉의 가장 큰 특징은 회전하는 큐브를 통해 매달린 공간을 구현하고 있다는 점이다. 모든 일이 벌어지는 삼면의 큐브는 말 그대로 마술 상자다. 고정된 육면체에서 한쪽 면을 관객을 향해 열어놓은 것이 일반 무대라면 르빠주의 큐브는 삼면이 열려 있다. 큐브는 시계 방향으로 회전하면서 스크린이 되거나 출입문, 과녁 등으로 변신하는 요술을 부린다. 수직선과 수평선은 고정되어 있지 않아 일상의 공간 개념이 해체된다. 현대 연출이 공간의 마술적 운용에 지대한 관심을 갖고 있다면 부유하는 공간이야말로 새로운 개념의 공간임에 틀림없다. 큐브의 움직임은 세밀하게 계산되어 있어, 한 바퀴를 돌면 장소가 달라진다. 그곳에 존재하는 인물은 똑바로 서 있지 못하고 비스듬히 혹은 거꾸로 서 있다. 불안한 시선과 자세가 그들의 심리를 대변한다. 큐브는 흔들리는 인물들의 마음 상태를 은유적으로 보여주고 있는 것이다.

관객은 〈바늘과 아편〉의 공간이 고정되어 있지 않음에 불편함을 느낄 수도 있다. 그런데 사실 우리가 살고 있는 지구는 고정되어 있지 않다. 자전과 공전의 지구 속에서 고정되어 있다는 믿음만큼 어리석은 감각은 없다. 느끼지 못하는 자는 불행할 뿐이다. 지구가 돌고 있음을 르빠주의 큐브는 분명하게 보여주며 느끼라고 제시한다. 그런데 지구가 돌고 있음을 느낄 때가 있기는 하다. 취했을 때다. 정상적이 아닌 취한 상태가 되면 비로소 몸은 지구의 움직임을 느끼고 메스꺼워하고 어지러워한다. 술 취함과 마약 중독은 감각의 활성화를 뜻한다. 취함은 지구의 움직임을 감지하도록 한다. 제목에 '아편'이 들어간 것은 극중 인물들이 아편에 중독된 경력과 더불어 움직이는 큐브 그리고 감각의 활성화와 깊은 관련이 있다.

## 5. 르빠주의 연극이 한국 연극에 끼친 영향

르빠주의 매체연극이 과연 한국 연극에 어떠한 영향을 끼쳤을까? 앞서 말한 것처럼 르빠주의 연극은 비고정적이라는 특징이 있다. 그의 연극은 언제든지 변형 가능하다. 따라서 르빠주에 대한 국내 연구도 고정된 극텍스트 분석보다는 무대적 기술과 영상매체에 초점을 둔 공연 분석이 더욱 활발하다. 국내에서 그에 대한 학문적 연구는 2008년부터 시작되어 현재 석사학위 논문으로 6편이 있다.[15] 이들 연구 논문은 주로 공연, 연출, 영상매체, 연극성 등을 주제로 하고 있다. 르빠주의 연극은 공간 활용이 독창적이고 고난도의 테크닉을 익혀야 하며 무대장치에 엄청난 비용이 드는 만큼 국내 연출가가 그의 작품을 공연하기는 거의 힘들다고 봐야 한다. 2007년 10회 희곡 낭독 공연에서 〈오타강의 일곱 지류들〉(이선형 역, 손정우 연출)이 낭독 공연된 적이 있지만 이 역시 무대장치에 대한 부담이 없기 때문에 가능했다.

---

15 남지수, 「로베르 르빠주 공연의 연극성 연구」, 2008 ; 강재림, 「로베르 르빠주의 〈안데르센 프로젝트(Andersen Project)〉에 나타난 메타연극(metatheater)적 연출 특성 연구」, 2011 ; 이하영, 「영상을 이용한 연극의 공간 확장 : 로베르 르빠주의 『오타강의 일곱 지류』를 사례로」, 2011 ; 박영순, 「로베르 르빠주의 공연 양식에 관한 연구 : 안데르센 프로젝트를 중심으로」, 2011 ; 도상민, 「무대 테크놀로지 활용에 관한 연구 : 로버트 윌슨, 로베르 르빠주, 에이문타스 네크로슈스를 중심으로」, 2013 ; 이화, 「포스트드라마 연극의 공연 미학적 담론과 실천 : 하이너 괴벨스 〈그 집에 갔지만 들어가지 않았다〉, 얀 라우어스 〈이사벨라의 방〉, 로베르 르빠주 〈안데르센 프로젝트〉에 대한 비평적 해석을 중심으로」, 2014가 그것이다.

르빠주 연극과 한국 연극의 연결 고리를 알아보기 위해서는 먼저 르빠주 연극의 독창성을 탐색할 필요가 있는데 대략 다음과 같이 정리할 수 있다. 첫째, 집단 창작을 선호한다. 그는 집단 창작을 성공적으로 수행하고 있는 태양극단의 므누슈킨의 예를 본받아 집단 창작에 깊은 관심을 표명한다. 그는 한 인터뷰에서 이렇게 말한다. "나는 고독한 창작, 홀로의 창작보다는 집단 창작이 더욱 흥미롭다. 연극에 대한 나의 관심은 집단, 패, 무리의 개념이다." 집단적 창작 방식은 일종의 포스트모던적 창작 기법으로, 일방적으로 결정되어 응고되지 않는 열린 창작이다. 연극이 현재 관객 앞에서 공연이 되고 있다 하더라도 그것은 완성된 공연이 아니라 언제, 어떻게 변할지 모르는 가변적 상태다. 고정되지 않은 무대, 언제든지 새롭게 변하는 유동성 자체 그러나 그 과정을 전혀 숨기지 않고 여과 없이 드러내는 무대, 이것이 르빠주 연극의 특징이다. 물론 극텍스트가 존재[16]하는 경우가 있긴 하지만 이례적이며, 텍스트로 고정된 작품이라도 어디로 튈지 모르는 럭비공 같은 모습을 하고 있다. 창작 방식은 르빠주 자신이 일단 데생을 하고 형식과 주제적 요소를 충분히 숙지한 다음 단원들을 함께 즉흥적으로 작업하는 순서로 이루어진다.

둘째, 다중 매체, 특히 영상매체를 적극적으로 활용한다. 영화광이었던 그는 영화와 지속적인 관계를 맺어왔다. 또한 직접 영화감독으로 영화를 제작하면서 다양한 영상 기법을 자연스럽게 익힌 결과, 무대에서 생생한 청각 이미지와 시각 이미지를 조화롭게 활용하여 관객에게 마치 영화관에 온 것 같은 느낌을 준다. 르빠주는 자신의 글쓰기를 연극과 영화의 접목이라고 언급하면서 연극이란 영화적 퍼포먼스라고 주장한다. 그는 전통적 연극의 조명이 아닌 영상적 기교가 접목된 조명을

---

**16** 예컨대 〈오타강의 일곱 지류들〉에는 텍스트가 존재한다. 하지만 이 작품은 3시간, 5시간, 8시간짜리 세 개의 버전이 있다.

창출하기 위해 대형 스크린을 설치해놓고 다양한 배경을 손쉽게 설정한다. 〈바늘과 아편〉에서 사물의 내부에 도달하기 위해 영상의 클로즈업 기법에 의존한 것은 좋은 예다. 또한 라디오 드라마의 경험을 통해 그는 소리의 특수한 쓰임새를 무대에 적용시켜 새로운 청각 이미지를 만들어내고자 한다. 예컨대, 작품 자체가 소리의 울림인 〈바늘과 아편〉에서 콕토의 언어에 시적 운율과 리듬을 부여하였으며, 셰익스피어를 각색한 〈엘시노어〉 공연에서도 언어의 음악성이 가장 중요하다고 판단하여 음악성 추구에 전력을 다하였다. 소리에 대한 관심은 오페라 영역을 넘나드는 결과로 이어진다.

셋째, 르빠주는 한 배우가 여러 역할을 소화하는 일인다역극을 즐겨 사용한다. 일인다역극은 첨단 테크놀로지와 영상 덕택에 가능한 것으로 이미지 연극의 특징이다. 일인다역의 무대에서 영상 언어는 여러 명의 배우를 무대에서 동시에 창출하는 역할을 담당하는데, 다매체 장치로 연기자의 변신을 돕는다. 예컨대 이미지, 전화기, 메신저, 녹음된 소리 등이 사용된 대화의 형태는 매우 다채롭다. 〈빈치〉, 〈바늘과 아편〉, 〈햄릿〉을 각색한 〈엘시노어〉, 〈오타강의 일곱 지류들〉의 첫 번째 버전, 〈달의 저편〉은 한 사람의 연기자에 의해 이루어진 일인다역극이다. 〈엘시노어〉는 기발한 소품, 무대장치, 의상, 분장, 조명 등 현란한 테크놀로지를 통해 한 명의 배우가 무대에서 햄릿, 거트루드, 클로디어스, 오필리어, 유령 등으로 변신한다. 한 인물이 무대에서 사라졌다가 다른 인물로 변신하여 등장하는 것은 즐겨 사용하는 수법이며, 결투 장면에 이어 햄릿이 죽음에 이르는 순간 카메라의 도움으로 거대한 스크린에 클로즈업시킴으로써 생생하게 전달한 기법은 독창적이다. 원폭이 투하된 히로시마의 오타강을 배경으로 한 〈오타강의 일곱 지류들〉에서 연출가는 원폭의 섬광과 아우슈비츠의 홀로코스트와 대비를 통해 인류사의 비극을 어필하기 위해 무대에 다양한 광학 렌즈를 설치하여 원폭의 섬광을 포착한다. 또 〈달의 저편〉에서는 거울의 반사로부터 무중력 상태의 아름다운 유형을 보여준다. 일인다역극은 무엇보다도 고독이라는 주제와 연결된다. 르빠주는 〈안데르센 프로젝트〉의 공연에서 이렇게 말한다. "일인다역극은 그 특성상 고독감을 환기시키거나 심지어는 고독을 주제로 탈바꿈시키기도 합니다. 주인공의 고독, 그를 연기하는 배우의 고독, 그리고 이 작품에 있어서는 안데르센의 고독 말입니다."(공연 팸플릿) 넷째, 이야기가 다중적이다. 줄거리가 단일의 플롯이 아닌 복합적인 플롯이 엉켜 대단원을 향한다. 〈달의 저편〉에는 형제애와 미국과 소련의 성치적 문제가 병치되어 있고, 〈안데르센 프로젝트〉에는 안데르센의 전기, 동화 「드라이아드」와 「그림자」, 등장인물인 프레드릭 라프엥트의 삶 그리고 르빠주 자신의 이야기가 존재한다. 〈바늘과 아편〉에는 콕토와 데이비스, 등장인물 로베르 그리고 역시 르빠주 자신의 이야기가 얽혀 있다. 그의 연극이 소외와 소통의 메시지가 강렬하고, 이야기 구조가 그의 어두운 내면(그림자)과 병렬되어 있는 것은 르빠주의 변방의 소외와 고독의 경험과 무관하지 않을 것이다.

르빠주는 현재 왕성하게 활동하고 있는 연출가로 미래에 어떤 변신이 있을지 가늠할 수 없다. 그는 프랑스어, 영어, 스페인어, 이탈리어에 능통하다. 나아가 공연에서는 이들 언어 이외에도 일본어, 독일어 그리고 스웨덴어를 만날 수 있다. 다국적 언어의 사용은 작품을 세계 곳곳에 확산시키는 데 커다란 역할을 한다. 또한 그의 연극은 유동적이며 불규칙한 탐구의 장에 있으므로 르빠주의 연극미학을 세계 연극사에서 갖는 의미를 고정된 틀로 언급하기는 곤란하다. 다만 로버트 윌슨 등과 더불어 이미지 연극 혹은 매체연극의 장에 획을 그었다는 점에서 이에 초점을 맞춰 그의 연극을 조명할 수 있을 것이다. 이러한 르빠주 연극과 매체연극의 특징을 기반으로 그의 매체연극이 과연 한국 연극에 어떠한 영향을 미쳤는지 살펴볼 수 있다. 첫째, 한국 연극계에 매체연극에 대한 관심을 증폭시켰다고 하겠다. 둘째, 이미지 연극에 대한 관심과 그 가능성을 확인하였다. 한국연극평론가협회는 이미지 연극이라는 주제로 세미나를 개최할 만큼 이미지 연극에 대해 관심을 표명하였다. 셋째, 고도의 기술 발전과 더불어 연극도 새로운 방향을 모색해야 한다는 과제를 안겨주었다. 넷째, 변방과 소외 문제에 대한 주제의식을 가져왔다. 그럼에도 르빠주의 연극이 한국 연극에 끼친 영향을 분명하게 밝히기는 어렵다. 다만 그들이 보여준 새로운 매체의 적극적인 활용으로 장르간 경계 허물기, 공간의 경계 허물기, 새로운 지각 방식에 관심을 보인 연극들, 몸에 대한 새로운 인식 등은 연극의 혁신에 대해 고민하도록 한 것은 분명하다. 따라서 한국에서의 새로운 경향의 연극들, 즉 장소특정적 연극이나 〈헤테로토피아〉처럼 매체와 이미지를 활용하여 적극적으로 공간을 확장시키고 관객과 새로운 관계를 형성하며 지각의 틀을 새롭게 하려는 연극에 주목할 필요가 있다. 다양한 무대언어(총체연극), 이를테면 마술과 영상을 결합시킨 이은결의 〈트랜스폼 일루전(Transform Illusion)〉, 춤·노래·연기와 3D 영상을 결합시킨 〈최승희 아리랑〉, 양화대교에서 홀로그램을 펼친 자이언티, K-Pop과 홀로그램을 결합시킨 디스트릭트 등은 일상의 감각을 변화시키고 관객과의 거리를 좁힌 공연들로 르빠주의 매체연극과 유사한 맥락 속에 있다고 하겠다.

## 6. 결론

르빠주 연극이 어필할 수 있는 것은 음향과 영상매체의 적극적 활용, 가상현실을 통한 공간의 확장 등의 하이테크에 있지만 결정적으로는 이를 인간성과 결합시키고 있다는 데 있다. 그의 연극에서 사용된 무대적 장치는 환상적이며 현란한 감각자극으로 관객을 몰입시키지만 그것이 궁극적인 목적은 아니다. 그의 무대에서 활용된 새로운 매체는 인간성의 주제를 부각시키기 위한 수단으로 활용된다. 르빠주의 연극이 전형적인 언어에서 벗어난 것 같지만 대다수의 인물들이 활발하게 언어를 구사한다든가, 사이버 삶이 아닌 현실적 삶(소외, 사랑, 관계의 문제)을 추구한다든가, 기계가 아닌 인간을 말하는 것은 매체연극이 얼마든지 자기의 본 모습을 직시하고 사랑을 나누며 따뜻한 인간미 속에서 살아갈 수 있음을 보여준다. 르빠주의 매체연극이 매력적인 까닭은 모든 소통의 가능성을 열어놓되 테크노와 휴먼이 조화를 이루고 결국은 휴머니즘으로 귀환하는 형태를 지니고 있기 때문일 것이다.

# 동시대 다큐멘터리 연극 : 일상의 흔적과 연극의 정치적 위치 및 지형의 생산

■ 리미니 프로토콜의 〈칼 마르크스 : 자본론, 제1권〉과 〈100% 광주〉, 쉬쉬팝의 〈서랍들〉

임형진

## 1. 서론

연극에 대한 개념과 목적, 방식 등은 그리스 연극의 탄생 이후 일정한 변화의 길을 걸어왔다. 이 가운데 동시대 다큐멘터리 연극은 더 이상 전통적인 드라마 중심의 서사와 미메시스에 천착하지 않는다. 그렇지만 이 연극이 단지 사실과 진실만을 순전히 목적한다고 단언하기는 어렵다.[1] 일반적으로 동시대 다큐멘터리 연극에서는 사실과 진실, 그리고 허구의 개념들이 서로 긴밀히 "교환"[2]되기 때문이다. 이 과정에서 연극 공간과 일상의 영역 및 그 경계선은 매우 모호하게 작동하는데, 이것은

---

1  Miriam Dreysse · Florian Malzacher(Hrsg.), *Rimini Protokoll. Experten des Alltags. Das Theater von Rimini Protokoll*, Berlin: Alexander Verlag, 2007, pp.37~38.

2  Detlef Kremer, "Photographie und Text, Thomas Bernhards 'Auslöschung' und W.G. Sebalds 'Austerlitz'", *in Literatur intermedial: Paradigmenbildung zwischen 1918 und 1968*, Hrsg. Wolf Gerhard Schmidt, Thorsten Valk, Berlin: Walter de Gruyter, 2009, p.383.

포괄적 개념으로서의 문화적 공간 안에서 "수용자의 변증법적인 위치"[3]를 따른다.

최근 뉴 다큐멘터리 연극이라는 명칭에서도 살필 수 있듯이, '새로운'이라는 단어의 추가는 마치 다큐멘터리 연극의 특징을 구분하는 기준처럼 사용되기도 한다. 하지만 이 '새로운' 연극은 1920년대 연출가 에르빈 피스카토르의 '정치적 연극'의 흐름을 크게 벗어나지 않는다. 뉴 다큐멘터리 연극은 동시대로 이어지는 다큐멘터리 연극의 전통이 미시적으로 분화된 시대적 환경과 정서를 반영하고 있기 때문이다. 이것은 연극과 일상 사이의 "정치적 수사(Politische Rhetorik)"[4]로서 동시대 정치성을 장착한다. 때문에 동시대 다큐멘터리 연극이라는 명칭은 지난 기록극의 정치적 흔적과 특징들을 포괄한다는 점에서 보다 보편적일 수 있다. 이 연극은 연극의 수행-주체의 일상과 정체성의 문제를 예민하게 포착하는데, 특히 개인이 거대한 힘에 의해 소외되는 동시대 자본주의 현상에 민감하게 반응한다. 결국 "끊임없는 다툼과 투쟁을 불러일으키는"[5] 동시대 다큐멘터리 연극은 사회적인 동시에 정치적인 위치와 지형을 생산한다.

실제적으로 동시대 다큐멘터리 연극은 독일 연극이 주도하고 있다. 대표적인 단체로는 리미니 프로토콜(Rimini Protokoll),[6] 쉬쉬팝(She She Pop),[7] 리그나(Ligna)[8] 등을 들

---

3  Roland Barthes, *Über mich selbst*, München: Matthes & Seitz, 1978, p.75.

4  Gregor Gysi, "Politische Rhetorik", *in Dokument, Fälschung, Wirklichkeit*, Hrsg. Boris Nikitin, Carena Schlewitt, Tobias Brenk, Berlin: Theater der Zeit, 2014, p.180.

5  Dirk Baecker, "Was ist Wirklichkeit?", *in Dokument, Fälschung, Wirklichkeit*, Hrsg. Boris Nikitin, Carena Schlewitt, Tobias Brenk, Berlin: Theater der Zeit, 2014, p.27.

6  구성원은 헬가르트 하우크, 다니엘 베첼, 슈테판 카에기이다.

7  세바스티안 바르크, 요한나 프라이부르크, 판니 할름부르거, 리자 루카센, 미케 마츠케, 리아 파파테오도로우, 베리트 슈툼프, 엘케 베버로 구성되어 있다.

8  올레 프람, 미샤엘 휘너스, 토어스텐 미샤엘슨으로 구성된 함부르크를 중심으로 작업하고 있는 미디어-다큐멘터리 연극 단체이다.

수 있다. 이들의 작업은 전통적인 연극과 미학적 관점에서 정확하게 판명되지 않는다. 이들은 현재 독일 사회를 중심으로 연극의 동시대성을 확장시키는 한편, 연극의 사회적 정치적 기능에 관한 담론에 깊이 관여하고 있다. 이 가운데 한국을 방문한 리미니 프로토콜과 쉬쉬팝은 자신들이 지향하는 동시대 다큐멘터리 연극을 한국의 문화적 지형 위에서 각각의 방식으로 소개하였다. 이에 본고는 포스트드라마 연극의 미학적 수행적 관점을 토대로 동시대 다큐멘터리 연극이 어떠한 방식으로 생산자와 수용자의 서로 다른 문화적 위치에서 영향을 미치고 작동하였는지를 살피고자 한다. 이것은 동시대 다큐멘터리 연극이 지역과 사회라는 문화적 차이 혹은 그 경계선을 어떻게 넘어서 해체하였고 경험된 한계는 무엇이었으며, 사회적 정치적 상호 관계가 어떻게 구축되었는지에 대한 논의로 이어질 것이다.

## 2. 동시대 다큐멘터리 연극의 지형과 특징들

동시대 다큐멘터리 연극의 흐름은 독일의 두 지역인 기센과 베를린을 중심으로 형성되고 있다. 이 연극은 연출가 피스카토르와 작가 페터 바이스와 같은 참여 지향적인 연극인들이 장착하길 바랐던 연극의 정치성을 새로운 형태로서 변환시켰다. 전통적으로 다큐멘터리 연극의 정치성은 "브레히트의 연극과도 그 맥락을 공유"[9]하는데, 이것은 동시대의 현장에서 실재하는 정치적 구호나 특정 대상을 지정하고 공격하는 물리적인 저항을 넘어선 포스트드라마적 현상과 연결된 자기반성적인 연극을 구현한다. 이러한 동시대 다큐멘터리 연극의 특징과 현상들은 일상적인

---

9    Hans-Thies Lehmann, "Theorie im Theater?", *in Rimini Protokoll. Experten des Alltags. Das Theater von Rimini Protokoll*, Hrsg. Miriam Dreysse & Florian Malzacher, Berlin: Alexander Verlag, 2007, p.179.

동시대 다큐멘터리 연극 : 일상의 흔적과 연극의 정치적 위치 및 지형의 생산

것으로서 집결된다. 이때 개인의 전문성은 수행 과정에 직접 참여하고 경험을 공유하는 과정의 밀도를 더욱 강화시킨다.

## 1) 기센과 베를린

독일의 도시 기센과 베를린, 이 두 지역은 현재 동시대 다큐멘터리 연극을 실험하고 그 개념을 확장시키는 중심지 역할을 하고 있다. 먼저 헤센 주의 작은 도시 기센은 긴 시간 동안 연극을 '순수한' 것으로서 이해하고 인식하였던 시선에서 벗어나, 일상과 연결된 연극적 실험을 모색하는 데 크게 기여하였다. 연극학자 안드르제이 비르트는 1982년에 독일에서 처음으로 이곳 대학교에 응용연극학과를 설립하였다. 막스 헤르만이 1923년에 베를린대학교에 연극학과를 세계 최초로 설립한 이래, 연극학의 또 다른 형태가 기센대학교에서 시도된 것이다. 다소 '파격적'인 연극(학)의 시도는 막스 헤르만이 강조했던 것처럼, 연극이 더 이상 문학적인 관점이 아니라, 체현된 행위 과정과 사회적 행위의 중심에서 논의되어야 한다는 입장과 태도를 그대로 계승하고 있었다. 기센대학교의 응용연극학과는 독일 대학교의 연극학과들 가운데서 매우 이례적인 경우에 속했는데, 전통적으로 유럽의 연극학은 실기가 전혀 포함되지 않은 이론적 영역에 해당하는 학문적 측면에만 주로 관여하기 때문이다. 특히 독일에서 실기와 실제적 요소는 기술을 극대화한 장인(Meister)의 생산에 관련된 것이었고, 연극적 실제는 학문이 아닌 기술의 전문성을 위한 훈련 과정에 해당된 것이었다. 독일 연극학의 전통과 경험에 비추자면 연극의 이론과 실제적인 것의 통합을 선언한 기센대학교 응용연극학과의 설립은 소위 '이단적'인 것이었다. 하지만 이들의 연극적 선언은 '순수한' 연극학의 계보가 다양한 분야와 영역으로 확장 및 분화되는 데 크게 기여하였다. 학과 설립에 참여한 인물들은 주로 현장에서 작업하는 연극인과 무용인 등이었다. 하이너 뮐러, 조지 타보리, 엠마 루이스

토마스, 로버트 윌슨 등이 대표적이다.

행동하는 것에 관계하는 모든 것들의 연극적 편입은 통섭적인 이론적 틀을 요구하였는데, 특히 한스-티스 레만의 포스트드라마 연극에 대한 분석과 정리는 매우 큰 역할을 하였다. 연극의 순수성 혹은 전통적 권위를 파격적으로 해체한 기센대학교 응용연극학과는 현재 음악극 연출가 하이너 괴벨스가 그 실험을 이어가고 있다. 그는 연극을 음악적인 개념으로 이해하고 소리의 수행적 통로와 현상들에 관심을 보인다. 그 결과 이제 기센대학교 응용연극학과는 기센 학파를 형성하였다는 사회적 평가를 받고 있다.[10] 이 학과를 거친 대표적인 연극인 및 단체로는 르네 폴레쉬, 헬레네 발트만, 팀 슈타펠, 모리츠 린케, 리미니 프로토콜, 쉬쉬팝, 갑 스쿼드, 쇼케이스 비트 르 모, 몬스터 트럭 등이 있다. 이들은 포스트드라마 연극의 흐름 위에서 전통적인 연극의 무게감을 벗어나 "이론과 기술적인 공유"[11]를 시도하는 기센 학파의 위치와 영향력을 지속적으로 확장시키고 있다.

기센과 함께 동시대 다큐멘터리 연극을 주도하는 또 다른 곳은 독일의 수도 베를린이다. 이 도시는 독일의 문화, 사회, 정치, 교육 등에 대한 다양한 정보를 종합하는 중심지이다. 또한 외부 문화에 대하여 보수적인 독일 남부와는 달리, 북동부에 위치한 베를린은 상대적으로 타자의 문화에 대하여 개방적인 태도를 보이고 있다. 이것은 문화적 다양성이라는 측면에서 연극의 존재 상태와 그것의 성격을 구축하는 과정에 밀접하게 연관한다. 현재 베를린에는 150개 이상의 극장과 무대가 유지, 운영되고 있다. 이것은 극장의 수만큼이나 연극의 다양성을 확보해낸다. 문화적 혼

---

10  Thobias Becker, "Bühnenausbildung in Gießen. Die Dilettanten aus Hessen", *Kultur: Spiegel-Tageskarte Theater*, Hamburg, 2012.12.19.

11  앞의 신문.

종이 일상화된 베를린은 전통적인 규율이나 양식의 보수보다 타자를 향한 낯선 시선을 해체하고 혼종의 시도들을 보인다. 이것은 연극에서도 마찬가지인데, 베를린의 극장들은 문화적 혼종을 통해 고유한 색깔과 분위기를 형성한다. 혼종의 방식을 따르는 응용연극의 생태계가 안정적으로 유지되고 있는 베를린에서 헤벨 암 우퍼(HAU)는 동시대 다큐멘터리 연극의 실험을 위한 중심지 역할을 담당하고 있다. 현재 이 극장에는 리미니 프로토콜과 쉬쉬팝이 상주하고 있는데, 이 상징성은 연극과 기술의 혼종이 일상적인 것이 되어버린 베를린 연극의 정서와 흐름을 대변하고 있다. 베를린에는 이론의 생산지 역할을 담당하는 곳도 함께 존재한다. 수행성 이론을 대표하는 베를린 자유대학교 연극학과의 에리카 피셔-리히테는 포스트드라마적인 현상을 연극과 일상의 사이에서 수평적으로 지각할 수 있는 토대를 마련하였다. 이곳에는 기센대학교 응용연극학과와 긴밀한 관계를 유지하는 학자들이 있는데, 대표적으로 연극학자 가브리엘레 브란트슈테터, 크리스텔 바일레, 그리고 현재 힐데스하임대학교 연극학과의 교수로 이동한 쉬쉬팝의 단원 미케 마츠케 등이 있다. 베를린은 이처럼 문화적 다양성과 실제적인 연극 공간, 그리고 이론적 바탕과 지원이 상호 작용하는 동시대 다큐멘터리 연극의 생태계가 잘 유지되어 있다. 포스트드라마 연극은 무대 현상과 이론적 분석이 상호 교환될 수 있는 환경적 조건을 요구한다. 이러한 측면에서 기센과 베를린은 그 조건에 정확히 부합하는 동시대 다큐멘터리 연극의 인큐베이터이자 중심지 역할을 수행하고 있다고 볼 수 있다.

## 2) 연극의 정치성

동시대 다큐멘터리 연극은 배우의 연기나 작가의 희곡-텍스트와 같은 전형적인 서사의 구축으로부터 자유로운 상태를 지향한다. 이것은 수행적인 측면을 보다 강조하는데, 일상 속의 실천을 연극에 침투시켜 연극적 혼종을 시도하는, 소위 이성적이고 논리적인 전략을 도모한다. 수행적인 것은 제의적인 연극처럼 원형적인 것의 분석에 적절할 수도 있지만, 기록과 증언을 통한 이성적인 논리를 구축하는 동시대 다큐멘터리 연극에서도 매우 전략적으로 작동한다. 이것은 이 다큐멘터리 연극의 "사회적 행동과 실천이라는 측면"[12]과 연관하고 참여하는 개인들의 관계 설정과 그것의 개방성을 논리적으로 입증시킨다. 연극의 수행성은 사회적인 발언을 생산해내고 조금 더 정교하게는 그 과정에서 생성되는 정치성을 부각시킨다.

연극의 정치성은 다큐멘터리 연극에 있어서 매우 중요한 지점을 차지하는데, 1920년대 다큐멘터리 연극, 즉 피스카토르의 정치극은 현실에 대한 사회적 정치적 비판으로 이어지는 계급적 투쟁을 유발시켰다. 그리고 이것은 2차 세계대전을 지나 1960년대에 이르러 기록극(Dokumentarstück)의 형태로서 지식인의 이성적인 비판의 강도를 장착하고 유지하였다. 그 중심에는 바로 작가들이 있었다. 프리드리히 뒤렌마트의 〈물리학자(Physiker)〉(1962), 마틴 발저의 〈떡갈나무와 앙고라 : 독일 연대기(Eiche und Angora : eine deutsche Chronik)〉(1962), 롤프 호흐후트의 〈대리인(Der Stellvertreter)〉(1964), 하이나르 키프하르트의 〈로버트 오펜하이머 사건(In der Sache J. Robert Oppenheimer)〉(1964), 막스 프리쉬의 〈안도라(Andorra)〉(1965), 페터 바이스의 〈수사(Die Ermittlung)〉(1965), 〈마라/사드(Marat/Sade)〉(1967) 등이 대표적이라 할 수 있다.[13]

연출가가 주도한 1920년대의 연극의 사회적 정치적 흐름과 경향은 이후 1960년대 작가들에 의해 사회적 증거와 자료들을 텍스트에 장착시키는 방식으로 이루어

---

12  Dirk Baecker, 앞의 책, p.27.

13  Erika Fischer-Lichte, *Kurze Geschichte des deutschen Theaters*, Tübingen und Basel: A. Francke Verlag, 1999, p.393.

졌다. 당시 해당 작품들은 상식이 무너진 현실과 사회, 그리고 인간들 사이에 만연한 비틀어진 일상과 그것에 대한 무감각과 모순을 고발하는 한편, 동시에 연극 스스로를 반성하고 경고하는 자기반영적인 사회적 정치적 특성들을 강조하였다. 이러한 정신적 흐름은 동시대 다큐멘터리 연극에 그대로 수용되었다. 연극평론가 토마스 이르머는 지난 다큐멘터리 연극과 동시대의 그것 사이의 "변별적 차이"[14]를 언급하면서, 1990년 이후의 다큐멘터리 연극을 '뉴' 다큐멘터리 연극으로 소개하였다. 그러나 이 차이는 다큐멘터리 연극의 양식이나 형식적 차이가 아닌, 동시대에서 발견되는 사회적 환경과 성격의 변화에 따른 연극 생산자와 수용자 사이의 교환의 개방(성)과 밀도와 크기의 차이로 이해되어야 한다. 이르머의 주장은 지난 다큐멘터리 연극의 흐름 속에서, 동시대의 사회적 정치적 환경과 상황에 따른 확장된 수용(자)의 위치를 전제하지 않는다. 동시대의 다큐멘터리 연극에서 "수행적인 것은 실제로 정치적인 것으로서 간주"[15]된다는 사실을 기억할 필요가 있다. 1920년대의 피스카토르와 1960년대의 기록극 작가들이 연극사적 위치를 지정하였던 다큐멘터리 연극은 이제 동시대 "자본주의 경제의 중계자"[16]의 존재를 확인하는 과정에 개입하였다. 거대 권력은 과거에 구체적인 대상으로서 실재했지만, 이제는 자본의 크기가 그것을 결정한다. 신자유주의에 편입된 동시대 일상은 이미 자본에 종속되었고, 일상 속의 개인은 인간적인 것과 그 권리와 자유를 상실하게 되었다. 동시대 다큐멘터리 연극이 생산하는 연극의 정치성은 이성과 논리적 비판을 통하여 현실의

---

**14** 김형기, 「일상의 퍼포먼스화 혹은 뉴 다큐멘터리 연극—리미니 프로토콜의 연출작업을 중심으로」, 김형기 외, 『포스트드라마 연극의 미학』, 푸른사상사, 2013, 20쪽.

**15** Erika Fischer-Lichte, "Politisches Theater", in Metzler Lexikon Theatertheorie, Hrsg. Erika Fischer-Lichte, Doris Kolesch, Matthias Warstat, Stuttgart & Weimar: J. B. Metzler, 2005, p.245.

**16** Hans-Thies Lehmann, 앞의 책(2007), p.176.

모습을 "중계"[17]하고, 거대 권력과 부당한 힘에 대한 저항을 드러냄으로써 상품화된 연극 속에서 "관객을 해방"[18]시키는 과정에 개입한다. 이것은 탈정치 시대의 일상 속에 은폐된 거대 권력의 위치를 노출시킨다. 이처럼 동시대 다큐멘터리 연극은 재현의 방식으로 복제된 타자의 목소리를 다시 실재하는 일상의 위치로 복원시키는 과정에 관계하고 있다.

## 3) 일상성과 전문성

1920년대 피스카토르의 정치극은 당시 독일 사회의 계급을 특별한 것으로서 이해하게 하였다. 피스카토르가 계급에 의한 사회 변혁을 타당한 것으로 인식하고 관객의 동참을 권유한 사실은 당시 사회 속 일상의 위치와 정서를 충분히 짐작할 수 있게 한다. 기록극 작가들이 목격한 1960년대의 일상은 세계 전쟁 이후 곳곳에서 발견된 부조리한 모습들과 어느 누구도 책임지지 않는 주변으로 소개되었다. 이후의 동시대 다큐멘터리 연극 역시 일상적인 것에 집중하는데, 이것은 "후기자본주의와 전지구화에 대한 흔적들"[19]인 동시에 지난 다큐멘터리 연극에서도 공통적으로 발견된 소외된 주체, 즉 타자의 시선과 위치에 대한 문제들과 관련되어 있다.

연극에 일상성을 수용하는 방식은 여러 가지가 있겠지만, 동시대 다큐멘터리 연극은 일상적인 모방보다는 직업으로서 연극에 종사하지 않는 개인을 무대에 드러냄으로써 그들의 말과 행동 중심의 일상을 제시하고 자신의 입장을 직접 발언하게

---

17  Dirk Baecker, 앞의 책, pp.28~29.

18  하형주, 「다큐멘터리 연극과 포스트─다큐멘터리 연극에 관한 소고」, 『공연과 이론』 59호, 공연과 이론을 위한 모임, 2015, 118쪽.

19  Johannes Birgfeld, Ulrike Garde, Meg Mumford. *Rimini Protokoll Close-Up: Lektüren*, Hannover: Wehrhahn Verlag, 2015, p.X.

한다. 이때 중요한 것은 무대 위의 대상이 인물로서 어떠한 연극적 상황으로 편입되는 것이 아니라, 자신을 사회적 시선과 행동과 일치시키고 "그대로 존재하도록 내버려두는"[20] 것이다. 이것은 "두터운 현재의 경험을 발생"[21]시키는데, 전문적으로 연극에 종사하지 않는 개인과 "완벽하지 않은 상태"[22]로서 놓여 있는 일상적인 것들은 이제 연극이 전통적 미학과 서사적 완성에 정확히 관계하기보다는 서로 경계가 흔들리고 제거되는 수행적 경험과 "자기반영의 순간을 유발"[23]시키는 과정에 동참하게 된다. 다큐멘터리 연극의 일상성은 "자신의 몸을 통해 세계를 대면하는 경험의 순간"[24]을 현상적으로 경험하게 한다.

　일상적인 것들 사이의 현상적 경험은 매우 정교한 사실주의 연극에서도 가능한 것이지만 텍스트 인물을 재현하지 않는 동시대 다큐멘터리 연극에서는 개인-존재 그 자체의 위치가 무엇보다 강조된다. 인물과 개인 사이의 간극의 제거에 큰 관심을 보이지 않는 동시대 다큐멘터리 연극은 개인이 참여하는 과정에서 드러나는 고유한 사회적 전문성을 통해 그 사이를 채운다. 전문성은 연극과 일상 사이의 거리를 제거하고 수용자와 생산자의 경계선을 공격한다. 연극에 참여하는 사람들은 일정한 사회적 역할과 위치를 통해 전통적인 방식의 정서적 구축을 대체한다. 연극을 위한 연기를 '하지 않고' 자신만의 사회적 전문성을 실제로 확인하는 것, 이것이 바로 동시대 다큐멘터리 연극의 실질적인 '연기'인 것이다. 따라서 동시대 다큐멘터

---

20　Erika Fischer-Lichte, *Performativität*, Bielefeld: transcript, 2012, p.89.

21　Erika Fischer-Lichte, *Ästhetik des Performativen*, Frankfuhrt am Main: Suhrkamp, 2004, p.166.

22　Jens Roselt, "In Erscheinung treten. Zur Darstellungspraxis des Sich-Zeigens", *in Rimini Protokoll. Experten des Alltags. Das Theater von Rimini Protokoll*, Hrsg. Miriam Dreysse & Florian Malzacher, Berlin: Alexander Verlag, 2007, p.61.

23　Erika Fischer-Lichte, 앞의 책(2004), p.27.

24　Erika Fischer-Lichte, 앞의 책(2012), p.61.

리 연극의 참여자에게 요구되는 전문성은 시대가 반영된 사회적 직업과 직접적으로 연관된다. 이 전문성은 숙련도와 숙달의 깊이를 전제로 하는 것으로서 특정한 직업의 희소성이나 평판에 의한 사회적 지위를 지정하는 것은 아니다. 이것은 어떠한 능력이 몸속에 체화된 과정을 요구한다. 따라서 숙달된 장인의 몸은 일상 속의 증인으로서 동시대 다큐멘터리 연극에서 요구되는 전문성을 적확한 수행으로 전환시킨다. 장인정신의 엄격함이 체화되지 않은 일상 속의 개인은 전문가로서의 "몸을 가지고 있는 것"[25]이 아니다. 기술과 정보 습득의 과정을 체화시킨 개인의 몸은 무대 위에서 전문가로서의 (몸의) 경험과 시간을 포착하고 기억하고 끄집어내어 자신의 개인적인 목소리를 사회적인 발언으로 변환시킨다.

동시대 다큐멘터리 연극의 일상은 바로 '지금'이면서, 전문적인 노력의 과정에서 기록된 몸의 시간성을 통해 역사적 순간을 소환하고 현재로 연결된다. 따라서 이 연극에 참여하는 전문가는 일상을 살고 있는 공시적 증인이면서, 전문성을 역사적으로 체화시킨 통시적 증인에 해당된다. 이러한 측면에서 동시대 다큐멘터리 연극은 과거와 현재를 지속적으로 연결하고 교차시키고 충돌시키는, 일상을 증언하는 연극이라고 할 수 있다.

## 3. 포스트드라마 연극과 문화적 위치
  : 서울과 광주, 그리고 동·서독

동시대 연극은 포스트드라마적인 현상들과 밀접한 관계를 맺고 있다. 이것은 포스트모더니즘의 흐름과 경향을 대부분 수용하면서도, 동시에 철학적이고 "반성적

---

25  Erika Fischer-Lichte, 앞의 책(2004), p.139.

사유를 포함하고 있다는 점에서"[26] 서로 양가적인 정서를 포함한다. 자기반성과 비판이 불가능했던 포스트모더니즘의 탈역사성은 브레히트 연극이 지향했던 서사적 층위들과 서로 충돌한다. 하지만 포스트드라마 연극은 무대 위에 모방된 저항의 그림들을 거부하고, 실제 목소리를 장착하였다. 이 연극은 사유하는 몸을 통해 저항을 모방하지 않고, 저항 그 자체를 연극에 드러내기 위해 노력한다. 이때 연극과 일상 사이의 "모호성"[27]은 매우 중요한 역할을 하는데, 이것은 "허구와 실제 사이를 끊임없이 교환하며 어떠한 결정을 내릴 수 없게"[28] 한다. 실제를 허구처럼 보이게 하거나 허구를 실제처럼 믿게 만드는 동시대 다큐멘터리 연극의 모호성은 재현과 모방이라는 전통적 사유 방식이 "양가적인 모방"[29]의 과정을 통해 예술의 권위로부터 "불완전한 상태"[30]가 되어 "미끄러지게"[31] 한다. 일상과 개인을 전면에 내세우는 동시대 다큐멘터리 연극은 '모호한 상태'를 하나의 전략으로 선택하고, 수용자들이 포스트드라마적인 현상을 끊임없이 판단하고 결정하여 사회적 정치적으로 치환시킬 수 있는 기회를 제공한다. 이때 동시대 일상에 위치한 개인은 모호한 연극 속에서 자신의 "현상적인 몸(der phänomenale Leib)"[32]을 통해 문화적이고 역사적인 위치로 편입된다. 하지만 이것은 특정한 문화 텍스트에 종속된다는 뜻이 아니라 그것을 극복하고 구성하는 "궁극적인 존재 자체"[33]로 연결된다는 것을 의미한다.

---

**26** 하형주, 앞의 논문, 116쪽.

**27** Hans-Thies Lehmann, *Postdramatisches Theater*, Frankfurt am Main: Verlag der Autoren, 2005, p.173.

**28** 위의 책.

**29** Homi K. Bhabha, *The Location of Culture*, New York: Routledge, 2008, p.123.

**30** 위의 책.

**31** 위의 책.

**32** Erika Fischer-Lichte, 앞의 책(2004), p.152.

**33** 위의 책, p.153.

## 1) 지식-자본 권력의 거리두기 : 〈칼 마르크스 : 자본론, 제1권〉

지난 2007년 6월, 미국의 서브프라임 모기지 부실 사태에 따른 경제 문제는 유럽에도 영향을 미쳤다. 물론 한국도 예외는 아니었다. 사실 이 파장은 오래전부터 예측된 것이었다. 독일 사회는 그 위험성에 대하여 지속적인 경고를 보냈고, 연극은 이 문제를 집중적으로 논의하기 시작하였다. 통제가 불가능해진 자본주의의 위험성은 2006년 11월 4일, 독일 뒤셀도르프극장에서 〈칼 마르크스 : 자본론, 제1권(Karl Marx: Das Kapital, Erster Band)〉을 탄생시켰다. 리미니 프로토콜의 이 작업은 동시대 다큐멘터리 연극의 여러 기능과 특징들을 확인시킬 뿐만 아니라, 포스트드라마 연극이 시대정신과 철학적 사유와 반성이 불가능하다고 평가하였던 헤겔주의자들의 야유에서 벗어날 수 있게 하였다. 이 연극은 2009년 3월 27일, 페스티벌 봄의 개막작으로 초청되어 아르코예술극장 대극장에서 국내에 처음 소개되었다. 제목에서 이미 감지되듯이, 이 연극은 마르크스의 『자본론』을 공연의 중심에 위치시켰다. 개인의 경험을 전달하는 방식으로 진행된 이 연극은 모두 아홉 명의 개인이 등장하는데, 이들은 모두 연극 전문가들이 아니었다. 각각의 직업을 가진 일반인들은 베를린의 콜센터 직원, 출판인, 치료사 겸 작가, 영화감독 겸 라트비아 대통령의 고문, 중국어 강사, 통역사, 독일 공산당원, 『자본론』을 한국어로 번역한 경제학 교수 등으로 구성되어 있었다. 독일인과 한국인이 함께 독일어로 기록된 마르크스의 『자본론』을 한국 관객들이 가득 찬 서울의 한 극장에서 발화하는 모든 과정은 사회적이고 정치적이고 지역적인 연극 경험을 유발시켰다. 그 경험은 지역의 개인들에게 "지식과 텍스트, 이론과 학문"[34]과 연결되고, 보편적인 "연극적 현전을 주장"[35]하게

---

34  김형기, 앞의 책, 234쪽.
35  위의 책, 235쪽.

리미니 프로토콜 〈칼 마르크스 : 자본론, 제 1권〉(ⓒRimini Protokoll, Trailer 캡처)

하였다. 결국 이것은 일상 속에서 획득된 경험의 "진열"[36]인 셈이다.

　이미 오래전부터 자본주의 경제 시스템에 주도권을 상실한 마르크스주의는 이제 학문적 영역에서만 명맥을 힘겹게 유지하고 있다. 하지만 리미니 프로토콜은 그 누구도 제기하지 않았던 자본주의 일상의 문제점에 대하여, 시대적 발언과 영향력이 몰수된 마르크스의 질문으로 반격하였다. 이 연극에 참여하는 일상의 개인들은 마르크스의 『자본론』을 무대 위에서 이데올로기적으로 분석하거나 해석하지 않았다. 이들은 단지 자신들이 살고 있는 시간과 공간 속에서 자신들이 처한 상황과 경험을 발화시킬 뿐이었다. 이때 이들을 응시하는 극장 속의 또 다른 개인들, 즉 관객들은 그들의 삶과 일상에서 마르크스의 이 책이 어떠한 영향을 미치고 있는지를 스스로 확인하는 인식의 과정에 무의식적으로 참여하였다. 여기서 중요한 지점은 마르

---

36　김형기, 앞의 책.

크스의 이론이 동시대 일상의 문제들을 정확히 읽어냈다는 사실이다. 마르크스의 『자본론』이 큰 어려움 없이 한국의 관객들에게 전달된 이유는, 자본에 구속된 현실이 우리 주변에 실재하고 서로 일치하였기 때문이다. 마르크스 이론의 확실성의 여부는 결국 일상 속에 위치하는 개인의 경험과 고백에 따라 각각 해석되고 저장되고 기억의 단위로 넘어간다. 이 과정은 당연히 사회 공동체를 형성하는 개인들의 "현존하는 몸"[37]을 요구하게 된다.

이처럼 〈칼 마르크스 : 자본론, 제1권〉은 지식에 의한 힘의 생산이 자연스러운 것으로 이해되었던 시기에서, 이제는 자본을 소유함으로써 권력을 획득하는 시대로 넘어온 사실을 조명하고 있다. 지식이 자본이 되고 그것이 곧 권력으로 이어지는 일상은 신자유주의의 경제적 속성과 정확히 일치한다. 여기에 리미니 프로토콜은 전통적인 지식 권력의 획득 방식을 거부하고 지식의 공유를 시도한 것이다. 〈칼 마르크스 : 자본론, 제1권〉은 일상 속의 개인이 스스로를 상품화하고 착취당하는 일상을 전시하는데, 이것은 개인의 경험이 이성적이고 논리적으로 전달되는 방식을 통해 진행된다. 이제 지식은 어떠한 권력이나 특정 계층을 생산하려는 목적이 아니라, 부당한 권력과 인간의 도구화를 고발하고 의심하기 위한 과정에 기여한다. 리미니 프로토콜의 〈칼 마르크스 : 자본론, 제1권〉은 지식과 전통적 권력의 생산 관계 사이에 일정한 거리두기를 시도하는데, 이것은 단지 신자유주의의 반지성적 태도를 비판하는 것에만 한정되지 않는다. 이 연극은 자본의 폭력에 무감각한 감성주의 연극에 대한 자발적인 경고이자, 예술과 일상에 대한 이분법적 구분과 논의의 한계 설정을 거부하는 저항의 선언이기도 하다. 이러한 방식의 지식과 자본 권력의 거리두기는 다분히 '포스트―브레히트적'이라고 해석될 수 있다. 더

---

37  Erika Fischer―Lichte, 앞의 책(2004), p.82.

불어 〈칼 마르크스 : 자본론, 제1권〉은 매우 "객관적이고 지적이고 윤리적이고 도덕적"[38]인 동시에, 사회의 위치를 인식하고 문제를 파악하게 하는 연극의 공공성을 확인시켜주고 있다.

## 2) 통계를 통한 역사적 증거들 : 〈100% 광주〉

2008년 2월 1일, 베를린의 헤벨 암 우퍼 극장 1(HAU 1)에서 초연한 이 연극은 세계 각 도시들을 방문하는 프로젝트로 확대되었다. 이후 〈100% 도시〉는 독일의 칼스루헤, 쾰른, 브라운슈바이크 등을 찾았고, 독일 이외의 지역으로는 빈, 멜버른, 런던, 취리히, 도쿄 등의 도시를 방문하였다. 그리고 리미니 프로토콜은 2014년 4월 19일 한국의 광주(국립아시아문화전당 아시아예술극장)를 찾아 이 지역에 대한 '연극적' 분석을 지속하였다. 이 연극은 무엇보다도 해당 지역에 관한 문화적 사회적 역사적 분석을 토대로 하였다. 통계(학)적으로 개인과 지역 사이의 "사회적 맥락과 힘의 감각을 환기시키는"[39] 이 연극은, 해당 지역에 대한 면밀한 계획과 분석이 충족되지 않을 경우, 해당 지역 관객의 도구화라는 비판에 직면할 위험을 안고 있다. 〈100% 도시〉 프로젝트는 한 지역을 구성하는 개인 백 명을 선정하고, 그들을 무대 위로 초대하여 질문을 통해 답변을 통계 수치로서 전달한다. 때문에 이 작업은 외부인이 내부로 들어가 사회와 환경을 목격하고 질문, 기록하는 방식으로 진행되었던 지난 문화인류학의 유럽중심주의적 시선을 떠올리게 한다. 하지만 이 위험성은 연극에 참여하는 현지인들의 발언을 객관적으로 전달하는 태도와 방식들, 즉 그들의 발언이 해당 지역의 사회에 직접 관계하고 구성되고 반영되는 질문과 대화를 마

---

**38** Hans—Theis Lehmann, 앞의 책(2005), p.90.

**39** Meg Mumford, "100% City and Popular Factual Television", *in Rimini Protokoll Close-Up: Lektüren*, Hrsg. Johannes Birgfeld, Ulrike Garde, Meg Mumford, Hannover: Wehrhahn Verlag, 2015, p.291.

리미니 프로토콜 〈100% 광주〉(ⒸAhn Gab Joo, 국립아시아문화전당 사진 제공)

련하고 그 결과를 통계적으로 확인시키는 방식에 의해 최소화될 수 있었다. 〈100% 광주〉는 도시의 선정에 있어서 리미니 프로토콜에 의해 이미 사회적 정치적으로 작동되었다는 사실과 함께, 사회의 구성원으로 존재하는 한 개인의 주관적인 경험을 통계적 수치로 제시한다는 점에서 동시대 역사인류학적 입장을 공유한다고도 볼 수 있다.

리미니 프로토콜의 통계 수치는 무대 위의 광주 시민들에게 형식적 지표로서만 머물지 않고 새로운 관계를 확인시키는 사회적 심리로서 작용하였다. 질문과 답변의 과정은 언어적인 교환에 따른 공감적 차원에만 의존하지 않고, "참여하는 모든 사람의 행동에서 비롯된 특별한 과정의 형성을 통해"[40] 이루어졌다. 이때 "관계를

---

40  Erika Fischer-Lichte, 앞의 책(2004), p.26.

협의하고 설정"[41]하는 것은 무엇보다 중요한데, 이 관계 맺기는 "연극이 진실을 구성할 수 있는"[42] 기회를 제공하게 된다.

지역의 선택과 관련하여 서울을 벗어난 리미니 프로토콜의 〈100% 광주〉는 그 자체만으로도 전략적이라 할 수 있다. 〈칼 마르크스 : 자본론, 제1권〉이 후기자본주의의 단면을 가장 직접적으로 목격할 수 있는 서울에서 공연된 것처럼, 〈100% 광주〉는 이미 사회적 정치적 측면이 반영된 연극이었다. 또한 첫 공연 날짜는 4월 19일, 바로 4 · 19였다. 실제로 사회적 정치적 가해자와 피해자가 여전히 같은 공간을 구성하고 있는 모순적인 우리의 현실은 이미 일상적인 것으로 고정되었다. 광주 시민이 다큐멘터리 연극의 무대 위에서 질문에 답하고 그것이 통계적으로 구축되는 과정은 연극을 통한 일종의 역사화 과정에 해당한다. 리미니 프로토콜의 질문에 대한 답변의 수치화된 결과들은 침잠된 폭력에 대한 기억을 기호적인 것에서 현상적인 것으로 전환시키는 시작점이 된다. 거대 권력의 폭력에 의한 상처는 사회를 구성하는 개인에게 기록되고, 공동체적인 몸을 형성하게 된다. 동시대 일상에서는 그 흔적들이 마치 지난 악몽의 한순간처럼 무감각하게 발화되기도 하지만, 이것이 개인의 상처가 망각의 원칙에 지배된다는 것을 의미하는 것은 결코 아니다. 〈100% 광주〉의 통계 수치는 지역과 시간의 흐름에 따라 "결정되지 않고"[43] 끊임없이 변화된다. 이 때 연극은 "조각난 파편과 부분의 성격을 수용"[44]하고, 역사적 층위로 침입하는 것이다. 개인과 지역에 새겨진 기억과 그 간극의 크기와 차이를 확인하는 노력들은 다큐멘터리 연극이 지향하는 '역사적 기록의 과정으로의 참여'에 해당한다.

---

41 위의 책.

42 위의 책.

43 Hans-Thies Lehmann, 앞의 책(2005), p.173.

44 위의 책, p.92.

### 3) 타자의 기억과 사라진 현재 : 〈서랍들〉

독일의 연극 공동체 쉬쉬팝은 전통적인 연극과는 다소 차이를 보이는 새로운 소통 방식에 집중하고 있는 연극단체이다. 기센대학교 응용연극학과에서 시작된 이 단체는 연극 공간뿐만 아니라, 서로 일치하지 않는 일상 속 개인의 대화 방식에도 관심을 보인다. 이들의 연극 가운데 2015년 4월 17~18일, 페스티벌 봄에 초대된 〈서랍들(Schubladen)〉(서강대학교 메리홀 대극장)은 이러한 특징을 다시 한 번 확인시켜주었다.

2012년 3월 베를린의 헤벨 암 우퍼(HAU)에서 초연된 이 연극은 '서랍' 속에 있는 여러 물건들을 꺼내 살피는 '행위'를 통해 진행되었다. 무대 위의 여섯 명의 개인들은 자신이 소유한 물건들을 통하여 과거를 기억하고 지난 자신의 위치와 상태를 확인한다. 기억을 현재로 소환하는 행위는 이 연극이 단순한 재현에 의해서가 아니

쉬쉬팝 〈서랍들〉(ⒸShe She Pop, Trailer 캡처)

라, 직접적인 역사적 층위의 작동에 따르고 있었다. 실제로 쉬쉬팝의 구성원의 대부분은 동·서독의 냉전 시기를 경험한 세대이면서 동시에 서독에서 공부하고 성장한 공통점을 갖고 있었다. 하지만 이들은 스스로 1990년 공식적인 동·서독의 통일 이후에도 여전히 일상 속에서 소통이 단절되어 있다는 사실을 고백한다. 그 방법은 현재 자신의 정체성을 지난 시간과 비교하고 확인하는 과정을 통하여 이루어진다.

간단한 업무용 테이블, 의자, 스크린과 그 주변에 상자에 담긴 책과 음반, 각종 자료 등이 놓여 있는 무대 위에는 세 명의 동독 출신 여성과 세 명의 서독 출신 여성이 서로 대화를 나누고 있다. 이들은 각자 통일 이전과 이후 그리고 현재에 이르기까지 개인의 삶에 어떠한 변화가 일어났는지를 이야기한다. 하지만 서로 다른 지역에서 성장한 이들의 대화는 늘 어긋난다. 지속되지 못하는 이야기는 서로의 연결고리를 찾기 위한 노력으로 이어진다. 이들에게 책이나 사진, 음반, 편지 등과 같은 자료들은 자신들의 정체성을 확인시키는 증거물이 된다. 그러나 동독과 서독 사이에 단절된 시간들은 그들의 현재를 온전히 하나로 '통일'시키지 못하고 있었다. 동독 출신의 개인이 피겨 스케이팅 선수 카타리나 비트를 통해 자신의 위치를 이야기할 때 서독에서 성장한 개인은 상대방이 전혀 이해할 수 없는 1980년대 텔레비전 프로그램 주인공 이야기를 통해 자신을 설명할 뿐이다. 그리고 교환이 불가능한 대화가 지속되자 상대방은 '그만'이라는 소리를 지른다. 이처럼 "소통의 어려움, 소통 부재의 원인이 되는 상이한 문화적 기억에 대한 이야기가 이 연극의 중심축을 형성한다."[45] 하지만 대화의 중단이 대화의 포기를 의미하는 것은 아니다. 이들은

---

**45**  심재민, 「예술과 사회의 관계에 대한 재성찰 : '2015 페스티벌 봄'」, 『연극평론』 77호, 한국연극평론가협회, 84쪽.

테이블을 이동하면서 또 다른 상대와 대화를 시도하고, 다시 대화는 가로막히고 단절은 반복된다. 독일의 통일은 물리적인 서로의 장벽을 제거하였지만, 여전히 사회 속에 정착하지 못하는 개인들 사이의 경계선은 여전히 일상적인 것으로서 위치하는 것이다. 무대 위의 여섯 명의 개인들은 자신의 서랍 속에 머물러 있는 지난 시간과 고립된 일상 사이의 간극을 좁히기 위한 노력을 지속한다. 하지만 언제나 그것은 실패하고 만다.

이 연극에서 '서랍'의 공간성은 개인의 기억이 실제로 투영된 "삶이 기록된 시간"[46]을 경험하게 한다. 이로써 무대는 단순히 물리적인 공간에 한정되지 않고, 삶이 반영된 기억의 공간으로 확장되어 관객들에게 시대적인 증언을 가능하게 하는 "사건적인 성격"[47]이 내재된 "수행적인 공간"[48]으로 변화된다. 쉬쉬팝의 〈서랍들〉은 개인의 고유한 '서랍'에서 확인되는 정체성과 사라진 현재, 그리고 더 이상 사회적으로 자신의 목소리가 사라진 타자의 위치를 서로 연결시키고 있다. 이것을 통해 사회는 구성되고 지난 기억은 다시 역사로의 편입을 반복하는 것이다.

## 4. 한국에 미친 영향과 무대 현상들

리미니 프로토콜의 첫 번째 한국 방문인 2009년 3월을 기점으로 한국 연극계는 포스트드라마 연극에 대한 관심을 구체적으로 표명하기 시작하였다. 같은 해 〈칼 마르크스 : 자본론, 제1권〉은 월간 『한국연극』이 선정한 '공연베스트7-해외우수공

---

46  Hans-Thies Lehmann, 앞의 책(2005), p.301.

47  Erika Fischer-Lichte, 앞의 책(2004), p.200.

48  위의 책, p.189.

연'으로 선정되었고, 이 공연을 "국내에 최초로 소개"[49]한 페스티벌 봄은 포스트드라마 연극의 동시대적 흐름을 소개하는 행사로서 자리매김하였다. 이후 한국연극협회는 『한국연극』 9월호에서 '세계 현대 연극의 변화와 흐름'이라는 주제로 특집기사를 다뤘는데, 이것은 리미니 프로토콜의 연극이 한국 연극계에 어떠한 영향을주었는지를 확인시킨다. 〈칼 마르크스 : 자본론, 제1권〉과 관련하여 "세계 연극의변화 속에서 한국 연극은 어떻게 대응해야"[50] 하고, 동시대 유럽 연극의 양상을 살피는 동시에 "극심한 환경 변화를 겪고 있는 한국 연극의 새로운 대안을 찾아"[51]볼것을 제안하였다. 당시 한국 연극계는 다큐멘터리 연극의 개념보다는, 주로 연극이재현의 전통으로부터 어떻게 자유로울 수 있는지에 대하여 집중하였다. 그리고 일부에서는 여전히 이 연극을 '새로운 (방식으로) 말하기'가 아니라 '새로운 글쓰기'의관점으로 접근하였는데, 다큐멘터리 연극의 수행성은 "창발적 현상"[52]에 기여하는것으로서, '행위'의 기표적인 위치에 초점을 두어야 한다는 사실을 인지해야 한다.

이후 한국의 다큐멘터리 연극은 주로 연극학과 평론에 의해 이론적인 분석과 이해가 선행되었다. 포스트드라마 연극의 현상적 경험과 수행적인 것들은 다큐멘터리 연극에 대한 분석의 토대로 사용되었다. 상대적으로 연극 현장은 동시대 연극의새로운 현상과 출현에 대한 이론적인 수용에 비하여 느리게 반응하였다. 이러한 상황 속에서도 극단 크리에이티브 VaQi의 이경성과 극단 그린피그의 윤한솔은 다큐멘터리 연극의 층위를 확대하는 작업을 일부 제시하였다. 이들은 일상적인 전문가의 참여보다는 다른 방식을 통해 그들의 전문성을 대체하고 확보하는 경향을 보였

---

49  편집부, 『한국연극』 2009.12, 한국연극협회, 59쪽.
50  위의 책, 2009.9, 85쪽.
51  위의 책.
52  Erika Fischer-Lichte, 앞의 책(2004), p.247.

는데 특정 개인의 참여보다는, 주로 정치적 사회적 분석과 장소의 선택을 통해 연극이 어떠한 현실 속에 위치하고 있는지를 객관적으로 드러내는 방식을 따랐다. 이성적이고 객관적인 자료의 종합과 분석, 그리고 전통적인 방식으로 체계화된 배우들의 에너지의 결집은 다큐멘터리 연극의 일상성과 전문성을 강화시켜주었다. 이 가운데 이경성은 영상으로 기록된 실제 사건의 진술자의 목소리를 통해 그 자체로 '시대적' 전문성을 확보하였다. 〈비포 애프터〉(두산아트센터, 2015)와 〈그녀를 말해요〉(남산예술센터, 2016)는 세월호라는 실제 사건을 동시대 타자의 위치에서 발언한 매우 내밀한 정치성을 장착해내었다.

윤한솔은 〈안산 순례길〉(안산국제거리극축제, 2015)의 총연출을 통해—타자를 기억하기 위한 방식으로서—기록과 자료를 직접 제시하지 않으면서도 공연을 응시하는 주변의 개인 모두를 참여자로 소환하였다. 당시 연극에 참여한 개인의 몸은 "현상학에 의지한 새로운 '연극 사건'의 수용을 위한 다양한 증거물들을 확인"[53]시켜주었고, 그 순간 연극은 우리의 일상과 함께 시대를 공유하고 사회적 문제를 목격하고 또한 증언하게 하였다.

이처럼 동시대 다큐멘터리 연극은 무대에서 실제 사건을 중심으로 한 전문가의 증언과 자료의 제시가 중요하게 작동한다. 하지만 우리의 다큐멘터리 연극은 주로 소재주의에 해당되는 직접적인 사회적 정치적 발언이 대부분을 차지한다. 동시대 다큐멘터리 연극의 전문성과 정치성은 무엇보다 일상적 사유의 지점과 연결되고, 연극 수용자와 수평적인 관계가 지속적으로 유지될 수 있을 때 비로소 실재할 수 있다.

---

**53** 심재민, 「포스트드라마 연극의 수행성, 현상학적인 몸, 그리고 새로운 형이상학」, 김형기 외, 『포스트드라마 연극의 미학』, 푸른사상사, 2013, 113쪽.

## 5. 결론

동시대 다큐멘터리 연극은 지난 1920년대의 정치극에서 시작하여 1960년대의 기록극 작가들에 의해 실천된 증거의 방식들, 그리고 1990년대 포스트드라마 연극의 현상들 모두를 적극적으로 수용하고 반영하고 있다. 이 흐름은 특정한 방식이나 형식의 구축을 완성하는 데 있지 않고 시대 의식과 사회의 정서적 측면을 강조한다. 이것은 저항적인 태도와 비판정신과 연관되는데, 연극이 현실을 외면하지 않는 깃은 타자의 시선이 반영된 사회적 문화적 위치로서 확인된다. 동시대 다큐멘터리 연극은 이론과 실제를 상호 교환함으로써 동시대성을 유지하고 연극성을 확장시킨다. 지난 시기의 정치극은 실제적인 계급의 문제와 사회의 부조리를 고발하면서 그것을 해결하기 위한 에너지의 생산과 그 방식의 가능성에 집중하였다. 이제 이러한 투쟁 방식은 동시대의 위치에서 목격되는 거대 자본에 종속된 인간의 위치를 증언하고 확인시키는 것으로 대체되었다. 자본화된 몸을 일상적으로 드러내는 것, 이것이 바로 동시대 다큐멘터리 연극의 정치성을 구성하는 동시에 또한 작동시킨다. 이 과정에서 연극과 실제를 구분하기 어렵게 만드는 '의도적인 모호함'은 주요한 한 가지 전략이 된다.

동시대 다큐멘터리 연극은 기본적으로 사회적, 정치적, 탈자본주의적, 민주(주의)적인 정서를 지향한다. 일상의 소외된 주체는 자본–권력으로부터 밀려나고, 그것이 정치적으로 위치되고 규정되는 현실에 놓여 있다. 이것을 발설하는 연극은 참여하는 개인에게 자신의 몸을 역사의 증인으로서 소환시킬 것을 요구한다. 이것은 현실을 기록하고 고발하는 "저널리즘의 정신"[54]에 해당한다. 사회의 단면을 정확

---

**54** 임형진, 「연출가의 작업—『테아터 호이테』(2010년 1월호)」, 『연극평론』 56호, 한국연극평론가협회,

히 응시하고 현실을 목격할 것을 요구하는 동시대 다큐멘터리 연극은 조용한 혁명, 차분한 설득, 내면의 분노, 합리적이고 이성적인 대처 방식을 주로 따른다. 전통적으로 감성과 감정의 층위가 연극에 충실하게 작동했다면, 동시대 다큐멘터리 연극은 보다 이성적이고 논리적인 접근을 선호한다. 이러한 측면에서 보자면, 이 연극은 모더니즘적인 정서를 포함하면서도, 동시에 무대 위에서는 거대 서사의 분절을 시도하는 현상적인 몸을 지향한다는 점에서 다분히 양가적이라 할 수 있다. 더불어 다큐멘터리 연극은 역사적으로 그리고 경험적으로 매우 중층적인 인지 작동 지점과 공감각적인 사회 인식을 요구하는 매우 지적인 연극에 해당한다. 이 지적인 힘은 결국 참여하는 사람들의 전문성과 연관되고, 이것은 연극에 참여하는 이들의 몸에 기억된 노력의 시간들과 체화된 경험과 지식의 두께, 그것의 반영 여부에 따른다. 이제 연극은 결과나 성과에 의해서가 아니라, 완성을 준비하는 과정 그 자체로서 동시대를 인식하고 그것을 스스로 반영하는 것이다.

우리는 일상 속에서 정당한 과정이 정당한 결과를 도출하지 않는다는 사실을 알고 있고, 목격하고, 실제로 경험하고 있다. 공개된 자료와 증거를 통해 합리적인 결과를 기대하게 하는 일련의 과정들은 동시대 다큐멘터리 연극에 상식적인 목소리를 장착시킨다. 타자의 목소리를 이성적으로 복원시키는 과정에서 도출되는 공정함과 합리적 절차는 이 연극의 가장 큰 미덕일 수 있다. 최근 한국 연극계의 동시대 다큐멘터리 연극에 대한 관심이 단지 유행이나 특정 흐름에 따른 단순한 호기심에서 비롯됐다고 볼 수는 없다. 연극보다 더욱 '연극적인' 우리 일상의 역전된 상황과 현실이 연극의 발언과 실천을 더욱 정직하게 요구하는 것이다.

---

2010, 171쪽.

# 동시대 한국 무대의 일본 연극

■ 스즈키 타다시, 노다 히데키, 사카테 요지, 히라타 오리자를 중심으로

이성곤

## 1. 1998년 일본 문화가 개방되기까지

2017년은 광복 72주년, 한일 수교 52주년을 맞이하는 해다. 양국 사이에 언제 불행한 과거사가 있었는지 자각하기 어려울 만큼 일본 연극, 나아가 일본 문화에 대한 거부감이나 거리감이 사라진 지 오래다. 뿐만 아니라 일본 현대 연극은 한국 연극과 함께 호흡하며 동시대적 특징과 미학을 공유해나가고 있다

지금으로부터 44년 전인 1973년 3월, 서강대 운동장에서 김지하의 〈금관의 예수〉와 함께 가라 주로의 〈두 도시 이야기〉가 게릴라식으로 공연되었을 때만 해도 지금과 같은 연극적 교류를 누구도 예상하지 못했을 것이다. 그만큼 두 나라 사이의 정치·문화적 장벽은 만만치 않았다. 그로부터 7년 후인 1979년, 후쿠다 쓰네아리가 이끄는 극단 스바루가 민간단체의 초청으로 영국 작가 테렌스 라티간의 〈깊고 푸른 바다〉를 세종문화회관 소강당에서 공연했다. 해방 후, 정부의 허가를 받아 '합법적으로' 공연된 첫 사례다. 후쿠다 쓰네아리와 박정희 대통령의 개인적 친분이

크게 작용한 것으로 보인다. 그러나 공연을 하루 앞둔 10월 26일 박정희 대통령 암살 사건이 벌어졌다. 그럼에도 불구하고 '추모의 마음을 담아' 공연을 강행함으로써, 어떤 의미에서는 '공연 외적으로' 더 많은 화제를 모았던 공연이었다. 후쿠다 쓰네아리는 당시 일본현대연극협회 이사장으로서 한국연극협회 김정옥 이사장과 대담을 갖기도 하였다.

1980년대에는 스즈키 타다시, 오타 쇼고 등 일본 연극을 대표하는 연출가들의 작품이 소개되었다. 1981년 제3세계 연극제가 서울에서 개최되는데, 이때 노(能)가 우리나라에서 처음으로 공연된다. 이때 소개된 작품은 〈후나벤케이〉, 〈오키나〉, 〈보시바리〉 등 세 편이다. 1985년 한일국교정상화 20주년 기념으로 성사된 일본 전통 인형극인 분라쿠 공연을 필두로, 쓰카 코헤이의 〈뜨거운 바다〉(원제 : 아타미 살인사건, 시네텔서울, 문예회관 대극장, 11.1~9)와 민중극장이 아베 고보의 〈친구들〉(정진수 연출, 민중소극장, 11.5~12.4), 시민극장이 모시즈키 고하루의 〈인형〉(최유진 연출, 신촌크리스탈소극장 개관 공연, 12.15)을 공연하는 등 적극적인 한일 연극 교류가 시작된다. 이때 〈친구들〉 공연에 맞추어 '일본의 현대 연극'이라는 주제로 세미나가 개최되어 극작가 김의경이 '극단 변천사'를, 성신여대 일문과 교수 가네와카 도시유키가 '희곡문학의 경향'을 발표하고, 박조열과 김정옥, 서연호가 토론에 참가했다.[1]

또 하나 주목할 만한 공연은 1982년 12월 1일부터 8일까지 문예회관 대극장에서 공연된 〈어미〉다. '어미'라는 제목으로 오태석의 작품과 일본의 '국민극작가' 이노우에 히사시의 작품이 각각 공연되었다. 사실, 이 작품은 같은 해 여름에 일본 극단 지진카이(地人会)에서 기획한 1인극 경연으로, 영국과 일본과 한국 작가가 '어머니'를 테마로 작품을 쓰고 공연한 것이다. 그 시작은 이 기획에 참여한 일본 연출

---

1    『경향신문』, 1985.11.8.

가 기무라 고이치(木村光一)와 영국 연출가 아널드 웨스커(Anorld Wesker)가 '인류 공통의 테마'로서 "어머니를 통해서 자신을 생각하고 동시에 세계와 미래를 생각하고 싶다"는 목적으로 처음 계획한 것이었다.[2] 12월 한국 공연에서는 오태석 작 〈어미〉가 김민기 연출로, 이노우에 히사시의 〈어미〉(부제 : 화장)가 오태석 연출로 공연되었고, 이 두 작품은 다시 1997년에 예술의전당 토월극장에서 오태석 작, 연출 〈어미〉와 이노우에 히사시 작, 기무라 고이치 연출 〈어미〉로 재공연되었다. 이노우에 히사시는 1982년에 처음으로 이 작품을 〈화장(化粧)〉이라는 제목으로 집필했고, 그로부터 이노우에 히사시가 작고한 직후인 2010년 5월의 공연까지 28년 동안 648회 공연을 기록했다.

1986년에는 아시안게임 문화 축전에 스즈키 타다시의 〈트로이의 여인들〉이 처음으로 한국에 소개되었다. 서울올림픽을 앞둔 1988년에는 오타 쇼고의 덴케이게키죠의 〈물의 정거장〉(부산 공연, 9.3~4/현대 토 아트홀 개관 기념 공연, 9.8~11)이 부산과 서울에서 초청 공연된다. 1988년 7월 21일자 『경향신문』에는 "연극의 시작부터 끝까지 시종 고장 난 수도꼭지에서 물이 흐르고 그곳을 지나는 사람들의 모습이 9개 장면으로 펼쳐지는데 시종일관 침묵만으로 부부간의 문제, 인간의 근원적인 고독과 죽음 등의 문제들을 표현"하는 '낯선' 형식의 공연으로 소개되고 있다. 공연의 형식이나 스타일에 큰 차이를 보이지만 두 작품 모두 일본의 전통 예능인 노(能)의 신체적 움직임과 사상을 모티프로 했다는 공통점을 지닌다. 이후 스즈키 타다시의 작품은 1994년 시작된 베세토연극제를 통해 꾸준히 소개되며 한국 연극과의 인연을 이어가게 된다. 1993년에는 그의 연극론과 연출 메소드를 소개하는 『스즈키 연극론』(김의경 역, 현대미학사)이 번역 출판되어 일본 연극에 대한 이론적 관심을 불러

---

2  『경향신문』, 1982.3.8.

일으키는 계기를 마련해주었다.

1989년과 1993년에는 재일교포이자 가라 주로의 제자인 김수진이 이끄는 신주쿠 양산박이 〈천년의 고독〉(동숭아트센터, 10.27~29)과 〈인어전설〉(여의도고수부지, 5.17~20)로 한국을 찾았다. 두 작품은 거칠고 강렬한 신체 에너지와 한강변을 배경으로 환경연극적으로 연출하여 한국 연극계에 큰 충격을 던져주었다. 다음의 기사를 통해 당시의 분위기를 엿볼 수 있다.

> 정확히 오후 7시 30분. 텐트 꼭대기에서 한 여자가 호루라기를 불자 배우들이 한강을 가리키며 "온다!"고 소리쳤다. 횃불을 든 출연자들이 뗏목을 타고 관객이 줄서 있는 텐트로 다가오는 순간이다. 이와 함께 3백여 명의 관객들은 '다다미'를 깐 객석에 자리를 잡는다. 무대에는 바다를 상징하는 푸른 천이 걸려 있고 객석과 무대 사이로 장방형의 풀장이 놓여 있다. 이윽고 텐트 뒷면을 젖히고 한강과 푸른 하늘을 배경으로 배에서 내린 배우들이 입장하자 장내는 환호로 요란하다.[3]

이후에도 김수진과 신주쿠 양산박은 1997년에 또다시 내한하여 〈맹인안내견〉(가라 주로 작, 김수진 연출, 동숭홀, 10.3~6)을 공연하는데, 이 작품 역시 실내 공연이라는 점에서는 차이가 있었지만 이전의 공연들과 비슷하게 강한 신체성과 에너지를 분출한 공연이었다.

이렇게 1998년 일본 문화가 본격적으로 개방되기까지 적지 않은 일본 연극들이 한국 무대를 밟으며 강한 인상을 남겼다. 1997년 해외 극단의 국내 공연은 총 107 건으로 이 가운데 일본 공연이 23건으로 가장 많았으며, 1998년에도 79건 중 13건으로 일본 공연이 가장 많은 수를 차지했다. 일본뿐만 아니라 이 시기에 소개된 해

---

3  『경향신문』, 1993.5.17.

외 작품들 중 중국 등 아시아 연극이 많이 소개되었고, 특히 6회째를 맞은 베세토 연극제 등을 통하여 한중일 아시아 3개국 간의 문화 교류가 자리잡아가면서 '아시아적'인 것에 대한 관심이 증대했다[4]고 볼 수 있다.

　이 글에서는 지면 관계상 주로 1998년 일본 문화 개방 이후 동시대 한국 연극에 많은 영향을 끼쳤다고 생각되는 일본의 연극인들 가운데 스즈키 타다시와 노다 히데키, 사카테 요지와 히라타 오리자의 활동을 중심으로 그 의미를 짚어보고자 한다. 스즈키 타다시는 전통의 현대화에 대한 성공적 모델을 제시하며 동시대 한국 연극에도 많은 영감을 준 인물이며, 노다 히데키는 연극을 통한 문화상호주의적 실천을 해오며 한국 연극인들과의 작업을 통해 의미 있는 성과를 남겼다. 사카테 요지는 일본의 강렬한 사회파 연극인으로 과거사 문제나 동시대 국제·사회적 문제를 거침없이 다루며 한일 양국을 가로지르는 '정치연극'의 가능성을 보여주었다. 히라타 오리자는 한국에 가장 잘 알려진 연극인으로 제국주의 문제에서부터 현대 구어연극(소위 '조용한 연극'), 그리고 로봇연극에 이르기까지 다양한 연극을 선보이며 존재감을 과시하고 있다.


## 2. 전통의 현대적 수용, 그 성공적 모델 : 스즈키 타다시의 한국 공연

　한국 연극과 꾸준히 교류하며 지속적으로 영향을 끼친 1세대 일본 연극인을 꼽으라면 단연 스즈키 타다시가 될 것이다. 앞서 언급했듯이 스즈키 타다시가 한국을 처음 방문한 것은 1986년 9월이다. 86 아시안게임 문화 축전의 일환으로 〈트로이의 여인들〉(9.6~7)을 문예회관 대극장에서 공연했다. 에우리피데스 원작의 그리스

---

4　『문예연감』, 1999, 1038쪽.

비극을 2차 대전 이후의 일본 상황으로 바꾸어 보여줌으로써 큰 반향을 불러일으켰다.

이후에도 1994년과 2003년 베세토연극제에서 각각 〈리어 왕〉(토월극장, 1994.11. 17~20)과 〈시라노 드 벨주락〉(의정부예술의전당 대극장, 2003.10.18) 등을 선보였으며, 2008년에는 한일 공동 제작 프로젝트로 〈엘렉트라〉를 공연했다. 소개된 작품이 많은 편은 아니지만 '스즈키 메소드'라는 특유의 연출 기법과 문화상호주의적 연극에 대한 관심과 더불어 매 공연마다 커다란 화제를 불러 모았다. 이미 세계적으로도 널리 알려져 있던 연출가였던 탓에 그의 내한은 자연스럽게 관심의 대상이 되었다.

그런데 그의 유명세와는 별개로 스즈키 타다시가 일본의 언더그라운드 연극, 즉 '앙그라' 연극을 대표하는 연출가 중 한 명이었다는 사실은 많이 알려져 있지 않다. 1960년대 초반에 일본의 좌익연극을 주도하던 와세다자유무대의 대표로 선출되면서 베쓰야쿠 미노루의 〈빈방 있음(貸間あり)〉과 〈검은 점 소시지(ホクロソーセージ)〉, 그리고 〈코끼리〉 등의 문제작들을 올렸으며, 1968년부터는 본격적으로 일본의 전통극인 가부키(歌舞伎)를 콜라주한 드라마를 공연하기 시작했다. 그의 대표작 가운데 하나인 〈극적인 것을 둘러싸고 I(劇的なるものをめぐってI)〉(1969.3 발표)은 일본의 대표적 희극 작가 이자와 타다스(井沢匡)의 신교겡 〈빗자루(ははき)〉와 오자키 고요(尾崎紅葉)의 〈곤지키야사(金色夜叉)〉, 그리고 로스탕의 〈시라노 드 벨주락〉과 가부키의 대표 레퍼토리인 〈가나데혼 추신구라(仮名手本忠臣蔵)〉 등의 명작을 병렬적으로 콜라주한 작품이다. 뿐만 아니라 서구적 관점에서 보자면 절대 허용될 수 없는 구부정하고 웅크린 자세를 통해 역으로 일본인의 신체와 감수성을 드러내고자 했다. 전통 예능인 노(能)나 가부키에서 차용한 움직임을 응용한 것이다. 이 작품을 통해 스즈키 타다시는 시라이시 가요코라는 걸출한 배우를 배출하게 된다. 이처럼 그는 1970년대를 관통하며 전통 예능과 서양 고전을 아우르는 연극적 실험을 이어

가며 자신만의 메소드, 소위 스즈키 메소드를 만들어나간다.

주목해야 할 것은 당시 일본의 언더그라운드 연극, 즉 소극장 연극을 주도했던 연극인들은 전통에 대한 관심을 통해 기성 연극에 저항하고자 했다는 점이다. 스타니슬랍스키나 서구의 심리적 사실주의 연극에 경도되어 있던 당시 신극은 전통 예능을 낡은 것으로 치부하며 배척해왔다. 이에 반해, 1960년대 중반에 등장한 실험적 연극인들은 전통에 대한 관심을 환기하면서 기성의 주류 연극에 도전장을 던진 것이다. 스즈키 타다시의 전통에 대한 관심과 현대적 수용도 이런 맥락에서 나왔다고 볼 수 있다.

우리나라에 처음 소개된 〈트로이의 여인들〉은 당시 스즈키 타다시가 이끌던 스코트 극단의 간판 배우 시라이시 가요코가 출연하면서 더욱 화제를 모았다. 전쟁으로 폐허가 된 공동묘지를 배경으로 하여 보따리를 든 남루한 차림의 여인을 주인공으로 등장시켰다. 한 언론에서는 당시의 분위기를 다음과 같이 소개하고 있다.

> 74년 초연 이래 계속 여주인공을 맡고 있는 시라이시 가요코 씨의 열연도 정평이 나 있다. 이 작품은 84년 LA올림픽 예술제에서 격찬을 받았고, 유럽, 아메리카 일대를 2백 회 이상 순회 공연한 스코트극단의 대표작. 일본이 아닌 아시아지역에서는 이번이 첫 공연이다. …(중략)… "인간의 불행을 끄집어내어 보여줌으로써 인간이 더 이상 불행해져서는 안 된다는 것을 강조하고 싶다"는 것이 자신의 궁극적인 주제라고 말하는 그는, 아버지가 분라쿠 악사로 어려서부터 일본전통예술의 분위기 속에서 자라 이를 바탕으로 독특한 연극세계를 구축해놓았다.[5]

한국 공연에 앞서 〈트로이의 여인들〉은 이미 유럽과 미국 등지에서 200여 회 순

---

**5** 『경향신문』, 1986.9.6.

회 공연을 마쳤으며, LA올림픽 예술제 공연에서도 큰 반향을 불러일으켰다. 그것이 계기가 되어 86 아시안게임 문화 축전에 초대를 받은 것이 아닌가 유추해볼 수 있다. 연출가인 스즈키 타다시는 이 작품에 대해 "전쟁으로 인한 여인의 비극과 전쟁에 대한 종교의 무력함을 표현한 작품"인 동시에 "연기를 위한 기초문법이라고 할 수 있는 스즈키훈련법을 어떻게 쓰는가를 보여준 본보기 작품"이기도 하다고 자평한다. 전통의 현대적 수용에 대한 관심이 높았던 당시 한국 연극계에 〈트로이의 여인들〉은 적지 않은 충격과 자극을 주었을 것으로 생각된다. 공연에 대해 연극평론가 한상철은 "일본의 전통과 그리스의 전통이 상호 어떻게 충돌하고 어떤 방식으로 새로운 작품으로 탄생하는가를 보여준 귀중한 기회가 되었다"[6]고 평가한다.

1994년 7월, 한중일 세 명의 연출가(김의경, 스즈키 타다시, 쉬샤오종)가 베세토연극제를 결성하면서 그해 11월 서울에서 제1회 베세토연극제를 개최하기로 결의한다. 스즈키 타다시는 〈트로이의 여인들〉과 마찬가지로 셰익스피어의 〈리어 왕〉을 번안하여 '스즈키 스타일'의 공연을 선보인다. 모든 배역을 남자들이 맡음으로써 주목을 끌기도 했는데, 여기에 대해 스즈키는 "셰익스피어 시대에도 남성 배우들이 여장으로 출연"했으며, "아버지와 자식 간의 세대 갈등 표현을 위해서는 여장남자 배우가 훨씬 효과적"[7]이라고 말한다. 세대 갈등을 키워드로 풀어낸 이 공연에 대해 "셰익스피어라는 서양 연극의 고전에 '가족 문제'라는 보편적 주제를 실어 독창적인 셰익스피어를 다시 만들어낸 스즈키의 각색·연출 과정은 서세동점이 완결된 세기에 일본이 되풀이해온 외래문화의 일본화, 그 연극적 성공사례"[8]라고 평가하는

---

6 한상철, 「1980년에서 1990년대까지의 한국연극사」, 『공연과 리뷰』, 현대미학사, 2013년 겨울.

7 『경향신문』, 1994.11.17.

8 『한겨레신문』, 1994.11.20.

견해도 있다. 한편 세계는 하나의 병원이며 리어는 환자라고 해석한 이 공연에 대해 "처음부터 끝까지 고도의 긴장과 압축을 이루고 있었으며, 일본인에 의하지 않고는 절대로 이루어질 수 없는 현대극"[9]이라는 평가도 있다. 그리고 일본 고전주의 양식미를 계승한 이 작품에 대해 형식이 내용을 압도하였고, 하나의 리듬과 톤으로 일관되어 있어 단조로움을 면키 어려웠다는 지적도 있다.

〈리어 왕〉은 2013년 서울국제공연예술제에서 한일 합작 공연으로 다시 한국 무대에 오른다. 한국 초연 후 20년 만의 일이다. 이전에 스즈키 타다시와 공연한 경험이 있는 한국 배우들이 함께 무대에 올랐으며, 남자 배우들만 출연했던 초연과 달리 리어의 세 딸을 모두 한국의 여자 배우들로 캐스팅했다. 거너릴 역에 변유정, 리건 역에 박선희, 코딜리아 역에 이은영, 글로스터 역에 이성원 등이 출연했다. 본격적으로 '스즈키 메소드'를 체득한 한국 배우들이 생겨났다는 점이 과거 공연과의 커다란 차이점이기도 하다. 그가 한국 공연을 계획한 것도 당시가 한국에서 자신의 연극 방법론을 구현하는 최적의 시기라고 판단했기 때문이다.[10] 또한 무대를 병원으로 설정한 이유에 대해 연출 노트에서 "세계 혹은 이 세상은 병원이고, 사람이 그 안에 살고 있는 게 아닌가, 나는 이런 시점에서 여러 무대를 연출해왔다. … (중략)… 그래서 최근 몇 년간 내가 연출한 무대는 병원을 배경으로 삼고 있다. 그것도 그냥 병원이 아니라 정신병원이다. 셰익스피어의 〈리어 왕〉을 소재로 연출한 이 무대도 예외는 아니다. 주인공은 가족의 연이 붕괴해 병원 안에서 고독하게 죽음

9   한상철, 「한 지붕 세 가족의 현대극 맞대결」, 『BeSeTo演劇祭10年史』, 연극과인간, 2004, 181쪽.
10  "독일, 미국, 일본, 한국 배우가 모여 4개 국어로 〈리어 왕〉을 공연한 적이 있습니다. 그땐 한국 출신 배우가 2명뿐이었죠. 하지만 그동안 많은 배우가 저의 방법론을 연구하고 배웠습니다. 그 결과 이제 한국에도 제 연기론을 이해한 배우가 충분하다고 판단했습니다. 그렇다면 이제 한 번 공연을 해보자고 생각한 거죠." 『연합뉴스』, 2013.6.3.

을 기다려야 하는 처지의 노인이다"라고 말한다. 그러나 일각에서는 상체를 거의 고정한 채 하체의 움직임만으로 연기하는 스즈키 메소드에 대해 '배우를 살아 있는 캐릭터로 무대 위에 형상화하기보다는 기계적이고 정형적인 움직임을 통해 누군가에게 조종당하는 인형처럼' 보이게 함으로써 "2013년의 〈리어 왕〉은 한국 관객에게 부분부분 한국어가 들렸을지라도 이질적이고 무거운 작품으로 다가왔다"[11]고 지적하기도 한다.

2003년 베세토연극제에서 소개된 〈시라노 드 벨주락〉[12](명동예술극장·남산예술센터·대학로예술극장·세종문화회관, 10.16~21)도 2009년 베세토연극제 개막작으로도 재공연된다. '일본식 정원의 느낌을 주는 무대 뒤편에는 흰 국화꽃이 깨끗하게 가지를 친 나무 담장의 형상을 한 채 촘촘하고 정연하게 무리지어 피어 있으며, 무대 오른쪽 뒤로는 벚꽃나무가 앙상하게 가지만 드러낸 채 서 있다. 남자가 죽을 때 벚꽃은 진다.'[13] 과거 작품들과 마찬가지로 가부키를 연상시키는 무대미술과 기모노와 양산, 다다미 등이 무대 위에 등장한다. 2003년 공연에서는 모든 배역을 한국 배우들이 맡았으나, 2009년 공연에서는 한 명을 제외하고 모두 일본 배우들이 역할을 맡았다. "에드몽 로스탕이 쓴 상상의 세계 중에서 꽃핀 인간에 대한 감수성에 대해 왜 일본인이 지속적인 사랑을 보여주었을까? 하는 점을 〈시라노 드 벨주락〉의 이야기를 대하면서 떠오르는 생각이 있을 때마다 원작에 조금씩 첨가해왔고, 그 결과 이야기는 프랑스적으로, 음악은 이탈리아적으로, 배경과 연기는 일본적으로 조합

---

11  배선애, 「지극히 일본적인 스즈키 메소드의 흥미로움」, 『공연과이론』 52호, 2013, 247쪽.

12  2003년 베세토연극제 공연은 10월 18일 의정부예술의전당 대극장에서 공연되었으며, 2009년에는 10월 16일부터 21일까지 명동예술극장·남산예술센터·대학로예술극장·세종문화회관에서 공연되었다.

13  『연합뉴스』, 2009.10.16.

해 무대화했다"[14]는 스즈키 타다시의 말처럼, 이 작품은 배우들의 구성뿐만 아니라 미학적으로도 다국적 무대를 창조했다.

2008년 서울국제공연예술제에서 한일 공동 제작 프로젝트로 무대에 오른 〈엘렉트라〉(안산문화예술의전당, 2008.10.2~3/아르코예술극장 대극장, 10.10~11)는 문화상호주의적 맥락이 더욱 강조된 공연이었다. 호프만슈탈(오스트리아)의 텍스트와 다카다 미도리의 음악, 한국(변유정)과 러시아(나나 타치시빌리) 배우의 엘렉트라 연기 등. 전작 〈리어 왕〉에서처럼 이 공연의 무대 또한 정신병원이다. '세상이 곧 병원'이라는 이전의 문제의식이 그대로 반영된 무대라고 할 수 있다. 공연은 휠체어를 탄 다섯 명의 남자 코러스로 시작한다. "독특한 발굴림과 일사불란한 동작으로 무대를 누비는 이들은 트로이를 정복한 아가멤논 등 그리스 병사들이며 군중, 또 주인공 엘렉트라의 분신들이고 죄의 심판자 또는 신이기도 하다."[15] 뿐만 아니라 작품의 클라이맥스로 여겨지는 클리템네스트라의 살해 장면이 무대 뒤에서 언어로 처리됨으로써 살인의 극적인 순간을 배제하며 완벽한 절제미를 보여주었다는 점이 높이 평가되었다.

## 3. 제3세대 소극장 운동의 대표주자, 노다 히데키의 한국 공연

일본 연극계는 메이지 이후의 세계가 그러했던 것처럼 급속한 근대화와 서구화의 흐름을 타고, 가부키에 반발하며 신파가 태어났으며, 가부키와 신파에 반발하여 신극이 태어났다. 그리고 신극에 반발하여 소극장 운동이 발생했던 것처럼 당시에

---

14 2003년 공연 팸플릿.

15 김승현, 「동양적 압축 서사미의 명편」, 『예술의전당』, 2008.11.
　〈http://www.sac.or.kr/magazine/s_m_view_a.jsp?mag_id=3237, 2016년 9월 25일 검색〉

존재했던 연극에 반발을 반복하면서 다른 집단·표현을 만드는 방식으로 움직여왔다. 이러한 역사적 경위 때문에 일본에서는 한마디로 연극이라고 해도 고전에서 상업연극, 신극, 소극장, 무용, 교육 활동으로 행해지고 있는 고등학교 연극 등 다양한 장르가 공존하고 있으며, 이러한 영역 사이의 관계가 희박하여 대부분 상호 교류가 없는 상태가 계속되어왔다. 그중 현대 연극을 견인하고 있는 것이 1960년대에 시작하여 지금도 새로운 인재를 계속해서 배출하고 있는 '소극장 연극'이다.

1960년대 현대 연극을 지향했던 연극인들은 대형 극단에서 리얼리즘 연극을 할 수밖에 없었던 시대에 기존의 신극에 만족하지 못하고 뛰쳐나온 젊은 연극인들, 그리고 당시 다양한 재능을 가지고 있던 학생 극단의 리더들이었다. 그들은 자신들의 사상을 표현하고 새로운 표현을 추구하는 장으로 차례로 작은 극단을 창단했다. 이것이 지금까지 이어지고 있는 소극장 연극의 시작이다.

소극장 연극은 일부 예외를 제외하고 기본적으로 아마추어 활동이며, 대개의 경우, 강렬한 개성과 재능을 가진 리더가 극작가, 연출가, 배우를 겸하고 있다. 이러한 소극장 연극의 첫 번째 세대는 데라야마 슈지, 스즈키 타다시, 니나가와 유키오, 가라 주로, 사토 마코토, 오타 쇼고, 구시다 카즈미 등이 있다. 이 시기를 대표하는 극작가로는 초기 스즈키 타다시와 함께 활동하기도 했던 부조리극의 베쓰야쿠 미노루, 니나가와 유키오와 많은 작업을 했던 시미즈 구니오가 있다. 제1세대의 소극장 연극은 반체제 운동, 반신극 운동, 전위 운동 등 사상성·실천성이 강했으며, 관객들도 이런 생각에 동조했다. 그러나 1970년대에 등장한 쓰카 코헤이(본명 김봉웅, 소극장 연극 제2세대)가 자학적인 코미디로 센세이션을 불러일으키며 소극장 연극을 취미로 즐기는 젊은 관객층을 개척함과 동시에 차세대 극작가들에게 큰 영향을 끼친다. 이를 전환점으로 하여 소극장 연극은 그 시대의 젊은이들의 감성에 호소하는 엔터테인먼트로 크게 방향을 바꾸게 된다.

1980년대에는 학생 극단을 모체로 요설과 말장난과 시간과 공간을 비약하는 극작술로 시대의 총아가 된 노다 히데키와 고가미 쇼지 등 제3세대 소극장 연극인들이 속속 등장, 전대미문의 이야기와 개성 넘치는 연기 스타일로 젊은 관객들의 지지를 받으며 '소극장 붐'을 일으키며 언론의 주목을 받는다. 제3세대 소극장 연극인들 가운데 한국에 가장 많이 소개된 연극인은 단연 노다 히데키다. 그는 '팝아트와 유희적인 자신만의 독특한 연극관으로 사회성과 실험성, 대중성으로 무장한 일본 현대 연극의 흐름을 바꾼 연출가'[16]로 평가받고 있다.

노다 히데키와 한국의 첫 만남은 2005년 4월이다. 그때까지만 하더라도 노다 히데키라는 이름이 한국에서는 생소했던 데다가, 공연에 대한 반응도 썩 만족스럽지 못했다. 게릴라극장에서 우리극연구소 '21세기 동시대 연극 시리즈'의 첫 공연으로 〈농업소녀〉(이병훈 연출, 4.1~29)라는 공연을 한 달간 무대에 올렸으나 한국 관객들의 반응이 그리 우호적이지 않았던 것이다. 한 공간 안에 너무 많은 이야기를 담으려 해서 그런지 그다지 잘 만든 공연은 아니라는 지적과 일본의 파시즘에 대해 다루면서 그것을 한국에 적용한 데서 문제가 생겼다[17]는 평가가 대표적이다. 총 26개의 장면으로 구성된 이 작품은 "변화무쌍한 인물과 장소, 해설체의 독백과 대사의 혼용, 나아가 원조교제, 삼각관계, 도시와 농촌의 갈등 등 메타포와 상징이 가득 담긴 에피소드들이 숨 돌릴 틈 없이 빠른 템포로 지나가기 때문"[18]에 조금이라도 집중력을 잃는다면 줄거리 자체를 따라가기도 어려운 작품이었다는 지적이다. 하지만 '자본주의 사회가 인간을 소비를 위한 욕망을 생산해내는 기계로 전락시켰으며, 그

---

16  기무라 노리코, 「대중성과 예술성의 조화로운 짝짓기―일본 현대 연극」, 『공연과이론』, 2004. 가을, 15쪽.

17  「2005 공연예술계를 진단한다/대담―한상철&김명화」, 『한국연극』, 2005.12, 38쪽.

18  이선형, 「'농업소녀', 귀가 먹다」, 『연극평론』 37호, 2005, 130쪽.

러한 욕망의 에반겔리즘과 대중적 무의식이 도시인인 우리로 하여금 작은 히틀러들을 만들어낼 수 있는 것'[19]이라는 적극적 평가도 존재한다.

한국 연극계가 노다 히데키에 주목하기 시작한 것은 같은 해 10월 서울국제공연예술제에서 공연된 〈빨간도깨비〉(노다 히데키 작·연출, 문예회관 소극장, 2005.10. 13~16)를 통해서였다. 그 자신이 '빨간도깨비' 역으로 출연했으며, 한국 배우 및 스태프들과 함께 작업했다. 같은 방식으로 영국에서도 이미 공연을 올린 뒤였다. 어느 섬 마을에 빨간도깨비라는 '이방인'이 떠밀려오고, 마을 사람들이 그를 배척하고 결국엔 버린다는 이야기다. 마치 마당극 무대처럼 빈 원형의 무대 위에서 배우들은 간단한 소품이나 소도구들로 공간을 분할하고 창조해가면서 순발력 있고 빠르게 무대를 이끌어갔다. "어느 결에 연극성을 잃어가는, 혹은 의도적으로 그것을 '변질시키는' 현실을 목격해야만 하는 비애감이 크게 위무"[20]받은 데서 이 공연의 가치를 발견하기도 한다. 그러나 무엇보다도 '어느 곳에나 편재하는 타자로서의 빨간도깨비'를 통해 만남과 연극의 진정한 교류와 인간들 간의 진정한 소통을 실천했다[21]는 점에서 의의를 찾기도 한다. 이 공연은 노다 히데키라는 이름을 한국 관객들에게 분명하게 각인시키는 계기가 되었다.

그가 〈THE BEE〉(명동예술극장, 2013.6.7~8)라는 작품으로 다시 한국을 찾은 것은 2013년 6월이다. 무려 8년 만의 내한 공연이다. 그사이 노다 히데키는 유럽을 중심으로 세계 각지를 돌며 여러 나라의 배우들과 함께 경험을 쌓아가고 있었다. 〈THE BEE〉에서는 세 명의 영국 배우와 노다 히데키가 오고로라는 인질범의 아내 역할

---

**19** 엄현희, 「모두가 욕망하는 기계들?」, 『연극평론』 37호 2005, 189쪽.

**20** 권경희, 「희유 속 만가―〈빨간도깨비〉의 자유의 종소리」, 『연극평론』 39호, 2006, 131쪽.

**21** 김숙현, 「2005 서울국제공연예술제 연극공연 총평―연극적 시각의 같음과 차이, 그리고 변주」, 『공연과리뷰』, 현대미학사, 2005.12, 160쪽.

을 맡았다. 오고로라는 탈옥범이 이도라는 인물의 아내와 아이를 인질로 협박을 하자, 이도 또한 똑같은 방식으로 오고로의 아내와 아이를 인질 삼아 협상을 하지만 뜻대로 되지 않고 돌이킬 수 없는 폭력적 상황으로 빠져버린다는 내용이다. 그는 이라크 전쟁과 9·11테러를 목격하면서 이 작품을 만들었다고 한다. 연극평론가 허순자는 이 작품을 공동 제작한 도쿄메트로폴리탄시어터(東京藝術劇場)와 명동예술극장의 공통점에 주목하며 특별한 의미를 부여한다. 동시대 한국 연극의 새로운 모델 혹은 대안을 제시하며, 2000년대 후반 집중적으로 출범한 도심 제작 극장들의 출현이 과거 극단 중심의 공연 생태계를 바꾸는 계기가 될 수 있을 것이라 진단하며, 〈THE BEE〉의 자극으로 우리 공공극장들이 직면한 레퍼토리의 취약점을 어떻게 극복할 것인가를 고민해야 한다[22]고 제언한다. 그리고 1년 뒤, 같은 극장에서 〈반신〉(2014.9.12~10.5)이 공연된다. 1986년에 초연된 이 작품은 제3세대 소극장 운동의 대표주자로서의 노다 히데키의 면모를 잘 보여주는 공연이다. 일본에서 가장 최근에 재공연된 것이 1999년 NODA·MAP 제6회 정기 공연이다. 그러니까 〈반신〉의 한국 공연은 노다 히데키로서도 15년 만의 재공연이 되는 셈이다. '수라와 마리아라는 인물의 이야기에 불쑥불쑥 요괴들이 개입하고 늙은 수학자의 수수께끼 같은 질문이 겹쳐지며, 여러 겹의 시간과 공간이 존재하는, 이러한 충돌, 혼란, 모호함은 이 연극의 함정이자 매력'[23]이라는 평가가 있다. 그리고 '즐거운 언어유희와 배우들의 동적이며 빠른 신체 움직임과 함께 현실과 판타지를 교차시키면서 관객에게 객관적 거리를 제시하며, 관객 스스로 생각하게 하는 시간을 제공한다는 점'[24]에

---

22  허순자, 「우리 안에 내재한 폭력을 경고하다」, 『연극평론』 70호, 2013, 36쪽.

23  김소연, 「〈반신〉 수라, 주인영」, 『연극평론』 75호, 2014, 102쪽.

24  하형주, 「"뭔데"와 "먼 데"의 반쪽 논리」, 『연극평론』 75호, 2014, 78쪽.

서는 미덕을 갖지만, 제3세대 소극장 연극의 경향을 반영하듯 특유의 난해함과 유희성으로 인해 관객들의 공감을 쉽게 끌어내기는 힘들었던 공연이다.

〈농업소녀〉를 제외하고 한국 무대에서 노다 히데키가 직접 연출한 작품은 세 편이다. 그 가운데 두 편은 한국 배우들과, 나머지 한 편은 영국의 배우들과 함께 만들었다. 〈빨간도깨비〉의 전언처럼, 최근 그가 보여주고 있는 활동들은 교류와 소통에 큰 의미를 두고 있는 듯하다. 세계를 돌아다니며 그 나라의 배우들과 그 나라의 문제의식을 공유해나가는 과정이 바로 글로컬리즘의 실천이 아닐까.

## 4. 정치에 대한 관심과 환기, 사카테 요지

2009년 여름에는 아르코예술극장 소극장에서 작지만 의미 있는 페스티벌이 열렸다. '사카테 요지 페스티벌'이라는 타이틀로 사카테 요지의 두 편의 작품이 연속으로 공연되었다. 〈다락방〉(사카테 요지 작·연출, 아르코예술극장 소극장, 2009.6.8~28)과 〈무궁화꽃이 피었습니다〉(김광보 연출, 아르코 소극장, 2009. 7.2~12)가 그것이다.

사실 그의 작품이 한국에 처음 소개된 것은 2003년 한일연극교류협의회에서 번역 출판한 『현대일본희곡집1』에 〈천황과 입맞춤〉이라는 작품이 번역되면서부터다. 낭독 공연으로 이어지지는 않았지만, 일본이라는 국가와 천황을 테마로 하여 비판적으로 그려냈다는 점만으로도 주목을 받기에 충분했다. '천황과 입맞춤'은 원래 뉴욕에 거주하는 영화연구가 히라노 교코의 학술서 제목인데, 패전 후 GHQ하에서의 검열의 최대 관심사가 바로 천황과 성에 관한 표현이었다는 사실에 주목하여 이러한 제목을 붙였다고 한다. 현대의 고등학생들이 문화제에 상영할 목적으로 제작한 영화가 학교 측으로부터 상영 금지를 당하는 과정과 전후 점령군이 일본 영화에 대해 행한 검열의 실태를 그린 극중극이 겹쳐서 진행되는 구조다. 이 작품으로 그는 1999년 제7회 요미우리연극대상 우수작품상을 수상하기도 한다. 연극 바깥에서 과거사 문제로 늘 일본과 갈등을 겪어왔던 우리에게 사카테 요지의 존재는 매우 특별하게 다가왔다. "이제 일본이라는 나라에 대한 '신화'는 사라져버린 것이다. 일본은 더욱 빈털터리가 되어야 된다. 빈털터리가 되고, 정말 알몸이 되고, 사심을 버리고, 그렇게 되더라도 살아갈 각오가 있는 사람들을 발굴하고, 또는 이제까지 세상 흐름에 편승하지 않고 살아온 사람들이 있다는 걸 인정하고, 그들을 본받아서 근본적으로 변혁해야 한다." 공연 팸플릿에 실린 작가의 말이다. 여기에 '일본' 대신 '한국'을 대입해도 어색하지 않을 만큼 사카테 요지를 통해 동시대 한국 사회를 보고자 하는 욕망도 작동했을 것이다.

사카테 요지는 야마자키 데쓰가 대표로 있는 극단 덴이(轉位)에서 활동하다, 1983년 극단 린코군을 결성하며 독립한다. 실제로 일어난 사건이나 범죄 등을 토대로 작품을 만들어온 야마자키 데쓰의 영향도 컸을 것으로 보인다. 어쨌든 사카테 요지하면 강렬한 사회극이 먼저 연상이 되고, 실제로 일본을 대표하는 사회파 작가로서 탄탄히 자리매김하고 있다. "바로, 지금, 여기' 서밖에 할 수 없는 '현재형'을 생각하는 것만으로 나는 가슴이 뛴다"고 말하는 그는, "'서구 근대극'과 제아미가 교착하는 틈새로부터 '현재'의 그 다음을, 과거를 퇴적시키는 시스템 그 자체를 보고 싶다는 욕망의 산물"[25]로서 자신의 작업을 정의내리고 있다.

'사카테 요지 페스티벌'에 앞서 2008년에 김광보 연출로 〈블라인드 터치〉라는 작품이 공연된다. 그리고 그에 앞서 2006년 11월에는 한일연극워크숍에서 김광보 연출로 〈다락방〉이 낭독 공연으로 소개되었다. 하지만, 본격적 의미의 공연은 〈블라인드 터치〉가 처음이다. 오키나와 반환 협정 반대 시위 주동자로 몰려 28년을 감옥

---

**25** 坂手洋二, 「「現代能楽集」と私」, 『SPT』 2010.11, 77~78頁.

에서 지내다 가석방된 남자와 16년간 말없이 옥바라지를 하며 그를 기다려온 여자의 이야기다. 이들은 정치적인 이유로 옥중 결혼을 한 부부 사이지만 16년 동안 얼굴 한번 제대로 만져본 적 없는 두 사람은 남자의 석방과 함께 한 집에서 부부로서의 생활을 시작한다. 그리고 그사이 변해버린 세상과 자신의 모습에 괴로워하지만 서로에게 마음을 열며 극복해나간다는 내용이다. 일본의 정치적 상황을 배경으로 하고 있어 공감대 형성이 어려웠다[26]는 지적도 있으나, "두 사람이 되는대로 피아노를 두드리는 '블라인드 터치'의 불협화음이 차츰 조화를 찾고 서로의 소음에 화답해가는 결말처럼 사랑과 혁명, 일상과 이념, 말랑한 것과 강고한 것의 공존이 우리 삶의 전체성이라는 것을 나지막이 말해주는 연극"[27]으로 이해되었다.

2002년 한일 월드컵 공동 개최와 때마침 발족한 한일연극교류협의회의 활동 등으로 일본 문화 개방에 대한 저항감이 누그러진 탓인지 한국 무대에서 일본 연극을 보는 일이 예전보다 잦아졌다. 그렇게 조금씩 증가하기 시작하던 일본 연극 공연은 2005년을 기점으로 급격히 증가하는 추세를 보인다. 2003~2004년 10편 내외에 불과하던 것이 2005년이 되면 『문예연감』을 통해 확인할 수 있는 작품만 30편에 이른다. 2009년만 하더라도 대표적인 공연을 꼽는다면 아쿠타가와 류노스케 원작의 〈나생문〉이 구태환 연출로 공연되었고, 쓰시다 히데오의 〈억울한 여자〉(박혜선 연출), 오쿠다 히데오의 〈닥터 이라부〉(김동현 연출), 히라타 오리자의 〈도쿄노트〉, 이노우에 히사시 원작의 〈철종 13년의 셰익스피어〉(원제 : 덴포 13년의 셰익스피어), 후쿠다 요시유키 원작의 〈벽 속의 요정〉(손진책 연출), 시미즈 구니오의 〈분장실〉(신용수 연출), 오타 쇼고의 〈물의 정거장〉과 〈바람의 정거장〉(김아라 연출) 등 일일이 열

---

**26** 『뉴스컬쳐』 http://newsculture.heraldcorp.com/sub_read.html?uid=6333&section=sc158

**27** 장성희, 「장성희의 막전막후」, 『한국일보』 2008.2.18.

거하기 버거울 만큼 많은 일본 현대 연극이 공연되었다. '사카테 요지 페스티벌'도 이런 분위기 속에서 차분히 치러진 듯하다. 사실 일본 극작가의 이름을 타이틀로 내세운 페스티벌이 한국 연극계에서 자연스럽게 받아들여졌다는 사실만으로도 시대의 변화를 느끼게 해준다.

'페스티벌'이라는 이름이 무색하게 이때 공연된 작품은 〈다락방〉과 〈무궁화꽃이 피었습니다〉(원제 : 오뚜기 아저씨 자빠졌네) 두 작품에 불과하다. 여기에 〈공연되지 않은 세 자매〉라는 작품을 엮어 사카테 요지 희곡집 『다락방』으로 출판하기도 했다. 사카테 요지 연출로 무대에 오른 〈다락방〉은 '세상에서 가장 작은 무대'로 화제를 모았다. "17명의 배우로 하여금 20여 개 장면 속 40여 개의 배역을 연기하게 하면서 이 좁은 공간을 경험하는 다양한 방식을, 다시 말해 히키코모리(은둔형 외톨이)라는 사회적 현상의 다양한 양태를 제시한다."[28] 실제로 무대는 가로 1.8미터, 깊이 0.95미터, 높이 1.2미터의 철제로 만든 다락방 구조물이 전부다. 어떤 장면에서는 이 좁은 다락방에 15명이 들어가는 장면도 있다. 마치 세상에 갇혀 있는 현대인의 모습을 극단적으로 표현한 것처럼 읽힌다. '비단 공간뿐 아니라 각 에피소드의 디테일에는 한국 관객이 알 도리 없는 일본의 사건이나 예술 작품에서 차용된 이야기가 많았다. 내러티브 방식이나 연기술에도 앙그라 연극식의 거칠음이 거리낌 없이 구사되어 생경한 느낌을 주어 관객에게 그다지 친절한 작품이 되지 못했다"[29]는 비판도 있지만, '축소 지향의 일본식 공간미학과 자기 희화화마저 불사하는 일본 특유의 반성 문화가 결부된 이 작품의 많은 내용은 현대 한국 사회의 모습[30]을 떠올

---

**28** 조만수, 「다락방 안에서 본 자화상」, 『한국연극』, 2009.7, 66쪽.

**29** 성기웅, 「일본의 현대 희곡, 그 수용의 내력」, 『연극평론』 55호, 2009, 132쪽.

**30** 『동아일보』, 2009.6.25.

리게 했다는 평이 많았다. 그런 의미에서 연극평론가 조만수가 2009년 『한국연극』에 기고한 위의 글에서 "사카테 요지는 우리에게 불구의 일본의 모습을 보여주었다. 그리고 관객은 그 곁에 또 하나의 '불구'의 우리의 모습을 그려본다"고 지적한 것은 매우 설득력이 있다.

이어서 공연된 〈무궁화꽃이 피었습니다〉는 김광보가 연출을 맡으면서 한국적 상황으로 각색을 했다. 원제는 '오뚜기 아저씨 자빠졌네'인데, 오뚜기를 지뢰를 밟아 팔다리가 잘려나간 사람의 상징으로 사용해 전쟁이 인간을 얼마나 비인간적이고 참혹하게 몰아가는지를 희극적으로 풀어낸 블랙 코미디다. 2004년 자위대의 이라크 파병을 배경으로 한 원작은 한국의 자이툰 부대 파병과 DMZ로 옮겨졌다. 세계 어디에나 있는 아이들의 놀이 '무궁화꽃이 피었습니다'를 중심으로 여러 에피소드를 옴니버스 형식으로 담았다. 중동전쟁, 대학 지뢰 연구 동아리, 지뢰를 찾아나서는 야쿠자, 지뢰 제조회사에 근무하는 아버지와 그 가족 등을 그리는 가운데 전쟁의 비참함과 그 배경에 있는 정치적 음모를 폭로한다. 이 작품에서 사카테 요지는 국지적으로 인식되어온 지뢰가 사실은 범세계적인 문제임을 밝히는 동시에, 전수방위(전투력을 보유하되 타국을 침략하지 않는다는 일본 자위대의 원칙)를 내세우면서도 실질적으로는 전쟁 행위에 참여하고 있는 일본의 모순을 비판한다. 극작가이자 연출가인 성기웅은 "그의 이런 작품은 현실에 잠재되어 있는 모순에 대해 두 눈을 부릅떠야 할 극작가의 정치적 사명이 아직 남아 있음을 역설하는 듯했다"[31]는 말로 그가 한국 연극계에 던져준 문제의식에 공감을 표한다.

일본 연극계에서는 '제로세대'라는 말로 동시대 젊은 연극인들의 경향을 정의한다. '제로세대(ゼロ年代)'는 2000년부터 2010년까지 10년 동안의 일본 연극을 일컫

---

31  성기웅, 앞의 글.

는 개념어이자 신조어다. 1970년대에 태어나 1980년대 버블경제 시대에 유복한 유년기를 보내고 2000년대부터 주로 활발한 활동을 한 세대를 가리킨다. 그런데 한편에서는 이들의 탈역사적·탈정치적 태도를 우려하는 목소리도 강하게 존재한다. 그리고 제로세대에 못지않게 사카테 요지 같은 '기성세대들'의 정치성·사회성 짙은 작품들도 지속적으로 발표되고 있다. 여기서 우리의 모습을 고민하게 된다. 정치·사회적 문제의식을 가진 동시대 연극인들, 특히 젊은 연극인들이 많이 존재하는 만큼 그에 걸맞은 연극적 고민과 성과들이 나오고 있다. 같은 세대임에도 불구하고 일본의 제로세대와는 사뭇 다른 풍경이 펼쳐지고 있으며, 사카테 요지와 한국의 젊은 연극인들을 통해 한일 정치연극의 가능성을 점쳐볼 수 있다.

## 5. '조용한 연극' 붐을 일으킨 히라타 오리자

1990년대에 접어들면서 일본 연극계에서는 '조용한' 변화가 일어나기 시작한다. 소위 소극장 운동을 이끌었던 대부분의 극단들이 해산한다. 그리고 문화청 예술인 지원제도의 문호가 소극장 연극인들에게도 개방됨으로써 해외 유학을 경험한 소극장 연극인들이 대거 등장하여 새로운 출발을 도모하는 움직임들이 생겨나기 시작한다. 활동 공간 또한 상업 극장과 언론으로 옮겨간다. 그리고 당시까지의 소극장 연극의 특징이기도 했던 비일상적인 스타일에서 일상생활로 관심의 초점이 이동하게 된다. '조용한 연극'이라는 현대구어연극을 표방한 히라타 오리자의 등장이 이를 단적으로 증명해준다. 극단 세이넨단을 결성하여 현대구어연극을 실천하던 그는 연극 입문서도 다수 집필하는가 하면, 젊은 나이에 공립 극장의 예술감독이 되었으며, 대학에서 교편을 잡으며 신세대 연극인들의 오피니언 리더가 된다. 그 또한 문화청의 지원으로 1984년에 연세대 국제교육학부에서 1년간 유학을 하기도 했으며, 이를 계기로 〈서울시민〉이라는 작품을 구상하기에 이른다. 그리고 이 작품을 한국에서 공연한 것은 1993년이다.

1993년 5월 24일자 『경향신문』 기사를 보면 〈서울시민〉은 목화레퍼토리컴퍼니의 오태석의 초청으로 공연이 이루어졌으며, "히라타가 1년간 한국에 체류하며 겪은 체험담에서 나온 작품으로 제임스 조이스 원작 『더블린 시민』을 각색했다"고 소개되어 있다. 그때만 하더라도 히라타 오리자는 한국에서뿐만 아니라 일본에서조차 많이 알려지지 않은 신인이었다. 그러던 그가 다시 한국을 찾은 것은 1999년 〈도쿄노트〉(토월극장, 1999.10.22~24)를 통해서였다. 이 작품을 계기로 한국에서 주목을 받기 시작하다 2002년 한일 합작으로 김명화와 함께 〈강 건너 저편에〉(토월극장, 2002.6.28~29)를 올리면서 한국 연극계 내에서도 '확고한' 입지를 다지게 된다.

2002년 이후 히라타 오리자가 한국 무대에 선보인 작품을 크게 분류해보자면 '서울시민 시리즈'와 '도쿄노트 시리즈', 그리고 '과학하는 마음 시리즈'와 기타 작품들로 묶을 수 있다. 〈서울시민〉은 초연에서부터 2016년 10월 연희단거리패의 30스튜디오 개관 공연까지 포함하여 총 4회, 〈도쿄노트〉는 '서울노트'라는 제목으로 번안된 것을 포함하여 5회, '과학하는 마음 시리즈'도 5회 공연되었다. 이를 표로 정리하면 다음과 같다.

| 시리즈명 | 작품명 | 연출자 | 상연 장소 | 공연 기간 |
|---|---|---|---|---|
| 서울 시민 시리즈 | 〈서울시민〉 | 히라타 오리자 | 창무예술원포스트극장 부산새이극장 | 1993.5.28~6.1 1993.6.4~6 |
| | 〈서울시민1919〉 | 이윤택 히라타 오리자 이윤택 | 스타시티 아트홀 30스튜디오 30스튜디오 | 2003. 11.4~13 2016.10.28~31 2016.11.13~18 |

| 시리즈명 | 작품명 | 연출자 | 상연 장소 | 공연 기간 |
|---|---|---|---|---|
| 도쿄노트 | 〈도쿄노트〉 | 히라타 오리자 | 토월극장 | 1999. 10.22~24 |
| | 〈서울노트〉 | 박광정 | 정보소극장 | 2003.3.9~5.11 |
| | | 박광정 | 학전블루소극장 | 2004.10.19~23 |
| | | 박광정 | 정보소극장 | 2006.10.11~11.12 |
| | | 성기웅 | 정보소극장 | 2008.3.14~5.12 |
| 과학하는 마음 | 〈과학하는 마음―발칸동물원편〉 | 성기웅 | 혜화동일번지 | 2006.8.31~9.17 |
| | | | 아르코 소극장 | 2008.1.10~20 |
| | 〈과학하는 마음2―북방한계선의 원숭이〉 | 성기웅 | 선돌극장 | 2008.8.1~9.7 |
| | 〈과학하는 마음3―발칸동물원편〉 | 성기웅 | 두산아트센터 | 2009.3.24~4.12 |
| | 〈이번 생은 감당하기 힘들어〉 | 김한내 | 정보소극장 | 2010.9.23~10.10 |
| | 〈과학하는 마음―숲의 심연〉 | 성기웅 | 정보소극장 | 2011.9.30~10.16 |
| 기타 | 〈강 건너 저편에〉 | 이병훈 | 토월극장 | 2002.6.28~29 |
| | | 히라타 오리자 | 토월극장 | 2005. 7.1~3 |
| | 〈S고원으로부터〉 | 극단 청우, 신용한 | 정보소극장 | 2004.11.26~ 12.12 |
| | 〈잠 못 드는 밤은 없다〉 | 박근형 | 두산아트센터 | 2010.5.11~6.6 |
| | | 박근형 | 두산아트센터 | 2011.11.29~12.31 |
| | 〈혁명일기〉 | 히라타 오리자 | 두산아트센터 | 2012. 1.12~15 |
| | 〈사요나라〉 | 히라타 오리자 | 백성희장민호극장 | 2013.4.4~5 |
| | | | 대전가톨릭문화회관 | 2016.10.21~30 |
| | 〈모험왕〉 | 히라타 오리자 | 두산아트센터 | 2015 |

한국 현대 무대의 해외 연극 수용

| 시리즈명 | 작품명 | 연출자 | 상연 장소 | 공연 기간 |
|---|---|---|---|---|
| 기타 | 〈신모험왕〉 | 히라타 오리자, 성기웅 | 두산아트센터 | 2015 |
| | 〈곁에 있어도 혼자〉 | 이은영 | 혜화동일번지 | 2016.7.7~31 |
| | 〈일하는 나〉 | 히라타 오리자 | 대전가톨릭문화회관 | 2016.10.21~30 |

1993년부터 시작된 한국 연극과 히라타 오리자와의 인연은 크게 네 가지 특징으로 정리할 수 있을 것 같다. 첫째는 하이퍼리얼리티, 혹은 일상의 연극에 대한 논의를 촉발시켰다는 점이다. 연극평론가 노이정은 "최근 몇 년간 〈바다와 양산〉〈서울노트〉〈과학하는 마음〉 등 90년대 일본 연극계에서 새로운 경향으로 떠오른 '조용한 연극'이 한국에서 자주 공연되고 있다"고 짚는다. 그는 "'조용한 연극'으로 대표되는 일본 연극은 소소하고 잔잔한 일상의 문제들을 디테일하게 잡아내는 능력이 뛰어나다"며 "한국 연극에서 쉽게 찾아볼 수 없는 지적이고 서정적인 매력이 국내 연출가와 관객들의 관심을 끌고 있는 것으로 보인다"고 분석한다.[32] 반면, 연극평론가 이경미는 "외관과는 달리, 리얼리티 및 그에 대한 재현을 철저하게 거부하고 있다는 점에 주목해야 한다"면서 "리얼리티의 가면을 빌려 리얼리티에 대결하는 일종의 게임"이라고 보고 "리얼리티의 부재를 증언하는 하이퍼리얼리티의 연극성"[33]이 바로 핵심이라고 지적한다. 주로 '도쿄노트 시리즈'를 둘러싼 논의다.

두 번째는 '서울시민 시리즈'를 중심으로 전개된 '과거사 논의'다. 연극평론가 정봉석은 〈서울시민1919〉에 대한 비평문 「어느 일본인 탈제국주의자의 보고서」에서

---

32  노이정, 「'조용한 일본연극' 조용한 돌풍」, 『한겨레신문』, 2008.1.3.
33  이경미, 「일상 속에 부재하는 실재 : 본다는 것의 허구」, 『연극평론』 55호, 2009, 208쪽.

"히라타 오리자는 이처럼 과거나 현재의 일본인들에겐 아무런 의미나 관심사가 되지 않는 삼일절의 일상을 무대에 복원함으로써, 자기네 일본인들이 얼마나 지배자적 오만에 심취해 있으며 또한 자기중심적인 삶을 살고 있는지를 반성하고자 하는 것이다. 나는 이러한 탈제국주의적 역사 의식을 지켜보면서 참 많이 부끄러웠음을 고백하지 않을 수 없다"[34]며 참회에 가까운 고백을 한다. 하나의 공연을 두고 제국주의와 탈제국주의라는 극단적 해석이 가능하다는 것도 매우 흥미롭다. 그런데 그의 다른 작품들에는 일본의 부유층들이 새로운 땅을 찾아 호화여객선을 타고 남쪽으로 내려간다는 이야기를 다룬 〈남쪽으로〉, 말레이시아로 이민 간 일본인들의 이야기를 다룬 〈잠 못 드는 밤은 없다〉, 〈서울시민1919〉 등 '서울시민 시리즈'를 통해 과거 제국주의 시대 일본의 식민지를 무대로 한 작품들이 다수 존재하며, 〈모래와 병사〉처럼 중동에 파병된 군인이면서도 자국민의 보호를 위해 먼저 발포할 수 없는 자위대의 모순적 성격을 희화화한 작품도 있다. 그는 "그전에도 식민지 문제에 관한 연극은 많았지만 일본의 젊은이들이 자신의 일로 받아들일 수 있는 작품들은 아니었다. 나는 일본 젊은이들이 이 같은 과거를 현재로 수용하게 하고 싶었다"[35]고 설명한다. 그러나 그 의도와 무관하게 한국에서는 정반대로 해석될 여지가 다분하다는 점에서 앞으로도 논란이 예상되는 지점이다. 또한 히라타 오리자의 현대구어연극, 소위 '조용한 연극'이 일본의 우익 극작가로 분류되는 기시다 구니오와의 영향 관계를 빼놓고 생각할 수 없다는 점[36]도 이러한 추론을 뒷받침해준다고

---

34  정봉석, 「어느 일본인 탈제국주의자의 보고서」, 『연극평론』 30호, 2003, 190~191쪽.

35  『연합뉴스』, 2002.4.1

36  "90년대에 히라타 오리자가 나왔을 때, 저는 기시다 구니오가 만든 근대연극의 흐름, 즉 신극의 계보를 잇는 작가라는 인상을 받았어요. 그는 '근대연극을 완성하고 싶다'라는 발언도 했고, 어느 정도는 그게 그의 본심인 것 같거든요." 니시도 고진·사사키 아쓰시 대담, 「1990년대 이후의 일본연

볼 수 있다.

세 번째는 과학연극에 대한 환기다. 과학연극은 2009년 두산아트센터가 '과학연극 시리즈'를 기획하면서 '대중화'된 것처럼 보이지만, 실은 2003년 〈산소〉 공연을 계기로 과학연극에 대한 논의가 시작되었다. 연

〈과학하는마음3– 발칸동물원 편〉(성기웅 번역 · 연출, 아르코예술극장 소극장, 2008.1.10~20)

극평론가 김윤철은 「과학연극의 시대가 오고 있다」라는 글에서 '오늘날 과학적 인간을 그리기 위해서 과학을 차용하는 연극은 바로 우리의 시대와 인간과 사회를 비춤으로써 연극의 고유한 기능을 섬겨주며, 그런 의미에서 과학은 이 시대 연극의 합법적이고도 당연한 소재가 된다'[37]고 주장했다. 김미도는 두산 과학연극 시리즈로 공연된 〈과학하는 마음3–발칸동물원편〉에 대해 다음과 같이 말한다.

> 결국 이 작품에서 보여주는 중요한 논제들의 공통분모는 '인간이란 무엇인가'로 모아진다. 인간은 어디로부터 왔으며 또 어디까지가 인간인가? 뇌까지 이식한 인간의 정체성을 어떻게 규정할 수 있는가? 작가의 질문은 여기서 끝나지 않고 '인간다움'에 대한 고민으로 이어진다.[38]

극」, 『연극평론』 66, 2012, 170쪽.

37  김윤철, 「과학연극의 시대가 오고 있다」, 『문화예술』 2003.5, 55쪽.

38  김미도, 「과학과 연극의 만남, 그 의미와 성과」, 『공연과 리뷰』 67호, 2009.12, 40쪽.

과학이 결국 인간학이며, 과학연극이 곧 인간의 존재론적 질문과 직결된다는 점에서 김윤철의 주장과 맥을 같이한다. 히라타 오리자의 '과학하는 마음 시리즈'는 성기웅에 의해 희곡이 번역 출판되었으며, 모든 작품이 무대화되었다. 인과관계를 따질 수는 없지만, 그 이후 한국 무대에서는 배삼식의 〈하얀 앵두〉, 과학과 예술의 복합 퍼포먼스 〈코펜하겐 해석을 위한 고양이 협주곡 C장조〉(2014.9.12~13)과 〈어느 물리학자의 낮잠〉(2014.12.18~28), 〈별무리〉(2014.5.9~6.1) 등 일련의 과학연극이 선보이게 된다.[39] 뿐만 아니라 2013년 백성희장민호극장에서 로봇연극 〈사요나라〉가, 그리고 2016년 10월에 대전에서 〈사요나라〉와 〈일하는 나〉라는 로봇연극이 공연되었다. 물론 한국에서도 〈에버가 기가 막혀〉(2009.2.19), 〈엄마와 함께하는 국악 보따리〉(2009.5.1~10), 〈로봇공주와 일곱난쟁이〉(2009.11.13~14) 등의 공연을 선보인 적이 있지만 여전히 '쇼'나 엔터테인먼트 수준을 벗어나지 못하는 것이었다. 반면, 히라타 오리자가 시도하고 있는 로봇연극은 로봇이 서사의 주도적 위치를 차지하고 있거나 적어도 무대 위에서 인간과 대등한 존재감을 과시하고 있다는 점에서 주목을 요한다. 우리나라에서는 아직도 로봇연극은 과학자들의 몫으로 남겨져 있다. 미래연극으로서 로봇연극을 개척하고 발전시키기 위한 힌트를 히라타 오리자의 예에서 찾을 수 있을 것으로 생각된다.

## 6. 동시대 한국 무대에서 일본 연극이 갖는 의미

이상으로 스즈키 타다시를 시작으로 노다 히데키, 사카테 요지, 히라타 오리자를

---

[39] 이 공연에 대한 자세한 소개는 이명현의 「과학? 연극? 아니 그냥 연극」(『연극평론』 81호, 2016)을 참조하기 바람.

중심으로 동시대 한국 무대에서 일본 연극이 갖는 의미와 그 영향 관계를 살펴보았다. 스즈키 타다시는 일본의 전통 연극 양식을 그대로, 혹은 현대적으로 접목하여, 극도로 절제된 미학과, 소리나 빛, 연기자들의 작은 몸짓에 이르기까지 철저히 계산된 섬세한 연극 만들기를 보여주었다. 그의 무대는 전통의 현대적 수용이라는 과제를 안고 있던 한국 연극계에 매우 강력한 자극제로 작용했을 뿐만 아니라 독자적 메소드 개발에 대한 자극제가 되기도 했다. 체계적으로 연극을 하려면 서양식 연극 메소드에 의존해야 한다는 인식이 일반적이었는데, 일본의 전통극인 노나 가부키의 기법을 끌어들인 '스즈키 메소드'가 세계적으로 인정받고 있다는 사실이 전해지면서 한국에서도 독자적인 메소드 개발이 가능하다는 인식과 자신감을 심어 주었을 것으로 보인다. 또한 그는 도쿄에서 5, 6시간 떨어진 곳에 도가산방(利賀山房)이라는 연극촌을 만들었는데, 우리나라 연극계의 탈서울, 탈대학로 움직임에 일정한 자극을 주었을 것으로 생각된다. 경기도 죽산의 무천캠프, 경기도 양주의 미추산방, 연희단거리패의 밀양연극촌, 강원도 부용리의 극단 노뜰, 강원도 화천의 공연창작집단 뛰다 등 1990년대 중반 이후 그러한 움직임이 가속화된 것도 스즈키 타다시의 무대와 연관지어 생각해볼 지점이 있을 것이다.

노다 히데키의 경우는 모든 작업이 한국 혹은 영국 배우들과 함께 한 것으로 글로컬리즘 시대에 한국의 젊은 연극인들이 어떻게 해외의 연극인들과 만나야 하는지에 대한 좋은 예시를 보여주고 있다고 볼 수 있다. 일본 못지않게 당면한 정치·사회적 문제들 앞에서 씨름해야 하는 한국 연극계에 사카테 요지는 좋은 본보기가 될 수 있을 것이다. 아마도 전세계적으로 우리처럼 '투철한' 역사의식과 높은 정치의식을 지니고 있는 국민들은 찾아보기 어려울 것이다. 그럼에도 불구하고 식민지 경험과 과거사 문제, 반민특위와 같은 해방 공간에서의 기형적 과거 청산 등의 문제를 다루고 있는 연극이 많지 않다. 사카테 요지의 작업이 우리에게도 좋은 자극이 되었으면 하는 바람이다.

필자의 역량과 지면 부족 등으로 인해 중요한 연극인들의 작업과 작품을 충분히 다루지 못했다. 정의신[40]이나 유미리, 쓰카 코헤이 등 재일교포 연극인들의 활동은 물론 소위 제로세대로 불리는 동시대 일본의 젊은 연극인들의 작업은 다룰 엄두조차 내지 못했다. 변명에 불과하다는 것을 잘 알고 있지만 다음을 약속할 수밖에 없을 것 같다.

---

**40** 참고로 정의신의 공연 목록을 표로 정리하면 다음과 같다.

| 작품명 | 연출자 | 공연 일자 |
|---|---|---|
| 〈천년의 고독〉 | 김수진 | 1989.10.27 |
| 〈인어전설〉 | 김수진 | 1993.5.14~20 |
| 〈20세기 소년소녀 창가집〉 | 마쓰모토 유코 | 2006.3.23~26 |
| 〈행인두부의 마음〉 | 정의신 | 2006.12.6~8 |
| 〈겨울 해바라기〉 | 이상직 | 2007.12.27~2008~1.6 |
| 〈야끼니꾸 드래곤〉 | 정의신 | 2008.5.20~25 |
| 〈바케레타!〉 | 정의신 | 2009.11.26~29 |
| 〈적도아래의 맥베스〉 | 손진책 | 2010.10.2~14 |
| 〈겨울 선인장〉 | 김제훈 | 2010.10.21~31 |
| 〈아시안 스위트〉 | 김제훈 | 2011.6.30~7.14 |
| 〈쥐의 눈물〉 | 정의신 | 2011.10.14~23 |
| 〈봄의 노래는 바다에 흐르고〉 | 정의신 | 2012.6.12~7.1 |
| 〈나에게 불의 전차를〉 | 정의신 | 2013.1.30~2.3 |
| 〈푸른 배 이야기〉 | 정의신 | 2013.3.8~24 |
| 〈아시아 온천〉 | 손진책 | 2013.6.11~16 |
| 〈가을반딧불이〉 | 김제훈 | 2013.6.14~30 |
| 〈노래하는 샤일록〉 | 정의신 | 2014.4.5~20 |

# 한국 판소리 무대의 해외작 수용을 통한 새로운 양상

김 향

## 1. 서론

이 글은 동시대 한국 공연 무대 중에서도 전통 공연예술의 하나인 판소리에 해외 작품이 수용된 양상을 살피고자 한다. 해외의 중요한 연극사조나 특정한 작가들이 한국 연극에 미친 영향을 논할 때에는 통시적인 측면에서의 수용사 연구가 중요하다고 할 수 있다. 이에 비해 판소리 공연계에서는 해외 작품을 토대로 한 공연이 2000년대에 소수의 젊은 소리꾼들에 의해 시작되었으며 더구나 이들은 특정한 사조나 작가에 집중하기보다는 해외의 유수한 문학 작가들의 작품을 산발적으로 판소리화하고 있는 형편이다. 그럼에도 불구하고 이 글에서 그 수용 양상에 주목하는 이유는 해외 원작 창작 판소리 작품들로 인해 그동안 박물관의 유물 같았던 판소리 장르가 동시대 관객과 소통하는 획기적인 계기가 마련되었기 때문이다. 그동안 판소리계에서 창작 판소리가 생산되지 않은 것은 아니지만, 2000년대 들어서 해외 작품을 판소리로 창작한 작품이 생산되고 이 작품들이 예상치 못하게 관객들의 큰 호응을 얻으면서 한국 판소리계에 새로운 흐름이 형성되었다고 할 수 있는 것이다. '소리를 아는 그들만의 공연예술'이었던 판소리가 판소리를 잘 모르는 관객들에게까지도 '판소리의 신명'을 경험하게 하는, 장르 본연의 역할을 해내는 데 큰 역할을 한 것이 해외 원작 창작 판소리였던 것이다. 그런데 판소리꾼들이 해외 원작을 수용한 것의 의의는 단순히 관객의 대중성을 확보한 것에 그치는 것이 아니라 할 수 있다. 해외 원작 수용은 판소리 장르의 확장은 물론 한국적 특성을 지닌 판소리가 해외 관객들까지도 매료시키면서 글로컬적인 장르로 현대화되는 것에 영향을 미쳤다고 할 수 있는 것이다. 따라서 이 글에서는 해외 원작 창작 판소리 세 편을 대상으로 수용 양상을 살피고 그 의의에 대해 구체적으로 논하고자 한다.

주요 대상 작품들의 원작의 중요성을 살피기에 앞서 한국 판소리 레퍼토리의 특징과 창작 판소리의 흐름에 대해 간략하게 살피고자 한다. 판소리의 레퍼토리로는 '판소리 오바탕'으로 불리는 〈춘향가〉, 〈심청가〉, 〈수궁가〉, 〈흥보가〉, 〈적벽가〉가 있으며 그 외 실창 판소리로 불리는 〈변강쇠가〉, 〈배비장전〉, 〈옹고집전〉, 〈장끼전〉, 〈왈짜타령〉, 〈강릉매화타령〉, 〈숙영낭자전〉(〈가짜신선타령〉)가 있다. 총 '열두 마당'[1]이 있다고 할 수 있겠다. 이 열두 마당은 단순히 편수로 논의되기보다는 구비 언어예술로서, "그 문화를 생산하거나 향유한 지역과 사람들의 심성이 반영된"[2] 예

---

1  〈춘향가〉, 〈심청가〉, 〈흥보가〉, 〈수궁가〉, 〈적벽가〉 이 다섯 개의 레퍼토리는 그 소리가 전승되고 있으나 〈변강쇠가〉, 〈배비장전〉, 〈옹고집전〉, 〈장끼전〉, 〈왈짜타령〉, 〈강릉매화타령〉, 〈숙영낭자전〉(1940년 정노식이 『조선창극사』에서 〈가짜신선타령〉을 〈숙영낭자전〉으로 대체) 일곱 작품은 실창 판소리라 하여 소리는 전하지 않고 사설만 전해지는 작품으로 분류되고 있다. 국립창극단에서 새롭게 소리를 짜 넣으며 〈변강쇠가〉, 〈배비장전〉, 〈숙영낭자전〉 등을 공연하고 있으나 이들 작품들의 소리는 작창자에 따라 공연 때마다 바뀌고 있는 상황이다.
2  정병헌, 「판소리의 지향과 실창(失唱)의 관련성 고찰」, 『판소리연구』 제32집, 판소리학회, 2011, 270쪽.

술로서 그 가치가 중시되었다고 할 수 있다. 후자의 일곱 편의 소리가 소실되고 다섯 마당의 소리만이 전승될 수 있었던 것은 판소리 장르가 지향하는 바, 즉 저항적 의식을 토대로 한 '계급적 평등의 추구', '가난 극복' 등을 구현하고 있기 때문이었다. 다시 말해 판소리 창자 및 향유자들은 그 장르가 지향하는 의식과 거리가 먼 작품들은 즐기지 않았고 이로 인해 판소리 장르는 '불리지 않는 소리를 기억하지 않는' 엄혹한 배제의 원리를 실현했다고도 할 수 있다.[3] 살아남은 판소리 오바탕은 일종의 한국의 정전(正典)이 되어 문화재로 지정받고 있지만 동시대로 올수록 판소리를 향유할 수 있는 '소리를 아는' 관객들이 줄어들면서 판소리는 대중적 공감대를 잃어가고 있으며 창극 및 여타 예술 장르들로 재창작되는 문화원형으로 기능하고 있다. 이러한 상황에서 2006년 판소리만들기 '자'의 이자람이 사설로 쓰고 작창하고 출연한 창작 판소리 〈사천가〉는 독일의 베르톨트 브레히트 원작 〈사천의 선인〉을 원작으로 한 것으로, 국내외 관객들에게 한국 판소리의 재미를 만끽하게 한 거의 첫 번째 창작 판소리로 손꼽을 만하다. 창작 판소리는 1930년대부터 공연되었지만,[4] 해외 작품을 판소리화하고 대중들에게 사랑받게 된 것은 2000년대부터라고 할

---

3  위의 글, 285쪽.

4  1930년대의 창작 판소리로는 박월정의 〈단종애곡〉, 정정렬의 〈옥루몽〉, 〈숙영낭자전〉, 〈배비장전〉 그리고 박노주의 〈장한몽〉이 있다. 이 작품들은 공통석으로 고전소설을 바탕으로 하여 소리를 짜 넣은 창작 판소리였다. 이후 창작 판소리의 활성화는 1960~70년대에 이루어진 것으로 논하게 되는데, 이때는 정책적으로 전통문화 육성이 장려되는 동시에 전통문화를 통한 저항적인 문화운동이 펼쳐지던 때였다. '창작탈춤', '마당굿', '마당극' 등이 활성화되면서 창작 판소리 분야는 실천적인 노력이 상대적으로 빈약하였지만 박동진 등이 창작 판소리 작업을 펼친 것을 볼 수 있다. 그는 〈판소리 예수전〉(1969), 〈충무공 이순신전〉(1973), 〈변강쇠가〉, 〈배비장전〉, 〈숙영낭자전〉 등 실창 판소리에 소리를 창작하는 활동을 했다고 할 수 있겠다. 1980~1990년대 들어서면 현실 변역이라는 뚜렷한 목적의식을 가지고 판소리를 했던 임진택에 의해 창작 판소리가 생산된다. 〈똥바다〉(1985), 〈오적〉, 〈소리내력〉 그리고 〈오월 광주〉를 공연했다. 임진택 외에 김명곤도 당시 창작 판소리를 공

수 있다. 2000년대 들어서면 젊은 소리꾼들의 판소리의 현대화에 대한 열망이 가속화되면서 다채로운 창작 판소리들이 생산된다.

2000년대 들어서자 채수정, 조영재, 정유숙, 김수미, 이자람, 박태오, 김명자, 김용화 등이 '자기 이야기'를 창작 판소리화하기 시작했다. 이 작품들 중 김명자가 부른 〈수퍼댁 씨름대회 출정기〉와 박태오의 〈스타대전 중 '저그 초반러쉬 대목'〉은 당시 관객들의 큰 호응을 받았으며 2001년 전주 산조페스티벌에서 시작된 '또랑깡대 컨테스트' 역시 시대의 흐름과 조응하는 판소리의 대중화를 주구한 움직임으로 볼 수 있겠다. 2000년대에는 판소리를 전공한 젊은 소리꾼들이 팀을 결성해 창작 판소리 활동을 한 것이 특징인데, 2000년에 결성된 '소리여세', 2001년에 결성된 '타루', '바닥소리' 등은 전통 판소리 복원과 더불어 창작 판소리 공연을 통해 판소리 본연의 의식, 즉 기층예술로서 동시대 대중의 애환을 담아 소통하는 것을 꾀했다고 할 수 있다. 이들의 레퍼토리를 간략하게 살펴보면 김명자의 〈캔디타령〉, 〈수퍼댁 씨름대회 출정기〉, 김수미의 단가 〈우리들의 새 대통령〉, 창작 판소리 〈나는 또라이인지도 모른다〉, 김정은의 〈혹부리 영감〉, 류수곤의 〈햇님 달님〉, 박태오의 〈스타대전 중 '저그 초반러쉬 대목'〉, 이규호의 〈똥바다 미국버전〉, 〈예수전〉, 이덕인의 〈아빠의 벌금〉, 이자람의 〈미선, 효선을 위한 추모가〉, 〈구지 대한민국〉, 정유숙의 단가 〈그런 세상〉, 창작 판소리 〈눈먼 부엉이〉, 조영제·조정희의 〈장끼

---

연한 이력을 지니고 있다. 그는 〈금수궁가〉(1988)를 통해 수궁과 육지를 위협하던 세력들이 모두 죽고 민주화 바람이 분다는 결말로 당시 시대적인 문제의식을 창작 판소리를 통해 드러내었다. 이들 외에 전문적인 창자들이 광주민주항쟁을 다룬 창작 판소리 〈그날이여 영원하라〉(1993)을 창작한 것도 주목할 만하다. 정철호가 사설 작업을 하고 은희진, 안숙선, 박금희, 김수연, 김성애 등이 분창 형태로 공연을 한 작품인 것이다. 또한 이 시기에 윤진철 명창이 〈김대건전〉, 〈무등진혼가〉 등을 창작 판소리화한 것도 기억해야 할 듯하다. 김기형, 「창작 판소리의 사적 전개와 요청적 과제」, 『구비문학연구』 제18집, 구비문학회, 2004, 5~11쪽 참조.

전〉, 최용석·박애리 공동 창작 〈토끼와 거북이〉 등으로 전래동화·소설, 소시민적 꿈, 당시 정치적 문제를 풍자하거나 게임 등 동시대적 문화를 수용하여 창작 판소리화한 것을 엿볼 수 있다.[5]

다만 젊은 소리꾼들의 열망에 비해 그 결과에 대한 평가는 엄중한 편이다. 소리 경력이 짧은 소리꾼이 섞여 있고 실제로 계속해서 불리고 있는 작품의 수가 적다는 점이 지적되고 있는 것이다. 이러한 상황에서 해외 작품을 원작으로 한 창작 판소리들은 대학에서 판소리를 전공하고 최소 20년 이상 소리를 연마한 젊은 소리꾼들에 의해 (집단) 창작된 작품들로 무엇보다 1인 창우가 무대에 서고 있지만 그 외 다수의 무대 제작진이 작품을 함께 제작하면서 전문성을 갖추고 확장된 상상력을 보여주는 작품들이라는 특징이 있다.

이 글에서 주요 대상으로 삼고 있는 작품들은 앞서 언급했던 판소리만들기 '자'의 이자람이 사설로 쓰고 작창하고 출연한 〈사천가〉(남인우 연출, 2006)와 〈억척가〉(남인우 연출, 2009), 국악뮤지컬그룹 '타루'가 셰익스피어의 〈햄릿〉을 판소리화한 〈판소리 햄릿 프로젝트〉(박선희 연출, 2013)이다.

## 2. 해외 작품의 판소리 공연화

### 1) 브레히트 희곡의 '가난'과 '노동' 문제의 판소리화 : 〈사천가〉[6]

이자람이 창작 대상으로 삼은 〈사천의 선인〉(1939~1941)과 〈억척어멈과 그의 자

---

5  위의 글, 11~21쪽 참조.
6  이 절은 졸고 「창작 판소리의 문화콘텐츠로서의 현대적 의미—이자람의 〈사천가〉와 〈억척가〉를 중심으로」(『판소리연구』 39호, 판소리학회, 2015, 105~115쪽)를 수정 보완한 것임을 밝힌다.

식들〉(1939)을 쓴 브레히트는 가히 동시대적인 작가라 할 수 있다. 그를 추종하는 연구자들과 이미 고전적인, 한물 간 작가로 평가하는 연구자들 간의 논쟁의 대상이 되어 '여전히' 다채롭게 해석되고 재조명되고 있다는 측면에서 동시대적인 작가라 할 수 있는 것이다.

〈사천의 선인〉은 1943년 2월 4일 취리히의 샤우슈필하우스(Schauspielhaus)에서 슈테켈(Leonard Steckel)의 연출로 초연된 뒤 현재도 활발하게 공연되는 작품 중의 하나로,[7] 장은수 교수에 의하면 프리더리케 헬러(Friderike Heller)가 연출한 2010년 〈사천의 선인〉은 원작을 뒤집는 코믹한 뮤지컬로 재탄생하여,[8] 동시대성을 담아낼 수 있는 열려 있는 작품으로 인식될 수 있다.

한국 사는 이자람이 〈사천의 선인〉을 판소리화하게 된 것은 극중 센테가 '어떻게 하면 착하게 살 수 있을까?'라는 질문을 던지고 있기 때문이다. 어릴 때부터 '착하게 사는 것이 꿈[9]'이었던 이자람이 이 작품을 판소리화한 것은 어찌 보면 필연적인 일이었을 수밖에 없는 것이다. 그리고 이 작품은 첫공부터 현재까지 늘 좌석을 꽉 채우는 공연이다. 〈사천가〉는 2007년 정동극장에서 주최하는 제5회 아트프런티어 시리즈에서 〈판소리 브레히트 사천가〉라는 이름으로 초연된 이후, 공연 전회 매진을 기록했다. 그리고 국내뿐만 아니라 프랑스 파리와 리옹, 폴란드, 미국 뉴욕과 시카고 등에서도 성공리에 공연되었고 2010년 폴란드 콘탁(Kontakt) 국제연극제에서는 최고배우상(The Award for the Best Actress)을 수상하기도 했다. 의정부예술의전당과

---

7    김선형, 「브레히트 서사극의 한국적 변용—브레히트의 〈사천의 선인〉과 이자람의 〈사천가〉 비교」, 『독일어문학』 제67집, 독일어문학회, 2014, 1쪽.

8    장은수, 「최근 베를린 무대의 브레히트 재해석—윌슨의 〈서푼짜리 오페라〉와 헬러의 〈사천의 선인〉 공연」, 『브레히트와 현대연극』 24집, 한국브레히트학회, 2011, 63~64쪽.

9    이정은, 「"비 내리는 호남선 말고 진도 아리랑은 어때요?"」, 월간 『말』 216호, 2004.6, 183쪽.

LG아트센터 등에서 공연될 때에 만석을 기록했고 현재도 지방 공연을 통해 다수의 관객들과 만나고 있는 작품이다.

〈사천가〉는 원작의 막간극을 대폭 삭제하고 프롤로그, 14개의 장 그리고 에필로그로 구성하면서 6장과 10장을 막간극으로 꾸몄다. 그리고 본격적인 내용 전개 전예의 판소리 공연에서 볼 수 있듯이 목을 풀기 위해 내용을 개사한 단가 〈사철가〉를 부른다. "근면성실 착하게 살아간다고 이 한 몸 행복해지지 않으니, 내 한 몸 홀로 서 세상을 바라보는 게 이다지도 어려우냐"라는 내용으로 시작하여 "알 수 없는 세상사 안주 삼아 술도 한 잔 기울이고 맞장구도 쳐가며 이야기 한판 풀어봅세"라는 말로 관객들에게 대화하듯 자기 이야기를 들어달라고 요청한다. 이는 판소리 장르의 특징인, 소리꾼과 청중이 대화하며 작품의 흐름을 만들어나가는 관람을 유도한 것이라 할 수 있다.

시공간적 배경을 한국으로 변용하는 중에, 세 명의 신은 기독교, 불교, 유교 신으로 그리고 이 신들이 "배고픈 신자유주의, 차디찬 실용주의 시대 탑골팰리스"에서 거절되는 상황으로 시작된다. 등장인물들의 이름도 '셴테'는 '남순덕'으로, '슈이타'는 '남재수'로 그리고 '양순'은 '견식'으로 각색되었는데 '남순덕'이 "육골다대녀 순덕" 다시 말해 외모지상주의 사회에서 추한 외모 때문에 취업하기 어려운 모습으로 형상화되고 있다. 〈사천가〉는 신자유주의에 외모지상주의 현실 속에서 청년 실업자들이 넘쳐나는 경제 문제와 사회적 편견과 차별을 고발하듯 노래하고 있다. 그런데 주목할 점은 "육골다대녀 순덕"이 동호대교에서 자살하려는 견식의, "순정만화의 멋진 주인공"처럼 잘생긴 외모에 반해 '몸도 주고 마음도 주고 돈도 주려는' 착한 모습으로 그려지고 있다는 점이다. 그리고 신자본주의와 외모로 극적 흐름을 이어가는 논리성을 확보하던 중 이자람은 순덕의 모성애를 강조하듯, 순덕이 임신 확인 뒤 돌변하는 것을 부각시킨다.

| 드렁갱이 | 옆집 아가는 수돗물로 배를 채워. 앞집 꼬마는 지하철 소매치기. 과자에선 쥐 |
|---|---|
| | 가 나오고, 통조림에선 칼이 나와. 쓰레기통 같은 이놈의 세상, 애들이 병들어 |
| | 가건 말건 관심 없어. 아가야 너는 엄마가 있단다. 엄마가 다 막아줄게. 지금 |
| | 이 순간부터는 다 필요 없어. 가난하고 더러운 것들 전부 엄마가 막아줄게. |

(〈사천가〉 대본, 15쪽)

이 순간 '견식에 대한 사랑'이 모성애로 급변하고 '드렁갱이'라는 복잡한 굿장단을 활용해 순덕이 아기에게 닥칠 액을 막는 듯한 벽사의 이미지를 만들어낸다. 절망적인 현실을 주술적인 장단으로 표현하면서 관객들에게는 그러한 현실에 대한 비판적 인식을 불러일으키는 것이다. 그렇다고 이 작품을 서사극적으로 풀어가는 것은 아니었다. 이자람은 결말에서 관객에게 이 현실에 대해 스스로 판단하게 하기보다는 자기식의 결론을 내리고 공감대를 만들어낸다.

| 동살풀이 | 저 빌어먹을 놈들 뒷통수 좀 보아라. 거들먹거리던 앞통수는 어느새 어둠에 가 |
|---|---|
| | 려지고 뻔뻔한 뒷통수로 세상을 농락하는구나. 있는 사람 도와주고 자기 어깨 |
| | 들썩이는 게, 그게 무슨 신이더냐. 힘 있는 자 도와주고 힘 없는 자 모른 척하 |
| | 는 그게 무슨 신이더냐. 입만 살아 나불거려 선한 사람들 부담 주는 그게 무슨 |
| | 신이더냐. 하늘이 너희를 보면 천둥벼락 내릴 테다. 에라 썩 가거라 이 모지리 |
| | 같은 놈들아! |

(〈사천가〉 대본, 19쪽)

이자람은 신들의 책임회피적인 안일한 태도를 권력에 편승하는 것으로 보고 신랄하게 비판하고 있는 것이다. 그리고 여기서 그치는 것이 아니라 '사랑으로 사기치는 견식'과 '순덕'의 멍청함 그리고 '재수'의 악랄함을 지적하며 '남극으로 보내버리겠다'고 이야기한다. 또한 "이런 몹쓸 이야기를 사방팔방 전파하는 구라파 브씨 아저씨도 주뢰를 틀고 싶"(〈사천가〉 대본, 19쪽)다고 말한 뒤 이야기판을 마감한다. 〈사천가〉는 신자유주의 한국 사회에 대한 문제의식을 드러내고 순덕이 아기를 잉태한 장면에서는 인간들이 돈 때문에 얼마나 황폐해졌는지를 다시 한 번 강조하더니, 결말에서는 종교의 위선을 비판하고 열린 결말을 낸 브레히트까지를 부정하는 면모를 보인다. 〈사천가〉는 궁극적으로 '착하게 살 수 없게 만드는 현실'을 비판적으로 바라보게 하는 것이었다고 할 수 있는 것이다.

〈사천가〉는 서사극 〈사천의 선인〉에서 비롯된 것이지만 '사유를 통해 선택의 기회'[10]를 주려는 서사극 양식을 그대로 수용한 것이 아닌 판소리 장르 특유의 유희적인 형상화로 서사극과는 다른 방식으로 비판적인 사유를 불러일으켰다고 할 수 있겠다. 이 작품의 사설을 쓴 이자람은 '착하면서도 행복하게 사는 방법'에 대한 해답을 찾을 수 없었다기보다는 현재의 한국 사회 자체가 사람들이 착하고 행복하게 살 수 없는 상황이라는 비판적 인식을 관객과 공유하려 했다고 할 수 있는 것이다. '착하게 사는 것'이 〈사천의 선인〉으로 깨달아질 수 있는 것이 아니라 오히려 한국 사회의 문제를 직시하는 것에서 비롯될 수 있다는 비판 의식을 드러냈다고도 여겨진다.

그리고 이자람이 〈사천가〉를 통해 구현하려 한 것은 원작 비틀기 또는 새로운 해석이었다기보다는 판소리 오대가에서 볼 수 있는 '가난', '불평등한 구조' 그리고 '노동'의 문제를 〈사천의 선인〉식으로 풀어나가는 것이었다고 여겨진다. 판소리 정신과 교집합을 형성하는 〈사천의 선인〉의 문제의식을 부각시키고자 했다고 여겨지는 것이다. 그래서 결론적으로 〈사천가〉에서는 원작이나 브레히트가 중요한 것이 아니라 신자유주의, 청년 실업, 생명에 대한 윤리 의식이 부재한 한국 사회의 문제를 판소리 유희적으로 직시하는 것이 더 중요한 것이었다고 할 수 있겠다.

---

10  베르톨트 브레히트, 『서사극 이론』, 김기선 역, 한마당, 1989, 23쪽.

400
▸
401
한국 판소리 무대의 해외작 수용을 통한 새로운 양상

마르크스주의자였던 브레히트가 「연극을 위한 소지침서」[11]에서 강조하고 있는 '소외 효과'는 결국 '가난한 노동자(프롤레타리아)를 위한 것'이지 연극미학을 위한 것이 아니었다고 보인다. 그리고 〈사천가〉는 브레히트의 〈사천의 선인〉을 '한국 가난한 노동자를 위한' 판소리로 변용한 작품이라 할 수 있겠다.

### 2) 브레히트 희곡의 '전쟁'과 '여성' 문제의 판소리화—〈억척가〉[12]

중모리     …(중략)…
        세상은 점점 화려해져 가는데 우리네 주머니는 텅텅 비어 가고
        어디든 갈 수 있으나 피부가 계급장이요 언어가 티켓이다.
        세계가 하나라고 큰 땅에 사람들은 쓰레기를 선심 쓰듯 작은 땅으로 나눠주고,
        세계가 하나라며 서로를 간섭하고, 세계가 하나라는데 우리 몸은 두 동강이네.
        …(중략)…              (〈억척가〉 대본, 2~3쪽)

인용문은 〈억척가〉에서 부르는 단가 〈편시춘〉을 개사한 노래이다. 〈사천가〉가 한국이라는 지역적 시공간을 강조하는 공연이었다면 〈억척가〉는 세계화 시대의 '빈익빈 부익부', '인종차별', '언어 권력', '강대국의 힘의 논리에 따른 패권주의' 그리고 '한반도의 분단 상황'을 배경으로 삼는다. 원작의 본격적인 서사극 방식 즉 이야기를 미리 알려주고 그 과정을 지켜보게 하는 방식을 생략하고 관객들이 새롭게 사설화된 극의 흐름을 따라가도록 프롤로그 1막(1~6장), 2막(7~11장) 그리고 에 필로그로 구성되어 있다. 특히 도입부에서는 이자람이 새롭게 창작한 '억척'이라는 인물의 개인적인 서사가 재담으로 전개되고 있는 것이 특징이다.

---

11  위의 책, 303~347쪽.

12  이 절은 졸고 「창작 판소리의 문화콘텐츠로서의 현대적 의미—이자람의 〈사천가〉와 〈억척가〉를 중심으로」(『판소리연구』 39호, 판소리학회, 2015, 115~127쪽)를 수정 보완한 것임을 밝힌다.

'억척'의 원래 이름은 김순종으로 이름처럼 시댁에 순종하며 아들 낳고 살고 있었다. 그러다 "열일곱 오뉴월 꽃 가슴 바람을 못이겨 동네 앞에 그네 뛰러 갔다 치마가 바람에 홀러덩, 삽시간에 마릴린 순종"(〈억척가〉 대본, 4쪽)이 되면서 소박을 맞았다. 유교 질서가 강했던 때라 정숙하지 못한 여인으로 소박맞은 것이다. 김순종은 더 이상 그 지역에서 살지 못하고 연변으로 이주를 하게 된다. 그리고 거기서는 제갈아귀라는 남자를 만나게 되는데, "이놈의 제갈아귀 밤이면 마작, 낮이면 여자, 전반적으론 알코올 중독 나쁜 남자의 표본이로다. 매일 집안을 부수는 빚쟁이들에 못 이겨 마작 두는 아귀를 찾아가니 여자와 엉겨 붙어 노는 모습. 순종이 피눈물 머금고 연변을 떠나"(〈억척가〉 대본, 5쪽)게 된다. 그런데 연변을 떠나면서 순종은 웬 달구지 하나를 마련해 그곳에서 두 아들과 살림살이를 하게 된다. 그러다 또 중국 남자 하나를 만났는데, 그 남자는 "완전히 밥벌레다. 순종이 달구지에 척 올라타 이거 빼먹고 저거 빼먹고 순종이 간이며 쓸개며 모조리 먹고는 심지어 허구헌날 두들겨 패니"(〈억척가〉 대본, 6쪽) 순종이 그 남자와도 헤어지고 그와의 사이에서 난 딸과 두 아들 그리고 달구지를 들고 여기저기를 떠돌게 된다. 그리고 이 시점에서 김순종은 새 삶을 개척한다는 의미에서 또 '글로벌 시대인 만큼' 외국 이름으로 개명을 결심한다. "내 더 이상 아이는 안 낳을 테니, 안 낳아 안 나 안 나 안 나 안나 내 이름은 오늘부터 김안나"(〈억척가〉 대본, 6쪽)로 개명한 것이다. 이후 '안나'에서 '억척'으로 이름을 개명하게 되는 것은 두 번째 아들이 죽은 뒤부터이다.

'순정'이 '안나'를 거쳐 '억척'이라는 이름을 만들어가는 것은 유교주의와 글로벌리즘이 겹쳐져 있는 모순된 현실 속에서 그녀가 점점 주변인으로 밀려나가는 것을 보여주는 것이라 할 수 있다. 그녀에게는 '왜 자신이 그렇게 살아야 하는가'라고 질문을 던지는 '진보적 의식'이 없으며 '본능적으로 지금 여기서 먹고사는 문제'가 가장 중요한, 어찌 보면 지극히 평범한 소시민의 모습이라고도 할 수 있다. 브레히트가 〈억척어멈과 그의 자식들〉을 쓴 것은 '억척'을 통해, 1930년대에 나치와 전쟁을 벌이는 나라들 사이에 끼어 이득을 취하는 덴마크 정부를 비유하기 위한 것이었다면,[13] 〈억척가〉의 '억척'은 여성에 대한 전근대적 편견과 폭력, 남성 중심주의의 세계화 전쟁 속에서 희생되고 있는 동시대의 가난한 여성의 모습이라 할 수 있겠다.

느린 중모리 소리꾼

하늘엔 까마귀가 가옥가옥 날아들고
사방엔 연기가 모락모락
시체들이 타는지, 화약이 타는지
한바탕 전쟁이 일어난 폐허엔 바람 소리도 울음 같고 새소리조차 서럽구나.
빼앗긴 들에도 봄이 온다 하였는가.
겨우내 얼었던 세상이 봄을 맞아 녹아드니
땅에 묻힌 수백 명 군사가 못다 흘린 울음인 듯, 시뻘건 피가 배어나오고 시원히 흐르던 계곡은 어느새 마른 나뭇가지만 즐비하네.
…(중략)…
오느라, 저 기럭아, 우느냐, 저 종달새.
가옥 가옥 까마귀야, 무엇이 설워서 울음 우는 거나.
네가 자식 잃은 내 맘을 알고 울어주는가.
부우 부우 저 부두새야, 뻑뻑꾹 뻑꾹새야.
저 무슨 새가 이리도 울음을 우느냐, 저 무슨 새가 울음을 울어.
귀촉도, 귀촉도 꾀꼬리, 수리루리루
처연한 울음 소리 귓가를 메우니
가슴에 쌓인 눈물로 그리운 얼굴들 그려볼까.
부모 잃고 자식 잃고 무엇을 얻자고 우리가 이리도 억척같이 사는 거나.

---

13 이원양, 「〈억척어멈과 그의 자식들〉 해설」, 『억척어멈과 그의 자식들』, 지만지, 2008, 9쪽.

우지 마라, 우지 마라. 각 새들아, 너무나 우지를 말어라.

(〈억척가〉 대본, 41~42쪽)

둘째 아들을 잃은 뒤 '억척'은 인용문에서와 같이 느린 중모리 장단에 슬픈 계면 조의 노래를 부른다. 판소리 〈적벽가〉의 '새타령'[14]을 차용하여 전쟁의 참혹함을 탄식하고 자식을 앞세운 슬픔을 새소리에 비유하여 부르는 노래라 할 수 있다. 〈적벽가〉의 '새타령'은 중모리의 진혼곡 형태로 적벽대전에서 죽은 원혼들이 새가 되어 등장하여 자신들의 억울한 원한을 새소리로 표현하는 대목이다. 이 대목은 무고하게 희생된 패잔병들의 원혼을 새에 비유한 것이기에 기괴한 분위기 때로는 귀신 환청과 같은 환상적인 분위기를 만들어낸다고 논의되고 있기도 하다.[15] 이에 비해 〈억척가〉의 '새타령'은 중모리보다 조금 느린 중모리로 전쟁의 참혹함을 이야기하고 있으며 기괴한 이미지를 띤다기보다는 진혼적 이미지가 강해서 먼저 떠나보낸 자식을 위로하고 더불어 자식 잃은 자신의 슬픈 마음도 표현하는 '애도의 감수성'을 띤다. 원작 〈억척어멈과 그의 자식들〉에서도 전쟁의 참혹함을 이야기하는 장면이 있긴 하지만, 〈억척가〉의 '새타령'에서처럼 애절한 감수성을 띠고 있지는 않으며 무엇보다 '자식까지 잃고 무엇을 위해 이처럼 억척같이 사는지'에 대해 반성하는 것을 볼 수는 없다. 그런 면에서 〈억척가〉의 '새타령'은 판소리 〈적벽가〉의 '새타령'을 차용하여 판소리의 '새타령'과도 다르고 독일 원작에서도 볼 수 없는 〈억척가〉 고유의 '새타령'이었다고 할 수 있겠다.

---

**14** 장미영·이태영·유종국·최동현·이수라, 「김연수 바디 적벽가」, 『현대화사설본 수궁사 적벽가』, 민속원, 2005, 550~551쪽.

**15** 배연형, 「판소리 새타령의 근대적 변모 : 유성기음반을 중심으로」, 『판소리연구』 31호, 판소리학회, 2011, 203쪽, 218쪽.

'김억척'은 둘째 아들 제갈정직이 죽고 난 뒤 좀 더 억척스런 삶을 살지만 전쟁으로 인해 또다시 셋째 딸 '모추선'마저 잃게 된다. '모추선'의 죽음은 성 안의 사람들을 구하기 위해 자기 자신을 희생한 경우였다. '김억척'이 '모추선'의 시체를 보게 되는 장면은 무대 공간적인 표현이 극대화되면서 결론으로 이어진다. 세 자식을 모두 잃게 된 '김억척'은 슬픔이 극에 달한 상태를 구음으로 표현한다. 그리고 이와 더불어 〈억척가〉 공연장 전체를 활용한 시각적인 스펙터클이 펼쳐진다. LG아트센터에서의 공연의 경우, LG아트센터 객석의 먼 끝에 걸려 있는 흰 천이 천천히 아래로 내려오면서 두 공간을 연결하는 듯한 길이 만들어진다. 이 길은 진혼굿에서 연희자가 길닦음할 때의 흰 천처럼 보이기도 하고 '김억척'이 새롭게 걸어가야 할 길로 인식되기도 했다. 무대 장경이 만들어지는 사이 이자람은 '모수선'에서 '김억척'으로 돌아와 깊은 슬픔의 구음을 한다. 이때 우는 듯하면서도 웃는 듯한 얼굴 표정은 기이하면서도 그로테스크한 비애감을 경험하게 하는 것이었다.[16]

중모리     어리 가리너, 어이 가리너. 정처 없는 발길이 어이를 가리너.

이제껏 끌고 온 이 달구지는 누구의 무덤이냐.

용팔이 숟가락, 정직이 숟가락, 추선이 숟가락이 내게 무슨 소용이 있나.

이건 어느 집 귀한 아들 군화냐, 이건 어느 집 애비 투구냐.

이것들이 내게 다 무슨 소용이냐.

내가 누구인지 너무 오래 잊고 있었구나.

사람답게 살아보자. 시체 속에서 건져 올린 밥 한 숟갈 내 입에 넣는 짓, 이제 그만하자.

사람으로 태어나 한 번 사람답게 살다 가보자.

---

16   졸고, 「전통예술, 동시대와 소통하였는가―〈억척가〉와 〈미롱〉」, 『연극평론』 62호, 2011, 30쪽.

아침이면 어김없이 다시 뜨는 저 해야,

이 꼴 저 꼴 숭한 꼴 보며 네 가슴도 아프것구나.

딱 죽을 것 같지마는 살아 있으니 살아야지.

귀허게 붙은 이 숨, 고히 가지고 살아야지

어이 가리너, 어이 가리.　　　　　　　　〈억척가〉 대본, 60쪽）

　위 인용문은 굿장단 속에서 자신의 삶을 돌아보며 본격적인 자아 성찰과 더불어 전쟁으로 먹고사는 짓을 그만두겠다는 결단을 내리는 장면이다. 이 장단은 망자의 넋을 기리는 노래의 장단으로 직접적으로 망자가 된 세 남매의 넋을 기리는 내용은 아니지만, 자신들의 아이들을 포함해 생명을 존중하며 살아야겠다는 의지를 드러내는 장면이라 할 수 있다. 〈억척어멈과 그의 자식들〉에서는 억척이 자식들이 죽은 이후에도 죽음에 대한 사유, 반성을 하지 못하고 여전히 전쟁 속으로 수레를 끌고 가는 것과 다른 설정임을 알 수 있다.

　〈억척가〉에서는 다른 결론을 내리고 있지만, 브레히트 희곡 〈억척어멈과 그 자식들〉은 판소리 〈적벽가〉의 '전쟁'에 대한 문제의식과 더불어 '가난'의 문제를 내보이고 있다는 점에서 판소리의 정신을 보여주고 있다. 그리고 여성주의와는 거리가 먼 '여성'의 모습을 보여주고 있는 것도 사실이다. 그런데 판소리 오바탕에서도 여성들의 모습은 '진보적'이기보다는 '신화적'인 면모를 지니고 있다. 이 지점에서 브레히트의 '억척'도 판소리 오바탕의 '춘향'과 '심청'도 일정 정도 근대적이고 진보적인 여성 이미지와는 거리가 멀다는 공통점도 발견된다. 그리고 이러한 상황에서 이자람은 판소리에서처럼 '억척'을 신화화하기보다 앞서 언급했듯이 '지극히 평범한 동시대 서민'의 모습을 기반으로 '생명에 대해 자각'하고 반성하는 여성의 모습으로 설정한 것을 볼 수 있다. 이자람은 〈억척가〉를 통해 '억척'에게 '생명'을 만들고 기르는 여성 본연의 모습을 기억하게 했다고 할 수 있겠다. 이러한 설정은 브레히트가 창작한 '억척'의 정치성을 넘어서, 판소리에 등장하는 여성들의 '정절', '효'를 넘어서 좀 더 본질적으로 '삶에 뿌리박는 예술이 추구해야 할 생명'의 문제를 제기한 것으로도 볼 수 있겠다.

### 3) 셰익스피어 희곡의 판소리화 : 〈판소리 햄릿 프로젝트〉[17]

〈판소리 햄릿 프로젝트〉는 셰익스피어의 〈햄릿〉을 판소리화한 것으로, 등장인물 '햄릿'만이 등장하는 작품이다. 그런데 등장인물 '햄릿'을 네 명의 판소리꾼들(송보라, 조엘라, 이원경, 최지숙)이 맡으면서 다인 1역의 형태로 공연되는 특징을 보인다. 네 명의 '햄릿들'은 각기 다른 성격의 '햄릿'이며 때때로 '선왕', '거트루드', '오필리어', '클로디어스' 등을 극중극으로 연기하며 사건의 진행을 보여준다. 이러한 방식은 1인 창우의 판소리와 다른 듯하면서도 창우 4인이 하나의 등장인물을 연기한다는 측면에서, 판소리 방식을 응용한 독특한 방식이 되었다. 4인의 판소리꾼들이 각기 다른 성격의 '햄릿'을 연기하면서 '햄릿'의 다중적인 면모가 부각되는 작품이었다고 할 수 있겠다.

그리고 희곡 〈햄릿〉을 대폭 축약함과 동시에 사설로 재창작하는 과정에서 셰익스피어의 주요 내용은 살리면서도 전체적으로 평설적인 언어를 구사하고 있는 것이 특징이다. 특히 사설투가 전라도 방언인 것이 두드러지는 언어적 특징으로 보인다. 영국 중세풍의 똑같은 복장을 한 네 명의 '햄릿'이 의상과는 이질적으로 전라도 방언으로 노래하는 것은 매우 낯선 분위기를 풍김과 동시에 극중극 형태로 인해 놀이적 면모가 강조되기도 했다. 셰익스피어의 언어적 측면이 판소리의 언어적 측면

---

**17**  이 절은 졸고, 「〈햄릿〉에서 '햄릿' 역할을 벗은 판소리꾼들」(『연극평론』 79호, 2015. 겨울, 107~111쪽)을 수정 보완한 것임을 밝힌다.

으로 변형되는 과정에서 판소리의 '언어놀이적 면모'로 색다르게 표현된 것이라 할수 있겠다. 이러한 '언어놀이적 면모'는 무대를 비롯하여 여러 무대장치들에서 고유의 상상력으로 표현된다.

일단 무대가 요즘 놀이터에서 볼 수 있는 2층 높이의 미끄럼틀 형상이다. 미끄럼이 있어야 할 곳에 계단을 설치해놓아 성벽 망루, 왕궁 또는 뱃머리 공간 등 다의적인 공간으로 해석되도록 했다. 놀이적이면서도 다의적인 무대 공간을 설정했다고할 수 있다. 극의 도입부에서는 이 공간이 유령이 등장하는 성의 꼭대기가 되고 곧결혼식이 거행되는 왕궁으로 변모했다가 햄릿이 고민하는 방으로 다변화된다. 그리고 원작에서는 구체화되지 않았던, 햄릿이 영국으로 향해 가는 배의 선실이 되기도 하며 햄릿과 레어티즈의 결투장이 되었다가 마지막 장면에서는 배우들이 죽은영혼들을 위해 진혼굿을 하는 공간이 되기도 한다.

이 과정에서 〈판소리 햄릿 프로젝트〉의 공간은 동서고금의 문화가 뒤섞인 '사이'영역의 공간으로 경험된다. '햄릿들'의 의상으로 인해 중세 영국인 듯하면서도 전라도 방언으로 인해 한국 판소리 문화가 덧입혀진 독특한 문화적 '경계' 영역의 공간으로 인식되는 것이다. 이와 더불어 영국 남성 역할을 한국의 여배우들이 연기하는 가운데 젠더적 '경계' 영역도 경험된다. 검은 망토에 단발머리 영국 남성 치장을한 여자 판소리꾼들이 걸쭉한 입담으로 '긍께', '환장하겠네' 등 방언을 내뱉기 시작하면 관객들은 그 낯선 부조화에 흥미를 느끼기 시작하고 곧 원작의 비극적 정서를 희극적으로 받아들이게 된다. 다의적인 놀이터 공간, 12세기 영국식 복장 그리고 한국식 전라도 방언으로 이야기가 전개되기 시작하면서 관객들은 그 문화 혼용적 이미지에서 다채로운 상상력을 경험하게 된다고 할 수 있는 것이다.

희곡 〈햄릿〉이 사설로 재창작되는 과정에서 구현되는 평설적 표현은 〈판소리 햄릿 프로젝트〉의 고유한 사설 표현으로 언급할 만하다. 이 작품을 각색하고 연출한 박선희는 석사 논문을 통해 〈햄릿〉에 대한 연구를 선행한 적이 있으며[18] 이 작품에서는 한국 문화적으로 재창작하는 가운데 사설을 〈햄릿〉에 대해 논평하고 설명하는 태도로 창작했다고 할 수 있겠다. 작가이자 연출가인 박선희는 한국과 문화적 격차가 있는, 희곡 〈햄릿〉에 스며 있는 정치·사회·문화적 상황을 끄집어내어 설명하고 그에 대해 논평하는 방식으로 이야기를 전개하고 있는 것이다.

> 햄릿-엘  내가 이 사건을 해결한다면 지금은 몰라도 언젠가는 수많은 사람들이 내 이야기를 살인사건 이상으로, 한 젊은이의 고뇌와 극복과정을 담은 명작이라 할 거여.
>
> 햄릿-원  그래, 오디세우스의 방랑 이야기처럼. 그 이야기도 원래 트로이 전쟁 나갔던 찌질한 그리스 남자가 집을 못 돌아와서 막 떠돌아다니던 이야긴데 인자는 겁나 유명한 고대의 서사시가 됐잖애. 앞으로도 한 오백 년, 천 년은 베스트셀러일 거여. 단순하게 아름다운 이야기는 재미가 없제. 내 이야기는 "덴마크의 젊고 섬세하고 아름답고 명석하기까지 한 왕자가 겪은 구슬프고 미스테리한 이야기." 귀신도 나오고 이쁜 왕비도 나오고 당연히 로맨스도 있어야제. 그라고 화끈한 액션도.

이 평설적 사설 대목은 희곡 〈햄릿〉 원작에는 없는 내용이며 '햄릿' 대사의 변형도 아니다. 독자 또는 관객으로서 〈햄릿〉을 보면서 어떠한 방향에서 이 작품을 작품화하게 되었는지, 재창작자의 태도가 드러나고 있는 것이다. 그리고 이러한 태도는 네 명의 소리꾼들이 '햄릿'이자 〈햄릿〉을 대하는 해설자로 또 배우 자신으로 기능하고 있는 '경계 영역'의 연기를 펼치는 것이기도 하다.

네 명의 판소리꾼들이 '햄릿' 한 명을 연기하는 〈판소리 햄릿 프로젝트〉는 영국

---

18  박선희, 「〈햄릿〉의 한국적 수용 연구」, 한양대학교 석사학위 논문, 2007.

〈판소리 햄릿 프로젝트〉(자료 제공 : 극단 타루)

원작을 한국 창작 판소리로 재창작했다는 점에서 문화 번역의 관점에서 들여다볼 수도 있다. 특히 번역자의 의도에 따라 재창작 삽입된 대목들을 통해 〈판소리 햄릿 프로젝트〉의 특징이 구체화된다고 할 수 있다. 이 글에서는 재창작된 네 개의 소리 대목을 통해 이 작품의 특징을 논하고자 한다. 네 개의 대목을 이 작품의 '눈대목'으로 볼 수도 있겠다.

〈인생가〉는 햄릿이 아버지 유령 등장 이후 복수를 결심하고 그 단계로 미친 척하기 시작하면서 자신의 인생을 돌아보며 부르는 노래이다. 그런데 이 대목에서 네 명의 햄릿들은 각기 다른 풍의 노래로 개성을 드러낸다. 다만 이 노래들은 '햄릿'의 다중적인 면모를 분석한 후에 설정된 것은 아니었다. 기획자(정경화)의 귀띔에 의하면 이 장면은 네 명의 배우들이 자신들의 성격에 따라 노래 한 소절씩 부르면서 '햄릿'을 자기화하는, 일종의 놀이적 공간을 만들어내기 위한 긴장 완화적 장면이었다고 할 수 있는 것이다. 각 인물들은 탱고풍, 왈츠풍, 스윙재즈, 셔플 등 서구 음악적인 리듬으로 노래를 하는데 이러한 설정은 네 명의 배우들이 자신들의 성격으로 '햄릿'을 연기하는 것이었다고 할 수 있는 것이다. 따라서 '햄릿'의 다중적인 면모는 원작의 분석에서 비롯된 것이기보다는 이 작품을 연기하는 배우들의 성격으로 구현된 다중적인 면모였다고 할 수 있다. 〈인생가〉는 네 명의 소리꾼들이 자신들의 성격과 목소리의 특징에 따라 소리 한 자락씩을 뽑으며 '햄릿과 판소리꾼 개인 사이'를 연기하는 노래였다고 할 수 있다. 이 노래로 인해 〈판소리 햄릿 프로젝트〉는 '햄릿'을 전면에 내세우면서도 판소리꾼 개인의 내면이 부각되는 특징을 지닌 공연이 된다.

조엘라가 부르는 〈액팅가〉는 클로디어스가 실제로 선왕을 살해했는지를 알아보기 위해 극중극을 준비하는 과정에서 자신들의 연기에 대해 노래하는 장면이다.

> 소리는 배에다 힘을 꽉 주고 입을 오물대지 말고 쫙쫙 벌려서 소리를 앞으로 쭉쭉 뻗어가게 해야야 / 소리는 이면에 맞게 꼬기작꼬기작 꼬기작꼬기작 하지 말고 꺾을 땐 꺾고 (꺾고) 뻗을 땐 뻗고 (쭉쭉) / 소리는 알차고 공력 있게 속소리와 겉소리를 구별해 근다 해서 속소리를 바깥으로 안 내면 들을 것이 없는 소리지 / 절제 절제 또 절제 슬픔이 밀려와도 그 끝을 꾹꾹 눌러 목구멍 뒤로 넘겨야 참소리지. 슬픔을 겉으로만 표현하면 (오겡끼데스까) 이건 가짜여 / 좀 고급스럽게 해봐. 목표를 정해, 소리를 꽂아, 시선은 명확하게, 중심 딱 잡고.

이 노래는 판소리꾼들이 소리 훈련을 할 때의 광경으로 보이며, 원작의 내용과는 차이가 있음을 알 수 있다. 그리고 이 노래는 판소리 연기에 대한 것이면서도 신재효의 〈광대가〉와 구분되는 노래라 할 수 있다. 소리를 만들어내는 목청쓰기와 더불어 마음의 정서적 흐름에 따른 소리 연기를 강조하는 것을 볼 수 있기 때문이다. 실제 물리적인 소리 움직임과 마음의 흐름에 대해 논하고 있다는 점이 새롭다. 판소리 연기 역시 과대한 감정 표출이 아닌 절제를 통해 소리의 맛을 살려내는 것임을 알 수 있는 것이다. 그리고 이러한 〈액팅가〉를 시작으로 이들은 〈햄릿〉의 극중극을 한국의 판소리로 연기하고 있음을 강조한다. 이들은 햄릿 역할에 빠져 있는 것이 아니라 햄릿과 배우 자신 사이의 '경계 영역'에서 연기하고 있음을 드러내는 것이다. 이 노래는 〈인생가〉에 이어 '경계 영역'의 연기를 강조하는 것이었다고 할 수 있다.

네 명의 햄릿이 부르는 〈해적가〉는 특히 원작에서는 구체화되지 않은, 새롭게 창작 삽입된 대목으로 병사들이 해적들에게 무참하게 살해당하는 장면을 그린 노래이다.

아니리　(모두) 아 이렇듯 내가 묘안을 짜낼 적에, 갑판 위에선 선원들이 해적 놈들 손에 하나 둘씩 죽어 나가는 디,

자진모리　(모두) 이리 뛰고 저리 뛰고 야단법석일제

(엘) 가다 죽고 오다 죽고 앉어 죽고 서서 죽고 울다 웃다 죽고

(보,엘) 실없이 죽고 할 일 없이 죽고 어이없이 죽고

(보,엘,지) 칼에 찔려 도끼에 찍혀 이빨에 물려 물에가 풍풍풍 (모두) 빠져 죽고

(원) 어떤 놈은 걸음아 날 살려라 달려가다 넘어져 부서진 바다 판자에 (모두) 찔려 죽고

(모두) 한적한 북해 바다 한가운데 그림처럼 떠 있는 두 척의 배

그 사이를 가르고 보니 노을인 양 붉은 물결이 넘실대는구나

갑판 위에 쌓여가는 시체들은 육회비빔국수 말 듯 둘둘 말려 있고

(엘) 바다 위에 시체들을 보니 (모두) 시큼한 오이냉국 떠 있는 참깨처럼 둥둥 떠 있는디

이 장면은 〈적벽가〉의 적벽대전을 환기시키는데, 물론 〈적벽가〉를 직접적으로 차용하지는 않았다. 다만 민초들의 삶이 어려울 때 도적이 출몰하는 것처럼 해적들이 들끓던 때를 환기시키면서 이들이 살던 때의 시대적 배경이 그리 안정적이지 않으며 정치적으로는 혼란스러운 때였음을 이 장면을 통해 유추할 수 있다. 그리고 그 와중에 무고한 군사들이 안타깝게 죽임을 당하는 것이 묘사되고 있다고 할 수 있다.

〈판소리 햄릿 프로젝트〉(자료 제공 : 극단 타루)

〈판소리 햄릿 프로젝트〉의 눈대목 중 하나로 볼 수 있는 〈결투가〉 역시 배우들의 무대 액션이 아닌 소리로 진행되는데 이때는 조엘라를 제외한 나머지 송보라, 이원경 그리고 최지숙이 무대의 2층 공간에 올라 북과 징을 잡고 고수 역할을 하며 노래를 부르는 것으로 연출되었다. 정종임 고수 역시 북을 잡고 있기에 세 명의 고수의 북소리와 네 명의 소리꾼이 한목소리로 부르는 힘차고 역동적인 〈결투가〉를 경험하게 된다. 자진모리이면서도 씩씩한 우조에 계면조의 서글픔도 경험되는, 판소리의 다채로운 감성이 발현되는 노래였다고 할 수 있다. 소리꾼들의 힘찬 노래를 듣는 중에, 극중 인물들이 한 명씩 한 명씩 몸에 독이 퍼져 쓰러져가는 것이 머릿속으로 상상되는 장면이었다.

이 작품은 판소리의 특징을 살려 의도적으로 시각적인 형상화를 지양하면서 대신 유려하고 다채롭고 재담 섞인 사설을 통해 관객들이 머릿속으로 특정 장면을 상상하도록 하고 있다고 할 수 있다. 그리고 이 장면에서는 특히 여러 대의 북과 징을 동원하여 타악기의 웅장함과 활기 그리고 역동적인 에너지로 결투하는 장면을 형상화했다고 할 수 있겠다.

〈판소리 햄릿 프로젝트〉에서는 모든 인물들이 죽고 난 뒤 〈진혼가〉를 부른다.

| 햄릿-보 | 길 떠난다 길 떠난다 산다 죽는다 뭐가 다른 것이냐 |
| | 길 떠난다 길 떠난다 산다 죽는다 뭐가 다른 것이냐 |
| 햄릿-원 | 죽음이란 세상 고통에 눈감는 것 |
| | 조용히 잠드는 것 모두가 간절히 바라는 그것 |
| 모　두 | 길 떠난다 길 떠난다 산다 죽는다 뭐가 다른 것이냐 |
| 햄릿-보 | 죽음 너머에 무엇이 있느냐 |
| | 너는 아느냐 너는 아느냐 갔다가 돌아온 사람이 아무도 없네 |

〈진혼가〉는 내용을 통해 유추할 수 있듯이 햄릿이 '죽느냐 사느냐 그것이 문제로다'라고 고뇌하는 장면을 변형한 것이라 할 수 있다. 이 대목은 중모리로 시작해 중중모리, 자진모리로 점차 빨라지고 그사이 네 명의 햄릿들이 차례차례 가발과 의상을 벗기 시작한다. 노래가 끝난 뒤 네 명의 배우들은 객석으로 올라와 관객들 사이로 사라지고 공연의 막이 내린다. 커튼콜 때 다시 등장하는 네 명의 소리꾼들은 흰

원피스에 짧은 커트머리, 긴 검은 머리 또는 갈색 머리를 지닌 어여쁜 30대 초 여인들의 모습이었다. 〈햄릿〉에서 '햄릿' 역할을 벗어버리는 마지막 장면은 현실로 돌아오는 소리꾼들의 의식일 수 있다. 이들은 비로소 현실 속 판소리꾼들로 돌아온 것이다. 이들은 햄릿이라는 등장인물을 연기하는 중에도 개별적인 배우 개인으로 존재하며 역할에 감정이입하지 않고 거리를 두었다. 그리고 마지막 장면에서는 시각적으로도 햄릿 역할을 벗고 실제 모습으로 돌아온다. 그러나 이러한 자기 반영적인 연기는 궁극적으로 그들 자신 역시 햄릿처럼 삶에 대해 고뇌하고 있음을, 그리고 이 작품을 바라보고 있는 관객들 역시 고뇌하는 햄릿일 수 있음을 강조한 것이라 할 수 있다.

〈판소리 햄릿 프로젝트〉는 세계적인 명작인 셰익스피어의 〈햄릿〉을 판소리화하면서 원작의 새로운 면모를 부각시킴과 더불어 판소리를 응용한 새로운 공연 방식을 실험했다는 점에서 의미가 있었다고 할 수 있다. 판소리의 틀을 새롭게 응용하면서 전통 공연의 현대화 및 명작 〈햄릿〉에 대한 새로운 상상력을 구현한 작품이었다고 할 수 있는 것이다.

## 3. 결론 : 한국 판소리의 해외 작품 수용의 의의

한국 판소리의 해외 작품 수용의 첫 번째 의의는 소재의 확장에 있다고 할 수 있겠다. 앞서 언급했듯 판소리는 그 레퍼토리가 한정되어 있고 다만 '판소리의 정신'이 중시되는 다소 폐쇄적인 고급 예술이라 할 수 있는데, 앞서 논한 창작 판소리들은 서구 희곡을 재창작함으로써 협소한 판소리 레퍼토리의 한계를 넘어서고 있다고 할 수 있는 것이다. '가난 극복', '계급적 평등', '전쟁의 문제' 등에 대한 판소리 정신을 공유하고 있으면서도 한국 사회에서 소외된 여인들, 신자본주의하에서의 실업의 문제, 이국을 떠도는 디아스포라들의 문제, 그리고 권력의 문제 등으로 관객과의 소통의 폭을 넓혔다고 할 수 있다.

두 번째 의의로는 판소리 양식의 확장을 들 수 있다. 판소리 오바탕의 에피소드적인 전개는 자칫 헐겁고 지루하며 산만한 구조를 지닌 것으로 평가될 수 있는데, 위 작품들은 재창작되는 과정에서 극적인 체계를 갖추게 되었다고 할 수 있다. 판소리의 정서를 강조할 수 있는 장면 확장, 새로운 장면의 삽입 등을 통해 '극적인 체계'를 갖추었다고 할 수 있는 것이다. 또한 재담 중심으로 이야기를 들려주는 방식에서 시간성과 공간성에 대한 관객의 상상력이 확장될 수 있는 '무대 설정'의 강화로 판소리 양식의 시각적인 측면이 확장되었다고도 할 수 있겠다.

세 번째 의의는 첫 번째의 소재 확장에서 이어지는 것으로 소재의 새로움에 따라 국·내외의 다양한 음악을 수용함으로써 이루어진 음악적 표현의 확장을 들 수 있겠다. 판소리는 레퍼토리가 한정된 것에 비해 음악적인 면에서 육자배기, 정가, 민요, 타령 등 다양한 음악을 수용하고 있는데, 위의 창작 판소리들은 여기에 록, 재즈, 캬바레 음악, 남미 음악 등을 활용해 좀 더 폭넓은 판소리 음악 세계를 구현하고 있다고 할 수 있는 것이다.

그리고 이러한 음악을 소리뿐만 아니라 '너름새' 또는 '발림'이라고 하는 움직임으로 표현하는 것이 강화되면서 네 번째로 판소리꾼의 연기가 발전한 것을 볼 수 있다. 이 점은 해외 원작 창작 판소리에서만 드러나는 것은 아닐 수 있지만, 〈판소리 햄릿 프로젝트〉에서와 같이 '햄릿' 한 명이 출연하는 극에서 네 명의 연기자가 동시에 햄릿을 연기하는 방식은 분창 형식의 창극 연기와 다르게 1인 판소리 연기에 새로운 자극이 되는 연기 방식이었다고 할 수 있겠다.

다섯 번째로는 이 글에서는 다루지 않았지만 청소년층까지 볼 수 있는 〈안네의 일기〉 등이 판소리화되어 그 저변을 넓히고 있는 점을 꼽을 수 있다. 어린이 판소리극, 청소년 판소리극 등을 포함한 페스티벌 개최 및 해외 초청 공연 등을 통해 해외 관객과의 소통을 확장하는 면모를 언급할 수 있는 것이다.

이처럼 '판소리 무대에서의 해외작 수용'은 단순히 판소리의 대중화를 넘어서 판소리 미학의 확장 그리고 동서의 명작을 판소리화했다는 점에서 '판소리의 글로컬리즘 실현'을 실현하는 것으로 논할 수 있다. 장르의 자기 발전에 국한된 것이 아닌 소통의 범위를 국내는 물론 국외로도 확장하면서 '문화적 대화'를 이루어낸 의의가 있는 것이다.

## 한국 무대에서의 셰익스피어

강일중, 「공연리뷰 : 연극 '햄릿 압데이트'」, 『연합뉴스』, 2011.9.1.

김동원, 『미수의 커튼콜 : 김동원 나의 예술과 삶』, 태학사, 2003.

김성희, 「실험정신 돋보인 기국서의 〈햄릿 4〉」, 『주간조선』, 1990.2.25.

서연호, 「연극의 재미와 가치─76년의 극계를 돌아보며」, 『한국연극』, 1976.12.

신정옥, 『셰익스피어 한국에 오다』, 자유출판사, 1974.

─────, 『영미극의 이입과 한국신극에 미친 영향』, 한국외국어대학교 박사학위 논문, 1987.

───── 외, 『한국에서의 서양연극 : 1900~1995년까지』, 도서출판 소화, 1999

신현숙, 「시-공 체계를 통한 서양 연극의 동양화 : 〈하멸태자〉」, 『한국연극학』 6권 0호, 한국연극 학회, 1994.

이미원, 『주간조선』, 1993.4.15.

이진아, 「남은 것은 침묵뿐」, 『미르』, 11, 2005.

이태주, 「스튜디오의 〈햄릿〉」, 『주간조선』, 1981.4.12.

이해랑, 「셰익스피어 작품의 극장성」, 호암아트홀 〈햄릿〉 프로그램, 1989.4.15~23.

이현우, 『한국 셰익스피어 르네상스』, 도서출판 동인, 2016.

최영주, 「한국의 셰익스피어 수용 : '제3공간'과 '세계화된 지역문화를 위한 공연 양식」, 『한국연 극학』 24호, 2004.12.

한상철, 「가면극(假面劇) 연구(研究) 노우트 9 : 한국연극(韓國演劇)의 해외공연(海外公演)─〈봉 산탈춤〉, 〈하멸태자〉」 한국연극평론가협회, 『연극평론』 16권 0호, 1977.

공연 프로그램 다수

『경향신문』, 『동아일보』, 『매일신보』, 『아시아경제』, 『아주경제』,

『조선일보』, 『중앙일보』, 『한국일보』 등 참조.

# 프랑스 고전극의 수용

Molière, *Oeuvres complètes*, I~II, éd. G. Couton, Bibliothèque de la Pléiade, Editions Gallimard, Paris, 1971.

Racine, Jean, *Oeuvres complètes*, éd. R. Picard, Paris, Gallimard, Pléiades, 1950.

김남석, 『연극의 정석』, 연극과인간, 2015.

김정옥, 「몰리에르의 현대성」, 『연극평론』, 1972.6.

김미혜, 『국립극장 60년사』, 「번역극 공연 : 세계명작으로의 초대」.

김유미, 「몰리에르에 대한 최소한의 예의 '아시아 연출가전'」, 『연극평론』 61호, 2011 여름.

루세, 장, 『바로크문학』, 조화림 역, 예림기획, 2001.

몰리에르, 『몰리에르 희곡선』, 민희식 역, 범우사, 1987(1991).

서명수, 「인간 존재의 본질과 보편성에의 접근―〈브리타니쿠스〉」, 『공연과 이론』 2001.2.

송민숙, 「인간의 나약함에 대한 웃음과 풍자, 프랑스 국립극단 코메디프랑세즈의 〈상상병 환자〉」, 『공연과 이론』 2005 가을(『언어와 이미지의 수사학』, 연극과인간, 2007, 372~376쪽).

――, 「샹송과 플라멩코가 어우러진 스펙터클, 프랑스 뮤지컬 〈돈 주앙〉」, 『극작에서 공연까지』, 2006 겨울(『언어와 이미지의 수사학』, 연극과인간, 2007, 496~500쪽).

――, 「한국연극 100년, 2008년 최근 공연 〈페드라, 오래된 염문〉」, 『연극평론』 2008 여름(『언어와 이미지의 수사학 2』, 연극과인간, 2013, 118~119쪽).

――, 「가면과 진실, 그리고 죽음. 몰리에르 연극 〈상상병 환자〉」, 『연극평론』 2011 겨울(『언어와 이미지의 수사학 2』, 연극과인간, 2013, 418~426쪽).

――, 「코메디프랑세즈의 최근작 몰리에르의 〈아내의 학교〉, 억압에 대항하는 자연의 승리」, 『한국연극』 2012.3(『언어와 이미지의 수사학 2』, 연극과인간, 2013, 454~458쪽).

――, 「현대적 연출로 변신한 몰리에르의 〈인간 혐오자〉」, 『연극평론』 2012 겨울(『언어와 이미지의 수사학 2』, 연극과인간, 2013, 474~481쪽).

신정옥 외, 『한국에서의 서양연극 : 1900~1995년까지』, 도서출판 소화, 1999.

이화원, 「프랑스 고전비극작가 장 라신의 최근 한국무대―1999년 이후 작품들을 중심으로」, 『연극평론』 복간 29호(통권 49호), 2008, 253~262쪽.

임선옥, 「양복 입고 갓 쓴 몰리에르의 코미디. 국립극단 〈귀족놀이〉」, 『21세기 연극 서곡』, 연극과인간, 2005, 246~248쪽.

――, 「희극과 비극의 경계에 선 '황혼의 희극'. 프랑스 국립극장 코메디프랑세즈 〈상상병 환자〉」, 『연극, 삶의 기호학』, 연극과인간, 2016, 464~468쪽.

클레망, 브루노, 『프랑스고전비극』, 송민숙 역, 동문선, 2002.

# 한국 연극과 안톤 체호프

김방옥, 「한국연극 사실주의적 연기론 연구」, 『한국연극학』 22호, 2004.

김의경·유인경 편, 『지촌 이진순 선집』 1~3, 연극과인간, 2010.

노승희, 「해방 전 한국 연극 연출의 발전 양상 연구」, 동국대학교 박사학위 논문, 2004.

류근혜 편, 『지촌 이진순 선집 4—갈매기』, 연극과인간, 2011.

─────, 「이진순 연출 연구」, 상명대학교 박사학위 논문, 2013.

박민하, 「이해랑 연출노트에 나타난 사실주의 양상 연구」, 동국대학교 석사학위 논문, 2009.

박영은, 「안톤 체홉이 한국의 근대연극에 끼친 영향—특히 동아시아의 체홉 수용사적 측면에서」, 중앙대학교 석사학위 논문, 2000.

송윤석, 「연극인 이해랑 연구」, 동국대학교 석사학위 논문, 1992.

신정옥, 『한국신극과 서양연극』, 새문사, 1994.

안숙현, 『한국연극과 안톤 체홉』, 태학사, 2003.

유민영, 『이해랑 평전』, 태학사, 1999.

이진아, 『오해—연극비평집』, 태학사, 2013.

이해랑, 『또 하나의 커튼 뒤의 인생』, 보림사, 1985.

─────, 『허상의 진실』, 새문사, 1991.

─────, 채승훈·강나현 공편, 『밤으로의 긴 여로를 텍스트로 한 이해랑 연출교정』(신협연극신서 1), 현대교육출판부, 1986.

정철, 「한국근대연출사연구」, 조선대학교 박사학위 논문, 2000.

홍해성·서연호·이상우 편, 『홍해성 연극론전집』, 영남대학교 출판부, 2005.

스가이 유키오, 『쓰키지 소극장의 탄생』, 현대미학사, 2005.

스타니슬랍스키, 『나의 예술 인생』, 강량원 역, 이론과실천, 2000.

오자사 요시오, 『일본현대연극사』, 명진숙 외 역, 연극과인간, 2012.

체호프, 안톤, 『체호프 희곡 전집』 Ⅱ~Ⅲ, 이주영 역, 연극과인간, 2000.

# 한국 무대에 수용된 베케트와 이오네스코의 부조리극

## 단행본

김남석, 『한국의 연출가들』, 살림, 2004.

백로라, 『21세기 한국 공연계의 풍경』, 인터북스, 2010.

서연호·이상우, 『우리연극 100년』, 현암사, 2000.

신정옥 외, 『한국에서의 서양연극 : 1900~1995년까지』, 도서출판 소화, 1999.

신현숙, 『20세기 프랑스 연극』, 문학과지성사, 1997.

이선형, 『연극은 무엇을 위해 존재하는가』, 푸른사상사, 2013.

이태주, 『충격과 방황의 한국연극』, 현대미학사, 1999.

Esselin, Martin, *Théâtre de l'absurde*, Paris: Buchet/Chastel, 1977.

## 논문

신현숙, 「전통과 실험, 소극장 운동」, 『한국현대연극100년』, 한국연극협회편, 연극과인간, 2008.

───, 「프랑스 연극이 현대 한국연극에 끼친 영향」, 국제 프랑스학공동학술대회, 2009.

오세곤, 「한국의 이오네스코 작품 공연사」, 『한국연극』, 모아진, 2010.

장은수, 「양정웅, 탈경계 신체극의 전방위 스타일리스트」, 한국연극학회 편, 『한국현대연출가연구』 II, 서울 : 연극과인간, 2013.

『한국연극』, 『연극평론』, 『객석』 등과 일간지들.

## 〈보이체크〉 한국 공연의 주요 궤적과 의미

김명화, 「일상의 자연스러움과 연극적 에너지가 공존한 무대」, 〈보이체크 2004〉 공연 프로그램, 2004.12.4~18.

김숙경, 「〈보이체크〉의 한국 공연사 연구」, 『한국연극학』 26호, 한국연극학회, 2005.

김숙현, 『안민수의 연출미학』, 현대미학사, 2007.

김승옥, 「멀티미디어연극의 신조류―2000 서울연극제 국외초청작을 중심으로」, www.arko.or.kr/zine/art

김윤철, 「2011 국립극단 총평」, 국립극단, 『2011 Yearbook of National TheaterCompany of Korea』, 2012.

김이경, 「연극연출과 동시대성 : 한국에서의 〈보이체크(Woyzeck)〉공연을 중심으로(1970~2010)」, 호서대학교 석사학위 논문, 2012.

『동아일보』, 1975.5.17.

브라테츠키, 타데우시, 「연출의 변」, 국립극단 〈보이체크〉 공연 프로그램, 2011.8.23~29.

손정우, 「연출의 글」, 극단 표현과상상 공연 프로그램, 〈개가 된 남자, 보이첵〉, 1998.2.5~3.1

신정옥, 『한국 신극과 서양연극』, 새문사, 1994.

심재민, 「몸의 억압에 근거한 인간 소외의 무대화―베스투르포트 극단의 〈변신〉과〈보이체크〉」,

『연극평론』 50호, 한국연극평론가협회, 2008.

안민수, 「〈보이체크〉 연출노트」, 『한국연극』 109호, 한국연극협회, 1985.

여석기, 「기촌 비망 : 1970년대의 한국연극, 황금의 10년」, 『연극평론』 65호, 한국연극평론가협회, 2012.

이혜경, 「〈보이체크〉고전을 대하는 예술적 상상력과 자의적 왜곡의 차이」, 『한국연극』 261호, 한국연극협회, 1998.

───, 「의미 있는 시도, 강렬하지만 허전한 교감」, 『한국연극』 319호, 한국연극협회, 2003.

임도완 인터뷰, 2015.8.6.

임일진, 「무대미술 컨셉」, 〈보이첵〉 극단 노을 공연 프로그램, 2015.8.19~30.

장은수, 「〈보이체크 2004〉」, 예술의전당 〈보이체크 2004〉 공연 프로그램, 2004.12.4~18.

최영주, 「비판적 사유가 증발된 잘 만들어진 문화상품」, 『한국연극』 383호, 한국연극협회, 2008.

한상철, 『한국연극의 쟁점과 반성』, 현대미학사, 1992.

허순자, 「움직임과 공간의 시(詩), 그리고 '미마지'」, 『연극평론』, 50호, 한국연극평론가협회, 2008.

Brustein, Robert Brustein, *The Theatre of Revolt*, Boston & Toronto : Little, Brown and Company, 1962.

──────────, *Reimagining American Theatre*, Chicago : Ivan R. Dee Inc., 1991.

Gilman, Richard, *The Making of Modern Drama*, New York, NY : Farrar, Straus and Giroux, 1972.

Styan, J. L., *Modern Drama in Theory and Practice 3 : Expressionism and Epic Theatre*, Cambridge : Cambridge University Press, 1981.

# 한국 여성연극의 프랑스 현대 작품 수용 연구

## 1차 자료 : 공연 관련 자료(산울림극단 제공)
공연 프로그램 및 공연 관련 기사

## 공연 대본
보부아르, 시몬 드, 정복근 각색, 〈위기의 여자〉.

살렘, 드니즈, 오증자 역, 〈엄마는 오십에 바다를 발견했다〉.

콕토, 장, 오증자 역, 〈목소리〉.

## 2차 자료
구히서, 『연극읽기 1~3』, 도서출판 메타, 1999.

김명화, 「은행나무 아래의 블라디미르 : 연출가 임영웅 선생을 만나다」, 『연극』 4, 2012.

──── , 「산울림소극장 개관 30주년을 진단한다」, 『연극포럼』, 2015.

김문환, 『한국연극의 위상』, 서울대학교 출판부, 2000.

김미도, 『연극배우 박정자』, 연극과인간, 2002.

김성희, 『한국연극과 일상의 미학』, 연극과인간, 2009.

김승옥, 『한국 연극, 미로에서 길 찾기』, 연극과인간, 2000.

김옥란, 『한국 여성 극작가론』, 연극과인간, 2004.

김윤정, 「산울림극장 개관 30주년 기념 : 연출가 임영웅과 산울림」, 『연극포럼』, 2015.

명인서, 「90년대 여성연극의 지평 읽기」, 『디오니소스』 창간호, 1997.

브래드비, 데이비드, 『현대 프랑스 연극 1940~1990』, 이선화 역, 지식을만드는지식, 2011.

보부아르, 시몬 드, 『위기의 여자』, 손장순 역, 문예출판사, 2004.

신현숙 외, 『한국에서의 서양연극 : 1900~1995년까지』, 도서출판 소화, 1999.

안치운, 『한국연극의 지형학』, 문학과지성사, 1998.

유민영, 『한국연극의 위상』, 단국대학교 출판부, 1991.

──── , 『20세기 후반의 연극문화』, 국학자료원, 2000.

──── , 『한국인물 연극사』, 태학사, 2006.

이상락, 「소설가 이상락의 이 사람의 삶―산울림 소극장 대표 임영웅」, 『신동아』, 1999.3.

이진아·이은경, 『한국소극장연극의 신화―소극장 산울림 30년사』, 레터프레스, 2015.

정호순, 『한국의 소극장과 연극운동』, 연극과인간, 2002.

차범석, 『한국소극장연극사』, 연극과인간, 2004.

칠더즈, 조셉·헨치, 게리, 『현대문학·문화비평 용어사전』, 황종연 역, 문학동네, 1998.

한국 근·현대 연극 100년사 편찬위원회, 『한국 근·현대 연극 100년사』, 집문당, 2009.

한국문화예술위원회 기획, 『2009년도 한국 근현대예술사 구술채록연구 시리즈 191 임영웅(채록
　　　　연구자 : 서지영)』, 국립예술자료원.

한국연극평론가협회, 『동시대 연극비평의 방법론과 실제』, 연극과인간, 2009.

호이, 데이빗, 『해석학과 문학비평』, 이경순 역, 문학과지성사, 1994.

## 독일 문학 및 희곡에서 찾아낸 한국 연극의 화두

서연호, 『한국현대희곡사』, 고려대학교 출판부, 2004, 122쪽.

유인화, 「냉엄한 사회구조 속 인간사회」, 『경향신문』, 1994.12.23.

이윤택, 〈청부〉연출노트, 『현대연극』, 대학로극장 부정기 매거진, 1990.4.

———, 『위대한 꿈의 기록―카프카의 비밀 노트』, 북인, 2005.

———, 진지한 놀이―하이너 뮐러와 〈햄릿기계〉에 대한 메모, 공연 프로그램, 2011.

———, 「내 연극은 전선의 이쪽과 저쪽 그 사이, 아니면 그 위에 존재합니다」, 〈아르투로 우이〉
공연 프로그램, 2011.

채윤일, 「냉소적인 웃음 속에 드러나는 절망적인 세계관」, 공연 프로그램, 2011.

함형식, 「〈햄릿기계〉 연출노트」, 공연 프로그램.

# 한국 현대 무대의 중국 연극

## 단행본

가오싱젠, 『버스정류장』, 오수경 역, 민음사, 2002.

———, 『피안』, 오수경 역, 연극과인간, 2008.

국립극단, 『조씨고아, 복수의 씨앗』(국립극단 리허설북 16), 2015.

기군상, 〈조씨고아〉, 오수경 역, 臧懋循 『元曲選』本.

박노종, 『차오위의 연극세계』, 부산대학교 출판부, 2004.

서연호, 『한국근대희곡사』, 고려대학교 출판부, 1994.

오수경 외, 『중국 고전극 읽기의 즐거움』, 민속원, 2011.

유치진, 『동랑유치진전집』, 서울예술대학교 출판부, 1993.

차오위, 『뇌우』, 김광주(金光州) 역, 宣文社, 1946.

———, 『뇌우』, 오수경 역, 민음사, 2016.

한국연극학회 편, 『몸과 마음의 연기』, 연극과인간, 2015.

BeSeTo演劇祭韓國委員會 편, 『BeSeTo演劇祭10年史』, 연극과인간, 2004.

董健·胡星亮 주편, 『中國當代戲劇史稿』, 中國戲劇出版社, 2008.

高行健, 『没有主義』, 台北, 聯経, 1996.

田鑫沁, 『我做戲,因爲我悲傷』, 作家出版社, 2003.

———, 『田鑫沁的戲劇場』, 北京大學出版社, 2010.

魏力新, 『做戲―戲劇人説』, 文化藝術出版社, 2003.

## 논문 및 기사

가오싱젠, 「작가의 말」, 『〈저승〉 팸플릿』, 2011.6.

김낙형, 「연출의 글」, 『〈生死界〉 공연 팸플릿』, 2012.7.

김남석, 「〈뇌우〉공연의 변모 과정에 대한 연구」, 『한국연극학』 22호, 2004.

김동원, 「국립극단 창단 전후」, 『〈태〉 공연 팸플릿』, 2000.4.

김미희, 「동양적 사유와 연극성의 성공적 접목」, 『연극평론』 80호, 2016 봄.

김성희, 「김성희의 연극읽기―극단 미추 〈조씨고아〉」, 『한국연극』, 2006.10.

―――, 「국립극단 〈조씨고아, 복수의 씨앗〉」, 『한국연극』, 2015.12.

김소연, 「돌을 던져 이야기를 열다―극단 바람풀&연극집단 반 〈저승〉」, 『한국연극』, 2011.7.

―――, 「인터뷰 : 고선웅과 고전―연극적인 너무나도 연극적인」, 『연극평론』 80호, 2016 봄.

뤼샤오핑, 「탁월한 각색 속에 드러나는 정의, 복수, 원죄 : 〈조씨고아, 복수의 씨앗〉」, 『연극평론』
        80호, 2016 봄.

엄현희, 「유진 오닐을 읽는 아시아의 시선 : "2012 아시아연출가전"」, 『연극평론』 65호, 2012 여름.

오수경, 「중국 천극단 〈찐즈〉―시각적 형상화의 장점이 살아있는 천극 무대」, 『객석』, 2002.7.

―――, 「중국 전통극의 의사소통방식에 관한 고찰―곤극 〈장협장원〉을 중심으로」, 『공연문화
        연구』 7집, 2003.

―――, 「인터뷰 : '아시아연극연출가워크숍'의 티엔친신, 가브리엘 리」, 『연극평론』 37호, 2005
        여름.

―――, 「중국 고대 역사에서 찾는 현대인의 자화상―티엔친신의 조씨고아」, 『한국연극』,
        2006.9.

―――, 「중국국가대극장개관기념공연―중국국가화극원 〈붉은 장미 흰 장미〉」, 『연극평론』 48
        호, 2008 봄.

―――, 「川劇 현대화 양상과 사례연구 : 〈金子〉」, 『중국문학』 54집, 2008.

―――, 「가오싱젠의 연기론―중성배우론을 중심으로」, 『몸과 마음의 연기』, 연극과인간, 2015.

윤일수, 「중국화극 〈뇌우〉의 한국공연 연구」, 『배달말』 37호, 2005.

이미원, 「베세토연극제 : 동북아시아 지역문화의 블럭화 시대를 알리는 신호탄」, 『공연과 리뷰』
        1994.12.

이성곤, 「외연의 확장보다는 지향에 대한 고민이 필요하다 "2015 베세토페스티벌"」, 『연극평론』
        79호, 2015 겨울.

장희재·오수경, 「〈저승(冥城)〉에 드러난 高行健의 작가 의식 연구」, 『중국어문학논집』 60호,
        2010.

조최효정 「독회―〈삶과 죽은 사이〉 연출가 조최효정 인터뷰」, CJ azit 창작예술지원프로그램
        2009.11.

허순자, 「2007 아시아연극연출가 워크숍 : 한중일 3국의 사중주」, 『연극평론』 45호, 2007.

———, 「〈저승〉 : 양식의 혼재로 삶을 놀기」, 『HanPAC View』, 2011.7.

———, 「시행착오의 반추를 촉구하는 값진 시도들 : "2014 아시아연출가전"」, 『연극평론』 73호, 2014 여름.


## 인여페이스(In-Yer-Face) 연극의 소개와 수용

권경희, 「잿빛 반란의 시대정신 : 당돌한 연극(In-Yer-Face Theatre), 그리고 사라 케인」, 『연극평론』 42호, 한국연극평론가협회, 2006.

김숙현, 「국내공연작 총평 : 상상력이 요동치지 않는다―사유의 폭을 넓혀줄, 연출의 부재」, 『연극평론』 43호, 한국연극평론가협회, 2006.

김윤철, 「진실과 예술의 잔혹한 관계―〈필로우맨〉」, 『연극평론』 45호, 한국연극평론가협회, 2007.

김형기, 「서울국제공연예술제 전체총평 : 수행적인 것에 대한 미적 경험을 '전염'시키는 연극축제」, 『연극평론』 43호, 한국연극평론가협회, 2006.

백로라, 「박정희 연출론」, 『민족문학사연구』 52권, 민족문학사학회, 2013.

이용복, 「어둠과 밝음, 폭력과 사랑의 대조―〈정화된 자들(Cleansed)〉」, 『연극평론』 47호, 한국연극평론가협회, 2007.

이은경, 「연극 속의 폭력, 그리고 도발적 연극(In-Yer-Face Theatre)」, 『공연과 이론』 12호, 공연과 이론을 위한 모임, 2009.

이혜경, 「실낙원에서 불멸의 존재이길 꿈꾸는 이야기꾼―〈필로우맨〉」, 『연극평론』 45호, 한국연극평론가협회, 2007.

장성희, 「익숙한 그러나 강렬한, 삶의 스밈과 짜임」, 『한국연극』 298호, 한국연극협회, 2001.

정수진, 「〈4시 48분 사이코시스〉 연출가, 필립 자릴리 교수」, 『연극포럼』, 한국예술종합학교, 2008.

최영주, 「영국의 동시대 연극 : 1990년대 중엽 이후 영국 연극계를 '폭파'시킨 사라 케인의 극작품을 중심으로」, 『한국연극』 347호, 한국연극협회, 2005.

———, 「해외공연작 총평 : 동시대적 자의식과 새로운 연극성」, 『연극평론』 43호, 한국연극평론가협회, 2006.

파비스, 파트리스, 「미장센과 퍼포먼스, 어떤 차이가 있는가?―〈한국사람들〉, 〈4.48 사이코시스〉」, 『연극평론』 44호, 한국연극평론가협회, 2007.

『동아일보』, 2001.3.27.

Sierz, Aleks, *In-Yer-Face Theatre: British Drama Today*, London: Faber & Faber, 2001.

http://www.inyerfacetheatre.com/what.html
http://blog.naver.com/ringcycle/40175368318

## 수행적 미학에 근거한 동시대 해외 공연들

김형기, 『포스트드라마 연극의 지각방식과 관객의 역할―수행적인 것의 미학의 성과와 한계』, 푸른사상사, 2014.

메를로-퐁티, 모리스, 『지각의 현상학』, 류의근 역, 문학과지성사, 2002.

박미애, 「결합태와 문명화과정의 역동적 구조」, 노르베르트 엘리아스, 『문명화과정 I』, 박미애 역, 한길사, 1996, 21~43쪽.

심재민, 『연극적 사유, 예술적 인식』, 연극과인간, 2009.

─────, 「지각화의 관점에서 본 연극에서의 수행성과 매체성」, 『순천향 인문과학논총』 33-3, 2014, 225~264쪽.

이남인, 『후설과 메를로-퐁티. 지각의 현상학』, 한길사, 2013.

이인순, 「공연분석 : 오스터마이어의 〈햄릿〉 (프랑스 2008, 한국 2010)」, 『한국연극학』, 52(2014), 229~270쪽.

장광열, 「트루블렌 · 얀 파브르 컴퍼니 『눈물의 역사』, Y.J.K. 댄스 프로젝트 『닻을 내리다(피터를 위한-)』, '유럽감성'의 두 컨템포러리 춤, 그 도전과 꿈」, 『공연과리뷰』, 52(2006), 198~204쪽.

조광제, 『몸의 세계, 세계의 몸. 메를로-퐁티의 『지각의 현상학』에 대한 강해』, 이학사, 2004.

Böhme, Gernot, *Aisthetik. Vorlesungen über Ästhetik als allgemeine Wahrneh-mungslehre*, München : Wilhelm Fink, 2001.

Fischer-Lichte, Erika, *Ästhetik des Performativen*, Frankfurt a. M. : Suhrkamp, 2004.

Krämer, Sybille, "Was haben Performativität und Medialität miteinander zu tun? Plädoyer für eine in der Aisthetisierung gründende Konzeption des Performativen", Sybille Krämer (ed.), *Performativität und Medialität*, München : Wilhelm Fink, 2004, pp.13~32.

## 매체연극과 로베르 르빠주의 연극 세계

김기덕, 『한국 전통문화와 문화콘텐츠』, 북코리아, 2007.

김형기, 「다매체 시대의 연극의 탈영토화 : 연출가 연극-춤연극-매체연극」, 『한국연극학』, 34권, 2008.

박혜란, 「디지털 미디어 시대의 무용작품 분석에 관한 이론적 접근」, 『한국무용연구』 30-2, 2012.

베르너 파울슈티히, 『근대 초기 매체의 역사 : 매체로 본 지배와 반란의 사회 문화사』, 황대현 역, 지식의 풍경, 2007.

심혜련, 『20세기의 매체철학 : 아날로그에서 디지털로 철학의 정원』 12, 그린비, 2012.

유봉근, 「레만의 포스트드라마 연극론에서 수행성과 매체성의 문제」, 『수행성과 매체성』, 푸른사상사, 2012, 87.

이선형, 「로베르 르빠주의 연극 세계 : 무대적 메타언어」, 『드라마연구』 제25호(통합 제3권), 2006.

———, 「로베르 르빠주의 〈안데르센 프로젝트〉」, 『연극평론』 47호, 한국연극평론가협회, 2007.

———, 「퀘벡 연극, 변방과 중심 : 로베르 르빠주의 〈안데르센 프로젝트〉를 중심으로」, 『프랑스 문화예술연구』 32, 2010.

전정옥, 「안데르센, 당신은 누구십니까? LG아트센터 〈안데르센 프로젝트〉」, 『한국연극』, 2007.

조광제 외, 『철학, 예술을 읽다』, 동녘, 2006.

최영주, 「포스트모더니즘 시대의 삶 · 연극 / 인간 · 문명의 화해 : 로베르 르빠주의 〈달의 저편〉」, 『연극평론』 통권29호, 2003.

〈안데르센 프로젝트〉 LG아트센터 공연 팸플릿.

Paul Foulquié, *L'existentialisme*, PUF, 1989.

http://data.cnews.or.kr/1504/contents/changjo/changjo1504-2.htm

http://www.lgart.com/2003/robert/reference.htm

http://legacy.www.hani.co.kr/section-009100004/2003/03/009100004200303181635281.html

http://data.cnews.or.kr/1504/contents/changjo/changjo1504-2.htm

http://blog.aladin.co.kr/sinthome/popup/1557844

## 동시대 다큐멘터리 연극 : 일상의 흔적과 연극의 정치적 위치 및 지형의 생산

김형기, 「일상의 퍼포먼스화—혹은 뉴 다큐멘터리 연극」, 『포스트드라마 연극의 미학』, 김형기 외, 푸른사상사, 2013.

심재민, 「포스트드라마 연극의 수행성, 현상학적인 몸, 그리고 새로운 형이상학」, 『포스트드라마 연극의 미학』, 김형기 외, 푸른사상사, 2013.

———, 「예술과 사회의 관계에 대한 재성찰 : '2015 페스티벌 봄'」, 『연극평론』 77호, 한국연극평론가협회, 2015.

임형진, 「연출가의 작업—『테아터 호이테』(2010년 1월호)」, 『연극평론』 56호, 한국연극평론가협회, 2010.

하형주, 「다큐멘터리 연극과 포스트—다큐멘터리 연극에 관한 소고」, 『공연과 이론』 59호, 공연과 이론을 위한 모임, 2015.

『한국연극』, 한국연극협회, 2009.9.

『한국연극』, 한국연극협회, 2009.12.

Baecker, Dirk, "Was ist Wirklichkeit?", in *Dokument, Fälschung, Wirklichkeit*, Hrsg. Boris Nikitin, Carena Schlewitt, Tobias Brenk, Berlin: Theater der Zeit, 2014.

Barthes, Roland, *Über mich selbst*, München: Matthes & Seitz, 1978.

Becker, Thobias, "Bühnenausbildung in Gießen. Die Dilettanten aus Hessen", *Kultur: Spiegel-Tageskarte Theater*, Hamburg, 2012.12.19.

Bhabha, Homi K., *The Location of Culture*, New York: Routledge, 2008.

Birgfeld, Johannes, Ulrike Garde, Meg Mumford, *Rimini Protokoll Close-Up: Lektüren*, Hannover: Wehrhahn Verlag, 2015.

Dreysse, Miriam, Florian Malzacher(Hrsg.), *Rimini Protokoll. Experten des Alltags. Das Theater von Rimini Protokoll*, Berlin: Alexander Verlag, 2007.

Fischer—Lichte, Erika, *Kurze Geschichte des deutschen Theaters*, Tübingen & Basel: A. Francke Verlag, 1999.

————————, *Ästhetik des Performativen*, Frankfuhrt am Main: Suhrkamp, 2004.

————————, "Politisches Theater", in *Metzler Lexikon Theatertheorie*, Hrsg. Erika Fischer—Lichte, Doris Kolesch, Matthias Warstat, Stutgart & Weimar: J. B. Metzler, 2005.

————————, *Performativität*, Bielefeld: transcript, 2012.

Gysi, Gregor, "Politische Rhetorik", in *Dokument, Fälschung, Wirklichkeit*, Hrsg. Boris Nikitin, Carena Schlewitt, Tobias Brenk, Berlin: Theater der Zeit, 2014.

Kremer, Detlef, "Photographie und Text, Thomas Bernhards 'Auslöschung' und W.G. Sebalds 'Austerlitz'", in *Literatur intermedial: Paradigmenbildung zwischen 1918 und 1968*, Hrsg. Wolf Gerhard Schmidt, Thorsten Valk, Berlin: Walter de Gruyter, 2009.

Lehmann, Hans—Thies, *Postdramatisches Theater*, Frankfurt am Main: Verlag der Autoren, 2005.

————————, "Theorie im Theater?", in *Rimini Protokoll. Experten des Alltags. Das Theater von Rimini Protokoll*, Hrsg. Miriam Dreysse & Florian Malzacher, Berlin: Alexander Verlag, 2007.

Mumford, Meg, "100% City and Popular Factual Television", in *Rimini Protokoll Close-Up: Lektüren*, Hrsg. Johannes Birgfeld, Ulrike Garde, Meg Mumford, Hannover: Wehrhahn Verlag, 2015.

Roselt, Jens, "In Erscheinung treten. Zur Darstellungspraxis des Sich-Zeigens", *in Rimini Protokoll. Experten des Alltags. Das Theater von Rimini Protokoll*, Hrsg. Miriam Dreysse & Florian Malzacher, Berlin: Alexander Verlag, 2007.

## 동시대 한국 무대의 일본 연극

### 신문

『경향신문』『한겨레신문』『연합뉴스』『뉴스컬쳐』『동아일보』

### 단행본

『문예연감』

### 비평

「2005 공연예술계를 진단한다/대담−한상철&김명화」, 『한국연극』, 2005.12.

권경희, 「희유 속 만가─〈빨간도깨비〉의 자유의 종소리」, 『연극평론』 19, 2006.

기무라 노리꼬, 「대중성과 예술성의 조화로운 짝짓기─일본 현대 연극」, 『공연과이론』, 2004 가을.

김미도, 「과학과 연극의 만남, 그 의미와 성과」, 『공연과 리뷰』 67, 2009.12.

김소연, 「〈반신〉 수라, 주인영」, 『연극평론』 75, 2014.

김숙현, 「2005 서울국제공연예술제 연극공연 총평─연극적 시각의 같음과 차이, 그리고 변주」, 『공연과리뷰』, 현대미학사, 2005.12.

김승현, 「동양적 압축 서사미의 명편」, 『예술의전당』, 2008.11.

김윤철, 「과학연극의 시대가 오고 있다」, 『문화예술』, 2003.5.

니시도 고진 · 사사키 아쓰시 대담, 「1990년대 이후의 일본연극」, 『연극평론』 66, 2012.

배선애, 「지극히 일본적인 스즈키 메소드의 흥미로움」, 『공연과이론』 52, 2013.

성기웅, 「일본의 현대 희곡, 그 수용의 내력」, 『연극평론』 55, 2009.

엄현희, 「모두가 욕망하는 기계들?」, 『연극평론』 37, 2005.

이경미, 「일상 속에 부재하는 실재 : 본다는 것의 허구」, 『연극평론』 55, 2009.

이선형, 「'농업소녀', 귀가 먹다」, 『연극평론』 37, 2005.

장성희, 「장성희의 막전막후」, 『한국일보』, 2008.2.18.

정봉석, 「어느 일본인 탈제국주의자의 보고서」, 『연극평론』 30, 2003.

조만수, 「다락방 안에서 본 자화상」, 『한국연극』, 2009.7.

하형주, 「"뭔데"와 "먼 데"의 반쪽 논리」, 『연극평론』 75, 2014.

한상철, 「한 지붕 세 가족의 현대극 맞대결」, 『BeSeTo演劇祭10年史』, 연극과인간, 2004.

──, 「1980년에서 1990년대까지의 한국연극사」, 『공연과 리뷰』, 현대미학사, 2013 겨울.

허순자, 「우리 안에 내재한 폭력을 경고하다」, 『연극평론』 70, 2013.

坂手洋二, 「「現代能楽集」と私」, 『SPT』, 2010.11

## 한국 판소리 무대의 해외작 수용을 통한 새로운 양상

김기형, 「창작 판소리의 사적 전개와 요청적 과제」, 『구비문학연구』 제18집, 구비문학회, 2004.

김선형, 「브레히트 서사극의 한국적 변용─브레히트의 〈사천의 선인〉과 이자람의 〈사천가〉 비교」, 『독일어문학』 제67집, 독일어문학회, 2014.

김향, 「전통예술, 동시대와 소통하였는가─〈억척가〉와 〈미롱〉」, 『연극평론』 통권 62호, 한국연극평론가협회, 2011.

──, 「창작 판소리의 문화콘텐츠로서의 현대적 의미─이자람의 〈사천가〉와 〈억척가〉를 중심으로」, 『판소리연구』 39호, 판소리학회, 2015.

──, 「〈햄릿〉에서 '햄릿' 역할을 벗은 판소리꾼들」, 『연극평론』 통권 79호, 한국연극평론가협회, 2015.

박선희, 「〈햄릿〉의 한국적 수용 연구」, 한양대학교 석사학위 논문, 2007.

배연형, 「판소리 새타령의 근대적 변모 : 유성기음반을 중심으로」, 『판소리연구』 31호, 판소리학회, 2011.

브레히트, 베르톨트, 『서사극 이론』, 김기선 역, 한마당, 1989.

이원양, 「〈억척어멈과 그의 자식들〉 해설」, 『억척어멈과 그의 자식들』, 지만지, 2008.

이정은, 「"비 내리는 호남선 말고 진도 아리랑은 어때요?"」, 월간 『말』 216호, 2004.6.

장미영·이태영·유종국·최동현·이수라, 「김연수 바디 적벽가」, 『현대화사설본 수궁가·적벽가』, 민속원, 2005.

장은수, 「최근 베를린 무대의 브레히트 재해석─윌슨의 〈서푼짜리 오페라〉와 헬러의 〈사천의 선인〉 공연」, 『브레히트와 현대연극』 제24집, 한국브레히트학회, 2011.

정병헌, 「판소리의 지향과 실창(失唱)의 관련성 고찰」, 『판소리연구』 제32집, 판소리학회, 2011.

## 작품명, 도서명

### ㄱ

〈갈망하다〉 263, 270, 271
〈갈매기〉 80, 84, 88, 90, 91, 93, 95~100, 102~104, 107
〈강제결혼〉 56, 57
〈개가 된 남자, 보이첵〉 150, 163
〈고도를 기다리며〉 110~114, 116, 117, 119~125, 140, 170, 173, 233
〈과학하는 마음〉 387, 389
〈굿모닝? 체홉〉 93
〈귀족놀이〉 53, 56, 58, 65, 71, 72, 74~76
〈그냥, 햄릿〉 41
〈그녀, 고도를 기다리며〉 125
〈그녀를 말해요〉 361
〈그러므로, 포르노〉 282
〈그림쓰기〉 215, 217
「그림자」 325, 336
〈기도−대머리 여가수〉 134
〈길 위의 햄릿〉 41
〈깊고 푸른 바다〉 364
〈꼽추, 리차드 3세〉 167

### ㄴ

〈나는 아니야〉 118, 119
〈난 아니야〉 116, 125
〈남편의 학교〉 56
〈노래하듯이 햄릿〉 40
〈노부인의 방문〉 211, 212
〈놀랬지? 체홉〉 93
〈놀이의 끝〉 122
〈농업소녀〉 376, 379
〈뇌우(雷雨)〉 223, 225~231, 241, 251
〈눈물의 역사〉 289, 290

### ㄷ

〈다락방〉 379, 380, 382
〈달의 저편〉 321~323, 329, 335, 336
〈당통의 죽음〉 144
〈대단원〉 118, 121, 124
〈대머리 여가수〉 110, 111, 126~130, 132, 134, 137, 140
〈대사 없는 1막〉 117
〈대사 없는 연기〉 115
〈대사 없는 연기 II〉 115
〈대화와 반문(對話與反詰)〉 232
〈도망〉 232
〈도쿄노트〉 381, 385

### ㄷ

〈독백〉 232
〈독백 한마디〉 118
〈동방에서 온 햄릿〉 37
〈동 쥐앙〉 52, 56
〈두 등장인물과 뾰쪽한 장대를 위한 무언극〉 115
「드라이아드」 324, 336
〈뜨거운 바다〉 365

### ㄹ

〈레옹스와 레나〉 144
「렌츠」 144
〈로미오와 줄리엣〉 17, 18, 237, 238, 240
〈로커바이〉 118
〈르시드〉 53
〈리넌의 뷰티퀸〉 262, 274, 275, 282
〈리어 왕〉 21, 31, 369, 371~374
〈리턴투햄릿〉 41

### ㅁ

〈마로위츠 햄릿〉 25, 35
〈마리〉 152
〈마지막 테이프〉 116
〈막베트〉 129
〈맥베스〉 17, 31, 299, 300

〈맹인안내견〉 367
〈메이 비〉 122
〈모래와 병사〉 388
〈목소리〉 171, 181, 182,
　184~186, 189, 193, 195, 197
〈못생긴 남자〉 219, 220
〈무궁화꽃이 피었습니다〉 379,
　382, 383
〈무언극 I〉 121
〈물의 정거장〉 366, 381
〈뭘 어디서〉 121
〈미래는 달걀 속에〉 131
「미운 오리 새끼」 325

ㅂ
〈바냐 아저씨〉 91, 93, 94, 96,
　99~101, 103
〈바늘과 아편〉 321, 328, 329,
　331, 332, 335, 336
〈바둑이와 워리〉 125
〈바보 햄릿〉 43
〈바자제〉 52, 68
〈반신〉 378
〈발소리〉 117
〈버스정류장(車站)〉 232, 233
〈법 앞에서〉 210
〈벚꽃동산〉 82, 83, 84, 90~96,
　103, 106, 107
「변신」 203, 206, 208
〈변신〉 202, 204, 206, 207, 298
〈병사 보이체크〉 149, 163
〈보이체크〉 144~147, 149~151,
　154, 156~158, 160~162,
　164~168
〈보이첵〉 151~153, 158, 163
〈보이첵―마리를 죽인 남자〉
　152

〈북경인〉 226
〈붉은 장갑〉 112
〈붉은 장미 흰 장미(紅玫瑰與白玫
　瑰)〉 238, 240
〈뷰티퀸〉 276
〈브리타니쿠스〉 53, 56, 61, 65,
　69, 72, 74, 75
〈블라인드 터치〉 380
〈비계 낀 감자〉 131
〈비상경보(絕對信號)〉 232, 233
〈비포 애프터〉 361
〈빈치〉 329
〈빨간도깨비〉 377, 379
〈뻘〉 99, 100

ㅅ
〈사자의 사랑〉 320
〈사중주〉 218
〈사천가〉 395, 397~402
〈사천의 선인〉 395, 397, 398,
　401, 402
〈사철가〉 399
〈사형대의 엘리베이터〉 331
〈산해경전(山海經傳)〉 232
〈살인놀이〉 132~134, 137
〈삶과 죽음 사이(生死界)〉 232,
　233, 235, 236, 245
〈상상병 환자〉 53, 59, 76
〈새벽 4시 48분〉 255, 262, 264,
　271, 272
〈생사의 장〉 238
〈서랍들〉 357, 359
〈서민귀족〉 50, 54, 57, 65, 67,
　68, 119
〈서울시민〉 385
〈선비와 망나니(秀才與劊子手)〉
　231, 241

〈성난 얼굴로 돌아보라〉 259
〈세일즈맨의 죽음〉 291, 311
〈세 자매〉 80, 84~86, 93~96,
　100~103
〈세 자매 : 잃어버린 시간〉 94,
　95
「소송」 208, 210
〈수업〉 112, 126, 127, 131, 135,
　137, 138
〈수전노〉 50, 52~54, 56~58
〈순우삼촌〉 99
〈숨소리〉 121
〈스카펭의 간계〉 53~55, 57~59
〈스킨〉 263
〈승부의 종말〉 115
〈시라노 드 벨주락〉 369, 373
〈시민K〉 208
〈실수〉 124
〈심판〉 209
〈십자가의 일기〉 305

ㅇ
〈아내의 학교〉 53, 71
〈아름다운 여인의 작별〉 275
〈아메데, 혹은 어떻게 벗어나
　지?〉 126
〈아이 큐어〉 307
〈안네의 일기〉 417
〈안데르센 프로젝트〉 321,
　323~327, 329, 336
〈안산 순례길〉 361
〈알마의 즉흥곡〉 137
〈앙드로마크〉 53
〈야유신(夜遊神)〉 232
〈야인(野人)〉 232
〈어미〉 365, 366
〈억척가〉 397, 402, 404~407

〈억척어멈과 그의 자식들〉 397,
　　404, 405, 407
〈엄마는 오십에 바다를 발견했
　　다〉 171, 186~188, 190, 191,
　　193, 195, 197
〈엔드게임〉 115
〈엘렉트라〉 369, 374
〈엘시노어〉 335
〈여름날의 기억(夏天的記憶)〉
　　241, 242
〈연극〉 118
〈연극 II〉 116
〈영매 프로젝트2─햄릿〉 41
〈오하이오 즉흥곡〉 118, 119
〈왔다 갔다〉 121
〈왔다 갔다 하기〉 121
〈용산─의자들〉 136, 137
〈워터 주이〉 122
〈원야(原野)〉 226, 227, 231,
　　241, 242
『위기의 여자』 197
〈위기의 여자〉 171, 175~181,
　　183~185, 188, 190, 192, 193,
　　195, 199
〈위기의 햄릿〉 243
〈위대한 신 브라운〉 244
〈유령 2.0〉 244
〈유희의 끝〉 121
〈음성〉 182
〈의자들〉 110, 126, 129~131,
　　134~137
〈이피제니〉 52
〈인간 혐오자〉 53, 59
〈인어전설〉 367
〈인형의 집〉 191, 225, 294
〈일출(日出)〉 226, 241
〈임자 없는 무덤〉 112

ㅈ
『자본론』 351, 352, 353
〈자크 혹은 순종〉 126, 131
〈저승(冥城)〉 232~237, 245
〈적벽가〉 394, 405, 407, 414
〈정화된 자들〉 255, 262~265,
　　267, 272
『제2의 성』 176, 177, 179
〈제3제국의 공포와 참상〉 243
〈제망매가〉 34
〈조르주 당댕〉 53, 54
〈조씨고아(趙氏孤兒)〉 237~239,
　　241, 245~248
〈조씨고아, 복수의 씨앗〉 245,
　　246, 248, 250~252
〈조치원 해문이〉 43, 44, 45
〈주말사중주〉 232
〈죽음을 묻다(叩問死亡)〉 232
〈짐승가〉 44, 45
〈찐즈(金子)〉 242

ㅊ
〈찻집(茶館)〉 224
〈천년의 고독〉 367
〈천하제일루(天下第一樓)〉 224
〈천황과 입맞춤〉 379
〈청부〉 214
〈체·게바라〉 243
〈체홉 연습〉 93
〈최승희 아리랑〉 337
〈출구 없는 방〉 112

ㅋ
〈카〉 320
〈카프카의 소송〉 211
〈칼 마르크스 : 자본론, 제1권〉
　　351, 353, 354, 356, 359, 360

〈코뿔소〉 126, 129, 130, 133,
　　137, 138
〈코뿔소의 사랑〉 245
〈크라프의 마지막 테이프〉 115,
　　123
〈크랩의 마지막 테이프〉 122
〈클로저〉 262

ㅌ
〈타르튀프〉 52, 54, 55
〈태변(蛻變)〉 226, 227
〈태양이 그리워〉 227
〈테러리스트, 햄릿〉 36
〈토템〉 320
〈트랜스폼 일루전〉 337
〈트로이의 여인들〉 366, 368,
　　370, 371

ㅍ
〈파리떼〉 27, 28
〈판소리 햄릿 프로젝트〉 46,
　　397, 408~412, 414~417
〈팔월의 눈(八月雪)〉 232, 233,
　　235
〈패왕별희(覇王別姬)〉 230
〈페드라〉 53
〈페드라의 사랑〉 263, 268
〈페드르〉 50, 52, 53, 60, 61, 64,
　　74
〈폭파〉 255, 263, 264
〈플레이〉 122
〈피안〉 232
〈필로우맨〉 262, 274, 276, 277,
　　279, 282

ㅎ
〈하멸태자〉 22~24, 48

〈하퍼 리건〉 262
〈햄릿〉 18~29, 31~49, 243,
　　301, 302, 310, 335, 397,
　　408~410, 416
〈햄릿 1〉 25, 26
〈햄릿 2〉 26
〈햄릿 3〉 27
〈햄릿 4〉 27, 28
〈햄릿 5〉 27, 28
〈햄릿 6—삼양동 국화 옆에서〉
　　42
〈햄릿과 오레스테스〉 27
〈햄릿 다시 태어나다〉 25
〈햄릿 머신〉 215
〈햄릿 서바이벌〉 41
〈햄릿아비〉 44, 45
〈햄릿의 결혼〉 25
〈햄릿, 죽음을 명상하다〉 41
〈햄릿코리아〉 45, 46
〈햄릿 프로젝트〉 35
〈행복한 나날들〉 121, 122
「헤센 급전」 143
〈헤테로토피아〉 337
〈현대절자희(現代折子戲)〉 232
〈화장(化粧)〉 366
〈황금용〉 220
〈황량일몽(黃粱一夢)〉 231, 245

**기타**

〈4.48 사이코시스〉 263,
　　271~273
〈86 햄릿〉 28, 33
〈100% 광주〉 354~356
〈887〉 329
〈Let them talk〉 41
〈Lisynch〉 329
〈PHILIA〉 303

〈S·베케트선생과 V·하벨씨의
　　신촌 만남〉 124
〈THE BEE〉 377, 378


# 인명

**ㄱ**

가다손, 기슬리 외른 158, 165,
　　298
가오싱젠(高行健) 231~233,
　　235~237, 251
강능원 114
강유정 88, 262, 275
경공 247, 249
고미야 도요타카 82
고선웅 245~252
공손저구 247, 250
괴벨스, 하이너 343
괴테 143, 146, 219, 221
구웨이(顧威) 229
궈샤오난(郭曉男) 231, 242
권영주 20
권재원 166
그레고르 잠자 298
그레코 330, 331
기국서 25, 27, 28, 42, 48, 114,
　　116, 119, 136, 137, 214
기군상(紀君祥) 245, 248, 250
기무라 고이치 366
김광주 226, 227
김국희 114, 122, 125
김낙형 236
김동욱 20
김동원 19, 20, 28, 227

김동현 121
김동훈 21
김만중 121
김무생 128
김민정 156
김봉열 130
김선영 227, 276
김성옥 20, 84
김성원 20
김성희 132
김소희 104
김수정 256, 282
김수진 367
김숙경 151
김아라 35, 36, 214
김영송 113
김우진 146
김윤철 121
김은성 81, 99, 100
김의경 229, 365, 371
김인수 149
김정옥 33, 54~57, 127~129,
　　131, 132, 134, 365
김정환 227
김진섭 146
김철리 149, 163
김태수 132
김호정 96, 154, 156, 272
김효경 22

**ㄴ**

나주, 조셉 157, 158, 165, 167
남명렬 156
남인우 397
노다 히데키 368, 374, 376~391
니오베 290
닐슨, 앤서니 257

**ㄷ**

데이비스, 마일스 329, 330, 336
도안고 247, 249, 250
도진, 레프 100
뒤렌마트, 프리드리히 111, 211,
　212, 213, 345
뒤페레, 르네 155
디오게네스 290
딤체프, 이보 307

**ㄹ**

라브레쉬, 마르크 328
라신 50~53, 56, 60, 64, 65, 68,
　69, 71, 74
레만, 한스-티스 318, 343
레싱 146
레우토프, 니콜라이 154
레이븐힐, 마크 255, 257
루구이 227
루스핑 227, 228
루쓰펑 227
루이 14세 51, 68, 69, 72
류근혜 131
류중열 130
르빠주, 로베르 318~324,
　327~329, 332~338
린자오화 239

**ㅁ**

마랭, 마기 122
마로위츠 24, 35
마르크스, 칼 351~353
마버, 패트릭 262
마이엔부르크, 마리우스 폰 216,
　219, 301
맥도너, 마틴 255, 256, 262,
　263, 274, 278~280, 282

맥도널드, 제임스 265, 271, 273
맹후빈 113
메를로-퐁티 284, 286, 288
메스기슈, 다니엘 65, 69, 72
모로 331
모옌(莫言) 230
몰리에르 50~56, 64, 65, 67,
　69, 71, 73, 74, 77
문석봉 127
뮐러, 하이너 214~218, 299,
　300, 342
므누슈킨 334

**ㅂ**

바이스, 페터 341, 345
바틀리코프스키, 크쥐스토프
　255, 262, 264, 265, 267, 272
박경식 112
박규채 90
박근형 161, 256, 277~279
박노경 227
박동우 167, 189
박상익 227
박상종 235
박선희 46, 397, 410
박영희 80
박용 112
박용기 115
박웅 128
박정석 235, 245
박정영 121
박정자 128, 178, 180, 181, 189,
　190, 195
박정희 245, 255, 256, 262, 264,
　271, 272, 281
박조열 140
박지일 156, 166

발저, 마틴 345
방태수 115
백로라 272
백성희 84, 195, 227, 228
백은아 152
베데킨트 145, 146
베리만, 잉마르 146, 265
베이컨, 프랜시스 305
베케트, 사뮈엘 110~126,
　138~141, 159, 161, 170, 233,
　271, 273
벨라스케스 305
변정주 125, 256, 279, 280, 281
보부아르, 시몬 드 170, 171,
　175, 176, 185, 187, 330
보이체크, 요한 크리스티안 144
뵈메, 게르노트 284, 293, 311
부투소프, 유리 81, 102, 103,
　154, 156, 164, 166, 167
불랸, 이비짜 299, 300
뷔히너, 게오르크 142~147,
　149, 158, 159, 161, 164, 202
브라테츠키, 타데우시 156, 164,
　167
브레넌, 캐틀린 146
브레히트, 베르톨트 143, 145,
　161, 162, 202, 212, 214, 216,
　243, 341, 350, 395, 397, 398,
　401~403, 407
브루스틴, 로버트 142
브루어, 리 294
비니에, 에릭 65, 71, 72, 75
비르트, 안드르제이 342
비트, 카타리나 358
빌링턴, 마이클 261

ㅅ

사르트르 27, 109, 112, 187, 330
사오저훼이(邵澤輝) 243
사카테 요지 368, 379, 380,
　382~384, 390, 391
살렘, 드니즈 170, 171, 186~188
샤춘(夏淳) 229
서상원 71, 157
서연호 130
서예 247, 250
서주희 157
서항석 146
선리싱(沈力行) 243, 244
성화숙 149
셰익스피어 17~34, 36, 37, 42,
　44, 45, 47~49, 159, 240, 243,
　259, 299, 301, 335, 371, 372,
　397, 408, 416
손정우 150, 162, 163, 217
손진책 238
송승환 90
송영창 120
쉬샤오쭝(徐曉鐘) 229, 371
쉬시킨, 알렉산드르 102, 154,
　167
쉼멜페니히, 롤란드 220
슈테른하임 145
스즈키 타다시(鈴木忠志) 31,
　229, 365, 366, 368~372, 374,
　375, 390, 391
스타니슬랍스키 79, 81~83, 86,
　88, 89, 92, 94, 107, 108, 223,
　370
스타인뤼크, 알베르트 145
스티븐스, 사이먼 262
시어즈, 알렉스 257
신오 250

신용삼 116
신은수 121
실러 143, 146, 219, 221
실링, 아파드 98, 99
쓰카 코헤이 365, 375, 392

ㅇ

안민수 23, 28, 33, 48, 147~149,
　153, 162, 163, 165, 166, 168
알렉사, 펠릭스 81, 104
앙투안 112
야니츠카, 야그나 156
양정웅 39, 134~136, 256, 270,
　271
양혜숙 131
에슬린, 마틴 31, 120
엘리아스, 노르베르트 289
여석기 21, 22, 162
영첩 247, 250
예커, 토마스 303
오경숙 256, 265, 267, 268, 281
오브라스토바, 에카테리나 33
오사나이 가오루 79, 82, 83
오세곤 125, 135, 166
오세황 118, 121, 124
오스본, 존 259
오스터마이어, 토마스 37, 146,
　301, 302, 310
오영진 128
오자사 요시오 82
오증자 130, 170, 175~178, 182,
　183, 186
오타 쇼고 365, 366, 375, 381
오태석 64, 116, 140, 161, 163,
　365, 366, 385
오현주 20, 84
왕레이(王磊) 242

왕옌숭(王延松) 231, 241
왕충(王翀) 243, 244
우싱궈(吳興國) 123
웨이츠, 톰 146
위강 250
윌슨, 로버트 123, 146, 336, 343
유계선 227
유덕형 24, 163
유인촌 28
유치진 19, 114, 227, 228
윤두수 116
윤석화 185, 195
윤영선 81, 94
윤주상 156
윤한솔 360, 361
윤호진 127
이강백 161
이경성 360
이길재 28, 32
이남희 156
이노우에 히사시 365, 366, 381
이르머, 토마스 346
이병복 33
이서향 226
이성열 81, 93, 94
이송 118, 119, 121
이영유 127
이오네스코 110~112, 124,
　126~130, 132~136, 138~141
이원기 121
이윤기 117
이윤영 127
이윤택 34, 71, 81, 103, 104,
　135, 161, 191, 201, 203, 208,
　214, 216, 217, 229
이윤환 150
이은결 337

이은준 269
이인수 256, 279~281
이자람 395~402, 406, 407
이재창 115
이지현 251
이진순 54, 56, 80, 81, 84,
　88~92, 106, 107, 112, 227
이철희 44
이태섭 167
이해랑 19, 21, 28, 29, 54, 80,
　81, 84~87, 91, 92, 106, 107,
　227, 228
이현정 276
이현화 140
이혜경 151, 278
이호재 157
임도완 32, 151~153, 162, 163,
　166, 168, 211
임영웅 113, 114, 117, 119~121,
　124, 130, 170, 171, 173, 175,
　178, 179, 182, 187, 193
임일진 167
임준빈 115, 131
임형택 94, 95

ㅈ

자릴리, 필립 271, 273
자이언티 337
자크, 이브 321
장광티엔(張廣天) 243
장두이 251
장민호 56, 84, 91, 92, 156
장수미 303
장아이링(張愛玲) 240
장주 234, 235
장희 247
장희재 236, 245

전훈 81, 95, 96
정동환 22, 120
정복근 178~180, 192, 193
정상수 117
정순모 131, 135
정애리 90
정영 247, 248, 250
정영 아내 248
정종임 414
정종화 121
정진 25
조삭 247
조순 249
조씨고아 247
조우판이 227, 228, 231
조우푸위안 227
조우핑 227, 228
주요섭 79
지차트코프스키, 그리고리 81,
　97

ㅊ

차오위 225~229, 241
채승훈 131, 215
채윤일 117, 218
채진희 128
천정하 235
체호프, 안톤 78~86, 88,
　90~100, 103, 105~107
최상철 152
최유진 131
최지숙 128
최치림 115
최하림 113
추송웅 128, 148, 165

ㅋ

카뮈 109, 112
카펠류시, 에밀 97
카프카, 프란츠 202, 203,
　205~210, 274, 298
칸트 286, 331
케인, 사라 255~257, 262~264,
　266, 268~273, 281, 282
코르네유, 피에르 52, 53, 69, 71
콕토, 장 170, 171, 182, 184,
　187, 329~331, 335, 336
크래머 284~287
키타무라 아라타 264
키프하르트, 하이나르 345

ㅌ

타보리, 조지 342
토마스, 엠마 루이스 342
티마르 137, 138
티엔친신(田沁鑫) 231, 237~241,
　243, 251

ㅍ

파, 데이비드 298
파브르, 얀 289, 290
파울슈티히 317
페니, 사이먼 315
페르난데스, 티노 305
포먼, 리처드 146
포터, 피터 22
표재순 21
푸카레트 123
프란초스, 칼 145
프리쉬, 막스 345
피셔−리히테, 에리카 284,
　286~288, 292, 299, 344
피스카토르, 에르빈 340, 341,

345~347
핀터 111, 161, 273

**ㅎ**

하벨, 바츨라프 118, 124
하성광 251
하우프트만 145, 146
한귈 247, 250
한상철 78, 117, 149, 371
한재수 112
함영준 154
허규 58, 112, 126
허성임 303
허지핑(何冀平) 229
헤르만, 막스 342
현철 17, 146
호흐후트, 롤프 345
홍해성 80, 81, 83, 90, 92, 105,
  106, 107
황웨이뤄(黃維若) 242
황잉(黃盈) 245
황정순 227
후쿠다 쓰네아리 364, 365
히라타 오리자 368, 381, 384,
  385, 387, 388, 390, 391


# 용어


**ㄱ**

가오싱젠페스티벌, 서울2011
  233, 237
가족극 188
각색 33, 46, 178, 225, 228, 245,
  250, 252

감각적 지각 284, 285, 287, 295,
  296, 300, 303, 306, 308, 310,
  311
갑 스쿼드 343
강한 현존 288, 292
개념연출 156, 164, 166, 168
개인 340, 342, 345~359, 361,
  362
개인의 몸 361
거대 자본 362
거리두기 209, 351, 353
경계선 359
경험 348, 349, 351~353, 355
계급 347, 362
공간성 285, 295, 296, 304, 308,
  359, 417
공동생산자 288, 301, 304
공동체적인 몸 356
공시적 증인 349
공연법 172, 194, 198
광주 354, 356
교환 339, 350
구극 223
구성 359
국가화극원(國家話劇院)
  237~239, 241
국립극단 21, 36, 56~58, 65,
  69, 71, 72, 74~76, 84, 91,
  104, 156, 157, 164, 212,
  226~228, 238
그로테스크 295, 302, 303
극단 '69 115
극단 76 25, 114, 119, 121, 122,
  218
극단 가교 25, 115, 129, 131
극단 거울 152
극단 골목길 41, 269, 277

극단 광장 54, 57, 84, 90
극단 그린피그 360
극단 노뜰 38, 40, 152, 391
극단 노을 125, 135, 152, 166
극단 띠오빼빼 33
극단 맥토 25, 57, 127
극단 뮈토스 265, 267
극단 미추 206, 238
극단 바람풀 235
극단 반도 233
극단 백수광부 41, 93, 94, 152
극단 사계 25
극단 에저또 115
극단 여행자 39, 41, 42, 134,
  236, 270
극단 완자무늬 132
극단 자유 33, 61, 115,
  127~129, 131, 132, 134
극단 작은신화 41
극단 전원 117, 119, 121
극단 죽죽 236
극단 창고극장 56, 116, 127,
  129, 130
극단 청우 41, 42
극단 크리에이티브 VaQi 360
극단 풍경 41
극장주의 160, 161, 163, 164
글로컬리즘 113, 122, 135, 379,
  391, 418
기다림 114, 116, 140
기록 345, 354, 359
기록극 340, 345~347, 362
기센 341~344
기센대학교 143, 342~344, 357
기센 학파 343
기억 353, 356, 357, 359, 363
기억의 공간 359

**ㄴ**

낙랑극회 226, 227, 228
내면의 분노 363
누보-테아트르 110
뉴 다큐멘터리극 123

**ㄷ**

다성부 233
다시쓰기 111, 113, 122~124, 126, 132, 134, 135, 139
단어들의 음성적 놀이 110
단절 358
단편 286
당대전기극장 31
덴케이게키쿄 366
도구적 이성 285, 298
도구화 354
도덕적 354
돌발적 현재화 304
동시대 다큐멘터리 연극 339~351, 361~363
동시대성 78, 138, 301, 341, 362, 398
동시대 일상 346, 350, 353, 356
드라마센터 18~21, 47, 54, 147
디스트릭트 337
디지털 미디어아트 315
따렌화극원 226, 230

**ㄹ**

런던 셰익스피어 그룹 22
로렌스 올리비에상 328
루이지안 호텔 330
류잔지 극단 31
리그나 340
리듬 287
리미니 프로토콜 340, 341, 343, 344, 351~355, 356, 359, 360
리비도 325
리얼리즘 연극 29, 78, 105, 106, 225, 228, 229, 232, 251, 375

**ㅁ**

마르크스주의 352
마리 슈이나르 컴퍼니 318
마부 마인즈 극단 294
말의 유희 110, 140
매체연극 315~318, 331, 333, 336~338
명동예술극장 76, 94, 105, 230, 245, 378
모더니티 298
모호성 350
목격 354, 361
목소리 350, 359, 361
몬스터 트럭 343
몬트리올 재즈발레단 318
몸 348, 349, 353, 362, 363
몸성 159, 165, 283~285, 288, 291, 295~298, 300~304, 307~310
몸 연극 316, 317
몸틀 302
몸 퍼포먼스 307
문학적·예술적 모더니티 298
문화상호주의 23, 24, 29, 30, 36, 38, 39, 47, 48, 58, 59, 113, 122, 273, 368, 369, 374
문화인류학 354
문화적 기억 358
문화적 위치 362
미마지 153, 164, 166
미시적 담론 186
민족 224

민족 형식 224
민주(민주주의) 37, 362

**ㅂ**

바닥소리 396
반성적 사유 349
반(反)연극 127
발설 362
발언 345, 347, 349, 352, 354, 361, 363
배우의 삼중성 235
번안 29, 45, 64, 309, 310
베를린 291, 341~344, 351, 354, 357
베를린 자유대학교 연극학과 344
베세토연극제 229~231, 238, 241, 251, 366, 368, 369, 371, 373
베세토페스티벌 231, 245
베스투르포트 극단 298
베이징인민예술극원 226, 229, 232, 239
베케트 페스티벌 112, 117~119
변증법적인 위치 340
병렬 구조 150, 161, 166
복수 246
복원 347, 363
부민관 227
부조리극 22, 24, 109~113, 116, 122, 124~128, 131, 134~137, 139~141, 161, 170, 233, 375
불안정성 287
비극적 소극(Farce tragique) 110
비극적 파르스 130, 135, 140, 141
비판정신 362

빈 무대 240

## ㅅ

사건 286
사물의 엑스터시 293
사실주의극 22, 116, 139, 141, 143
사유하는 몸 350
사이버 세계 317
사회적 심리 355
사회주의 리얼리즘 224
산업적 모더니티 298
산울림극단 117, 170~173, 178, 182, 183, 186, 188, 193
산울림소극장 117, 121, 171, 172, 175, 176, 181, 184, 186, 189, 192, 194, 200
상업연극 238, 375
생리적·에너지적 상태 301
생명력 287
생산자 341, 346, 348
샤머스상 328
샤우비네 극단 36, 37
서사극 145, 148, 161, 162, 235, 400, 401, 402
서울 356
선악이분법 290
선전 연극 224
세계성 31
세계화 30, 31, 38, 48, 49, 187, 220, 402, 404
셰익스피어 극단 31
셰익스피어 페스티벌 21
소극(Farce) 110
소극장 운동 112, 128, 374, 378, 384
소리 343

소리성 285, 295~297, 299, 300, 303, 304, 308
소리여세 396
소외된 실존 299
소외된 주체 347, 362
소재주의 361
소통 부재 358
소통불가능성 118
쇼케이스 비트 르 모 343
수용(Reception) 171
수용자 340, 341, 346, 348, 350, 361
수행성 159, 165, 283~288, 291, 295, 296, 299, 301, 302, 304, 307~310, 345, 360
수행성 이론 284, 286, 344
수행적 경험 348
수행적 공간 293, 296, 304
수행적 미학 283, 284, 310, 311
수행적인 공간 359
수행-주체 340
숭고미 331
쉬쉬팝 340, 341, 343, 344, 357, 358, 359
스즈키 메소드 237, 369, 370, 372, 373, 391
스코트 극단 31, 370
스타 시스템 186, 190, 194~196, 198
스타일 294, 310
시간성 349
시공관 228
시극(詩劇) 229
시노그라피 164, 167
신극 78, 106, 169, 223, 370, 374, 375
신자유주의 346, 353, 399, 401

신조류연극선언 244
신주쿠 양산박 367
신체육체(Leibkörper) 288
신체적 공동현존 286, 288
신체주체 285
신체화하는 수행성 285~288
신협(新協) 18~21, 54, 227
실제 350
실제 사건 361
실존의 비극성 109
실존주의 112, 143, 170, 172, 177, 179, 182, 199
실창 판소리 394, 395
실패 359
실험극 48, 116, 118, 125, 224, 232, 251
실험극장 21, 112
심신일원론 283, 286
심신일원론적 체현 288
심신 훈련 273
쓰키지소극장 79, 82

## ㅇ

아네폴르 264
아시아연출가워크숍 241
아시아연출가전 243
앙티-테아트르 110
앵그리 영 맨 259
약한 현존 288, 299
양가적 363
양가적인 모방 350
에너지 287
엑스 마키나 327~329
엑스플로즈 컴퍼니 305
여성연극 172, 176, 178~180, 185, 188, 190~199
여성 중심(의) 연극 170, 171,

184, 187

여인극단 275

여인극장 84, 88

역사극 196, 230, 246

역사의 증인 362

역사인류학 355

역사적 기억 247

역사화 과정 356

연극성 55, 140, 141, 196, 214, 240, 246, 250, 333, 362, 377, 387

연극원 152, 271, 273

연극의 공공성 354

연극적 실험 342

연극적 혼종 344

연극집단 반 235

연상 304

연상 의미 307, 308

연출 콘셉트 294, 310

연희단거리패 103, 104, 135, 191, 203, 216, 385, 391

영어영문학회 21, 49

예술의전당 33, 97, 102, 151, 154, 366

외연적 의미 307, 308

웰메이드 희곡 161

유고자파트 극단 31

유럽중심주의 354

유희성 133, 235, 249, 250, 379

육체적 감정 304

윤리적 354

응용연극학과 342~344, 357

의도적인 모호함 362

이드 325

이성적 363

이성중심주의 284~286

이성중심주의적 철학 284

이오네스코 페스티벌 112

인식주체 285, 286

인여페이스 연극 255~258, 260~264, 281, 282

일반인 351

일상 339, 340, 342, 344, 346~350, 352, 353, 357~359, 361~363

일상성 39, 151, 189, 196~198, 347, 348, 361

일상의 미학 196, 197

일상적 사유 361

일상적인 것 341, 347, 348, 356, 359

일상주의 196

일인극 115, 182~184, 194, 195

일인다역극 323, 328, 335, 336

ㅈ

자기반성적 341

자기반영 346, 348

자기지시성 287

자동형성적 피드백-고리 286, 296, 301

자본 346, 353

자본-권력 362

자본주의 340, 346, 351, 352

자본화된 몸 362

자연주의 55, 145, 269, 276

장소특정적 연극 337

재문맥화 30, 36, 39~42, 45, 49

재창작 225

재현(再現) 223

저널리즘의 정신 362

저루드 시어터 업스테어 271

저작권법 30

저항 347, 350, 353

전문성 342, 347~349, 360, 361, 363

전이성(Liminalität) 301

전지구화 347

전통 224

전통극 40, 110, 169, 223~226, 230, 232, 235, 237, 238, 241~243, 251, 369, 391

전통 형이상학 285

정체성 340, 358, 359

정치극 345, 347, 362

정치성 340, 341, 344~346, 361, 362

정치적 수사 340

정치적 연극 340

조용한 연극 368, 384, 387, 388

조용한 혁명 363

종속 346, 362

주류 연극 238, 239, 241, 370

중국 고전희곡 225, 245, 250, 252

중산층 관객 193, 194

중성배우론 236

증거 362

증거물 358, 361

증언 345, 349, 359, 361, 362

증인 349

지각 286

지각사건 285, 287

지각적 상호 교류 288

지각주체 285, 293, 304

지각학 285, 286, 311

지금 여기, 베케트 121

지식의 두께 363

지진카이 365

직업 349, 351

진실 구성 356

질문 354
집단 창작 334

## ㅊ

차분한 설득 363
착취 353
찰나성 287
창발(創發) 294, 296, 298, 304,
  312, 360
창발적 의미생성 296~298
창발적 현상 360
창작 판소리 393~397, 411,
  416, 417
체화된 경험 363
체화된 과정 349

## ㅋ

카페-떼아트르 128
코러스 70, 235, 242

## ㅌ

타루 46, 396, 397
타자 185, 257, 258, 272, 330,
  343, 344, 347, 357, 359, 361,
  377
타자의 목소리 347, 363
타자의 시선 362
탄츠테아터 303, 304
탈역사성 350
탈자(脫自) 267, 293, 311, 362
탈자본주의 362
탈정전 36, 43, 45
탈정전화 41, 47, 49
탈정치 347
태양극단 334
태양의 서커스 318, 320
통계 354, 356

통시적 증인 349
통일 358

## ㅍ

파르스(farce) 129, 135, 140, 141
판소리 오바탕 394, 395, 407,
  417
패스티시 30, 41, 44, 45, 49
퍼포먼스 123
페스티벌 봄 351, 357, 360
포스트드라마 37, 113, 135,
  159, 221, 318, 341, 343, 344,
  349~351, 359, 360, 362
포스트드라마적인 현상 350
포스트드라마틱스 연극 160, 165
포스트모더니즘 28, 30, 40, 44,
  48, 49, 80, 113, 174, 186,
  260, 318, 349, 350
포스트모던 29~32, 36, 37, 41,
  46~48, 111, 142, 143, 157,
  163, 165, 168, 334
폭력 356
표현주의 143, 146, 150, 158,
  163, 167, 239, 240, 241, 243,
  244, 251, 266, 305
표현주의극 145, 161
프랑스 현대극 170, 172, 184,
  193, 194, 196, 200
프로듀서 시스템 194, 196
피지컬시어터 152, 163, 166,
  168

## ㅎ

하이너 뮐러 페스티벌 215
한국셰익스피어협회 21, 49
합리적 363
행위 성격 287

허구 339, 350
헤벨 암 우퍼(HAU) 344, 357
헤벨 암 우퍼 극장 1(HAU 1) 354
혁명극장 227
현대극장 22, 25, 149, 195, 214
현상적 물질성 287, 288, 291,
  295~297, 299, 302, 307,
  310~312
현상적인 몸 350
현상적 존재 287, 302, 303
현전 351
호흡 287
혼성 36, 37, 40, 48, 49
혼종 30, 36, 37, 39, 40, 48,
  123, 125, 157, 168, 237, 316,
  343, 344
홀로그램 317
화극(話劇) 223
후기자본주의 347, 356
흔적 356
희곡적 연극 262, 282

## 기타

4 · 19 356
1920년대 340, 345~347, 362
1960년대 345~347, 362
LG아트센터 100, 277, 283, 320,
  321, 399, 406

이미원 한국예술종합학교 연극학과 교수로 재직하고 있으며, 관심 분야는 연극사, 비평 및 이론 연구이다. 저서로 『한국 근대극 연구』(1994), 『포스트모던 시대와 한국연극』(1996), 『세계화 시대/해체화 연극』(2001), 『한국현대극작가연구』(2003), 『연극과 인류학』(2005), 『탈중심 연극의 모색』(2007), 『한국 탈놀이 연구』(2011), 『포스트모던 시대의 한국전통과 퍼포먼스』(2016) 등이 있으며, 이외에 편저 『국민연극』 1~4(2003)와 공저, 논문, 평론 등이 다수 있다.

송민숙 연극평론가, 불문학 박사(프랑스 고전비극, 장 라신 전공), 연세대학교 불문과 강사. 프랑스 연극 및 연극일반을 수사적 관점에서 언어와 이미지를 중심으로 분석하는 작업을 해왔다. 저서로 논문집 『연극과 수사학』 1, 2, 평론집 『언어와 이미지의 수사학』 1, 2가 있고, 역서로 『프랑스 고전비극』, 『페드르』, 『바자제』, 『이피제니』, 『서양연극의 무대장식기술』 등이 있다.

이진아 연극평론가, 숙명여자대학교 한국어문학부 교수. 숙명여자대학교 국어국문학과를 졸업하고 러시아 상트페테르부르크 국립연극원(SPBGATI)에서 연극학 박사학위를 받았다. 한국 연극과 세계 연극 사이의 역동적 관계를 추적하고 있다. 대표 저서로 『오해―연극비평집』, 『가면의 진실―20세기 러시아 연극의 실험과 혁신』, 『산울림 소극장 30년사』(공저) 등이 있으며, 역서로는 메이예르홀트의 『연극에 대해』, 미하일 체호프의 『배우의 길』 등이 있다.

신현숙 덕성여자대학교 명예교수이며 연극기호학, 신화와 연극, 문화상호주의 연극에 관심을 가지고 있다. 저서로 『희곡의 구조』(1990), 『초현실주의』(1992), 『20세기 프랑스 연극』(1997), 『한국현대극의 무대읽기』(2002), 『한국 현대극의 미학과 실험』(2016), 『한국에서의 서양연극』(공저, 1999) 등이 있고, 역서로는 『연극기호학』(Ubersfeld, 1988), 『연극학 사전』(Pavis, 공역, 1999) 등이 있다.

허순자 연극평론가협회 회장, 한일연극교류협의회 회장을 역임하였으며, 2016년 현재 서울예술대학교 공연학부(연극전공) 교수로 재직하고 있다. 연극의 국제교류에 특별한 관심이 있으며, 저서로 『연극人 10』(2005), 『Sketching in Contemporary Korean Theatre』(공저 2006), 『국제화시대의 한국연극』(2008), 『동시대연출가론 2』(공저 2010), 『글로컬시대의 한국연극』(2014) 외 『열린 문』(1996), 『연극평론의 조건』(1998), 『보이지 않는 배우』(2007), 『피터 브룩』(공역 2007), 『배우와 목표점』(공역 2012) 등 역서가 있다.

**김명화** 연극평론가, 극작가로 활동하고 있으며 공간 및 연출 언어에 관심을 갖고 있다. 저서로 『카페신파』, 『침향』, 『연극의 길, 세상의 길』, 『저녁 일곱시 반, 막이 오른다』 등이 있으며 논문으로는 「오태석 희곡의 공간 연구」, 「친일 희곡의 극작술 연구」 등이 있다.

**이경미** 연극평론가, 한국예술종합학교 연극원 겸임교수. 「전복과 해체, 재구성—윤한솔의 연출미학」(2016), 「인터미디어 시노그래피공간, 라이브니스, 현존에 대한 담론의 재구성」(2015), 「디지털 미디어 시대, 공연의 커뮤니케이션—participation 또는 interaction」(2014), 「한국 연극의 새 발화주체—호모 사케르와 공적 영역의 복원」(2014), 「2010년 이후 한국희곡에 나타난 위험사회의 징후—기억되지 못한 역사, 트라우마 그리고 무기력」(2016) 등의 논문이 있다.

**오수경** 한양대학교 중문과 교수, 문학박사(중국 연극사 전공), 연극평론가, 번역가. 대표 저술로 『송원희곡고교주』, 『동아시아 전통극의 재발견』(공저), 『동아시아의 문화표상 1』(공저), 『몸과 마음의 연기』(공저) 등이 있고, 역서로 『중국 고대 극장의 역사』(공역), 『중국 고전극 읽기의 즐거움』(공역), 『백토기』, 『버스정류장』, 『피안』, 『뇌우』 등이 있다.

**김미희** 한국예술종합학교 연극원 연극학과 교수로 재직하고 있으며 영미 희곡, 드라마투르기가 주된 연구 분야이다. 최근 「무용 드라마투르기」, 「드라마터그의 경험을 중심으로 본 한국연극에서의 드라마터그 역할 인식 현황」 등 드라마투르기 방법론 개발과 지평의 확장에 관심을 갖고 있다.

**심재민** 연극평론가. 연세대학교 독문과를 졸업하고, 독일 뒤빙엔대학교에서 석사 및 박사학위를 취득했다. 경기대학교 예술대학원 공연예술학과 초빙교수로 재직 중이며, 한국연극협회 이사로 활동하고 있다. 저서로 『생성과 자유. 칼 슈테른하임의 현대에서의 거리경험과 니체 관련』(독문), 『연극적 사유, 예술적 인식』, 『포스트드라마 연극의 미학』(공저) 등이 있고, 논문으로 「지각화의 관점에서 본 연극에서의 수행성과 매체성」, 「이성열의 연출미학」 등이 있다.

**이선형** 김천대학교 상담심리학과 교수로 재직하고 있으며 연극을 통한 치유 방안을 모색하고 있다.

저서로 『어린왕자와 떠나는 치유여행』(2016), 『영화 속 인간심리』(2016), 『샘 아저씨』(2015), 『연극은 무엇을 위해 존재하는가』(2013) 등이 있으며, 논문으로는 「〈왕의 남자〉에 나타난 연극의 치료적 기능 연구」(2015) 등이 있다.

**임형진** 독일 베를린 자유대학교 연극학과 박사학위(Dr. phil)를 취득하고 한국에서 테아터라움 철학하는 몸의 대표 및 상임연출로서 활동하고 있다. 이론과 실천의 영역을 분리하지 않는 연극을 지향하는 그는 포스트드라마 연극을 중심으로 소리의 몸성, 다큐멘터리 연극의 동시대성, 음악적인 것의 수행성, 브레히트의 동시대적 수용에 주로 집중하고 있다. 대표적인 연출 작업은 오페라 〈라 트라비아타〉(국립오페라단, 2016), 연극 〈동의에 관한 바덴의 학습극―무엇이 당신을 소진시키는가?〉(테아터라움 철학하는 몸, 2016) 등이 있고, 논문으로는 「소리의 몸성」(2015) 등이 있다.

**이성곤** 한국예술종합학교 연극원 예술사 · 예술전문사(MFA)를 졸업하고 일본 오사카대학에서 박사학위를 받았다. 연극원 교수로 재직 중이며, 한일연극교류협의회 전문위원으로 활동하고 있다. 저서로 『서울예술단30년사』(공저), 역서로 『히라타 오리자의 현대구어연극』(공역) 등이 있으며, 논문으로 「서양고전과 후쿠시킨무겐노의 실험적 결합을 통한 동시대 고전만들기」, 「1950년대 일본 신극계의 스타니슬라프스키시스템 수용에 관한 연구」 등이 있다.

**김 향** 현재 성결대학교 파이데이아학부 조교수이자 연세대학교 공연예술연구소 전문연구원. 현대 희곡/연극과 창극을 연구하면서 융합적 문화콘텐츠에 관심을 기울이고 있다. 논문으로 「창작 판소리의 문화콘텐츠로서의 현대적 의미」(2015), 「오태석 연출 〈템페스트〉에서의 '영토'와 '번역'의 문제 연구」(2016), 「창극 〈적벽가〉들의 '이면'과 연출적 감수성」(2016), 「창극의 예술적 특질과 '이면론'」(2016) 등이 있으며 저서로 공연평론집 『유희와 치유』(2016)가 있다.

# The Receptions of Foreign Theatres on Modern Korean Stages